第六届汉语中介语语料库建设与应用国际学术讨论会论文选集

胡晓清 张宝林 ◎ 主编

中国出版集团有限公司
研究出版社

图书在版编目（CIP）数据

第六届汉语中介语语料库建设与应用国际学术讨论会论文选集 / 胡晓清，张宝林主编 . -- 北京：研究出版社，2023.3

ISBN 978-7-5199-1440-0

Ⅰ. ①第… Ⅱ. ①胡… ②张… Ⅲ. ①汉语 - 中介语 - 语料库 - 国际学术会议 - 文集 Ⅳ. ① H1-53

中国国家版本馆 CIP 数据核字（2023）第 043069 号

出 品 人：赵卜慧
出版统筹：丁　波
责任编辑：安玉霞

第六届汉语中介语语料库建设与应用国际学术讨论会论文选集
DILIUJIE HANYU ZHONGJIEYU YULIAOKU JIANSHE YU YINGYONG GUOJI
XUESHU TAOLUNHUI LUNWEN XUANJI

胡晓清　张宝林　主编

研究出版社 出版发行

（100006　北京市东城区灯市口大街 100 号华腾商务楼）
北京建宏印刷有限公司　新华书店经销
2023 年 3 月第 1 版　2023 年 3 月第 1 次印刷
开本：710×1000 毫米　1/16　印张：22.75
字数：361 千字
ISBN 978-7-5199-1440-0　定价：98.00 元
电话（010）64217619　64217612（发行部）

版权所有·侵权必究
凡购买本社图书，如有印制质量问题，我社负责调换。

在第六届汉语中介语语料库建设与应用国际学术研讨会开幕式上的致辞

尊敬的各位领导、各位专家、各位同人：

大家上午好！

今天我们在美丽的海滨城市烟台，在具有很高学术声望的鲁东大学齐聚一堂，隆重举行第六届汉语中介语语料库国际学术研讨会。首先，请允许我代表会议主办方，向冒着酷暑从四面八方赶来参会的国内代表和通过在线形式参会的国外代表，表示衷心的感谢和热烈的欢迎！

本届会议原定于 2020 年 7 月召开，新冠肺炎疫情使本届会议整整延迟了一年。一年来，国内外形势发生了很大变化，国际中文教育的形势也发生了很大变化。在线教学成为主要的授课方式，世界各国的汉语学习者分散在世界各地，地域不同，时区不同；教师们为了满足学习者的汉语学习需求，昼夜颠倒，在线授课，非常辛苦。借此机会，谨向广大的一线教师致以崇高的敬意！

毋庸置疑，疫情给国际中文教育带来了新的困难和挑战，也给我们带来了新机遇。通过国家、学校、老师们的不懈努力，国际中文教育事业开创了新局面。截至 2020 年年底，全球共有 180 多个国家和地区开展中文教育，70 多个国家将中文纳入国民教育体系，外国正在学习中文的人数超过 2 000 万。在线中文教育蓬勃发展，"中文联盟"云服务教学平台面向全球免费提供 190 多门 6 000 多节中文、中华文化等在线课程，惠及 200 余万海外中文学习者。中文的国际地位不断攀升，2021 年起中文正式成为联合国世界旅游组织的官方语言。另外，教育部还出版了《中国语言生活状况报告》俄文版，持续扩大中国语言文字事业的国际影响力。在线教学为翻转课堂教学、数据驱动学习提供了更多的需求，而这些教学模式为语料库提供了用武之地，对语料库的潜在需求也相应增加。同时，在线授课也为语料库建设提供了某些便利条件，比如课堂视频语料的收集就十分方便。

去年基于语料库的应用研究同样得到较大的发展。前天（本月15日）我在CNKI上查询基于"HSK动态作文语料库"进行研究发表的论文，已经达到5 350篇，仅去年就发表了各类论文591篇，约占基于该库研究发表的全部论文的11%。我也查询了"全球汉语中介语语料库"的相关情况，虽然该库建成不过2年，正式发布仅仅一年多，但与之相关的论文也已达到80篇；该库注册用户数已经达到6 525人，访问量达到70 069次。作为一个刚刚建成不久的语料库，我认为这个成绩是十分显著的。

去年，在国内外汉语学界的共同努力下，由北京语言大学牵头，国内10多个子课题加盟，中外众多院校、汉语教学单位、专家学者、教师、研究生参与建设的教育部重大攻关项目"全球汉语中介语语料库建设与研究"通过结项，这是汉语中介语语料库建设领域具有标志性意义的重大成果。必将有力地促进汉语教学和基于语料库的教学研究、汉语中介语研究与习得研究的发展。

通过结项之后，课题组根据专家鉴定意见和教育部社科司的要求，对该语料库进行了进一步的改造和优化。例如改进了检索系统，把检索方式从结项时的7种增加到9种；对语料标注进行了审核修正，把标注的正确率从79.24%提升至96.56%，标注精度从预定的90%的水平提高到了实际的95%的水平。据我所知，课题组正在进行口语视频语料的切分工作，之后将实现笔语、口语、视频语料的分别建库、独立检索，为用户的相关研究提供更多的方便。课题组同时正在进行语料的自动分级研究，开发自动分级系统，完成后将对全部语料按照同一个标准进行自动分级，使来自全球众多院校和汉语教学单位的语料具有可比性，以便更好地研究使用。相信经过不断的改进优化与升级迭代，全球汉语中介语语料库一定会成为又一个学术精品，从而助力国际中文教育的发展。

本届会议由北京语言大学、鲁东大学、南京大学、福建师范大学、同济大学、香港中文大学、华语二语教研学会、美国加州大学戴维斯分校、英国诺丁汉大学等9所院校和研究单位联合主办，延续了我们这个会议"中外合作，联合办会"的一贯做法与传统。本届会议也继续邀请外语学界的代表参会，继续积极促进汉语和外语学界语料库语言学领域的进一步融合互鉴。我们也高兴地看到，本届会议还有中国特殊教育领域的教师和研究者参会。

面向未来，汉语中介语语料库的建设与研究可能将在以下几方面获得进一步发展。

第一，汉语中介语语料库建设将进一步细化完善，深入发展，不断提升语料库的建设水平，从而更好地为全世界的汉语教学与研究服务。

第二，基于汉语中介语语料库的应用研究将进一步提升其研究水平。除从语料库中获取语料之外，还将加强对各种分析软件的使用，进而提高应用研究的水平与效率。

第三，汉语中介语语料库的本体研究将获得进一步发展，例如面向汉语中介语语料库的词类系统研究、分词规范和词性标注系统的研究，都将得到进一步的发展与完善。

相信在各位专家和各位同人的共同努力下，本次会议一定能够取得预期的效果，为汉语中介语语料库的建设与应用研究提供更大更强的推动力。

预祝会议圆满成功！谢谢！

刘利（北京语言大学校长）

目 录

在第六届汉语中介语语料库建设与应用国际学术研讨会开幕式上的致辞
  刘利 001

汉语中介语语料库建设研究

当前计算语言学发展的几个特点
  冯志伟 003

"全球汉语中介语语料库"的建设平台与检索功能
  张宝林 崔希亮 018

学习者语料库的语用问题：以汉语二语为例
  吴伟平 039

汉语口语中介语语料转写若干问题探讨
  刘运同 057

少数民族国家通用语言口语语料库的构建
  彭恒利 陈昳可 066

面向国际中文教育的多样态商务汉语词汇核心资源的构建
  王鸿滨 077

20年来国内外学习者语料库建设及应用研究分析
  尤易 曹贤文 091

对全球汉语中介语语料库字层面标注升级的思考
　　范晨菲 108

近 30 年汉语中介语语料库研究现状和趋势分析
　　邓司琪 116

基于汉语中介语语料库的应用研究

基于读书报告用词考察的来华研究生汉补课程反思
　　韩玉国 129

汉语二语学习者笔语产出性词汇复杂性研究
　　张江丽 142

政治隐喻特点及其映射规律探析
　　宋锐　王治敏 153

韩国学习者汉语短时类时间副词深度习得状况研究
　　卜晓琳　胡晓清 168

中介语语料库在外向型汉语虚词学习词典编纂中的作用
　　王雪燕　荆磊 191

韩美 CSL 学习者生造词对比研究
　　赵习连　宋春阳 206

介词"从"及其结构的偏误分析与教学建议
　　卢方红 218

基于语料库的韩国汉语学习者量词"个"习得研究
　　马子涵 233

动态助词"过"的偏误分析及习得顺序考察
　　胡楚欣 245

基于语料库的"很是"与"很为"的对比研究
  孟杨 261

马来西亚华文小学汉语传承语与外语学习者书面表现的对比分析
  曹　娜　张馨予　黄建通　曹贤文 274

泰国学习者汉语单双音易混淆词语特征及成因研究
  段清钒 288

基于HSK动态作文语料库"从"的语义习得与中介语研究
  王予暄 303

方位成分"中"语法化和习得过程关系研究
  吴贻卿 327

基于语料库的韩国学习者汉语嵌偶词习得研究
  张昱　胡晓清 335

汉语中介语语料库建设研究

当前计算语言学发展的几个特点

冯志伟（新疆大学，黑龙江大学）

摘要：计算语言学是用计算机研究和处理自然语言的一门新兴的交叉学科。本文分析了自然语言与人工语言的差别，指出了当前计算语言学发展的五个特点。作者认为，在计算语言学的研究中，基于语言规则的理性主义方法复兴的历史步伐是不会改变的，基于语言数据的经验主义方法一定要与基于语言规则的理性主义方法结合起来，才是计算语言学发展的金光大道。

关键词：计算语言学；自然语言；人工语言；理性主义方法；经验主义方法

1 计算语言学是一门新兴交叉学科

计算语言学（Computational Linguistics）是用计算机研究和处理自然语言的一门新兴的交叉学科。在计算语言学的发展过程中，这门学科曾经在语言学、计算机科学、数学、心理学、电子工程、认知科学等不同的领域中分别进行过研究，具有明显的跨学科特色。计算语言学研究，应当成为我国新文科建设的一个重要内容。

在应用方面，计算语言学研究的目的在于建立各种自然语言处理系统，如机器翻译系统、自然语言理解系统、信息自动检索系统、信息自动抽取系统、文本信息挖掘系统、术语数据库系统、计算机辅助教学系统、语音自动识别系统、语音自动合成系统、文字自动识别系统等（Jurafsky & Martin, 2009）。

计算语言学又是语言学应用的一个新课题，从语言学的观点来看，我们可以把它作为应用语言学的一个分支。

计算语言学又是人工智能的一个主要内容，它是计算机模拟人类智能的一个重要方面。因此，计算语言学还是研制智能化的计算机的一项基础性工作。目前，科学技术的发展突飞猛进，信息的数量与日俱增，计算机技术得到越来越广泛的运用，已经联成世界性的互联网，并向语义互联网这个更高的、智能化的方向发展，智能化的计算机和智能化的互联网已经不是十分遥远、虚无缥缈的幻想，而是就在我们身边、须臾难以离开的现实。当前，美国、英国、俄罗斯、日本等国都投入大量的人力、物力和财力，把人工智能的研制放在十分突出的地位，这对于人类社会将产生不可估量的影响。它同过去人类历史上语言的出现、文字的创造、造纸技术的发明以及印刷技术的发明一样，将成为人类文明史上的又一件大事。

自然语言是人类区别于其他动物的重要标志之一。人借助自然语言交流思想，互相了解，组成人类社会生活；人还借助自然语言进行思维活动，认识事物的本质和规律，创造了人类的物质文明和精神文明。

自然语言是人脑的高级功能之一。心理学研究表明，人脑的语言功能具有一侧化的性质，它主要定位在大脑左半球，由大脑左半球控制。因此，自然语言是人类特有的一种最重要的智能，人工智能的研究离不开自然语言处理，计算语言学的研究水平在人工智能的研究中起着举足轻重的作用。我们中国的计算语言学工作者，应该站在计算机和互联网智能化这样的高度，以战略的眼光来看待计算语言学的研究，把我国的计算语言学研究提高到一个新的水平。

计算机软件早已设计了许多人工语言，如 BASIC、PASCAL、COBOL、PROLOG、LISP、PYTHON 等程序设计语言，这些人工语言与自然语言一样，都遵循着形式语言的规律和法则。美国语言学家乔姆斯基的形式语言理论，既适用于人工语言，也适用于自然语言，这有力地说明，自然语言与人工语言之间，在形式描述方面，确实存在着某些共同的性质。但是，自然语言毕竟是人类历史长期发展而约定俗成的产物，它带着几千年人类历史的痕迹，比人工语言要复杂得多，因而用计算机处理起来也就困难得多。

自然语言起码在下面四个方面与人工语言大相径庭：

（1）自然语言中充满着歧义，而人工语言中的歧义则是可以控制的；

（2）自然语言的结构复杂多样，而人工语言的结构则相对简单；

（3）自然语言的语义表达千变万化，迄今还没有一种简单而通用的途径来描述它，而人工语言的语义则可以由人来直接定义；

（4）自然语言的结构和语义之间有着千丝万缕的、错综复杂的联系，一般不存在一一对应的同构关系，而人工语言则常常可以把结构和语义分别进行处理，人工语言的结构和语义之间有着整齐的一一对应的同构关系。

自然语言的这些独特性质，使得以自然语言的计算机处理为目标的计算语言学研究成为人工智能的一大难题。然而,恰恰因为这些困难,计算语言学吸引了一大批敢于迎着困难上、毫无畏惧的探索者。他们以战胜困难为乐,以克服困难为荣,每当有所前进的时候,就会产生"山重水复疑无路,柳暗花明又一村"的清新之感,体验到胜利者的欢乐。有志于计算语言学的探索者就像科学战线上的侦察兵。对于侦察兵来说,没有道路的路,才是世界上最好的路。计算语言学研究有如一条充满艰险的荆棘之路,这条荆棘之路一旦被勇于探索的侦察兵开通了,披荆斩棘之后,前面就是一马平川的坦途。正是怀着这种对未来的坚强信念,20世纪50年代以来,国内外学者在这个新的学科领域进行了不屈不挠的探索,历时70余年,现在已经取得了可喜的成绩(冯志伟,2017)。

由于互联网的普及,自然语言的计算机处理成为从互联网上获取知识的重要手段,生活在信息网络时代的现代人,几乎都要与互联网打交道,都要或多或少地使用计算语言学的研究成果来帮助他们获取或挖掘在广阔无边的互联网上的各种知识和信息,因此,世界各国都非常重视计算语言学的研究,投入了大量的人力、物力和财力。

2 计算语言学的发展特点

当前计算语言学发展的特点表现在如下的五个方面。

第一,基于句法—语义规则的理性主义方法受到质疑。随着语料库建设和语料库语言学的崛起,大规模真实文本的处理成为计算语言学研究的主要战略目标,基于语言大数据的经验主义方法在计算语言学中独占鳌头。

在过去的40多年中,从事计算语言学研究的绝大多数学者,基本上都采用基于规则的理性主义方法,这种方法的哲学基础是逻辑实证主义。他们认为,智能的基本单位是符号,认知过程就是在符号的表征下进行符号运算,因此,思维就是符号运算。

理性主义方法的另一个弱点是在实践方面。从事计算语言学研究的理性主义者把自己的目的局限于某个十分狭窄的专业领域,他们采用的主流技术是基于规则的句法—语义分析,尽管这些应用系统在某些受限的"子语言"(sub-language)中也曾经获得一定程度的成功,但是,要想进一步扩大这些系统的覆盖面,用它们来处理大规模的真实文本,仍然有很大的困难。因为从自然语言处理系统所需要装备的语言知识来看，其数量之浩大和颗粒度之精细，都是以往的任何系统远远不能及的。而且，随着系统拥有的知识在数量上和程度上发生的巨大变化，系统在如何获取、表示和管理知识等基本问题上，不得不另辟蹊径。这样，在计算语言学研究中就提出了大规模真实文本的处理问题。当前，语料库的建设和语料库语言学的崛起，正是计算语言学战略目标转移的一个重要标志。随着人们对大规模真实文本处理的日益关注，越来越多的学者认识到，基于语料库的分析方法（即经验主义的方法）至少是对基于规则的分析方法（即理性主义的方法）的一个重要补充。因为从"大规模"（large-scale）和"真实"（authentic）这两个因素来考察，语料库才是最理想的语言知识资源。

目前，基于语言大数据的经验主义方法在计算语言学中独占鳌头。句法剖析、词类标注、参照消解、话语分析、机器翻译的技术全都开始引入概率，并且采用从语音识别和信息检索中借过来的基于概率和数据驱动的评测方法。

这种基于大数据的经验主义方法也影响了语言材料的搜集、整理和加工，促进了语言学研究方法的变革。理论语言学的研究必须以语言事实作为根据，必须详尽地、大量地占有材料，才有可能在理论上得出比较可靠的结论。传统的语言材料的搜集、整理和加工完全是靠手工进行的，这是一种枯燥无味、费力费时的工作。现在，人们可以把这些工作交给计算机去做，大大地减轻了人们的劳动。

第二，自然语言处理中越来越多地使用机器学习（machine learning）的方法来获取语言知识，基于神经网络的深度学习（deep learning）方法成为计算语言学的主流方法，计算语言学中采用了深度学习和神经网络的方法取得巨大的成功，把计算语言学推向了一个崭新的阶段。

在21世纪，20世纪90年代后期开始的计算语言学中经验主义倾向进一步以惊人的步伐加快了它的发展速度。这样的加速发展在很大的程度上受到下面三种彼此协同的趋势的推动。

第一个趋势是建立带标记语料库的趋势。在语言数据联盟（Linguistic Data Consortium，简称LDC）和其他相关机构的帮助下，研究者们可以获得口语和书面语的大规模的语料。重要的是，这些语料中还包括一些标注过的语料。这些语料库是带有句法、语义和语用等不同层次标记的标准文本语言资源。这些语言资源的存在大大地推动了那些在传统上非常复杂的自动剖析和自动语义分析等问题的处理。这些语言资源也推动了有竞争性的评测机制的建立，评测的范围涉及自动剖析、信息抽取、词义歧义、问答系统、自动文摘等领域。

第二个趋势是统计机器学习的趋势。对机器学习的日益增长的重视，导致了计算语言学的学者们与统计机器学习的研究者更加频繁地互动，彼此互相影响。对于支持向量机技术、最大熵技术以及与它们在形式上等价的多项逻辑回归、图式贝叶斯模型等技术的研究，都成了计算语言学的标准研究实践活动。

第三个趋势是高性能计算机系统发展的趋势。高性能计算机系统的广泛应用，为机器学习系统的大规模训练和效能发挥提供了有利的条件，而这些在20世纪是难以想象的。

在20世纪90年代末期，大规模的无监督统计学习方法得到了重新关注。机器翻译和主题模拟等领域中统计方法的进步，说明了可以只训练完全没有标注过的数据来构建机器学习系统，这样的系统也可以得到有效的应用。由于建造可靠的标注语料库要花费很高的成本，建造的难度很大，在很多问题中，这成为使用有监督的机器学习方法的一个限制性因素。因此，这个趋势的进一步发展，将使我们更多地使用无监督的机器学习技术。

当前的计算语言学研究提倡建立语料库，使用机器学习的方法，让计算机自动地从浩如烟海的语料库中获取准确的语言知识。机器词典和大规模语料库的建设，成为当前计算语言学的热点。这是语言学获取语言知识方式的巨大变化，作为21世纪的语言学工作者，我们都应该注意到这样的变化，逐渐改变获取语言知识的手段。

进入21世纪之后，传统的机器学习方法进一步发展成基于神经网络的深度学习方法。这种深度学习方法是独立于具体的语言的，只要有足够大的语言数据，即使研究者不懂有关的语言，仍然可以使用深度学习技术，让计算机自动地从海量的大数据中学习到语言的各种特征，完全用不着采用手工的方法来设计语言特征，把研究人员从艰苦琐碎的特征工程中解放出来，而且，这种深度学习方法达到的分析精度还大大地超过了基于规则的方法或基于传统的机器学习方法所能达到的精度。这是在计算语言学历史上获取语言学知识方法的具有革命性意义的变革，每一个计算语言学工作者都应当敏锐地认识到这样的变革，改变陈旧的、传统的语言特征获取方法，采用新颖的、现代的语言特征获取方法。

第三，数学方法越来越受到重视。

计算语言学中越来越多地使用统计学方法来分析语言数据，使用人工观察和内省的方法，显然不可能从浩如烟海的语料库中获取精确可靠的语言知识，必须使用统计学的方法。

语言模型是描述自然语言内在规律的数学模型，构造语言模型是计算语言学研究的核心。语言模型可以分为传统的规则型语言模型、基于统计的语言模型和基于深度学习的语言模型。规则型语言模型是人工编制的语言规则，这些语言规则主要来自语言学家掌握的语言学知识，具有一定的主观性和片面性，难以处理大规模的真实文本，而且费时费力，是一项非常艰苦的特征工程。基于统计的语言模型通常是概率模型，计算机借助语言统计模型的概率参数，可以估计出自然语言中语言成分出现的可能性，而不是单纯地判断这样的语言成分是否符合语言学规则，这种概率性的语言统计模型显然比规则型语言模型更加客观和全面。基于深度学习的语言模型完全不需要人工设计语言特征，计算机从大数据中自动地获取语言特征，这样的基于深度学习的语言模型比概率性的语言统计模型更胜一筹，机器学习的效果大大提高了。

目前，计算语言学中的深度学习语言模型已经相当成熟。研究这样的深度学习语言模型需要具备丰富的数学知识，因此，我们应当努力进行知识更新，学习数学。如果我们认真地学会了数学，熟练地掌握了数学，就会使我们在获取语言知识的过程中如虎添翼。

第四，自然语言处理中越来越重视词汇的作用，出现了强烈的"词汇主义"倾向。

弗斯（Firth）认为，词汇是语言描述的中心。他在 1957 年首先提出了搭配和类连接理论，将词汇内容从语法和语义学中分离出来。后来，韩礼德（Halliday）提出词汇不是用来填充语法确定的一套空位，而是一个独立的语言学层面；词汇研究可以作为对语法理论的补充，却不是语法理论的一部分。近些年来，语言大数据支持的词汇学研究蓬勃发展。越来越多的实证研究表明，词汇和语法在语言中是交织在一起的，必须整合起来进行描述。词汇是话语实现的主要载体，语法的作用仅仅是管理意义、组合成分和构筑词项。语言学中的这种强调词汇作用的倾向，叫作"词汇主义"（lexicalism）。

这种词汇主义的倾向也影响到计算语言学。

自然语言中充满了歧义，计算语言学的学者们注意到，自然语言中歧义问题的解决不仅与概率和结构有关，还往往与词汇的特性有关；英语中的介词短语附着问题和并列结构歧义问题，都必须依靠词汇知识才能解决。事实证明，尽管在计算语言学中使用了概率的方法，但在遇到词汇依存问题的时候往往显得捉襟见肘、无能为力，我们还需要探索其他的途径来进一步提升概率语法的功能，其中的一个有效的途径，就是在概率语法中引入词汇信息。

当前，词汇知识库的建造成为普遍关注的问题。各种语法知识库和语义知识库的建设，都反映了这种强烈的"词汇主义"的倾向。

第五，多语言在线自然语言处理技术迅猛发展。随着网络技术的进步，互联网逐渐变成一个多语言的网络世界，互联网上的机器翻译、信息检索和信息抽取等计算语言学研究的需要变得更加紧迫。

在这个信息网络时代，科学技术的发展日新月异，新的信息、新的知识如雨后春笋般不断增加，出现了"信息爆炸"的局面。现在，世界上出版的科技刊物达 165 000 种，平均每天有大约 20 000 篇科技论文发表。专家估计，我们目前每天在互联网上传输的数据量之大，已经超过了整个 19 世纪的全部数据的总和；我们在新的 21 世纪所要处理的知识总量将要大大地超过我们在过去 2500 年历史长河中所积累起来的全部知识总量。信息量的丰富大大地扩张了人们的视野，人们希望能够准确地、迅速地获取自己需要的信息，计算语言学已经成为了解决海量信息获取问题的强有力的手段。

而所有的这些信息主要都是以语言文字作为载体的，也就是说，网络世界主要是由语言文字构成的。

根据 Miniwatts Marketing Group（2019）的调查，在 2019 年，中国的互联网用户（internet users）已经超过了 8.29 亿，从 2000 年到 2019 年，中国互联网用户增长率为 3 584.%。目前，在互联网上除了使用英语之外，越来越多地使用汉语、阿拉伯语、西班牙语、俄语、德语、法语、日语、韩国语、越南语等英语之外的语言。从 2000 年到 2019 年，美国的互联网使用人数仅仅增加了 207%，而孟加拉国的使用人数增加了 91 961%，尼日利亚的使用人数增加了 55 716%，越南的使用人数增加了 31 900%，伊朗的使用人数增加了 24 981%，俄罗斯的使用人数增加了 3 434%，巴西的使用人数增加了 2 881%。上述很多国家都使用英语之外的其他语言，这些人数增加得越来越多，英语在互联网上独霸天下的局面已经打破。

根据 Miniwatts Marketing Group（2019）的调查，2019 年在互联网上使用最多的 10 种语言如表 1 所示。

TOP TEN LANGUAGES IN THE INTERNET	World Population for this Language (2019 Estimate)	Internet Users by Language	Internet Penetration (% Population)	Internet Users Growth (2000 - 2019)	Internet Users % of World (Participation)
English	1,485,300,217	1,105,919,154	74.5 %	685.7 %	25.2 %
Chinese	1,457,821,239	863,230,794	59.2 %	2,572.3 %	19.3 %
Spanish	520,777,464	344,448,932	66.1 %	1,425.8 %	7.9 %
Arabic	444,016,517	226,595,470	51.0 %	8,917.3 %	5.2 %
Portuguese	289,923,583	171,583,004	59.2 %	2,164.8 %	3.9 %
Indonesian / Malaysian	302,430,273	169,685,798	56.1 %	2,861.4 %	3.9 %
French	422,308,112	144,695,288	34.3 %	1,106.0 %	3.3 %
Japanese	126,854,745	118,626,672	93.5 %	152.0 %	2.7 %
Russian	143,895,551	109,552,842	76.1 %	3,434.0 %	2.5 %
German	97,025,201	92,304,792	95.1 %	235.4 %	2.1 %
TOP 10 LANGUAGES	5,193,327,701	3,346,642,747	64.4 %	1,123.0 %	76.3 %
Rest of the Languages	2,522,895,508	1,039,842,794	41.2 %	1,090.4 %	23.7 %
WORLD TOTAL	7,716,223,209	4,386,485,541	56.8 %	1,115.1 %	100.0 %

表 1　在互联网上使用最多的 10 种语言

从表 1 可以看出，从 2000 年到 2019 年，使用英语的互联网用户增长率只有 685.7%，而使用阿拉伯语的互联网用户增长率为 8 917.3%，使用俄语的互联网用户增长率为 3 434.0%，使用印度尼西亚语/马来语的互联网用户增长率为 2 861.4%，使用汉语的互联网用户增长率为 2 572.3%，使用葡萄牙语的互联网用户增长率为 2 164.8%，使用西班牙语的互联网用户增长率为 1 425.9%。使用英语的互联网用户增长率比使用其他语种的互联网用户增长率都要低，互联网确实已经变成了多语言的网络世界。因此，互联网上的不同语言之间的翻译当然也就越来越迫切了，除了进行单语言的计算语言学研究之外，我们还应当大力开展多语言的计算语言学研究。

互联网确实已经变成了"多语言的网络世界"。"多语言"这个特性使得互联网变得丰富多彩，同时也造成了不同语言之间交流和沟通的困难。互联网上的语言障碍问题显得越来越突出，越来越严重。因此，网络上的不同自然语言之间的计算语言学研究也就变得越来越迫切了。

网络上多语言的机器翻译、信息检索、信息抽取正在迅猛地发展。语种辨认、跨语言信息检索、双语言术语对齐和语言理解助手等计算语言学的多语言在线处理技术已经成为互联网技术和语义网络的重要支柱。

从计算语言学的这些特点可以看出，计算语言学已经成为当代语言学百花园中一个非常重要的学科。

3　计算语言学未来的发展路径

近年来，计算语言学发展很快，发表的论文越来越多。图 1 是国际计算语言学学会文集（ACL Anthology，简称 AA）发布的 1965 年到 2018 年间计算语言学论文发表的数量。从图中可以看出：1965 年，计算语言学的论文只有 24 篇，但是从 1990 年以后，计算语言学的论文数量突飞猛进。在 2000 年之后已经突破 1 000 篇，在 2010 年之后突破 2 000 篇，在 2016 之后突破 3 000 篇，2018 年发表的论文数已经达 4 173 篇之多。

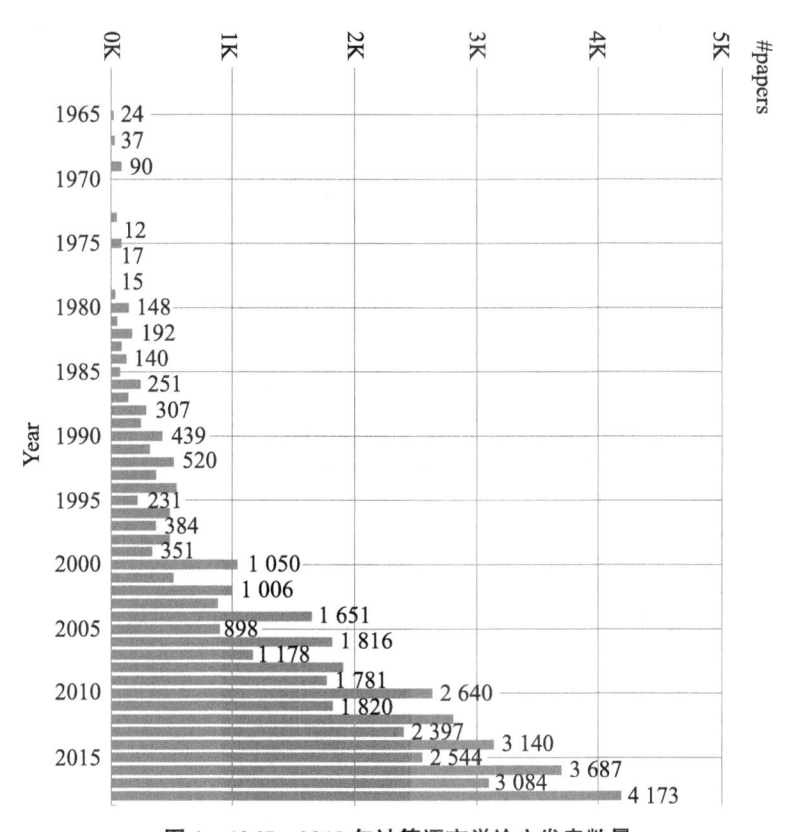

Year	#papers
1965	24
1966	37
1970	90
1975	12
	17
	15
1980	148
	192
	140
1985	251
	307
1990	439
	520
1995	231
	384
	351
2000	1 050
	1 006
	1 651
2005	898
	1 816
	1 178
2010	1 781
	2 640
	1 820
	2 397
2015	3 140
	2 544
	3 687
	3 084
	4 173

图 1　1965—2018 年计算语言学论文发表数量

从图 1 中不难看出，进入 21 世纪，计算语言学论文发表的数量的增长非常迅速。

在这样的新形势下，计算语言学这个学科的交叉性和边缘性更加突出，我们计算语言学研究者如果只局限于自己原有的某一个专业的狭窄领域而不从其他相关的学科吸取营养来丰富自己的知识，在计算语言学的研究中必将一筹莫展、处处碰壁。面对这样的形势我们应该怎么做？是抱残守缺，继续把自己蜷缩在某一个专业的狭窄领域之内孤芳自赏，还是与时俱进，迎头赶上，努力学习新的知识，以适应学科交叉性和边缘性的要求？这是我们计算语言学研究者必须考虑的大问题。

让计算机理解自然语言一直是人工智能追求的目标，然而，尽管计算语言学已经取得了累累的成果，目前计算机也只是做到了模仿自然语言，并不能真正理解自然语言。因此，我们认为，自然语言理解还处在初级阶段。

在图 2 中，下层是机器的自然语言理解，上层是人脑的语言理解，尽管计算语言学已经取得了不少的成果，但是距离真正的自然语言理解还差得很远。

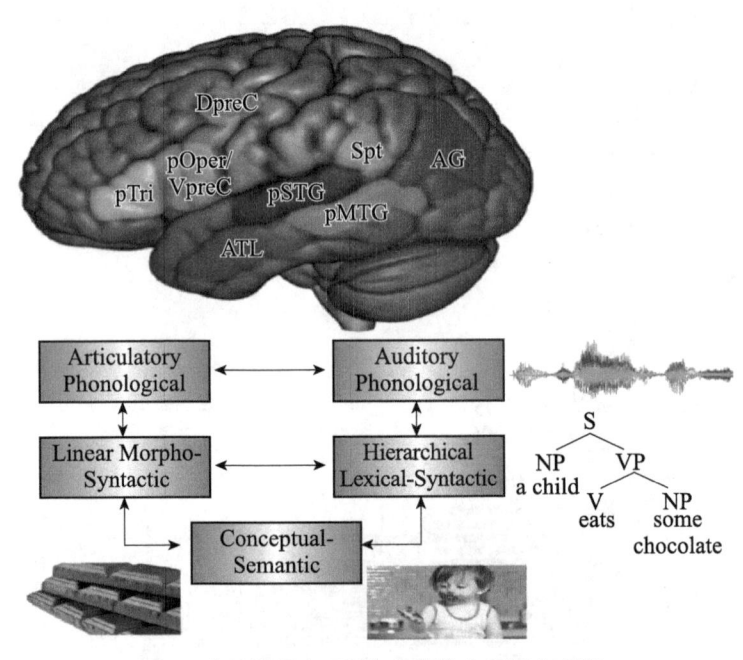

图 2　人脑的语言理解与机器的自然语言理解

我们认为，近年来基于深度学习和神经网络的计算语言学的成就只是技术上的成就，而不是科学上的成就。机器深度学习技术本身和神经网络并没有给我们提供关于语言本质的深刻洞见。

N. Chomsky 最近在耄耋之年到美国亚利桑那大学履新,他在《人类认知的边界在哪里?》的访谈中发表过这样的意见:

> 深度学习所做的是根据大量的例子去寻找某种模式。在某些领域这确实很有趣,但我们需要问一个问题:这是工程学还是科学?工程学试图构建某种有用的东西,而科学试图理解世界的一些要素。谷歌语言剖析器(Google parser)就是一个例子,如果我们问它是否有用,那么毫无疑问它的确有用,我也使用谷歌翻译器来做翻译。从工程角度上说,有一台类似于推土机的东西很有价值,但它是否能告诉你什么关于人类语言的知识呢?答案是完全不能。这个回答确实很打击人,因为机器学习从一开始它就完全脱离了科学。那么谷歌语言剖析器做什么呢?它收录了大量的文本(如《华尔街日报》语料库),然后探寻能在多大程度上对语料库中的每个句子做出正确描述。语料库中的每个句子本质上都是一个实验,你说出的每一个句子也都是一个实验。即这句话合乎语法吗?答案通常都是肯定的,因此语料库中大部分句子都合乎语法。但若你自问:是否存在一种科学,可以毫无目的地随机实验,并试图从中得出某种结论?假如你是化学系博士生,想要写一篇博士论文,你是否能说"我只想毫无目的地融合许多东西,也许我会发现什么"?这会被化学系的所有人嫌弃的。科学并不在意做了上百万次的实验,而只在于找到关键实验,并据此回答一些理论上的问题。因此,工程学从一开始就和科学渐行渐远。那么,接下来只需要看谷歌语言剖析器或某个语言剖析器对某个语料库的工作是否具有成效。但另外一个问题却从未被提及:它是如何处理违反自然语言所有规则的句子的?用我提到过的结构依存来举例,假设有一种语言是依据线性距离来解读,那么深度学习就能很容易处理它,事实上,这比处理真实自然语言要容易。但这说明它是成功的吗?不,从科学角度上说这恰恰是一种失败。这说明我们完全没有揭示语言系统的本质,因为语言剖析器反而更善于处理违反结构系统的事物。当然这并不是反对工程学的理由,因为它的确实用。

Chomsky 认为当前自然语言处理的成就只是工程学上的成就,而不是科学上的成就。他的意见很深刻,值得我们深思。

可见,要让计算机真正理解自然语言,我们还有很长的路要走。语料库大数据和电子化知识相互结合的双轮驱动的方式,可能是推动自然语言处理从工程走向科学的一条可行的途径。

在大数据环境下，如果把语言学、数学、计算机科学知识全面结合起来，也就是把大数据和电子化的语言知识结合起来，建立比较复杂的深度学习模型，采用双轮驱动的方法就能够充分地发掘在海量的语言数据中蕴藏着的丰富信息，把计算语言学的研究提高到一个新的阶段。

近年来，随着深度学习研究的进展，神经网络在自然语言处理中发挥了很大的作用。有人认为语言学知识对于自然语言处理已经没有什么用处了。其实，这样的看法是站不住脚的。

语言学知识对于深度学习和神经网络也是有帮助的。问题的关键在于，这样的语言学知识应当是形式化和电子化的，只有形式化和电子化的语言学知识才有可能融入深度学习和神经网络中为计算机所用。

形式化和电子化的语言学知识可以作为一种输入信号来提升深度学习和神经网络的效果，或者通过指派带有句法特征（syntactic-aware）的神经网络结构的方式来改善自然语言处理系统的性能，从而推动深度学习和神经网络的研究。

另一方面，深度学习和神经网络也是可以帮助语言学的。深度学习和神经网络模型有助于使用无监督学习的方法来发现自然语言句子中隐藏的句法树结构。深度学习和神经网络模型还有助于使用有监督学习的方法来预测自然语言句子中更好的句法树结构。

因此，语言学与深度学习和神经网络是可以彼此推进、相得益彰的。这句话很重要，我们用英语再说一遍："Linguistics and deep learning can boost each other."。

在图 3 中，图的上方说明深度学习和神经网络可以帮助语言学，图的下方说明语言学可以帮助深度学习和神经网络。

现在我们已经在大数据驱动的深度学习和神经网络方面取得了骄人的成绩，这是经验主义方法的成就，值得高兴。但是，我们在以语言学知识驱动的深度学习和神经网络方面还刚刚起步，这是理性主义方法的不足，"道阻且长"，我们还要继续努力，把理性主义的方法与经验主义的方法进一步结合起来。

国际著名语言学杂志《语言》（*Language*）2019 年第 1 期刊登了派特（Pater）的文章《生成语言学和神经网络 60 年：基础、分歧与融合》以及该文的6篇回应文章，重点讨论了基于联结主义方法的深度学习与语言学研究，特别是生成语言学研究之间的对立与融合关系。

派特呼吁在神经网络研究和语言学之间进行更多的互动，他认为，如果生成语言学继续保持与神经网络和统计学习之间的距离，那么生成语言学便不可能实现其对语言学习机制进行解释的承诺（Pater，2019）。

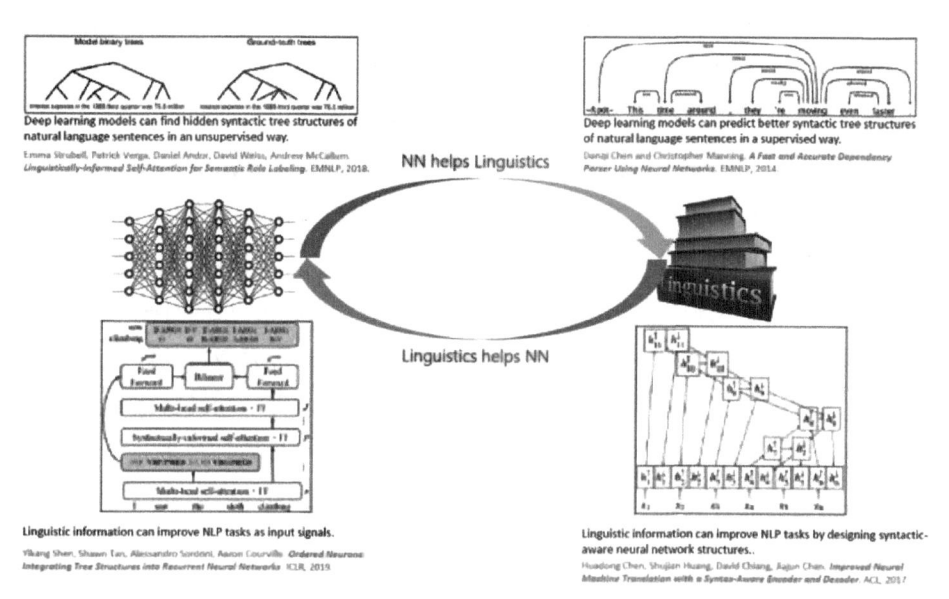

图3　语言学知识与深度学习和神经网络彼此推进、相得益彰

对此，贝棱特（Berent）和马尔库斯（Marcus）认为，联结主义与生成语言学在根本上存在分歧，要么坚持联结主义的平行分布式表征对生成语法理论做出重大调整，要么两个理论同时被另外的新理论取代；没有对语言的结构化表示，就不存在两者之间的融合（Berent & Marcus，2019）。

敦巴尔（Dunbar）认为，深度学习与语言学研究二者融合是美好的愿望，由于神经网络内部无法解释，其学习到的语法结构也无法与生成语法中的理论进行对应，因此两者很难实现融合；除非在理论上解决神经网络与生成理论之间的具体的映射问题（Dunbar，2019）。

林岑（Linzen）则对上述话题进行了拓展，认为语言学研究与深度学习可以相互促进：一方面，语言学家可以详细描写神经网络模型的语言学习能力，并通过实验加以验证；另一方面，神经网络可以模拟人类加工语言的过程，有助于语言学家研究内在制约条件的必要性（Linzen，2019）。

我赞同派特和林岑的意见，深度学习应当与语言学研究结合起来。基于语言大数据的经验主义方法应当与基于语言规则的理性主义方法结合起来，相互促进，相得益彰，从而推动自然语言处理的进一步发展。

我们这一代学者赶上了基于语言大数据的经验主义盛行的黄金时代，在自然语言处理中，我们可以把唾手可得的那些低枝头上的果实采用深度学习和神经网络的经验主义方法采摘下来，而我们留给下一代的将是那些在自然语言处理中最难摘的处于高枝头上的果实。

因此，我们应当告诫下一代的学者，不要过分迷信目前广为流行的基于语言大数据的经验主义方法，不要轻易地忽视目前受到冷落的基于语言规则的理性主义方法。我们应当让下一代的年轻学者做好创新的准备，把基于语言大数据的经验主义方法和基于语言规则的理性主义方法巧妙地结合起来，把大数据和电子化知识结合起来，从而把计算语言学的研究推向深入。

目前流行的深度学习和神经网络的热潮为基于语言大数据的经验主义方法添了一把火，预计这样的热潮还会继续主导计算语言学领域很多年，这有可能使我们延宕了向基于语言规则的理性主义方法回归的日程表。然而，我们始终认为，在计算语言学的研究中，基于语言规则的理性主义方法复兴的历史步伐是不会改变的，基于语言数据的经验主义方法一定要与基于语言规则的理性主义方法结合起来，才是计算语言学发展的金光。

图灵奖获得者、深度学习之父辛顿（Geoff Hinton）认为："深度学习的下一个大的进展应当是让神经网络真正理解文档的内容。"

机器学习领域的著名学者乔丹（Micheal Jordan）说："如果给我 10 亿美元，我会用这 10 亿美元建造一个 NASA 级别的自然语言研究项目。"

图灵奖得主杨乐坤（Yann Lecun）说："深度学习的下一个前沿课题是自然语言理解。"

微软全球执行副总裁沈向洋说："下一个十年，懂语言者得天下。"

微软创始人比尔·盖茨（Bill Gates）2019 年 6 月在华盛顿经济俱乐部午餐会接受采访时说："我将创建一家 AI 公司，目标是让计算机学会阅读，能够吸收和理解全世界所有的书面知识。"

这些人工智能学界的著名人士都不约而同地把他们的慧眼聚焦到自然语言处理（natural language processing，NLP），他们特别关注到 NLP 中的自然语言理解（natural language understanding，NLU）这样的问题。他们都明确地指出了自然语言理解是深度学习的发展方向，他们的看法值得我们深思。

我们认为，要实现自然语言理解，推动语言学的进一步发展，应当把基于语言规则的理性主义方法和基于语言数据的经验主义方法结合起来，除此之外，别无其他途径。

2018年，教育部提出了"新文科"发展战略，强调文科专业应进行专业重组，把以数字技术、计算机技术和信息技术为代表的新技术融入哲学、文学和语言学等课程，以打破专业壁垒，实现"文文交叉"和"文理交叉"，开展跨学科的学习与研究。

计算语言学是最为典型的文理交叉学科，这正好符合教育部"新文科"发展战略的要求，希望我国的计算语言学的研究能够有效地与教育部"新文科"发展战略的实施对接起来，为"新文科"的建设贡献力量。让我们继续努力，进一步推进我国计算语言学的发展。

参考文献

[1] 冯志伟. 自然语言计算机形式分析的理论与方法 [M]. 合肥：中国科学技术大学出版社，2017.

[2] Berent I, Marcus G F. No integration without structural representations: Response to Pater [J]. Language, 2019, 95(1).

[3] Dunbar E. Generative grammar, neural networks, and the implementational mapping problem: Response to Pater [J]. Language, 2019, 95(1).

[4] Jurafsky D, Martin J H. Speech and Language Processing [M]. New York: Pearson Education, Inc., 2009.

[5] Linzen T. What can linguistics and deep learning contribute each other?: Response to Pater [J]. Language, 2019, 95(1).

[6] Pater J. Generative linguistics and neural network at 60: Foundation, friction and fusion [J]. Language, 2019, 95(1).

"全球汉语中介语语料库"的建设平台与检索功能*

张宝林　崔希亮（北京语言大学）

摘要："全球汉语中介语语料库"是因应汉语作为第二语言教学的学科建设和科学研究的需要而设计建设的一个迄今为止规模最大的汉语中介语语料库，在设计理念、建设策略与方式、标注内容与方法、数据统计、检索方式等方面具有首创性，是语料库建设 2.0 时代具有代表性的语料库。其动态建设功能可以使研究者随着应用研究的不断深入而发现其中的问题与不足，并加以改进，使之成为精品资源，更好地为汉语教学与研究服务。

关键词：语料库建设；综合平台；语料标注；数据统计；检索系统

1　"全球库"的建设目标和现状

1.1　建设目标

"全球汉语中介语语料库建设和研究"是教育部重大课题攻关项目，于 2012 年 6 月立项，是根据汉语第二语言教学研究的实际需要和汉语国际教育发展形势的需要，并针对当时汉语中介语语料库建设存在的诸多问题而提出的。当时语料库建设处于迅速发展时期，在对外汉语教学的相关研究中发挥了重大作用，取得了丰硕的研究成果。研究者通过这些语料库发现了前人未曾发现的一些中介语现象，并将定性研究与定量研究相结合，使研究结论具有较强的客观性、普遍性和稳定性，极大地提高了汉语作为第二语言教学研究的水平。同时我们发现语料库建设中也还存在一些问题，主要是数量较少，规模较小，语料不够全面；语料库建设没有统一标准，建库实践带有很强的随意性；功能不够完善，有些中介语现象检索不便，甚至无法检索；语

---

* 本研究得到语言资源高精尖创新中心（编号：KYD17004）、教育部哲学社会科学研究重大课题攻关项目（批准号：12JZD018）、北京市社会科学基金项目重点项目（编号：15WYA017）的资助。

料标注效率不高，标注质量存在一定问题；语料库资源尚不能充分共享。(崔希亮、张宝林，2011）这些问题与不足阻碍了基于语料库的相关研究的进一步发展。

该课题试图建设一个语料样本多、规模大、来源广、阶段全、背景信息完备、标注内容全面、标注质量优异、设计周密、功能完善、检索便捷、向各界用户开放，能够反映各类汉语学习者的汉语学习过程与特征、可以满足多方面研究需求的汉语中介语语料库，即"全球汉语学习者语料库"（以下简称"全球库"），以弥补现有语料库的不足，更好地为汉语教学与研究服务。(崔希亮、张宝林，2011）可以看出，该语料库的设计与建设主要是为了满足汉语第二语言教学发展的需要，因应汉语国际教育、人才培养、科学研究和学科建设的需要而建设的。其在设计上吸收了既有同类型语料库的优点，同时也对既有语料库存在的问题进行了完善。这种完善是多方面的，主要体现在两个方面：一个是开发平台的建设，一个是检索功能的增加。

1.2 建设现状

全球库目前收入原始语料约2275万字，从汉字、词汇、句子等10个层面进行了标注。另外收集供研究对比用的汉语母语语料137万字，其中初中生语料69万字，高中生语料68万字；除词的基础标注（自动分词和标注词性）之外，都是未经加工的生语料。语料题目总数3594个，语料总篇数57357篇（1个题目不足10篇语料的不予统计）[①]。语料仍在持续增加，语料标注也仍在持续进行，因而相关数据还会有所变化。语料库已于2019年3月4日面向海内外正式开放[②]，供广大用户免费使用。

结合语料库建设，该课题积极开展汉语中介语语料库建设的本体研究。研究内容包括：①汉语中介语语料库整体设计研究；②汉语中介语语料库建设标准研究；③汉语中介语语料库语料标注规范研究；④汉语中介语语料库建设用分词规范与专用词表研究；⑤汉语中介语语料库自动标注系统研究。这些理论研究取得了多方面的研究成果，代表了汉语中介语语料库建设本体研究的新成就、新水平。这些研究成果已用于全球库建设，并得到了建库实

---

① 数据截至2020年6月12日。
② 语料库网址：qqk.blcu.edu.cn。

践的证明。

本文讨论全球库的特点与功能，重点讨论全球库的建设平台和检索功能，兼及汉语中介语语料库建设的本体研究解释，以便广大用户更加充分地了解和使用全球库，更好地发挥其实用价值。

2 语料库建设与应用综合平台

全球库建设采用的基本策略是全球共建、动态建设。"全球共建"的含义是本项目面向全球汉语学界开放，欢迎任何汉语教学单位和个人参加；各尽所能，不拘形式，平等自愿，共襄盛举。动态建设即"搭积木"或"滚雪球"方式，语料随收集随加工，随上网随开放。（张宝林、崔希亮，2013）

要建设一个数千万字的大规模中介语语料库，这样的建设策略是必要的，也是实事求是的，因而是恰当的。但是如何将其落实，如何确保国内外不同单位的子课题团队和个人的及时有效沟通与语料库建设进度，却颇费周折。全球库采取的是搭建网络平台、平行推进语料库建设的方法。

全球库项目搭建的网络平台即在语言资源高精尖创新中心支持下研发建设的"汉语中介语语料库建设与应用综合平台"（以下简称"平台"）。该平台具有下列特征。

2.1 软件系统集约化

平台集中了多个软件系统，实现了诸多功能的集成。首先是语料库建设与应用的集成，该平台既可以进行语料库建设，也可以进行语料的检索与查询，乃至分析、归类、统计等应用。其次，平台集语料的上传（包括语料的单篇上传和批量上传）、录入与转写、标注、统计、检索、管理、众包修正维护、升级迭代扩展八大功能于一体，集中体现了其集成性。在标注方面，采取了全面标注（共10个层面）、分版标注、自动标注，采用了"偏误标注+基础标注"的标注模式。而在检索方面设置了8种检索方式。上述做法均在不同程度上体现了其集约化。

2.2 建设流程标准化

语料库建设是否需要标准化？能否标准化？怎样标准化？这些问题在

学界有不同观点，这当然很正常。而要想解决这些问题，则既要在语料库建设的本体研究方面加以深入的研究与讨论，更要在建库实践中进行探究与实验。平台在全球库的建设实践中对此进行了尝试，取得了很好的成果。具体表现在四个方面。

（1）步骤环节标准化。语料的上传、录入与转写、标注、入库均设置成固定的程序，每个步骤都要经过审核才能进入下一个环节，从而保证了流程的严谨，也在一定程度上保证了工程质量。详见图1。

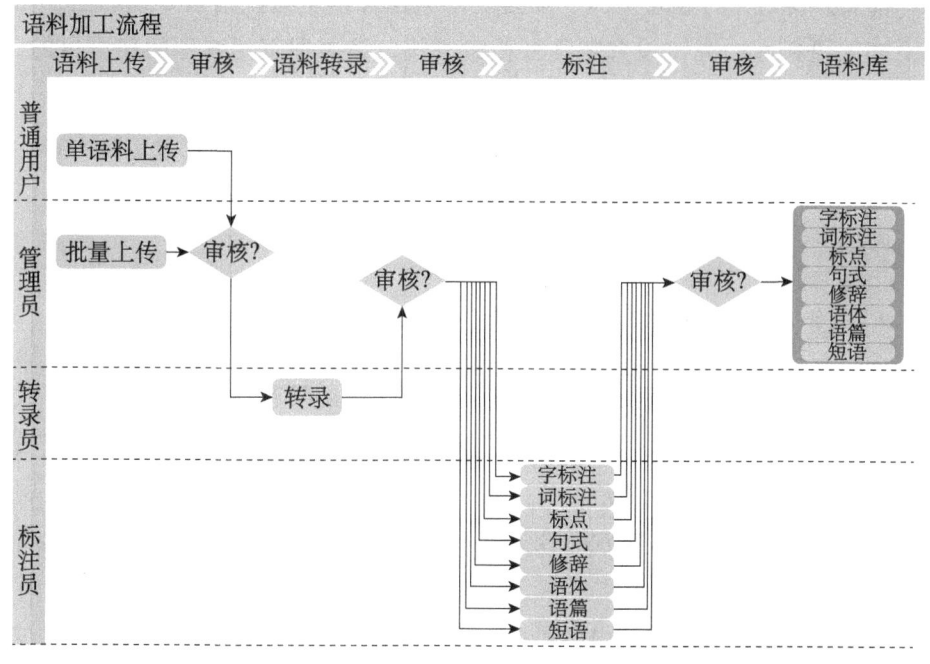

图1　语料库建设流程图（郝振斌，2019）

（2）标注内容标准化。从图1可见，在平台中标注内容是明确的，也是标准化的。当然，这里所谓标准化是指在全球库建设中这些标注内容是确定的，尽管目前尚不够全面，以后还可以增加语义、语用标注；而根据不同目的与用途建设的语料库，删减一些标注内容也是完全可以的。

（3）标注方法标准化。平台在系统中嵌入标注工具，采用"一键OK"的方式进行标注，不但简洁方便，而且保证了标注代码的完整性和一致性，这是标注方法上的标准化。而"分版/多版标注"又使标注员可以根据自己的意愿、特长与研究兴趣选择相应的标注内容，在标准化基础上保证了一定的灵活性，有利于调动标注员的工作积极性。

（4）检索方式标准化。语料检索是用户使用语料库的最基本方式，是语料库发挥其作用、实现其功能的重要环节之一。强大的检索功能可以在很大程度上提升语料库的使用价值，具有十分重要的意义。全球库根据教学与研究的需要，共设置了8种检索方式，可以从多种不同的角度查询不同类型的语料，极大地方便了用户使用。

需要注意的是，这里所说的"检索方式标准化"并非要求任何一个语料库都要具备这8种检索方式，而是告知大家可以有这些检索方式。至于在不同的语料库中究竟设置哪几种检索方式，是要根据语料库的建设目的，具体情况具体分析的。

建设流程标准化带来的突出效益是：可以使新的建库者充分了解语料库的建设内容、过程与环节，并据此设计相应的建库方案，按部就班地进行语料库建设；而无须从头摸索，再走弯路。

2.3 建设方式网络化与自动化

平台是一个计算机网络系统，把语料库建设的所有内容与步骤环节都放到了互联网上，在最大程度上实现了语料库建设的网络化。课题组任何成员不论在世界上的哪一个角落，只要有一台可以上网的电脑，就可以参加语料库建设。这种建库方式特别适合于多人、多单位、多地域参与的超大型语料库的建设。

平台把语料库建设的内容和步骤环节做成了一个由程序控制的自动化过程：语料的上传、录入与转写、标注、入库等都是由程序自动控制的，每个环节只要通过审核就自动进入下一个环节，入库之后自动进行各类数据的实时统计；用户查询到的语料也是实时自动统计。繁体字与异体字标注、分词与词性标注、词语层面的语体标注也都是先由机器自动标注，再由人工审核修正。

语料库建设与应用中的自动标注与流程的自动化设置具有重要意义，不但可以减少人工标注的辛劳，而且可以减少标注的不一致性，提高语料库的建设效率与水平，是语料库建设发展的方向。正如谷歌搜索引擎的网页排名PageRank算法，不但能够保证网页排名的估计值收敛到排名的真实值，而且这种算法不需要任何人工干预。（吴军，2020：100—101）"不需要任何人工干预"而是由机器自动处理，这也应该是语料库建设的最高境界。当然，语料库建设做到这一步还需要付出长期的艰苦努力，但我们今天就应该具备这种意识，并一点一点地积累落实，逐步向前推进。

2.4 移植推广灵活化

平台虽然是为全球库项目而建，却并非只能用于全球库的建设，而是具有广泛的适用性，任何语料库原则上都可以使用该平台进行建设。前提是对标注内容与代码进行相应的修改。

平台同样具有良好的开放性，任何学界同人或汉语教学单位只要承认并接受平台中的标注规范，都可以把自己持有的汉语中介语语料上传到平台，经过一系列的加工，成为全球库的组成部分之一。而通过语料来源进行检索，也可以查到某人或某单位提供的语料，相当于某人或某单位的专属语料库。

语料库建设是一个非常复杂的跨学科系统工程，从设计到施工，从语料的收集整理、录入转写、赋码标注、数据统计到语料的检索、呈现、下载，从软件系统的开发、调试、维护到改进、升级、迭代，从遇到、发现一个个出乎预料的具体问题到分析、解决这些问题，从 bug 的爆发期到收敛期，从项目组织到子课题协调，环节繁多，工作量巨大，特别需要一个功能强大、质量优良、简洁易用、便于所有子课题成员一起加工语料、交流经验、研讨问题的工作平台。"语料库建设与应用综合平台"就是这样的一个平台，全球库的所有建设环节、人工干预过程、相关事务管理、一些相关问题的讨论等都在这个平台上进行，所有检索功能也都通过这个平台研发与实现。由此可见，该平台是我们完成本课题的重要基础之一。

3 全球库的语料标注

3.1 全面标注

汉语中介语语料库的标注原则之一是全面性。全面性是指语料标注的内容全面，可以满足汉语教学与研究的多方面需求。（张宝林等，2019：341）

就笔语语料库而言，全面标注指对字、词、短语、句、篇、语体、语义、语用、修辞、标点符号10个层面进行标注。而口语语料库和多模态语料库还需增加语音和体态语方面的标注。（张宝林，2013）

"偏误标注 + 基础标注"的标注模式也体现了全面标注的理念。偏误标注是对中介语语料中各种错误（指偏误而非失误）语言现象的标注，基础标注则是对正确语言现象的标注。其效益是可以从正反两方面来考察中介语，对中介语形成全面、准确的认识，进而了解学习者的汉语习得（或发展[①]）过程。

根据全面性原则，全球库采用"偏误标注 + 基础标注"的标注模式，其标注内容笔语语料包括汉字、词汇、短语、句（句式和句子成分）、语篇、语体、辞格、标点符号8个层面。口语和视频语料除和笔语语料相同的6个层面之外（口语语料、视频语料无需进行汉字、标点符号2个层面的标注）还有语音标注，视频语料还有体态语标注，共计10个层面的标注，在目前的汉语中介语语料库中标注内容是最多的，可以满足教学与研究的多方面需求。（参见图2）

标点	字	词	短语	句	语篇	语体	辞格	词性	语音	体态语
标点	字	词	短语	句	语篇	语体	辞格	词性	语音	体态语
标点	字	词	短语	句	语篇	语体	辞格	词性	语音	体态语
标点	字	词	短语	句	语篇	语体	辞格	词性	语音	体态语

图2　语料标注层面图

由于目前对语义和语用方面的偏误量和标注范围尚需进一步调研明确，全球库暂未进行语义标注和语用标注。但从全面性原则出发，这两个方面的标注是必要的，将在下一步的建库工作中进行补充标注。

以往对全面性标注原则是有不同见解的（肖奚强、周文华，2014），我们也从理论上做了进一步的探索与回应（张宝林、崔希亮，2018），全球库的成功建设则从建库实践上证明了该原则的可行性。

[①] 关于二语习得与二语发展的概念与关系见许希阳等（2015）、梁爱民等（2017）。

3.2 多版 / 分版标注

以往的汉语中介语语料库建设，一般是在同一版语料中进行语言文字多个层面的标注，例如字、词、句、语篇、标点符号的标注，可称之为"同版多层标注"。例如"HSK 动态作文语料库"就是这样做的。全球库最初本想继续采用这样的做法，在同一版语料上进行包括字、词、短语、句、语篇、语体、语义、语用、辞格、标点符号、语音、体态语等在内的所有层面的标注。可以设想，在同一版语料中做这么多层面的标注，一个句子会加上多少标注代码？一篇语料会加上多少标注代码？加上这么多代码之后，单个的句子也好，成段表达的语篇也好，还能否顺畅地阅读？估计很难。

我们做过一个尝试：在同一版语料上进行自动分词和词性标注、短语标注和句子成分标注，目的是依据词类、短语、句子成分 3 种信息的叠加自动判定句类、句型和句式。尝试的结果发现：以人工方式进行这种同版语料上的多重标注并不现实，不但标注过程过于烦琐，而且切分与标注之后，构成句子的词语成分被切割得七零八落，句子已无法卒读，更难以检查标注质量。因而舍弃了这种标注模式，改用分版（或称多版）标注的方法。显而易见，所谓分版标注或多版标注，并不是我们凭空想象出来的标注方法，而是实验的结果，甚至是在实验中碰壁之后不得不采取的做法。

从语料库应用的角度来看，一般来说，每位研究者在一次研究中只能研究一个层面的内容。如果使用同版多层标注的方法进行语料标注，那么，除了其所要研究的层面之外，其他层面的标注内容对研究者来说其实都是干扰信息，对其研究工作来说是十分不利的。而分版标注则可以研究哪个层面就查询哪一版的标注内容，显然是更为方便的。我们也尝试过显示特定层面标注内容，隐藏其他层面标注内容的方法，但并不理想，甚至导致语料中句、段、篇丢失的现象，因而没有采用那样的方法。

下面是一段同版多层标注的例文，具体显示了这种标注方式的不足。

【现在 /nt】{Jzy1}【随着 /p 科学 /n 的 /u 发展 /v】{Jzy2}{CZjb}【产生 /v】{Jsy} 了 /u【更 /d 多 /a】{Jdy1}{CZzz}{CZx} 的 /u【以前 /nt 没有 /v 听到 /v】{Jdy2}{CZzz}{CZd} 的 /u【噪声 /n】{Jsy}#，/w【汽车 /n 喇叭 /n 声 /n 和 /c 电话 /n 铃声 /n】{Jzhuy}{CZlh}{CZm}【也是 /d】{Jzy}【属于 /v】{Jsy}【这 /r 种 /q】{Jby}{CZsl}{CZm}#，/w【这些 /r】{Jdy1}{CZsl}{CZm}【因为 /c 科

技 /n 的 /u 发展 /v 产生 /v 出来 /vd】{Jdy2}{CZzz}{CZd} 的 /u[-zhuy]，/w
【应该 /vu】{Jzy1}【通过 /p 科技 /n】{Jzy2}{CZjb}【来 /vd 解决 /v】{Jwy}
{CZld}{CZd} #……

分版标注的另一重要功能是在"语料库建设与应用综合平台"的帮助下，使语料库建设具备动态建设与升级迭代功能。语料库如需增加新的标注内容，如语义标注和语用标注，只要增加相关的标注规范和标注层面即可实施标注，扩充语料库的内容和功能，使原有语料库升级迭代为新的语料库，将语料库建设成一个动态过程。

3.3 自动标注

在语料标注的所有方法中，自动标注是最为理想的标注方法，不但速度快、效率高，标注的一致性也好。鉴于目前中文信息处理研究的实际水平，应明确下列几点：①除自动分词和词性标注已达到实用水平之外，汉语中介语语料还难以进行全面的自动标注，其他层面的标注只能采取手工标注为主的标注方式。②自动标注既包括机器标注，也包括机标人助；标注过程的自动化控制也应属于自动标注系统的范畴。③在有条件进行或尝试进行自动标注的层面要积极进行自动标注。

全球库在建设过程中根据实际情况进行了一些自动标注的探索，有些还进行了实践。

（1）积极借鉴中文信息处理的现有研究成果，在词的基础标注中采用了计算机自动分词和词性标注的方法。

（2）繁体字、异体字是封闭的类，完全可以进行自动标注。在全球库建设中，我们采用自己研发的软件，实现了繁体字、异体字的自动标注，实验证明其效果良好，准确性与一致性远远超过人工标注。

（3）依据《现代汉语词典》中对一些语体色彩鲜明的词语的＜口＞、＜书＞标记，对词语的语体标注采取"机标人助"方式进行标注。实际效果虽然不如繁体字、异体字的自动标注，但仍可以作为一种辅助标注手段加以使用。

语体色彩鲜明的短语、句式可以自动处理，例如口语句式"看把你 +A/V 的！""你给我 +V！""非……不可"，书面语句式"作为……的 + 代词"、形式动词+动词宾语、书面语句式"为……所……""以……为……""化……为……"等。

在熟语标注的基础上，成语可以优先标注为书面语，惯用语、歇后语、谚语、俗语等可以优先标注为口语，再辅以人工审核与修正。

（4）根据句子的系统性和形式特征，在机器自动分词和词性标注的基础上，通过一些标志词、词性和标点符号，可以采用"机标人助"的方法对某些句类、句型、句式进行一定程度的自动标注，尽可能多地发挥计算机在语料标注中的作用。

在句类层面，一个句子带有问号，即为疑问句。带有否定词，即为否定句；带有两个否定词，即为双重否定句。带有叹号，即为感叹句或祈使句。带有句号，可首先将其视为陈述句。一个带问号同时句尾带有语气词"吗"的句子，即为是非问句；带问号同时句中有疑问词的句子，即为特指问句。如果能够确定疑问句、感叹句和数量相对较少的祈使句，则数量最多的陈述句即可判定，甚至无需标注；能确定否定句，则肯定句随即可以确定，如此即可进行自动标注。

有些存在包含关系的句子分类，知其下位句式，即可知其上位句型或句类，也可以尝试进行自动标注。如能判定一个句子为"把"字句或兼语句或连动句或存现句，即可判定其属于动词谓语句；能确认一个句子为"比"字句，也就可以断定其谓语是形容词性或动词性的，为形容词谓语句或动词谓语句，进而进行自动标注。

这样看来，通过一些标志词、词性和标点符号对一些句子类型进行自动标注是具备现实可行性的。

（5）得益于近年来语音识别技术的实质性进展，在口语和视频语料转写方面，全球库的口语子库和多模态子库采用了机器语音转写的自动方式，大大提高了转写效率。

（6）在语料上传、录入与转写、标注等环节设置了管控功能，实现了语料库建设流程的自动化和一定程度的标准化，在一定程度上克服了语料库建设的随意性。

应指出的是，学界众多研究成果为自动标注提供了丰富的借鉴和坚实基础。例如郭锐（2002）从词的角度，赵金铭（2004）从口语与书面语区分的角度，刘德联、刘晓雨编著（2005）从口语句式的角度，冯胜利（2006）从书面语词与句式角度，以及冯胜利、胡文泽主编（2005），冯胜利、施春宏主编（2018）等论著，分别对汉语词、句的语体特征与教学进行了广泛而深入的研究，提供了不同语体词、句的丰富素材，均可为语体自动标注提供重要参考与依据。

4　全球库的数据统计

全球库规模庞大、标注全面，形成了众多统计图表，数据十分丰富。数据是事实，大数据是规律，这些数据能够反映学习者学习汉语的许多情况：学习者国籍、母语、学习时间、学习成绩、汉语水平发展过程、汉字、词汇、语法等方面的习得特点和规律，非常重要，可以为教学与研究提供很多参考信息，这些信息可以帮助我们制定教学大纲、编写教材和因材施教。

由图 3 可以了解全球库的许多重要数据和信息。

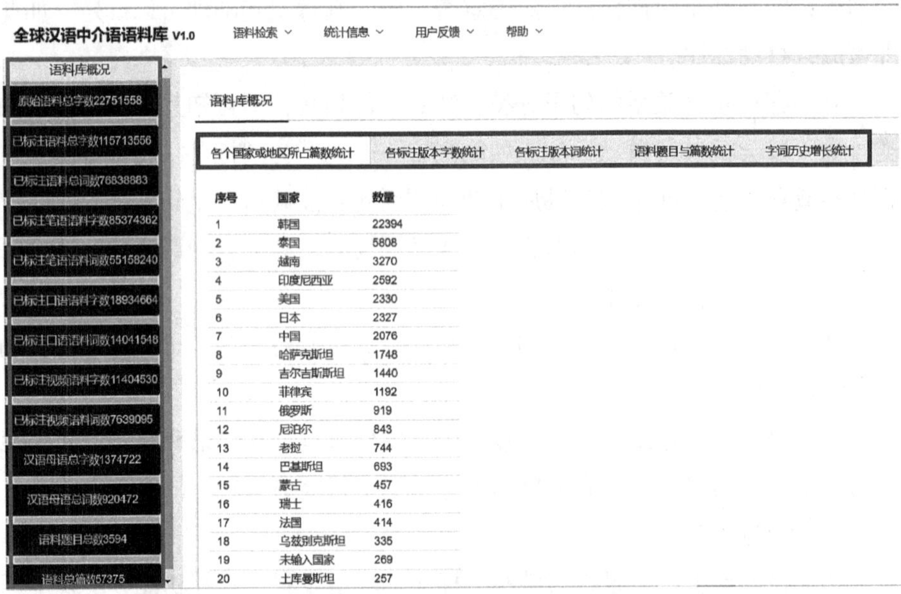

图 3　语料库概况图

图 3 是进入语料库后呈现的首页，是一张概况图，揭示了语料库的许多重要统计信息。其左侧的一列中有语料库的总字数、总词数，有笔语、口语、视频三种语料的字数、词数，有母语者语料的字数、词数，还有语料的

题目总数、语料的总篇数。右侧中上位置的横行中有各国语料数量、各标注版语料的字数统计和词数统计、语料题目与每个题目的篇数统计、语料字数历史增长统计记录等，显示了一些统计信息的类型。

最上面中间一行的"统计信息"是一个下拉菜单，其中包括语料库概况、库存所有的字汇总和词汇总及其总频次、错误频次与错误率、按性别统计的字与词汇总、按国家统计的字与词汇总、分类标注统计、不同形式语料的分类统计，这些数据非常重要，对教学与研究具有重要参考价值。另外还有一个分词工具，可供用户对自己收集和持有的语料进行切分以及对字、词、标点符号等相关信息的统计之用。详见图4。

图4 统计信息分类图

图5至图10是一些统计图表的样例。

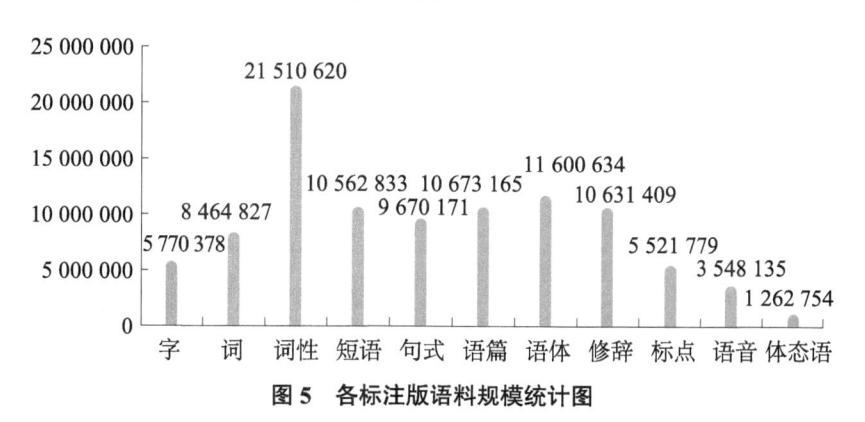

图5 各标注版语料规模统计图

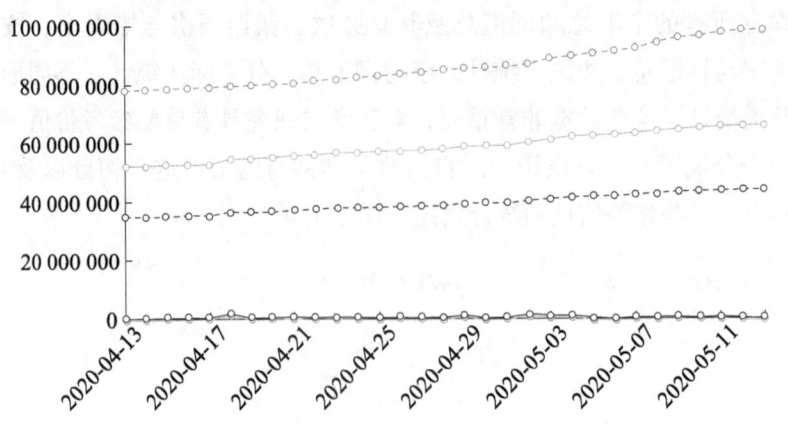

图 6 语料字数历史增长统计图

图 7 按字汇总的统计图

图 8 按国别汇总的字、词统计图

分类标注统计

标点标注统计

序号	标注代码	句子数量	总句子数量	占比	统计时间	详细
1	[Bcy]	25596	132846	19.27%	2020-05-13 02:10:30	详细
2	[Bq]	17914	132846	13.48%	2020-05-13 02:10:30	详细
3	[Bd]	5061	132846	3.81%	2020-05-13 02:10:30	详细
4	[Bcx]	4207	132846	3.17%	2020-05-13 02:10:30	详细
5	[Bw]	728	132846	0.55%	2020-05-13 02:10:30	详细
6	[B?]	113	132846	0.09%	2020-05-13 02:10:30	详细

字标注统计

序号	标注代码	句子数量	总句子数量	占比	统计时间	详细
1	[Zc]	17337	136198	12.73%	2020-05-13 02:10:30	详细
2	[Zd]	13397	136198	9.84%	2020-05-13 02:10:30	详细
3	[Z?]	1404	136198	1.03%	2020-05-13 02:10:30	详细
4	[Zq]	332	136198	0.24%	2020-05-13 02:10:30	详细

图 9　分类标注统计图

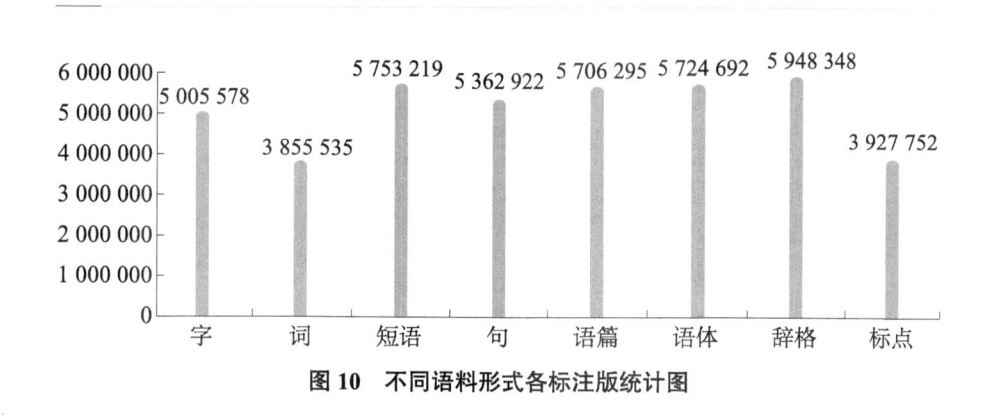

图 10　不同语料形式各标注版统计图

需要说明的是，全球库的数据统计都是实时进行的。只要有新的语料上传，有新的标注语料入库，相关数据就会随时更新，统计图表也会随即发生相应的变化。

5　全球库的检索方式

全球库的语料检索方式丰富，便于查询各种中介语现象，从而使语料能为教学与研究发挥更大的作用。

该库的检索方式共有 8 种，各种检索方式及其主要功能如下。

（1）字符串一般检索，对语料库中存有的具体的字、词、短语、句子进行检索。

（2）分类标注检索，对依据标注规范所做的各层面，即字、词、短语、句、篇、语体、辞格、标点符号、语音、体态语10个层面的标注内容进行检索。

（3）离合词检索，对语料库中所有的离合词，特别是可以对其"离"的用法进行检索。

（4）特定条件检索，可以对具有两个检索词的短语、句式、半固定结构，例如"爱……不……"、"一……就……"、"是……的"句、"半……半……"、"连"字句等进行检索。例如图11、图12。

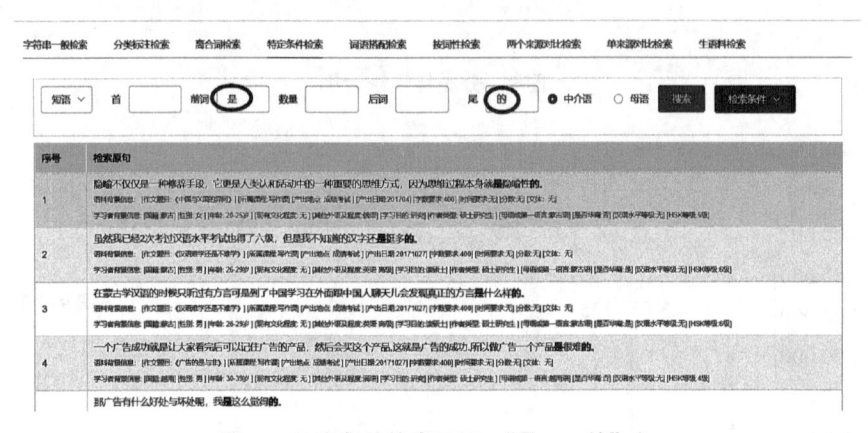

图11　特定条件检索示例："是……的"句

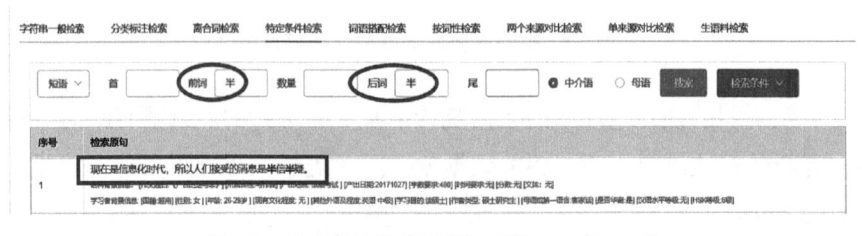

图12　特定条件检索示例："半……半……"

（5）词语搭配检索，可以对被检索词左边或右边的搭配词语及其频次进行检索。其作用相当于搭配词典，可以集中反映词语的用法，对教学具有十分重要的参考价值和指导作用。

（6）按词性检索，可以对带词性的词和词性组合进行检索。例如通过"把 /p+n+v""给 /v+n+n""使 /v+n+v"可以准确查询"把"字句、"给"字双宾句、"使"字兼语句。见图13、图14、图15。

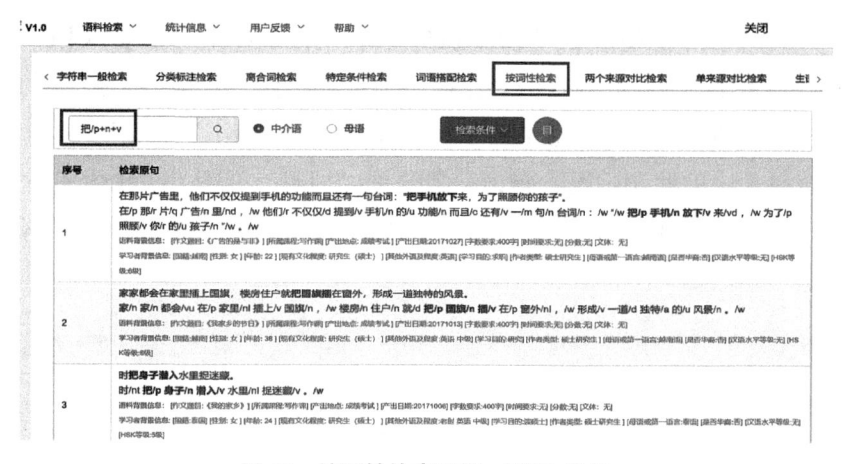

图 13　按词性检索示例："把"字句

图 14　按词性检索示例："给"字双宾句

图 15　按词性检索示例："使"字兼语句

（7）词语对比检索，可以分别进行【单来源对比检索】和【两个来源对比检索】。前者可以查询对比同一类语料中两个不同词（例如易混淆词）的使用情况，后者可以查询对比一个词在两种不同类型语料（例如笔语和口语）中的使用情况；查询结果分别以词云、列表、柱状图 3 种方式显示。图 16、图 17、图 18 以"好看、漂亮"为例展示【单来源对比检索】情况。

图 16　对比检索示例：词云

展示	数量	展示	数量
很好看	23	很漂亮	84
不好看	7	最漂亮	15
非常好看	6	非常漂亮	15
又好看	5	又漂亮	10
也好看	3	一个漂亮	6
特别好看	3	年轻漂亮	4
得好看	3	特别漂亮	4
要好看	2	和漂亮	4
那么好看	1	的漂亮	4

图 17　对比检索示例：列表

图 18 对比检索示例：柱状图

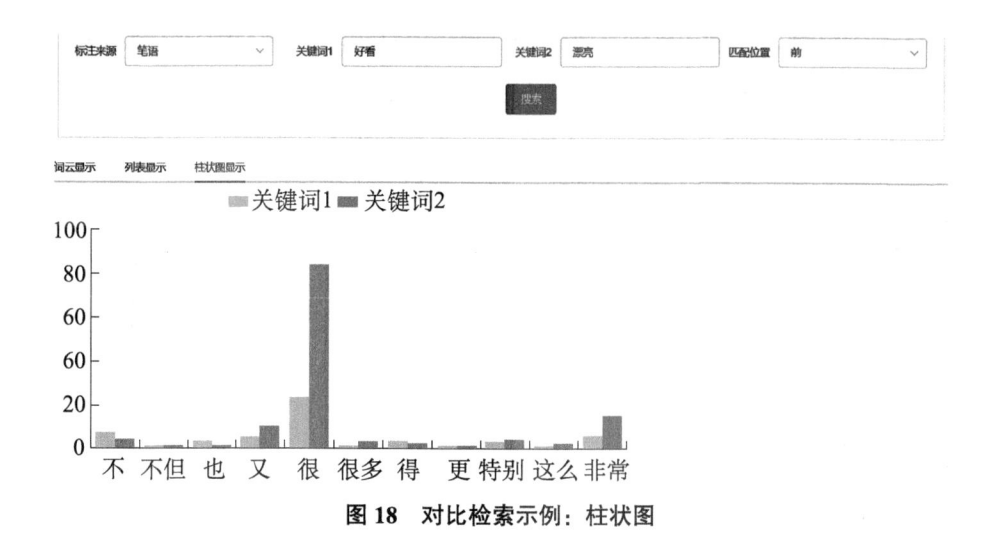

（8）按句末标点检索，可以查询到以句号、问号、叹号结尾的句子。例如图 19 中查到的是是非问句。按句中标点检索已在特定条件检索中实现。

图 19 按句末标点检索示例

检索方式的丰富与功能的增强，不但可以方便、准确地检索一些句子，还可以在一定程度上简化语料标注，甚至取代某些语句的基础标注。例如按词性组合检索"把 /p+n+v"可以直接查得正确的"把"字句，按"？+吗"可以查得是非问句，因而"把"字句和是非疑问句之类的句子的基础标注即可省去不做。

当然，究竟哪些语句可以被检索方式所取代还需通过细致深入的研究加以确定。

上述检索方式还可以针对中介语的生语料和汉语母语者语料进行检索。

这两类语料只做了机器自动分词和词性标注，而未做其他标注，所以分类标注检索方式是不能用的，其他检索方式则皆可使用。

查询时还可以设置相应的检索条件，使查询更有针对性。查询到的语料可以自动下载，方便用户研究使用。详见图 20。

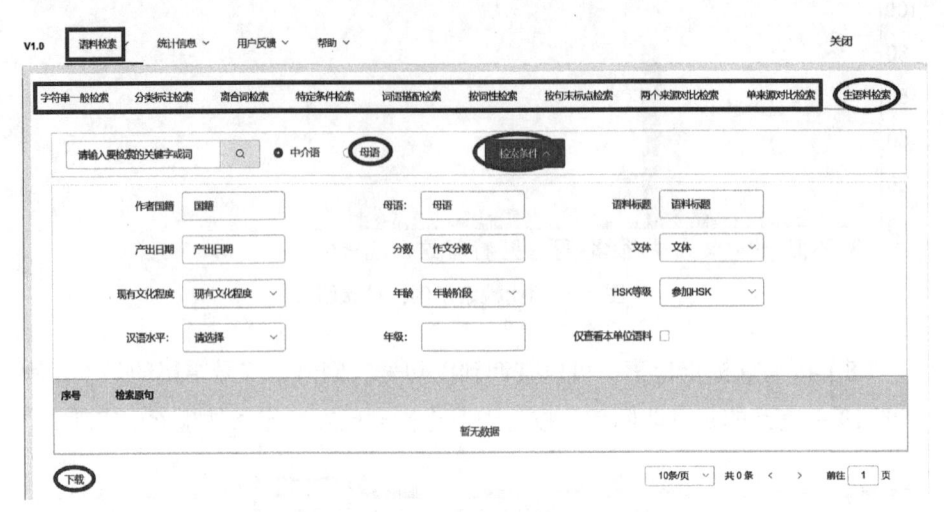

图 20　检索方式、检索条件、下载示例

需要说明的是，全球库设置了下载条数限制功能，即以 500 条语料为限：500 条以下全部下载，500 条以上通过随机程序随机下载。这样做并非随意而定，而是有着充分的统计学依据（张勇，2008），是足以支持相关研究，保证研究结论的科学性和可靠性的。

6　结语

全球库的成功建设实现了我们在课题立项时的承诺：建设一个"最大最好"的汉语中介语语料库。从为全球汉语教学与研究服务的宗旨到面向全世界各界人士免费开放的实际行动，从海内外学界合作共建的建设方式到"搭积木式"的动态建设策略，从标注语料 1.15 亿字的庞大规模到笔语、口语、视频等 3 种中介语语料和母语语料齐全的语料类型，从 10 个层面的标注内容到 8 种检索方式，从实时统计丰富实用的统计信息到众包修改维护、升级迭代的崭新功能，该库的这些创意、设计与功能在以往的汉语中介语语料库建设种都是前所未见的，集中体现了汉语中介语语料库建设所达到的新高度、新水平，开创了汉语中介语语料库建设的新篇章，是汉语中介语语料库建设 2.0 时代①的典型代表。

2020 年 1 月下旬，突如其来的疫情，打乱了人们的工作和生活秩序。在国家做出抗疫部署之后，我们于 2 月 6 日在多个微信群中再次发布了全球库网址，并对其规模、语料类型、标注内容、检索方式等进行了介绍，供学界免费使用，以协助大家在疫情防控期间开展科研工作，为抗疫尽我们的一份社会责任。这一做法是我们"积极主动、全心全意为全世界的汉语教学与研究服务"建库宗旨的集中体现，我们将继续秉持这一宗旨，为全球汉语学界建设和提供优质资源，助力汉语教学与研究的不断深入发展。

全球库初步建成，虽然有多方面的创新性，然而基于该库的应用研究尚未广泛开展，该库的问题与不足尚未充分显现。按照软件工程从 bug 的爆发期到收敛期发展的特点与规律，可以肯定全球库是会有问题乃至错漏的，因而是需要改进的。平台的建设与使用，全球库升级迭代功能的实现，使其改进成为可能。众包修正维护功能则可以使更多的人、特别是广大用户在使用语料库的同时成为错漏的发现者和修改者，进而不断提高语料库的质量。

平台的研发及其功能，有可能使语料库建设方式产生重大变化，即不一定总是从无到有地建设一个语料库，而是可以在某个或某些大多数人公认的语料库基础上进行补充、修改，使之持续发展、不断丰富与深化。通过一次次的升级迭代，使既有的语料库得以优化与完善，最终成为学术精品，更好地满足汉语教学与研究的需要。

语料库的建设必须经受教学与研究等应用实践的检验，并根据实践中发现的问题做出相应的修正与改进。因此我们采取动态建设的策略以便随时补充、修订、完善语料库的细节，并根据应用研究的需要实时调整、增加语料库的检索功能。我们希望这个语料库能够成为汉语中介语语料库建设领域的创新典范，成为语料库建设中合作研究的典范，成为科研项目共建共享的典范。当然，我们最重要的目的是更好地为汉语第二语言教学及其科学研究和人才培养服务。

---

① 汉语中介语语料库建设 2.0 时代的概念与界定参见张宝林（2019）。

参考文献

[1] 崔希亮，张宝林. 全球汉语学习者语料库建设方案 [J]. 语言文字应用，2011（2）.

[2] 冯胜利. 汉语书面用语初编 [M]. 北京：北京语言大学出版社，2006.

[3] 冯胜利，胡文泽. 对外汉语书面语教学与研究的最新发展 [M]. 北京：北京语言大学出版社，2005.

[4] 冯胜利，施春宏. 汉语语体语法新探 [M]. 上海：中西书局，2018.

[5] 郭锐. 现代汉语词类研究 [M]. 北京：商务印书馆，2002.

[6] 郝振斌. 汉语中介语语料库的技术实现及未来展望，未发表稿，2019.

[7] 梁爱民、张秀芳. 复杂系统理论视角下二语动态发展研究综述 [J]. 鲁东大学学报（哲学社会科学版），2017（6）.

[8] 刘德联，刘晓雨. 汉语常用口语句式例解 [M]. 北京：北京大学出版社，2005.

[9] 吴军. 数学之美 [M]. 3版. 北京：人民邮电出版社，2020.

[10] 肖奚强，周文华. 汉语中介语语料库标注的全面性及类别问题 [J]. 世界汉语教学，2014（3）.

[11] 许希阳，吴勇毅. 复杂动态系统理论：对二语习得研究的反思 [J]. 语言教学与研究，2015（2）.

[12] 张宝林. 关于通用型汉语中介语语料库标注模式的再认识 [J]. 世界汉语教学，2013（1）.

[13] 张宝林. 从1.0到2.0：汉语中介语语料库的建设与发展 [J]. 国际汉语教学研究，2019（4）.

[14] 张宝林，崔希亮. "全球汉语中介语语料库建设和研究"的设计理念 [J]. 语言教学与研究，2013（5）.

[15] 张宝林，崔希亮. 关于汉语中介语语料库标注规范研究的新思考：兼谈"全球汉语中介语语料库"标注规范的设计 [C]. 张宝林，肖奚强，林新平. 第三届汉语中介语语料库建设与应用国际学术研讨会论文选集. 北京：世界图书出版公司，2018.

[16] 张宝林，等. 汉语中介语语料库标注规范研究 [M]. 北京：北京大学出版社，2019.

[17] 张勇. 样本量并非"多多益善"：谈抽样调查中科学确定样本量 [J]. 中国统计，2008（5）.

[18] 赵金铭. 汉语口语与书面语教学 [M]. 北京：北京大学出版社，2004.

学习者语料库的语用问题：以汉语二语为例

吴伟平（广东外语外贸大学）

摘要： 语料库是研究人类语言运用的数据库，近年来基于学习者语料库的研究多属于对其口语或书面产出的语言结构分析，但对语用相关方面的研究，比如口语产出是否得体，真正有分量的研究和报告还是难得一见。之所以会出现这种情形，最主要的原因是大部分学习者语料库先天不足，从最开始的设计和取样，到后期的加工标注，都聚焦语言结构，绝大部分的语料库无法提供语言运用的关键信息。本文讨论 CSL 学习者语料库在建设和使用过程中的两个语用问题，一是如何在取样的时候把语言运用公式化，参照"语言结构体系＝语音＋词汇＋语法"的模式，提出"语言运用体系＝语境＋功能＋内容"的模式，并举例说明如何把这一模式落到实处。二是提出笔者对进行语言产出得体性研究的一些思路，包括如何在语料库初步建成但各种语用标注尚未完全到位时，利用干净文本和原始音档从事语用相关的研究。文中分享了一个博士学位论文研究实例，该研究关注的问题是高端 CSL 学习者的口语语篇产出是否得体，以及不同语言文化背景的学习者在得体性方面的异同。中文中所用语料和例子均来自"语言习得语料库/汉语口语"（Language Acquisition Corpus/Spoken Chinese 简称 LAC/SC），一个从社会语言学的角度探索 CSL 语用教学和习得的长期（2004—2020）应用研究项目。

关键词： 学习者语料库；二语习得；语用因素；得体性

0 引言

语料库是研究人类语言运用的数据库，不同的学者有不同的使用方法和探索方向。20 世纪 90 年代初就有了基于语料库的批判话语研究（Caldas-Coulthard，1993），有人用于话语研究（许家金，2019），有人用来分析英语学习者的失误和认知模型（桂诗春，2004），有人关注语料库本身的建设和各种标注（张宝林等，2019）。在语言教学和习得领域，近年来基于语料库的研究在硕士、博士学位论文中急剧增加，有不少相关研究报告也以学术文章的形式出现在诸多刊物上。细看近10年来在学术刊物上发表的这一类文章,发现绝大部分的研究属于对学习者的口语或书面产出的语言结构分析,特别是偏误分析。海姆斯(Hymes,1972)提出语用能力的理念到现在已经过去几十年,对培养学习者语用能力的探讨和研究不管是数量和质量,比起之前只注意学习者语言结构的情形已经有了极大的改观。但基于各种学习者语料库深入研究与语用习得、语用能力培养和其他语用相关题目的方面,真正有分量的研究和报告还是难得一见。之所以会出现这么一种情形,最主要的原因是大部分学习者语料库先天不足,从最开始的设计和取样到后期的加工标注都聚焦语言结构,绝大部分的语料库无法提供语言运用的关键信息(比如语境)。资料所限,研究的方向受到限制也就不足为奇了。

在语料库相关的研究领域,到目前为止,比较成熟的语料库还是跟英语有关,比如当代美国英语语料库、电视语料库、电影语料库、不列颠国家语料库(https://www.english-corpora.org/)。根据社会需要和热点建库的速度也非英语莫属,2020年5月开放的新冠病毒语料库(Coronavirus Corpus/english-corpora.org),在短短一年中词汇量已高达11亿以上(1147 million, as of Aug. 2021),并以每天三到四百万的速度增加。有了这个庞大的语料库,我们通过词频搜索就可以了解在特定时段与疫情相关的最热门消息,这从另一方面提醒我们语料库的使用已经成了现代生活的一部分。在学习者语料库方面,这个领域的主要刊物(*International Journal of Learner Corpus Research*)是我们了解该领域主要研究热点和方向的渠道之一,2019年的专刊(*Brezina, Gablasova & McEnery* 2019)中关于Trinity Lancaster Corpus的相关研究就是一个很好的例子。

跟英语相比,汉语语料库虽然起步比较晚,但发展势头迅猛(Zhang & Tao, 2018)。包括原国家语委和中国语料库语言学研究会所创建或管理的语料库,众多可以网上查询的语料库(Corpora A-Z, Beijing Foreign Studies University Corpus Research Group),台湾的现代汉语标记语料库(Academia Sinica Balanced Corpus of Modern Chinese)在内的普通语料库,还有一些专门领域的语料库[比如传媒大学的媒体语言语料库MLC(http://ling.cuc.edu.cn/RawPub/)],都已经成为汉语相关研究的数据库。近十几年来,因为有大批量的外国学生到中国求学,这些人都需要参加HSK这一类大型语言水平考试,汉语学习者语料库的又迎来了发展的新阶段,毕竟这种大型测试为创建语料库提供了大量的原始语料。另一方面，语料库的创建和使用又引发了基于语料库的诸多研究，所以近年来在汉语二语（CSL）教学领域，与语料库相关的各种研究，特别是偏误分析和其他与 CSL 习得相关的硕士、博士学位论文简直可以用井喷来形容。除此以外，北京语言大学的 BCC 语料库、北京大学的 CCL 语料库和广州中山大学汉字偏误标注的汉语连续性中介语语料库也为研究汉语习得领域提供了大量的素材，成为相关研究遍地开花的另一个主要原因。但如前所说，所有这些语料库的取样和加工基本上没有提供语用方面的信息，比如与语料相关的语境。

本文以 CSL 学习者的口语语料库为例，主要探讨两个问题。第一是在建库的过程中如何系统地考虑语用因素，特别是在取样时如何加入语境（包括言语活动中人物和场合的信息）因素。第二是在语料库建成以后，如何根据生语料库所提供的信息进行语用相关研究，比如学习者口语产出的得体性这些只靠语言结构无法回答的问题。这一点之所以重要，是因为语料库的标注、加工和搜索引擎的建立往往是一个漫长的过程，很多语料库因为这种等待而失去了前行的动力，无法进入"以库养库"的良性循环。文中所用口语语料大部分来自大型口语能力测试研究项目（computerized oral proficiency assessment，COPA）和与该测试相关的 CSL 学习者口语语料库（Language Acquisition Corpus/Spoken Chinese，LAC/SC）。[①]

1 两种模式：结构为纲与语用为纲

二语教学与习得的研究，不管是 CSL 还是 ESL，首先必须弄清关注点的问题，聚焦语言结构或语言运用，这二者的研究所需信息不同，所面对的问题也很不相同。前者跟研究相关的理念和指引来自语言学中的语言本体理论，比如 20 世纪 30 年代的《语言论》（Bloomfield，1933），和之后一切聚

---

① 项目最早可追溯到 20 世纪 80 年代中期美国应用语言学中心研发的汉语模拟面试（Simulated Oral Proficiency Interview，SOPI），后来在中国语言文化基金（香港）的支持下，发展成为笔者团队在汉语二语教学实践中落实语用为纲理念的应用研究项目（2004—2020），聚焦水平测试、课程设置、教材编写、教学活动和教师培训等语言学习过程中的重要环节，成果包括举办 9 次国际学术研讨会、出版相关学术丛书 9 册和语用为纲的 CSL 教材 4 套。

焦语言结构和形式的语言学研究。后者的理论框架多源于社会语言学或相关研究，特别是20世纪70年代末海姆斯提出"语用能力"概念（Hymes，1972）以后发展起来、从学科的角度研究语用学和相关文化理念（Bates，1976；Brown & Levinson, 1988；Grice, 1989；Gumpers, 1992；何自然，1997；钱冠连，1997；陈原，1999；冉永平、张新红，2007；陈平，2021；冉永平等，2021）或者从社会语言学的角度探讨广义的语言运用与语言教学和习得的各种研究（Rose & Kasper, 2001；吴伟平，2006；刘建达，2008；王初明，2020；方绪军等，2011；陈新仁等，2013；马萧、李丹丽，2021）。虽然学习者语料库的建设与语言教学和习得之间有着密切的联系，但学者的研究和发现社会语言学在语料库的建设和应用研究方面总体而言大大落后于教学方面的实践（Tao, 2017; Tao et al., 2020）。相比之下，结构为纲的理念大家都很熟悉，也是比较容易定义的概念。从教学的角度，基于结构的教学模式可以用下面的公式表示：

$$结构为纲模式 = 语音 + 词汇 + 语法$$

语音是每种语言中相对简单的一个体系，有一些最基本的，可以看得见摸得着的"硬件"，而且在一定时间内这个体系都可归入封闭型一类（有边界，可穷尽），所以二语学习课程离不开词汇大纲和语法大纲，但一般不需要语音大纲。对学习者来说，英语语音体系最直观的有元音和辅音两大类，每一类根据发音部位和发音特点，又可以细分成很多不同的小类（比如单元音和双元音）；汉语语音体系不管用的是哪一种符号，也能分成声母、韵母和声调三大类，每一类都可以继续细分（比如声母的双唇音和唇齿音，韵母的开口呼和撮口呼，声调的阴阳上去）。词汇体系根据语音特征可以分成单音节词、双音节词，或以四字结构为代表的成语，根据语法概念可以分成虚词和实词，还有更细的比如名词、动词和形容词，等等。语法有简单句、复杂句，还有"把"字句、"了"字句等特殊句型。在词和句之间还有词组，这也是在教学中可以独立成类的一个范畴，这就是语言结构体系的概述。从事语言本体研究的人看到这里一定会抗议说"哪有这么简单"！

的确如此。这种宏观的分类远远不足以反映汉语的复杂性，近几十年来的本体研究已经有了很多成果，但学者们对如何解释已经发现的很多语言现象还常常争论不休。"把"字句、"了"字句，这些教学上常见的语法点已经忙坏了无数学者和教师，几十年来我们见到无穷无尽的讨论和研究报告，其中互相矛盾的、各执一词的或"见仁见智"的应有尽有。更别说还有尚未发现、甚至尚未意识到的语言现象。吕叔湘 20 世纪 80 年代初期关于"理想语法体系"的讲话（吕叔湘，1982）到现在已经过了几十年，但我们跟"理想"之间的距离好像还很遥远。当然，在寻找这一理想体系的过程中我们对汉语有了深入的了解，但同时我们也意识到，作为语言结构的一个子体系，语法也好，语义也好，其研究的深度和广度几乎是无止境的。我们让 CSL 学生学的，除了相对全面的汉语语音，他们所接触的"常用词汇"和语法点，可以说只是汉语这个大海中的一滴水。或许我们的语言教学在学者们无穷无尽的争论中能正常开展而且继续发展的根本原因之一，就是因为我们知道这滴水其实也就是取样的结果，而且能忍受不同的学者对这一滴水有不同的看法。

比起语言结构这个"大海"，语言运用就是无边无际的"汪洋"。掌握了任何一种语言结构知识的母语者或学习者，在运用语言传递信息的时候，理论上、在广度、深度、内容三方面我们都无法穷尽。这是因为语言运用本身就是一个开放体系，因人因时因地而异，在不同的文化中有不同的表现特征，在跨文化交际中，各种文化差异的碰撞和语言使用者的个体和群体特征相互作用，最后，这个无比庞大的体系中的所有可能出现的现象只能用"不可预料"来形容。社会语言学的研究和发展，语言学习者对人际交流的重视，多年来国内外学者围绕语言与文化，语用学与语言教学之间的关系所展开的诸多探索（Bates，1976；吕必松，1993；袁博平，1995；Rose & Kasper，2001；李晓琪，2006；Wu，2008；吴伟平，2009；崔希亮，2010；赵金铭，2011；冉永平，2021），还有近年来对新中国成立以来汉语非母语教学的回顾和反思（赵金铭，1989；程棠，2000；李泉，2019；李宇明、翟艳，2021），可以说语用为纲的理念到目前为止已经被广泛接受。从事语言教学，特别是外语教学的教师都会强调"外语学习的最终目标是培养学生的外语交际能力"（束定芳，2004），但由于语用研究"重理论，轻实践"（陈新仁，2013）的原因，还有语言运用本身的复杂性、多样性和不可预见性，语用为纲这一理念在教学和语料库建设中常常难以真正落到实处。为了寻找一个可操作、能落地的方法，我们不妨把语言运用看成一个体系。为了讨论和比较的方便，我们也可以把基于运用的教学模式用同一个公式来表示：

语用为纲模式＝语境＋功能＋内容

学习者口语语料库中所用到的口语产出全部来自二语学习者，严格来说也是教学活动的产物，如何分析这一模式中的三个要素，并把可操作的部分，也就是语言运用体系这个汪洋中用于教学的这一滴水，用于语料的收集和子库的建设之中，这就是我们接下来要探索的问题。这"一滴水"的提取，是建立在不同领域到目前为止的相关研究的基础之上。这些研究包括 20 世纪 80 年代的"结构—功能—情景"模式和稍后的"功能—结构—文化"模式（程棠，2000），汉语二语教学方面的研究（崔希亮，2010），任务型教学的相关探索（Wu，2001；Brown et al.，2002；Ellis，2003），语言习得和学习者语料库方面的研究（Tao，2017；Zhang & Tao，2018；张宝林等，2019；Tao et al.，2020）。

2　语料库取样的语境因素

语用为纲模式中的第一要素是语境，包括两个方面的因素，一个是语言交际的相关人物，一个语言运用的场合。语境是判断学习者语言产出是否得体的关键。就像语言结构模式一样，每一个因素都可以继续细分。人物之间的关系在语言运用中会影响对语言形式的选择，包括语音语法和词汇。从教学的角度出发，人物之间的关系可以分成两类：一种是平等的关系，比如同事之间，朋友之间。一种是不平等的关系。不平等的关系里面又有两种情况，一种是下对上，一种是上对下。

先说说下对上。在中华文化中，对上关系的例子最明显的是年龄和社会地位的不同。自己的长辈、长辈的兄弟姐妹、长辈身边的朋友，这些都是说话者的长辈。在一个尊老敬老的社会中，社会的规范就是晚辈对长辈应该有礼貌，执后辈礼，单对单的时候，应该用"您"而不是"你"。至于长辈的长辈，那更是必须毕恭毕敬，这是从年龄的角度看问题。从社会地位看，下对上的关系中，最容易懂，最能接受的就是学生对老师。中华文化尊师的传统早已有之，老师本身就是一个尊称，假如说话者的老师姓李，名仁达，按照中华文化的习惯叫李老师，顺理成章。英语母语者，在他们自己的文化中，特别到了大学以上，也有老师不在乎，或甚至坚持让学生直呼其名，以显亲近。这种做法在中华文化中那是大大的不妥。社会地位的不同还可以表现在其他很多方面，在学校里面比较单纯，老师就是老师，老师的朋友圈子大概也可以用"老师"称呼。

出了校门就得注意了，在中华文化里面怎么样称呼对方是颇有讲究的。在这里不必讨论中华文化是否官本位，不过学生走上社会，很快就会发现中国有很多官衔是应该记住的。还以李仁达为例，他的行政职务是厅长的话，那就得叫李厅长，是校长那就叫李校长，套用姓氏加官衔儿这么一个公式对汉语学习者来说很好掌握。但如果他只是个副厅长又该怎么办呢？或者他只是一个普通职员，那该怎么叫？这是经常困扰汉语二语学习者的问题。

按照上面的公式，那就应该是李副厅长，不过根据这些年的中国官场中不成文的规矩，母语者通常在厅长同时在场的时候才会这样叫，其他场合还是会用"李厅长"。当职员的李达仁不是官，如何称呼那就得看熟悉的程度，还有说话的场合了。和别人说话如何称呼对方是语用能力的一个指标，为了交接学生在这方面的知识和能力，笔者多年来经常在上课的时候以李仁达为例，列出中华文化中常见的称呼，看看学生是否能知道每个称呼的含义，特别要他们注意"其他"一栏的各种称呼，让他们说说这些称呼的区别。

例（1）以男性名字"李仁达"为例的常见称呼：

姓名：李仁达

性别：男

常见称呼：

学界：李老师，李教授，李校长，李助理……

政界：李厅长……（其他行政职务），李主席，李主任，李书记，李秘书长

商界：李总，李董……

专业领域：李医生，李工（工程师），李院士……

其他：李老，老李，李爷爷，李叔叔，老李，小李，仁达兄，仁达……

这门课[①]上了好几年，每次的结果都大同小异，大部分学生对"其他"

---

① 这是笔者所在大学为国际学生开的一门三学分课程（亚洲语言文化，Language and Culture: An Asian Perspective），英文授课，学生基本上都是到香港的大学参加交换的北美大学生，母语都是英文，中文水平一般介乎中级到优级之间（ACTFL 水平等级）。

后面所列的这些称呼觉得最难理解，基本上没有人能说出"李老"和"老李"有什么不同，常常有人问我"老师，这里是不是写错了？"。对其他的诸多称呼，也没有一个人觉得自己能在不同的场合恰如其分地用好每一个词，可见对一个学习汉语的人来说，这个领域的确有点难。对英文背景的学生来说，我只能解释说，"李老"比"老李"更显尊敬，而且不是什么人都可以当得起"姓+老"这么一个称呼，一般用以称呼"德高望重"的老年人。可惜他们也不懂这个成语是什么意思。更难的是让他们理解一些上面的普通规律还没有涵盖的现象，比如秘书长和秘书为什么如此不同。根据中国社会的习俗，这位李仁达先生如果是某董事长的秘书，你叫他李秘书他会很高兴，但如果只是公司里一个很普通的小秘书，你这么叫他一定不会很高兴。又比如"助理"从字面上看是一个很低级的位置（就像英文的assistant），"老师"是尊称，但假如李仁达是校长的助理，同时也是老师，你叫他李老师当然没错，但说不定你叫他李助理，他也会很高兴。受官场文化的影响，你的称呼能够明指或者暗指对方自己觉得社会地位很高，那就是用对了。

　　语境的第二个因素是言语行为的场合，从教学的角度，可细分为非正式、正式和典雅。朋友之间、同事之间、家庭成员之间，假如不是讨论什么生死攸关的大事的话，一般用的都是非正式的语言和语体。跟工作相关的，比如开会、情况通报、官方通知等，通常会用正式的语言和语体。正式之上，也有一些很特殊的场合，需要用到特殊的语言和语体，这些往往发生在需要仪式感的一些场合。一个国家一个公司一个学校的庆典，谁先说话谁后说话，该怎么说话，都有约定俗成的一套礼仪。生活中少不了的红白喜事、出生、入土、乔迁、入宅，在这些场合说话也得遵守一定的规矩。与不同场合关系最密切的语言现象是语体，借用诗经的分类，可以把这三种场合与风、雅、颂联系起来。因为语体是通过对语音、词汇和语法的选择和操控而达到的某一种特别的效果，所以跟语言形式（或诗歌形式）也有直接的关系。

　　口语语料库建设在取样阶段，就必须考虑如何在语言任务中保证语境因素的出现，这样在学习者通过语言任务提供口语产出语料的时候就能够根据语境的要求对自己说的话做出相应的调整。这就牵涉到语境跟语用为纲模式中另外两个要素（功能和内容）之间的配合和互动。

3 语境因素与功能和内容之间的匹配

语用模式中的第二个要素是功能，就算不用实证性的科学实验结果，我们凭常识也完全可以理解并同意以下的推断。第一，在日常生活中用任何一个语言功能来完成语言任务的时候，势必牵涉语音、语法和词汇的知识以及对这些知识的运用。第二，语言功能难度越高、语言任务越复杂，在完成的过程中就涉及越多或越复杂的语言结构，包括语音和韵律、语义和词汇或词组、语法和篇章结构等（Wu，2001、2008、2016、2018）。

语用模式里面第三个重要的因素是内容。如果说汉语二语领域中情景和文化是教学中被忽略的重要因素，那么内容作为重要因素之一就不仅仅是忽略，而是彻底被无视了。不管是说出来的还是写下来的，内容本身的表达都是通过语言功能实现的，既然不同的语言功能导致不同的语言形式组合，不同的内容也是教学中必须考虑的重要因素。我们在几十年的时间中发现，在语用模式中根据学生的语言水平采用难易度不同的内容还是很有必要，而且可以操作。确定了语用为纲模式的这三个要素，在学习者语料库的建设过程中要考虑的就是如何把这些要素落到实处，让这些语用信息也成为语料库的一部分。

语料库建设在取样阶段，所有的口语产出都是让学习者在开始或模拟考试的情形下获得，在设计用于取样的语言任务时，我们以语用点（吴伟平，2006）的难易度为蓝本，把语境、功能和内容三个要素做了以下的匹配，见表1。

表1 用于取样的语言任务中语境、功能和内容的匹配

等级	语境因素 人物	语境因素 场合	语言功能	内容/实例
中级	平等朋友/同事之间	非正式	介绍	日常生活（具体）/小食店、天气、社区之类生活中常见的现象或事物
高级	平等 → 不平等 下对上或上对下	比较正式	比较	工作学习（具体或抽象）/在家吃饭和到饭店吃饭的区别
优级	平等 → 不平等 下对上或上对下	正式	辩论	社会议题（抽象）/环保、教育等社会共同关心的问题

在取样的时候，给学习者提供的语言任务中所有的语境因素都有明确的

说明，任务的设计也考虑了语境、功能和内容三个语用为纲模式要素之间的匹配问题，我们可以通过分析下面的实例来了解取样的具体运作。

例（2）语言任务（粤语版 COPA 测试题目 /P4CSNe002）：

在立法会的例行会议上，有议员对目前的香港教育制度的改革提出质疑，有人认为香港的教育改革操之过急，越改越糟，你作为教统局的发言人，认为教改势在必行，请你在立法会上反驳这位议员有关教改操之过急的说法。

普通话提示：
现在请教统局的发言人就香港教改的问题发言。

测试题目要素分析：
语境：
说话者身份：政府官员
说话对象：立法会成员
说话场合：公开、官方场合（立法会例会）
内容：
教改问题
功能：
请就（某个问题）发表见解，说明理由。

任务要求学习者在这一特定的语用框架下根据自己的身份、说话的对象和说话的场合，用适当得体的语言完成指定的语言任务。例（2）的任务是发表自己的见解，说话者的身份是政府官员，听众是立法会成员，两者之间的关系可以归入平等一类，场景是正式的官方会议。内容是与教育相关的社会问题。根据相关研究对难易度的判断，"……以语言功能为核心，包括该功能在实际运用时所依赖的语用因素，其难度指数主要从语言结构、文化内涵和使用频率三方面判断"（吴伟平，2006），这是一个难度较高的语言任务。

在任务设计和取样环节加入语境因素的目的，是在最后评估的时候能够根据这些因素来判断学习者的口语产出是否得体。用最简单的例子就可以说明这一问题。在下对上的语境中，说话者面对长辈用"你"而不是"您"，我们就有理由说在这个具体的口语产出中有不得体的现象。语境中设定的场合正式程度是判断口语产出是否得体的另一个重要因素，这一点在讨论利用这一语料库做语用相关研究的时候会进一步说明。从语料库使用者的立场出发，所有的有效语料在进库之前，必须经过水平评核，然后才能根据语料的语言水平、学习者的语言文化背景和语料提供者的其他相关背景分类排列。

在没有语用信息的情况下，水平评核的标准只能局限于语言本身，包括发音是否准确，语流是否畅顺，所用词汇和语法的多样性和复杂性，等等。学习者说话的时候是否能够根据自己的身份、说话的场合、内容的性质而调整，这就是得体与否的问题，也是体现学习者语用能力的重要标志。因为语言任务都是语用为纲的口语考试的题目或模拟题目，语料也是在考试或模拟考试的情形下提供，所以评核程序与考试相同。

评核员首先要看的是答案的内容。考生都说了些什么？是否回答了问题或完成了题目要求的任务？从考生回答的内容中可以看出该考生是否具备使用某一个语言功能的能力。接下来要看的是语言面貌，包括两方面的内容：一是答案的语言形式，重点在语言本身的正确程度，包括语音、语法、词汇或表现形式（语段结构、言语组织、逻辑、条理等），这一部分基本上与结构为纲的评核标准一样，也是语用为纲模式中"功能"一项的具体体现（Wu，2018）。二是看学生所给的答案是否得体，考的是学生量体裁衣的能力。语言水平高的人，不管用普通话、广东话还是英文，都会注意语境问题，包括人物身份地位和的场合的正式程度，并根据不同的语境要求恰如其分地使用礼貌用语。

4 基于语料库的语用研究

如本文开头所说，语料库中包含了语用信息，我们就可以开展基于语料库的语用研究，从不同的角度，用不同的方法分析学习者的语用能力。下面分享的研究实例用的是语料库（LAC/SC）的音档和转写的无标注"干净文本"[1]。实例出处是语言学博士学位论文（Fan，2019），部分相关成果已经公开

---

① 语料库的整理和标注是一个浩瀚的工程，LAC/SC 语用信息标注目前尚未完成。用原始资料虽然更耗时耗力，但还是提供了进行定性研究的可能性，在人工统计的基础上也可以进行有限的定量研究。

发表，这里只是复述重点，更详细的讨论可以参考这篇博士学位论文和相关文章（范玲、吴伟平，2018）。

学习者的口语表达是否得体的问题可以从不同的角度探讨，这个研究的切入点是公开场合的礼貌用语。与礼貌相关的用语是交际能力研究的重要领域之一（Brown & Levinson, 1988; Grice, 1989; Gumperz, 1992），研究中把礼貌与语境结合起来也是中国学者的期盼（冉永平、张新红，2007）。不同语言文化背景的学习者能否在不同的场合，面对不同的听众，根据不同的交际目的和交际所设计的内容，用得体礼貌的语言形式表达自己，这是语用能力的指标之一。在比较正式的场合，比如上文提到的立法会例行会议，各种学术会议，大大小小的庆典等，汉语中的这些用语可以有不同的表现形式，常见的有以下四种：问候语和开场白、具体的尊称或敬语、表示感谢、表示客气的词汇或用语。

下面的语料来自"毕业生代表"在毕业典礼上的发言，其场景与例（2）的立法会场景一样，属于正式场合，上面的四种表现形式的具体例子见相应的数字和画线部分。

例（3）CSL 高年级学生口语产出（公开场合致谢）：

①校长、各位老师，大家好！今天晚上我④非常荣幸，我能站在这个台上，代表所有的毕业生，来对②各位老师说几句话。首先我要③非常感谢学校各位老师，还有就是校长多年以来一直对我们的教育。还有就是，当我们在灰心、失意的时候，你对我们的鼓励，我永远都不会忘记。在课堂上我和各位老师，每个人的相处，都是非常融洽的。还有就是，当我在面对这个会考，还是，还有高考的时候，各位老师对我们不断的鼓励。还有就是，当我们在假期的时候，你们都会替我们，抽空来，替我们温习我们的考试的内容，替我们补习。所以说，我相信学校的每一位老师都是世界上最好最好的老师，希望大家生活愉快，谢谢。

除了研究个体学习者的语用能力，语料库中的语用信息也可以帮助我们比较语言文化背景不同的学生口语产出的得体性。下面展示的两个统计表的信息来自两组普通话学习者，所有语料提供者的口语水平都属同一等级（COPA 成绩"高级"）。表 3 中学生的母语是粤语（代号 P4C-A），表 3 中学生的母语是英语（代号 P4E-A），两组的语言任务都是在正式场合用普通话公开致谢，研究的重点是口语产出得体性中的礼貌用语。表中用加号（+）表示该范畴的礼貌用语至少出现一次，用减号（-）表示该范畴在语料中没有发现代表性词汇，列为缺失，礼貌用语的缺失与否是衡量学习者语用能力的指标之一。

表2 （P4C-A）正式场合公开致谢礼貌用语统计：

题目/内容	测试者	问候或开场	敬语或尊称	表示感谢	表示客气	个体缺失
现在有请我们的毕业生代表发言。	Ay1028	+	+	+	+	0
现在请慈善机构的代表致谢。	Ch0915	-	+	+	-	1/2
现在请生态保护团体的负责人发言。	Ck1004	+	-	+	+	1/4
现在请香港警方代表发言。	Cl0115	+	+	+	+	0
现在请接受捐款的机构代表向广大热心市民致谢。	Cl0920	+	+	-	+	1/4
现在请你代表老人福利机构接受赠送的电器用品并发言。	Cw0628	-	-	+	-	3/4
	Ch1109	-	-	+	-	3/4
P4C组礼貌用语小组单项缺失比例		3/7（43%）	3/7（43%）	1/7（14%）	3/7（43%）	
P4C组礼貌用语总体缺失平均比例：（43%+43%+14%+43%）/4=36%						

表3 （P4E-A）正式场合公开致谢礼貌用语统计：

题目/内容	测试者	问候或开场	敬语或尊称	表示感谢	表示客气	个体缺失
各位来宾，这位是美方的学生代表，我们现在请她发言。	An9542	+	+	+	-	1/4
	Cb0525	+	-	+	+	1/4
	Cs0911	-	-	+	-	3/4
	Jw0402	+	+	+	-	1/4
	Pf1013	+	+	+	-	1/2

续表

题目/内容	测试者	礼貌用语				个体缺失
		问候或开场	敬语或尊称	表示感谢	表示客气	
各位来宾，这位是美方的学生代表，我们现在请她发言。	Sa0610	+	+	+	-	1/4
	Tm0807	+	-	+	-	1/2
	Ph0605	+	+	+	-	1/4
	Uk0712	+	+	+	-	1/2
	Yt0527	+	-	+	-	1/2
	Cs1109	-	-	+	-	3/4
	Mc1009	-	-	+	-	3/4
	Yl0620	+	-	+	+	1/4
	Kw0129	+	+	+	-	1/4
	FL0710	-	-	+	+	1/2
P4E组礼貌用语小组单项缺失比例		4/15（27%）	10/15（67%）	0/15（0%）	12/15（80%）	
P4E组礼貌用语总体缺失平均比例：（27%+67%+0%+80%）/4=43%						

表 2 中的学习者母语都是粤语，发言内容略有不同，但语境一致，说话者的身份也一致，都是代表某个团体或机构在正式场合公开致谢。单项的统计结果显示，表示感谢这一栏学生的表现最好，7 位学习者中有 6 位（86%）用了表示感谢的词汇（感谢、谢谢、非常感谢……），其他 3 项都有严重缺失。表 3 的学习者母语都是英语，大家发言的内容都一样，语境的两个要素，人物身份和场合都跟表 2 相同。就正式场合礼貌用语这一项指标而言，两组学习者的口语产出在得体性方面都有明显的欠缺，就算以过半为及格线，两组的总体成绩都在及格线以下。细看两组之间的其他一些差别也很有意思，比如英语组的每一位学生会说"谢谢"，但大部分人不知道如何表示客气。虽然限于篇幅这里不能深入讨论，但这个基于干净文本和音档的研究实例所传递的信息应该足以证明：不管是探索教学教材测试还是师培方面的问题，还是研究学习者的语言习得过程或语用能力的培养，基于语料库的研究都有一个前提，那就是在语料库的建设中必须考虑如何提供语用信息。

5　结语

语言学的研究和发现给语言教学和测试，也给语料库的建设带来了很多启示。近年来社会语言学方面的研究和发现，包括我们在这一篇文章里面所讨论的几个语用问题，也为我们带来了一些启示。具体落实到学习者语料库方面，根据我们在这个长期项目中所碰到的问题和采取的对策，我们可以得出如下的结论。

第一，语料库里面必须有语言运用的信息，这种信息应该是语料采集之前的计划，而不是语料采集之后的弥补。

第二，把语用信息的采集和注解像语言结构信息一样落到实处的条件之一，是程序本身应该简单易行、可操作。至于在理论方面，现阶段由于研究的局限显然无法求全。

第三，语用为纲模式和语言结构模式一样，每个要素都可以细分。多年来对结构模式的研究和发现，使我们对语言结构了很多了解，所以在应用中就比较得心应手有信心。对语用为纲模式的信心，也会随着研究的深入和新的发现而增强。

第四，在语料库建设和应用，在语言教学与测试、汉语二语习得等领域，开展对语用模式的研究是未来的方向之一。

最后必须指出，本文提出语用为纲模式公式化及相关讨论主要考虑的是模式本身容易理解和操作的可行性，把语境这一要素简单地分为人物（interlocutors）和场合（setting）也是为了便于在语言教学和测试中把复杂的因素简单化，便于在教材编写、教学活动和二语习得研究中与结构为纲模式中的本体因素相匹配。这一模式中的三个因素，还有这些因素之间的互动和制约，显然有更多的问题等着我们去发现和解决。

参考文献

[1] 陈平.语言交叉学科研究的理论与实践[J].语言战略研究，2021（1）.

[2] 陈原.语言与社会生活[M].北京：生活·读书·新知三联书店，1999.

[3] 陈新仁等.语用学与外语教学[M].北京：外语教学与研究出版社，2013.

[4] 程棠.对外汉语教学目的原则方法[M].北京：华语教学出版社，2000.

[5] 崔希亮.汉语国际教育"三教"问题的核心与基础[J].世界汉语教学,2010(1).

[6] 范玲,吴伟平.正式语体缺失:来自口语语料库的对比研究和启示[C]//胡晓清,李春普,吴伟平.语言学与华语二语教学:语言习得与语料库的建设和使用.北京:商务印书馆,2018.

[7] 方绪军,等.语言能力"能做"描述的原理与方案:以CEFR为例[J].世界汉语教学,2011(2).

[8] 桂诗春.以语料库为基础的中国学习者英语失误分析的认知模型[J].现代外语,2004(2).

[9] 何自然.语用学习与英语学习[M].上海:上海外语教育出版社,1997.

[10] 李晓琪.对外汉语文化教学研究[M].北京:商务印书馆,2006.

[11] 李宇明,翟艳.来华留学汉语教育70年:回顾与展望[J].语言教学与研究,2021(4).

[12] 刘建达.语用能力测试研究:现状、问题与启示[J].外语研究,2008(4).

[13] 李泉.中国对外汉语教学七十年[J].语言战略研究,2019(4).

[14] 吕必松.对外汉语教学研究[M].北京:北京语言学院出版社,1993.

[15] 吕叔湘.理想语法体系的几个条件[C]//全国语法和语法教学讨论会业务组.教学语法论集:全国语法和语法教学讨论会论文汇编.人民教育出版社,1982.

[16] 马萧.社会文化理论与二语教学语用学[M].李丹丽,译.北京:商务印书馆,2021.

[17] 钱冠连.汉语文化语用学[M].北京:清华大学出版社,1997.

[18] 冉永平,张新红.语用学纵横[M].北京:高等教育出版社,2007.

[19] 冉永平等.语用学十讲[M].上海:上海外语教育出版社,2021.

[20] 束定芳.外语教学改革:问题与对策[M].上海:上海外语教育出版社,2004.

[21] 王初明.外语是怎样学会的[M].北京:外语教学与研究出版社,2010.

[22] 吴伟平.汉语教学中的语用点:由点到面的教学实践[J].世界汉语教学,2006(1).

[23] 吴伟平.社会语言学理论与对外汉语教学实践[J].语言教学与研究,2009(2).

[24] 许家金.语料库与话语研究[M].北京:外语教学与研究出版社,2019.

[25] 袁博平.第二语言习得研究的回顾与展望[J].世界汉语教学,1995(4).

[26] 张宝林等.汉语中介语料库标注规范研究.北京:北京大学出版社,2019.

[27] 赵金铭.近十年对外汉语教学研究述评[J].语言教学与研究,1989(1).

[28] 赵金铭. 社会语言学视角下的对外汉语教学改革 [J]. 海外华文教育，2011（3）.

[29] Bates E. Language and Context: The Acquisition of Pragmatics[M]. New York: Academic, 1976.

[30] Bloomfield L. Language[M]. New York: Holt, Rinehart & Winston, 1933.

[31] Brezina V, Flowerdew L. Learner Corpus Research: New Perspectives and Applications[M]. London: Bloomsbury Academic, 2019.

[32] Brown J, et al. An Investigation of Second Language Task-based Performance Assessments[M]. University of Hawaii, 2002.

[33] Brown P, Levinson S. Politeness: Some Universals in Language Use[M]. Cambridge: Cambridge University Press, 1988.

[34] Caldas-Coulthard C. From discourse analysis to critical discourse analysis: The differential re-presentation of women and men speaking in written news[C]// Fox G, Hoey M, John M. Sinclair (eds.).Techniques of Description: Spoken and Written Discourse. London: Routledge, 1993.

[35] Ellis R. Task-based Language Learning and Teaching. [M]. New York: Oxford University Press, 2003.

[36] Fan L. Pragmatic competence of advanced CSL learners in spoken Chinese: A comparison of native speakers of English and of Cantonese[D]. Hong Kong: Hong Kong Polytechnic University, 2019.

[37] Grice H P. Studies in the Way of Words[M]. Cambridge, Massachusetts: Harvard University Press, 1989.

[38] Gumperz J. Contextualization and understanding[C]//Duranti A, Goodwin G (eds). Rethinking Context. Cambridge: Cambridge University Press, 1992.

[39] Hymes D. On communicative competence[C]//Pride J B, Holmes J (eds). Sociolinguistics. Harmondsworth: Penguin, 1972.

[40] Rose K, Kasper G. Pragmatics in Language Teaching[M]. Cambridge: Cambridge University Press, 2001.

[41] Tao H. Spoken Chinese corpora: Construction and sample applications in research and language pedagogy[J]. Bulletin of the Chinese Linguistic Society of Japan, 2017(264).

[42] Tao H, Jin H, Zhang J. A corpus-based investigation of manner/state complement constructions in Mandarin Chinese[J]. Sinica Venetiana, 2020(6).

[43] Wu W. Towards authenticity of task in test development[J]. Language Testing, 2001, 18(2).

[44] Wu W. Pragmatic framework and its role in language learning: With special reference to Chinese[C]//Chan W et al (eds.). Processes and Process-Orientation in Foreign Language Teaching and Learning. Germany: De Gruyter Mouton, 2008. (2011 reprint)

[45] Wu W. Chinese language pedagogy[C]//Chan S, Minett J, Li F (eds.). The Routledge Encyclopedia of the Chinese Language. London: Routledge Taylor and Francis Group, 2016.

[46] Wu W. Princh: A case study of learning beyond the classroom[J]. Second Language Learning Research, 2018, 4(1).

[47] Zhang J, Tao H. Corpus-based research in Chinese as a second language[C]//Ke C (ed.). The Routledge Handbook of Chinese Second Language Acquisition. London and New York: Routledge.

汉语口语中介语语料转写若干问题探讨*

刘运同（同济大学）

摘要：在汉语口语中介语语料库建设中，口语语料的收集和加工（特别是转写）是一项重要的挑战。本文对口语转写的几个关键问题进行了讨论，并提供了可行的建议。这些问题包括：①转写的基本单位；②转写的主要内容；③标点符号的使用；④基本的转写策略。

关键词：口语转写；口语中介语语料；汉语口语中介语语料库

0 引言

无论从世界范围还是从中国范围来看，口语语料的建设都落后于书面语语料库的建设。这是因为相对于书面语语料来说，口语语料在收集和加工方面都存在更大的挑战。口语使用语音媒介作为交流手段，因此要对口语语料进行收集和加工，跟书面语相比就多了一道手续，即首先采用一种合适的方法来记录和保存口头交流。用书面形式来记录和保存口语是一种无奈的选择，对语言研究来说也是一种新的挑战（传统的语言研究由于倾向于使用书面语作为研究材料，总体来说此问题未显现）。

语料库是按照特定目标收集的语言数据。目前语料库的规模越来越大，对语料库数据准确性的要求也越来越高。这个要求对中介语语料库建设提出了新的挑战，对口语中介语语料库建设尤其如此。因为口语中介语语料库多了转写的手续，转写的质量在很大程度上决定了中介语语料的质量，决定了语料库的质量。Weisser（2018）通过重新转写，发现BNC（British National Corpus）的语料转写存在一些错误。如一些转写者由于粗心，把"you're off the hook"转写成了"your off the hook"。如果依个例为代表进行推算，

---

* 本文依据在第六届汉语中介语语料库建设与应用国际学术研讨会（2021年7月17日至18日，山东烟台鲁东大学）上的大会报告修改而成。曾发表于《国际中文教育》（中英文）2022年第2期，有少许改动。本研究得到北京语言大学语言资源高精尖创新中心项目"汉语中介语语料库建设创新工程"（KYD17004）支持，谨此致谢。

Wesser 估计 BNC 的错误率将高达 8.5%。并且这个转写错误还将导致其他问题，如词频统计问题、语法分析问题（"your off the hook"成了一个错误的表达，或可能被标注为与上下文无关的碎片，即 fragment）。

本文将主要讨论汉语口语中介语语料转写中的一些重要问题，包括：①转写的基本单位；②转写的主要内容；③标点符号的使用；④基本的转写策略。

1　转写的基本单位

语料的整理加工涉及语言分析的基本单位问题。对于书面语来说，语言描写和分析的基本单位就是句子。对于语料库语言学来说，甚至可以采用更具操作性的方法来解决句子的问题，那就是根据句号（或问号、感叹号）作为判断句子的标准（宋柔、葛诗利、尚英、卢达威，2017）。但是对于口语语料来说，情形有很大的不同。口语就其固有媒介来说，并不存在标点符号之类的辅助成分。不过研究者发现，口语表达也是可以分隔成较小的片段的。在处理口语语料时研究者面临的重要问题就是，对于口语来说，如何进行描写和分析，它的基本单位是什么？是跟书面语一样的句子吗？还是其他的单位？

Foster、Alan 和 Wigglesworth（2000）回顾了 87 项涉及口语的研究，发现过往的研究者对口语的基本切分单位提出了众多的方案，包括：命题（proposition）、交流单位（C-unit）、表达单位（idea-unit）；音调单位（tone-unit）、语调单位（intonation unit）、小句（utterance）；句子（sentence）、可终结单位（T-unit）；等等。之所以出现这么多定义，是因为研究者对口语中基本单位的认知不同，采用不同的标准，如语义的、语法的、韵律的。有时甚至同时混用不同的标准，如语义标准无法解决问题时转向语法标准。虽然研究者提出的各种定义有其本身的合理性，但众多的定义显然造成了一个无法克服的困难，就是人们无法对采用不同定义的研究结果进行比较。

目前，越来越多的研究者认为，在对口语进行切分时，最好先单独利用韵律标准，找出口语表达的基本单位，然后再对韵律单位与语法、语义、功能的关系进行研究。研究者把利用韵律因素划分出来的口语基本单位称为语调单位（intonation unit）。语调单位从本质上讲是一个听觉单位，根据美国功能语言学派的观点，原型性的语调单位具有一个连贯的语调拱形，并具有一些明显的分界特征，如开头部分的加速，结尾音节的延长，以及停顿等（Barth-Weingarten，2016）。

有些研究者怀疑语调单位具有范畴性特点，发现在处理真实的口语语料面临模糊的临界现象时便无能为力（Barth-Weingarten，2016）。但多数研究者认为，语调单位已成为一个公认的口语语篇分析单位，对口语研究非常重要，并具有很多优势，比如可进行跨语言比较等（Tao，1996）。对语调单位的探索也影响到语料库（特别是包括口语语料的语料库）的建设和标注，例如 20 世纪 80 年代前完成的 London-Lund Corpus 对其中的口语语料进行了韵律标注，在每一个音调单位（tone-unit，英国学派的术语，与 intonation unit 同义）后面插入一个黑色实心方块来进行标注［见例（1）］。虽然口语的基本分析单位与书面语不同，但是一些研究发现，由小句来实现的语调单位在整个口语表达中还是占有相当高的比例。Tao（1996）的数据显示，汉语口语语篇中小句形式的语调单位占比达 47.9%（完整小句占 19%）。Matsumoto（2003）的数据显示，日语口语语篇中小句形式的语调单位占比是 68%（完整小句占 19%）。从书面语和口语对比的角度看，如果语料库中的语料标注了语调单位，研究者便可以利用大规模的数据来对比书面语的句子和口语的语调单位的共同点和不同点，来深入挖掘口语表达的特点。如果语料库未区分书面语和口语分析单位的不同，对二者的对比研究便无法深入进行下去。因此我们认为，在对口语语料进行标注时优先确定口语转写的基本单位是十分重要的。虽然对语调单位的性质和判定方法还存在少许争议，在目前情况下把它作为口语转写和分析的基本单位是一种值得尝试的选择。目前，大多数语料库在处理口语语料时采用了与书面语相同的方法，这固然带来一定的便利，但却也忽视了口语语料的特点，不利于对口语特征的描写以及对口语与书面语的差异进行研究。

（1）The practice of charging employees for meals ■ whether they eat at the hospital or not ■ should be abolished ■（Svartvik，1990：294）

2　转写的主要内容

在对口语中介语语料进行转写时，需要尽可能地保留口语交际的特征。

根据前人的研究，我们认为，有三类口语特征在转写时需要特别关注。第一类特征是关于口语本身的一些特征，如停顿、语调、重音等。第一类特征的选取可以借鉴现有的口语转写系统，例如会话分析（Conversation Analysis）所采用的转写系统。这一转写系统是会话分析学派的共同语言，还深深影响到其他的研究口语交流现象的研究者及其设计的转写系统。会话分析的转写系统关注的是会话活动中的一些重要因素，如话轮之间的顺序等。Hutchby 和 Woffitt（1999）认为会话分析学者所关注的内容可以归纳为两类：一是有关话轮转换的因素，如话轮的开端、结束，话轮交替。二是话语产出时的特点，如重音、语调、清晰或含糊等。

第二类特征是正常的非流利特征，指口语表达中的各种修改和补救努力。例2是一位官员在回答记者提问时的话语，每次产出的话语都很短（临时用#来代表产出单位的界限，即语调单位之间的分界），充满了"呃、啊"填充词和停顿。但这其实正是口语表达的常态，而不应该把它看作是书面语的退化形式。研究口语的学者把人们进行口语补救的努力当作人们进行交流的重要资源，而不是需要排除的消极因素。对于一种语言来说，口语修补还扩展了语法的可能性。谢格罗夫（1979）认为，会话补救在一定程度上具有超语法的能力（like a super-syntax）。例3取自曹禺著名的话剧《雷雨》（姑且当作是口语的模仿），鲁妈发现周家的大儿子周萍（其实也是她与周朴园的儿子）动手来打了自己和鲁贵的儿子鲁大海，十分生气，想上前制止。当她走到周萍跟前，说出"你是萍"之后，却突然停了下来，因为她意识到在当前的语境下，让周萍认她这个妈妈是十分困难的事。但她并没有放弃已经发出的话语，而是改为"凭、凭什么打我的儿子"，利用同音词的关联，十分巧妙地转移了话题。同样地，当周萍询问鲁妈是谁时，她本能的反应是说"我是你的妈妈"，但当话语进行到"你的"之后（如果说出"妈妈"一词，整个句子也就结束，因而无法更改），也是突然停止，改成了"你打的这个人的妈"。从这个例子可以看出，人们在口语中充分利用了各种手段（包括打断原来的话语，改变原来的话语），来达成交际的目的。对口语的研究应该对交际者的这种语言能力进行描述和说明，而不仅仅贬斥为错误启动或不成熟的尝试（false start）。

在对口语中介语语料进行转写时，对各种会话修补现象首先要进行准确的转写记录，然后可以根据大类的不同进行细分。在尝试建立一个小型汉语学术口语语料库时，我们对口语中的正常非流利现象进行了大类及小类标注。例 4 中，"df"表示一种标注的大类：口语中的不流畅，"type='repeat'"中的'repeat'表示"口语中的不流畅"这一上层类别中的子类别"重复"。正如例句所示，标注时将需要标注的文本放置于两个中括号中间，"</df>"就表示该标注的完成，"/"是结束的主要标记，在分析时用于提取和定位标注内容（韩毅、刘运同，2020）。

（2）# 呃对于两岸领导人的会面呢 # 我们一直持啊积极开放的态度 # 啊这个双方呢 # 像一家人一样 # 啊经常走动 # 啊共话啊民族情感 # 啊共商两岸关系大计 # 同时呢 # 这个两岸领导人会面 # 啊是我们两岸自己的事情 # 啊不需要呢借助国际会议场合 # 啊我想明确了上述两点 # 啊呃我们感觉到 # 啊这个两岸领导人会面 # 啊应该是属于 # 啊我们可以并且值得 # 啊去发挥想象力的方向 #

（3）曹禺《雷雨》
鲁：（大哭起来）哦，这真是一群强盗！
（走至萍前，抽咽）你是萍——凭——凭什么打我的儿子？
萍：你是谁？
鲁：我是你的——你打的这个人的妈。

（4）连不起来有点杂糅 [P]<df type='repeat'> 有点杂糅 </df>

第三类是学习者的中介语特征，如影响发话人语言表达的语音特征，不同于母语者的停顿，外语学习者特有的语码转换，等等。对第三类内容的选择和确定必须建立在中介语学习理论和相应的研究基础之上，才能捕捉到学习者中介语的一些特殊表现，并在语料转写中给予充分的重视和系统的标注。例如初级的汉语学习者由于汉语知识的缺乏，掌握不好汉语句子的节奏，使用一种几乎平均分割的方式来读或者说汉语句子，把"她 - 爱上 - 汉语 - 了"说成"她 - 爱 - 上 - 汉 - 语 - 了"。

3 标点符号的使用

为了忠实记录各种口语特征，转写时免不了利用一些符号。在设计各种符号时除了表义的明确性，其实还有其他一些实际的因素需要考虑，如在计算机上实现的便利等。有时，一些转写系统由于某种原因使用了书面语常用的一些标点符号。书面语的标点符号是为了辅助阅读而设计的，而一些转写系统在借用这些标点符号时表达的意义是不同的。转写者在进行口语中介语语料库转写时或使用其他研究者的语料时对标点符号的意义一定要特别注意。

以书面语常用的逗号和句号为例，它们在不同的转写系统中表达的意义是截然不同的。对会话分析的转写系统来说，来自书面语的几种标点符号是用来表示话轮或者话轮构成单位的音高形状的。Hepburn 和 Bolden（2017）特别说明，"为了表示发话人结束话轮的不同方式，我们通常使用标点符号，如逗号、句号、问号。这些标点符号并不是像在书面语里那样用来标示语法特性的，而是用来标示话轮的结尾部分的音高轮廓的。这些标点符号当然也可以出现在一个复杂话轮中间，用来标示话轮构成单位之间的界限"。具体而言，逗号标示略微上升的语调，句号标示一个下降语调。（顺便说一下，在会话分析的转写系统中，问号标示的是一种比较强烈的上升语调，不一定同疑问的语法形式对应）

同样，在应用广泛的美国功能语言学派的转写系统（指 Du Bois 等设计的转写系统）中，也采用了书面语常用的标点符号。设计者（Du Bois 等，1993）非常明确地指出，"在我们的话语转写系统中，标点符号如逗号、句号、问号一直是用来标示语调的类型的，从来不是用来标示语法或语义结构本身的"。同时，功能语言学的研究者又从语篇功能的角度来对语调类型进行分类，把语调大致分为终结（final）、延续（continuing）、呼求（appeal）语调，分别由句号、逗号、问号来表示。设计者特别提醒使用者，"尽管使用书面语中的标点符号可以方便记忆，但也同时带来一定的风险，转写者一定要避免用书面语的使用习惯来理解这些符号"。

基于上述的讨论，我们认为，转写符号需要表意明确。为了避免书面语的影响，在进行口语转写和标注时最好不要使用书面语中常用的符号。如果为了便利而采用了书面语的一些符号，也要在语料库的描述和相关文件中（包括使用该语料库语料进行研究的文献中）明确说明这些符号的定义，从而避免造成不必要的误解。

4 基本的转写策略

由于口语语料转写费时费力，在具体操作时可以借鉴一些语料库转写系统的层级性设计，对转写语料进行不同"精细度"的转写。如德语学者设计的 HIAT（Heuristic Interpretative Auditory Transcription）转写系统分为两种，一种是基本版本，另一种是扩展版本。扩展版本中补充了音调和非语言符号，以及更细致的音调变化符号。Du Bois 等（1993）的转写系统区分宽式、中级、严式三种转写等级。宽式转写包括基本的内容，中级转写更进一步，严式转写包括的内容最多。宽式转写包含的信息主要是：交谈者、话轮和语调单位、话语重叠、停顿、笑声。中级转写增加了模糊音、转写人的评论、重音词和音节的长短、停顿的时长、语调方向。严式转写在二者的基础上增加了话语的紧密连接、特殊音如吸气和长出气、特殊的音质如快慢高低等（刘运同，2016）。Barth-Weingarten（2016）在提出自己对语调单位的研究思路时也提议可以对口语进行三种颗粒度不同的转写：最少转写、基本转写、精细转写。在最少转写层面，转写者只需要区分出三种不同的休止（cesura）即可。在讨论口语转写的著作中，Jenks（2011）把口语交流的转写信息分为5种类型，见表1。

表 1　Jenks 口语交流转写信息的 5 种类型

类型 1	叙述	对交流事件进行描述
类型 2	文字	只（转写）词语
类型 3	交互特征	停顿和话语交叠
类型 4	副语言特征	延长、声音增强、重音、语调
类型 5	多模态	注释与体态的静止图像

对于口语研究和中介语语料库建设而言，只转写第一和第二类型的特征显然是不够的。但一个转写系统到底需要包括哪些信息，其实是要根据研究目的或语料库建设的目的来考虑。中国的语料库建设与研究者在这方面也进行了宝贵的探索，提出了一些行之有效的建设策略。张宝林、崔希亮（2013，2022）提出全球语料库"搭积木式"的动态建设策略，提议采用多次标注/多版标注，每次只对一个层面的内容进行标注。上述两篇论文中提到的标注策略主要是针对后期的标注信息提出的，我们提出的转写策略是针

对把口语语料变成文本这一阶段，二者的对象不完全相同。我们建议，在对它的口语语料库进行转写时可以先确立不同类型的转写信息，每个版本只标注相应的信息。然后根据需要，从简单到复杂，逐渐完善口语语料或多模态语料的各种信息。在处理口语语料时，分层或分级转写可以使口语中介语语料转写更具操作性。这一转写策略可以纳入张宝林、崔希亮（2013，2022）提出"搭积木式"语料库建设策略。

5　结语

建设高质量、通用性的汉语中介语语料库，一个重要的问题就是要做到书面语和口语语料的平衡。口语语料的收集和标注与书面语语料相比有显著的区别，其中，口语语料转写是十分关键的步骤。由于学术界对口语以及口语中介语的研究与书面语相比还处于探索阶段，无法为口语中介语的转写及口语语料库建设提供坚实的基础，在一定程度上制约了口语语料库建设的发展以及口语中介语研究的深入。本文针对中介语口语转写的几个重要问题，根据已有的研究和实践，提出了一些建议，如如何确立口语转写的基本单位，应优先转写哪些韵律要素，转写符号的选择等，希望对中介语语料库建设中口语语料转写及转写标准研究有所助益。

参考文献

[1] 韩毅，刘运同. 汉语学术口语语料库的创建与应用研究 [J]. 语料库语言学，2020，7（2）.

[2] 刘运同. 常用口语转写系统的比较 [C]// 林新年，肖奚强，张宝林. 第三届汉语中介语语料库建设与应用国际学术讨论会论文选集. 北京：世界图书出版公司，2016.

[3] 宋柔，葛诗利，尚英，等. 面向文本信息处理的汉语句子和小句 [J]. 中文信息学报，2017，31（2）.

[4] 张宝林，崔希亮. "全球汉语中介语语料库建设和研究"的设计理念 [J]. 语言教学与研究，2013（5）.

[5] 张宝林，崔希亮. "全球汉语中介语语料库"的特点与功能 [J]. 世界汉语教学，

2022, 36（1）.

[6] Barth-Weingarten D. Intonation Units Revisited: Cesuras in Social Interaction[M]. Amsterdam: Benjamins, 2016.

[7] Du Bois J W, Schuetze-Coburn S, Cumming S, Paolino D. Outline of discourse transcription[C]//Edwards J A, Lampert M D (eds.). Talking Data: Transcription and Coding in Discourse Research. Hillsdale: Lawrence Erlbaum, 1993.

[8] Foster P, Tonkyn A, Wigglesworth G. Measuring spoken language: A unit for all reasons[J]. Applied Linguistics, 2000, 21(3).

[9] Hepburn A, Bolden G. B. Transcribing for Social Research[M]. London: Sage, 2017.

[10] Hutchby I, Wooffitt R. Conversation Analysis：Principles，Practices，and Applications [M]. Cambridge：Polity Press, 1999.

[11] Jenks C. J. Transcribing Talk and Interaction: Issues in the Representation of Communication Data[M]. Philadelphia, PA: John Benjamins, 2011.

[12] Matsumoto K. Intonation Units in Japanese Conversation : Syntactic, Informational and Functional Structures[M]. Amsterdam: John Benjamins Publishing Company, 2003.

[13] S E A. The relevance of repair to syntax-for-conversation[C]//Givón T. Syntax and Semantics 12: Discourse and Syntax. New York: Academic Press, 1979.

[14] Svartvik J. The London Corpus of Spoken English: Description and Research[M]. Lund: Lund University Press, 1990.

[15] Tao H. Units in Mandarin Conversation: Prosody, Discourse, and Grammar[M]. Amsterdam: John Benjamins, 1996.

[16] Weisser M. How to Do Corpus Pragmatics on Pragmatically Annotated Data: Speech Acts and Beyond[M]. Amsterdam: John Benjamins, 2018.

少数民族国家通用语言口语语料库的构建

彭恒利（北京语言大学）

陈昳可（金华职业技术学院）

摘要：少数民族学习和使用国家通用语言文字意义重大，但各地域、民族间的差异较大，学习和推广的困难多，需要指导、推动和技术支持。目前，面向少数民族学习者的国家通用语言语料库的研究鲜见，公开的口语语料库更是稀缺。本研究拟基于中国少数民族汉语水平等级考试（MHK）中的口试实测数据，通过数据筛选，匹配测试题本、背景信息和测试成绩，形成生语料库；在攻克语音层面自动标注等技术难关后，实现语料的转写及自动标注，最终形成一个多母语背景、多种题型，包含个人信息、口语水平，教学与研究并用的少数民族国家通用语言精标口语熟语料库，以期为国家通用语言文字的推广及教学、国家语言政策的制定提供理论依据和实践参考。

关键词：国家通用语言；少数民族；口语语料库；中国少数民族汉语水平等级考试

1 引言

语料库（corpora）是指应用计算机技术，大规模收集和处理某种语言中自然出现的书面语或口语而形成的电子语言资源库（李文中，1999）。自 20 世纪 60 年代以来，语料库建设成绩斐然，同时也呈现出多元化的发展趋势，出现了学习者语料库、口语语料库、语言变体语料库等多种类型。

随着二语习得研究的升温，建立大型口语语料库成了语言教学研究的新趋势。2006 年北京语言大学杨翼等人提出了建设汉语学习者口语语料库（CLSC）的构想。但迄今为止，还没有可供研究者使用的大型口语中介语语料库（权立宏，2017；刘运同，2020），只有个别高校建设了规模较小的口语中介语语料库（周文华、肖奚强，2011；刘运同，2020），主要有北京语言大学的"汉语学习者口语语料库"、苏州大学的"小型外国学生口语中介语语料库"、香港中文大学的"语言习得汉语口语语料库"、南京大学的"汉语中介语语料库"（张宝林，2019）。这些语料库大部分未对社会开放。在少数民族国家通用语言口语语料库建设方面，目前已知的仅有新疆医科大学的"维吾尔族大学生汉语口语中介语语料库"（邓雪琴，2012）和"新疆少数民族预科生汉语口语中介语语料库"（于丽，2017）。受口语语料收集、转写、标注、保存和分析等客观难题的限制（杨翼等，2006），口语语料库的建设相对滞后于书面语语料库（刘运同，2013）。目前口语中介语料库的建设尚未成熟，如何在语料转写时保留交际信息，如何实现录音与文本的对应等建库问题都值得进一步研究。

语料库在经历纯文本语料库、口语语料库之后进入了多模态语料库时期（张霄军，2007）。多模态语料库是指把文字、音频和静态、动态图像语料进行集成处理，供用户进行操作的语料库。多模态语料库中包含录音、录像和文字，三种模态通过时间轴同步集成，因此多模态语料库能记录更丰富的语言活动信息，还原语料所处的语境，语料也更加真实可信（黄伟，2015）。南京师范大学正尝试以课堂实录视频为材料建设"外国学生汉语多模态语料库"（周宝芯，2011）。此外，北京语言大学联合国内外多家汉语教学单位建立的"全球汉语中介语语料库"也属于多模态语料库。

汉语中介语语料库建设除了朝着多模态方向发展之外，近年来的汉语中介语语料库研究在多维参照、更大规模、更具针对性等方面进行了大胆尝试。为解决语料库建设中规模有限、建库标准不统一、检索功能不完善、资源难以共享等问题（崔希亮、张宝林，2011），张宝林和崔希亮团队建成了规模最大的汉语中介语语料库的"全球汉语中介语语料库"，目前该语料库已免费公开（张宝林，2022）。

纵观国内汉语中介语语料库的建设和研究可以看出：现有语料库多以留学生中介语为基础，相关研究也多针对留学生；口语语料库的发展相对滞后，虽受到重视和关注，但依然不能满足需求，具体表现为数量较少、规模较小，缺乏公开资源；在汉语作为二语的语料库建设中，少数民族中介语语料库则更少，已建成的也不能满足研究与应用的发展需求，在理论体系、研究方法、应用成果转化等方面都急需突破。

2 建立少数民族国家通用语言口语语料库的现实需求

语言是人类传递信息与价值、交流思想与情感、认知世界和社会的工具，更是民族文化的载体，是社会进步和个人发展的重要资源。语言文字是国家重要的文化资源、经济资源、安全资源、战略资源。强国必须强语，强语助力强国。为此，党中央、国务院对语言文字事业做出重要部署。党的十八大提出"推广和规范使用国家通用语言文字"。党的十九届五中全会提出"提高民族地区教育质量和水平，加大国家通用语言文字推广力度"。党的十九届六中全会提出"全面推行国家通用语言文字教育教学"。在党的十九大报告中，习近平总书记明确指出，要"深化民族团结进步教育，铸牢中华民族共同体意识，加强各民族交流交往交融，促进各民族像石榴籽一样紧紧抱在一起，共同团结奋斗，共同繁荣发展"。这就是说，铸牢中华民族共同体意识需要加强民族团结，加强各民族对中华文化的认同，需要推动民族间的交流互通。而推动各民族间的交流互通就需要使用通用的语言文字。因此，语言的交际性、资源性和人文性决定了推广和普及国家通用语言文字是铸牢民族共同体的必要条件（袁继富，2020）。

我国是多民族、多语言、多方言的人口大国，推广普及国家通用语言、营造良好的语言环境，不仅同时有利于我国多民族文化的融合与传承，维护国家统一，增强中华民族凝聚力和向心力，也有利于促进人员交流，增进各民族各地区的交流。因此，推广国家通用语言文字不仅是国家长治久安的需要，少数民族群众更有学习国家通用语言文字的强烈需求。国家通用语言，特别是普通话的学习是一种人力资源。众所周知，语言沟通不畅不仅会导致思想封闭，而且会影响文化素质的提高和参与社会事务的积极性。习近平总书记指出，一个国家文化的魅力，一个民族的凝聚力主要通过语言表达和传递，掌握一种语言就是掌握了通往一国文化的钥匙。少数民族群众学习和运用国家通用语言，掌握和使用普通话具有多重优势，首先能提高自身基本素质，接收更多知识技能，从而提升职业技能，加强竞争优势，创造更多就业机会。其次能消除少数民族群众与其他民族的沟通障碍，加深民族友谊，使少数民族群众更快地了解和熟悉其他习俗和文化，降低劳动力转移的摩擦成本（王麓淙，2020）。此外，还能加强少数民族群众与政府部门的沟通、联络与信任，使少数民族群众能参与公共事务，改善其在就医、教育、劳动等社会生活中面临的困境。丁赛（2015）发现，汉语水平会影响西部民族地区少数民族的人均纯收入。王兆萍等（2019）的统计分析则进一步证明，少数民族劳动力的普通话能力尤其是口语能力，能有效地提升其职业收入。特别是对中低收入层次的少数民族劳动力而言，普通话能力（尤其是口语能力）对收入提升的作用更明显（王兆萍、马小雪，2019）。因此，少数民族群众迫切需要通过学习国家通用语言文字来加深对中华文化的认同，提高自身的经济和文化水平。

自 20 世纪 50 年代起，国家便开展了推广和普及普通话的工作。经过七十年的奋斗，"十三五"时期，全国普通话普及率达到 80.72%。但 2020 年全国仍有近 1/3 省区市普通话普及率低于 80.72%，这些地区主要集中在我国中西部，特别是民族地区，如"三区三州"普通话普及率仅为 61.56%（陈立湘，2021）。这些数字说明，在民族地区推广普通话依旧任重道远。"十四五"时期，民族地区推普攻坚的重点在于提升教师的国家通用语言文字教学能力，以及推进学前儿童以及青壮年劳动力学会普通话。

毋庸讳言，目前民族地区的推普攻坚还面临着诸多困难。首要困难是处理好国家通用语言文字和少数民族语言之间的关系。尽管宪法等相关法律都有明确规定，各民族都有使用及发展自己民族语言和文字的权利与自由，党和国家也高度重视各民族语言文字的保护工作，但真正消除少数民族群众的担忧、处理好国家通用语言文字和少数民族语言之间的关系还有许多工作要做。其次是目前民族地区推普教学缺少针对性。民族地区现在使用较多的普通话教材为国家语委统一配送的《普通话 1000 句》。这本教材的突出优点在于普适性强，同时局限性也比较明显，突出了普适性在一定程度上就牺牲了针对性，内容难以覆盖各民族文化、习俗，难以兼顾不同民族学员的学习需求和学习现状。再次就是普通话教学内容实操性不强，教学形式单一（李月、刘义兵，2020）。普遍采用的是传统的教授式教学，师生和生生之间缺少互动交流，未遵循二语教学规律，忽视了口语交际能力，从而影响教学质量。以上问题的存在不可避免地影响了少数民族群众普通话学习的效果。

综上可以看出，少数民族学习和使用国家通用语言文字意义重大，但各地域、民族间的差异较大，学习和推广的困难多，除在政策层面需要规划、推动、指导外，在实施层面也需要充分利用现代科学技术给予支持。同时，少数民族的语言资源是国家重要的文化资源，亟待保护，而开发利用能使其物尽其用，得到真正的保护。

构建少数民族国家通用语言口语语料库不仅能科学地保护少数民族的语言资源，还能充分挖掘其应用价值，为面向不同少数民族的国家通用语言的口语教学、教材编写等提供丰富的族别化、区域化、层级化的语料支撑，为少数民族教育的学科建设及其语言文化教学研究提供了一个实用的研究平台。其可行性主要体现在以下三方面。

（1）语料现成、资源丰富。少数民族国家通用语言口语语料库构建拟使用中国少数民族汉语水平等级考试（MHK）口试实测数据。MHK 是教育部民族教育司主持开发的专门用于测试少数民族汉语学习者汉语水平的国家级标准化考试，共设四个等级，分笔试和口试两部分考试，听力、阅读、写作、口语四个分测验，重在考查语言交际能力。自 2003 年起正式实施以来，该考试广泛用于新疆、内蒙古等地高考、中考、社会化考试领域，是少数民族地区影响力最大的语言类考试（彭恒利，2021）。刘运同（2013）指出，以标准化考试语料为基础建设口语中介语语料库省去了语料收集的繁难手续，具有语料规模大、后续语料有保证、语料包含丰富的考生信息等优势。MHK 实施已近 20 年，特别是近 10 年来，三级、四级考试积累的数据规模已达百万级，考生涉及新疆、青海、内蒙古、四川、吉林等省区的维吾尔族、藏族、蒙古族、彝族、朝鲜族等 10 多个少数民族，且每年还会新增 30 余万份数据。其中，MHK 口试包括朗读、复述、即时生成口语等题型，考试采用"人机对话"的测试平台进行，朗读已实现计算机自动评分，简答、复述、自由回答的评分已实现人机结合。数据类型多样，信息丰富。

（2）研究基础扎实，技术力量雄厚，经验丰富。研发团队多年来一直从事少数民族双语教育工作，熟悉各少数民族地区的教学现状和学习需求，并拟聘请 HSK 动态作文语料库的项目执行负责人作为首席顾问，进行专业化的指导；团队成员有多年的口语命题、阅卷的经验，主持过大规模考试的题库建设项目，有大型数据管理平台建设经验。研发团队还包括国内语音产业领域的行业龙头——科大讯飞，该公司入选了首批国家新一代人工智能开放创新平台，建有多个语音和人工智能国家级实验室，在国内外多项技术排名第一，享有盛誉。科大讯飞多年来一直为 MHK 的考试和阅卷提供技术支持，我们在口语语料库的建设中，也将应用其多项语音技术。

（3）技术路线和研究方法有充分的学术研究和应用实践基础。研究使用的语音识别等技术都已经历多年的学术论证和应用考验。科大讯飞的语音转写技术已在"两会"、央视春晚等场景中实际应用；语音的自动标注中，朗读已可提供逐样本的对考生整体作答数据的发音准确度、流利度、完整度以及具体到字的声韵调发音错误描述；自由回答已可提供语音层面的整体发音准确度估计、说话流利度、语速、缺时等描述，并能检测语音截幅、降噪、失真等音质异常。

3 少数民族国家通用语言口语语料库的建构

少数民族国家通用语言语料库的建构将基于MHK口试真实的作答数据，分期实施。一期目标是基于MHK口语实测数据，匹配测试题本、背景信息和测试成绩等，建设一个包括朗读、复述、自由回答等题型的少数民族国家通用语言口语生语料库；二期目标是建设一个多母语背景、多种题型，包括个人信息、口语水平的教学与研究并用的少数民族国家通用语言精标口语语料库。该语料库的建设具有重要的学术价值和应用价值。若研究目标实现，语料库的内容将丰富多样，不仅能为少数民族语言研究提供真实语料，给分区域、分层次、分族别研究少数民族的国家通用语言的语音面貌、话语生成，口语和书面语对比研究，以及面向少数民族的口语教学、测试的资源库建设提供真实、丰富的一手语料，而且在构建过程中将探索语音转写、语音和文本层面的计算机自动标注，此项技术涉及语言学、计算机科学、认知神经科学等多个学科，能促进语言学与人工智能的融合；同时，还将有利于促进少数民族地区国家通用语言的推广，为少数民族国家通用语言教育政策和教育规划的制定提供参考。

3.1 语料库的建构方案

少数民族国家通用语言语料库的建构包括总体设计、数据筛选、平台开发、技术攻关、语料标注等模块。总体设计从满足推广国家通用语言的需求出发，从教学和应用的迫切需求入手，依据科学、实用的原则，分期建设生语料库和熟语料库。一期，对采集到的数据进行筛选，将作答音频与试题题本相匹配，并标注考生背景信息和测试成绩，形成包括朗读、自由回答等题型的生语料库，提供题型、民族、地域、能力水平等检索方式。二期，对语

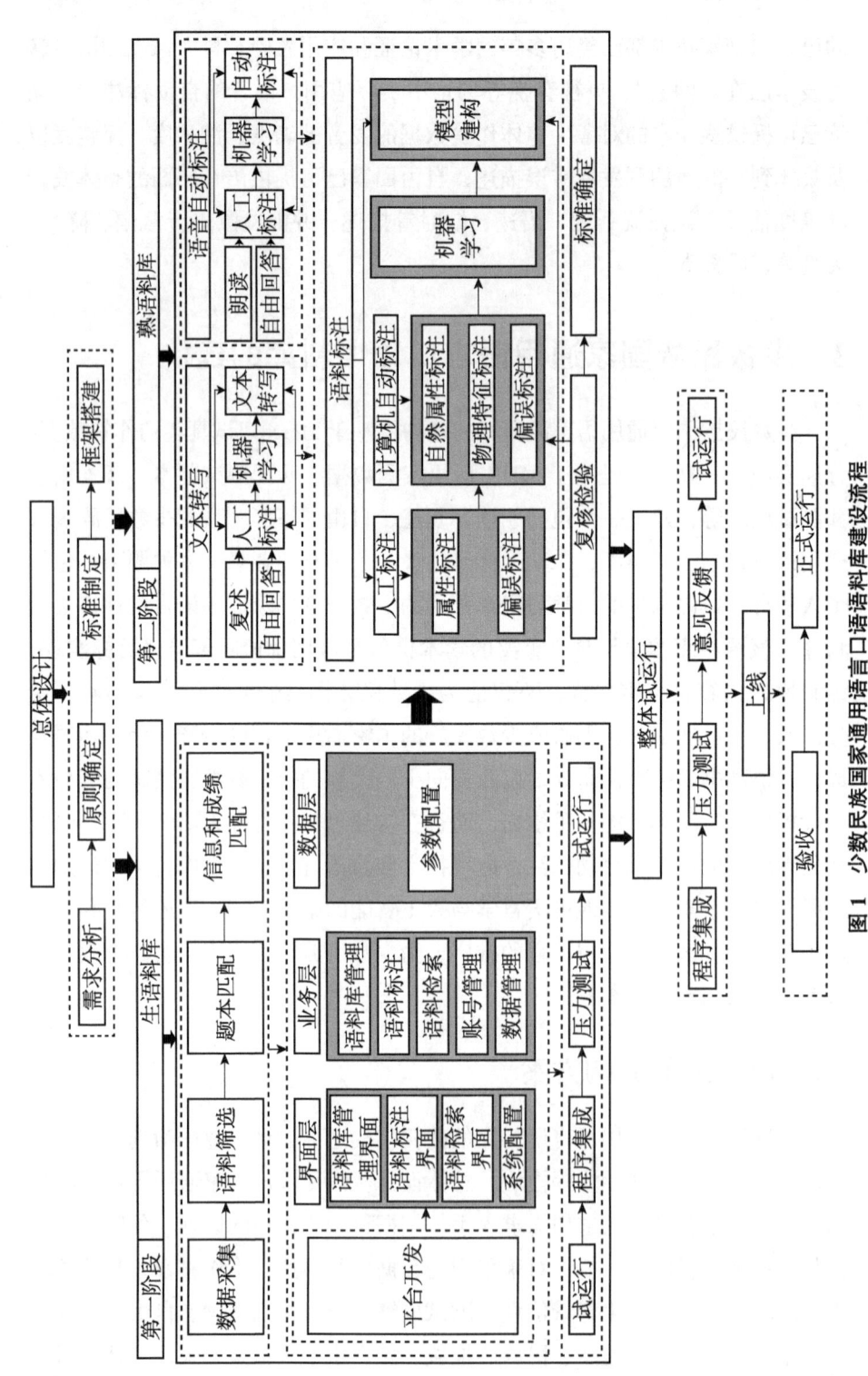

072 第六届汉语中介语语料库建设与应用国际学术讨论会论文选集

图 1 少数民族国家通用语言口语语料库建设流程

料进行文本转写，并在语料语音层面进行自动标注的技术攻关，提高文本转写的正确率，开拓语音自动标注的功能。在此基础上，对于自由回答语料，借助人工智能技术，进行文本层面计算机自动标注的研究，开发自动标注工具，形成人机结合、优势互补的标注方式，最终形成精标的熟语料库。具体流程如图 1 所示。

语料库的管理平台采用 B/S 结构开发 Web 系统，采用界面层、业务逻辑层、数据访问层的三层架构设计。语音文件、对应的文本信息以及各个特征的描述使用 HTML5 页面进行富文本编辑存储，采用 SQL 数据库语言维护和查询管理数据库。管理平台的架构如图 2 所示。

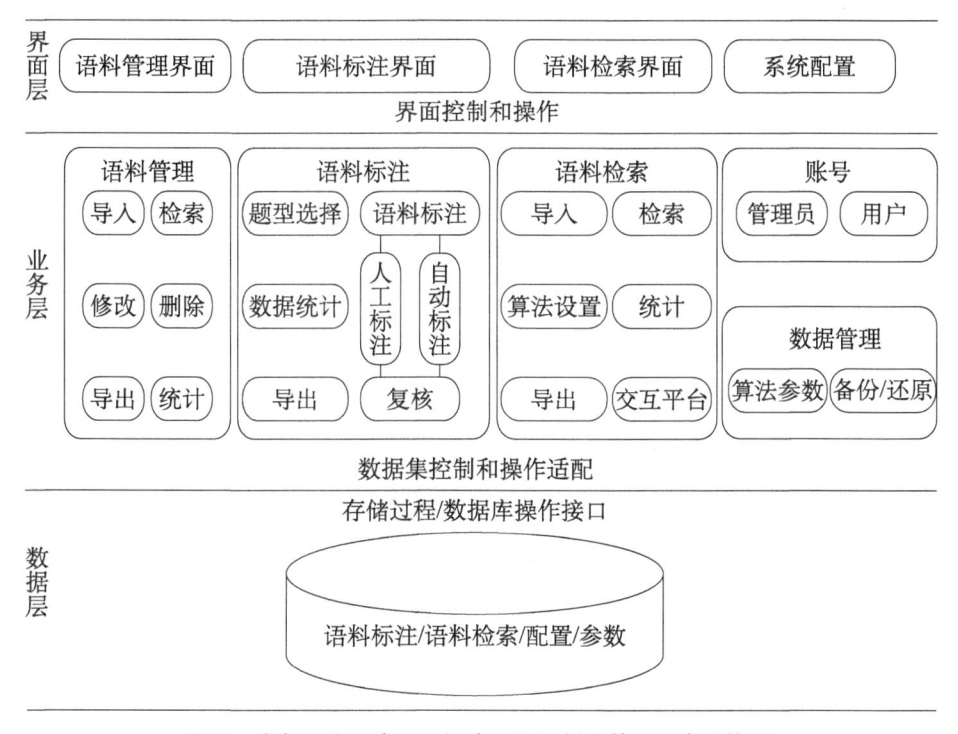

图 2　少数民族国家通用语言口语语料库管理平台架构图

3.2　语料库建库方法

语音转写、语音层面自动标注、文本层面自动标注等是口语语料库建设普遍存在的技术难题，少数民族国家通用语言语料库的建构同样也会面临以下三方面的困难。

（1）语音转写方面。目前科大讯飞的语音转写技术虽已达到应用水平，但对少数民族口语篇章而言，发音错误、发音模糊、音调不准、语法错误等都会影响语音转写的正确率。

（2）语音层面的自动标注方面。朗读的难点有二：一是对平翘舌、前后鼻音等易混淆发音的自动标注准确率较低；二是篇章朗读的发音不如字词朗读发音饱满清晰，发音错误的判断标准难以统一，这对计算机是极大的挑战。自由回答的难点在于：少数民族口头语篇识别正确率相对较低、考场环境的背景噪音、录音设备的好坏等都直接影响特征提取的准确性，进而影响自动标注的准确性。

（3）转写后文本的自动标注方面。由于口语的错误类型非常多，且对每一种错误类型的定义和评判标准本身就是一个非常复杂的问题，因此目前已有的通用技术无法直接用在文本的自动标注上，需要通过人工精标、机器学习、模型优化才能实现错误类型的自动标注。

为解决以上难题，在构建过程中将采用以下方案。

（1）针对少数民族国家通用语口语进行深度定制，找出不同民族的区域性规律和特点，进行深度的类型化语音分析和描写。通过人工精标大量口语语料，训练先进的深度神经网络识别模型和定制语言模型，从而提高口语识别的正确率。经过技术攻关，该方法可将语音转写正确率提高至90%。

（2）朗读作答数据将基于人工标注的大数据，采用先进的深度神经网络模型以及端到端的自动标注方案，构建表征能力更强的声学模型来表示发音模式，从而提升区分正确发音和错误发音能力。自由回答则应用大量MHK考场环境的实际音频样本定制优化识别模型、特征提取和评估模型。依据文本及语音，应用深度神经网络模型及算法进行特征提取，对发音准确度、说话流利度、语速等进行诊断，并对音质异常进行检测，增加模型鲁棒性，提高自动标注的准确性。

（3）对转写后文本的自动标注采用基于深度学习的主题分析、词法分析、句法分析等人工智能技术，进行主题识别、关键词抽取、离题检测等检验。语料标注采用人机结合的方式，确立语料标注标准和方式，建构对应的训练语料、训练模型，对生语料进行自动分析，输出候选结果，然后人工再进行确认标注，并训练优化模型的性能。此方式循环进行，最终提高标注的准确率和效率。

4 结语

我国有一亿多少数民族群众，其中大部分是国家通用语言文字学习者。受地理环境和经济发展差异的影响，语言文化资源的发展不平衡，有明显的地域、族际差异，呈现出文化的多样性，因此通过建设少数民族国家通用语言口语语料库，挖掘、研究少数民族地区语言文化特点的潜力巨大。

综上，基于 MHK 的海量数据，在研发团队雄厚的技术力量和扎实的学术研究支持下，少数民族国家通用语言口语语料库的建设是切实可行的。在构建过程中，将秉持"资源共用共建，成果共享"的理念，语料库建成后将对外开放，汇聚研究成果，方便使用者交流沟通，成为一个教育与研究并用、公益开放的口语语料库。

参考文献

[1] 陈丽湘. 论新时代民族地区国家通用语言文字的推广普及 [J]. 陕西师范大学学报（哲学社会科学版），2021，50(6).

[2] 崔希亮，张宝林. 全球汉语学习者语料库建设方案 [J]. 语言文字应用，2011(2).

[3] 丁赛，李克强，古斯塔夫森. 西部民族地区农村不同民族间收入分配的差距及原因 [J]. 中央民族大学学报(哲学社会科学版)，2015，42(4).

[4] 黄伟. 多模态汉语中介语料库建设刍议 [J]. 国际汉语教学研究，2015(03).

[5] 教育部 国家乡村振兴局 国家语委关于印发《国家通用语言文字普及提升工程和推普助力乡村振兴计划实施方案》的通知 [EB/OL]. (2021-12-28) [2022-07-15]. http://www.moe.gov.cn/srcsite/A18/s7066/202201/t20220106_592708.html.

[6] 教育部等三部门：普通话普及率 2025 年达到 85%[EB/OL]. (2022-01-11) [2022-07-15]. http://www.gov.cn/zhengce/2022-01/11/content_5667564.htm.

[7] 李文中. 语料库、学习者语料库与外语教学 [J]. 外语界，1999(1).

[8] 李月，刘义兵. 推普扶贫视域下少数民族成人国家通用语言教育培训的困境与突围 [J]. 中国成人教育，2020(7).

[9] 刘运同. 汉语口语中介语语料库建设刍议 [C]// 崔希亮、张宝林. 第二届汉语中介语语料库建设与应用国际学术讨论会论文选集. 北京：北京语言大学出版社，2013.

[10] 刘运同．汉语口语中介语语料库建设中的两个关键问题 [J]．华文教学与研究，2020(1)．

[11] 彭恒利．中国少数民族汉语水平等级考试的历史沿革与使命担当 [J]．中国考试，2021(7)．

[12] 权立宏．小型汉语口语语料库建设探讨 [J]．广东外语外贸大学学报，2017，28(4)．

[13] 习近平．决胜全面建成小康社会夺取新时代中国特色社会主义伟大胜利：在中国共产党第十九次全国代表大会上的报告 [EB/OL]．(2017-10-27) [2022-07-15]．http://www.xinhuanet.com/politics/19cpcnc/2017-10/27/c_1121867529.htm．

[14] 王麓淙，刘金林，马静，等．语言扶贫与农村劳动力转移：来自中国推广普通话的证据 [J]．制度经济学研究，2020(2)．

[15] 王兆萍，马小雪．中国少数民族劳动力普通话能力的语言收入效应 [J]．西北人口，2019，40(1)．

[16] 杨翼，李绍林，郭颖雯，等．建立汉语学习者口语语料库的基本设想 [J]．汉语学习，2006(3)．

[17] 于丽．新疆少数民族预科生汉语口语中介语语料库建设的构想 [J]．现代语文(语言研究版)，2017(2)．

[18] 袁继富．从语言文字特性看铸牢中华民族共同体意识 [J]．理论研究，2020(6)．

[19] 张宝林．从1.0到2.0：汉语中介语语料库的建设与发展 [J]．国际汉语教学研究，2019(4)．

[20] 张宝林，崔希亮．"全球汉语中介语语料库"的特点与功能 [J]．世界汉语教学，2022，36(01)．

[21] 张霄军．多模态语料库：抢救濒危语言的有效途径 [C]// 嘎日迪，斯拉木，德熙嘉措．民族语言文字信息技术研究：第十一届全国民族语言文字信息学术研讨会论文集．北京：西苑出版社，2007．

[22] 周宝芯．汉语中介音研究综述：兼谈汉语自然口语语料库的建立 [C]// 肖奚强、张旺熹．首届汉语中介语语料库建设与应用国际学术讨论会论文选集．北京：世界图书出版公司，2011．

[23] 周文华，肖奚强．首届汉语中介语语料库建设与应用国际学术讨论会综述 [C]// 肖奚强、张旺熹．首届汉语中介语语料库建设与应用国际学术讨论会论文选集．北京：世界图书出版公司，2011．

面向国际中文教育的多样态商务汉语词汇核心资源的构建[*]

王鸿滨（北京语言大学）

摘要：本研究基于"知识驱动"和"功能驱动"两个视角，提出了商务汉语核心词汇分级资源的建构框架，并对之进行深度挖掘，旨在利用自然语言处理和人工智能技术，研发大规模、多样态核心资源与专家经验相融合的常用度提取模型，构建多层级的常用度分级标准。同时，本文还从如何利用大规模文本来挖掘和获取词语分级的方法，建设面向海内外的商务汉语词汇多样态资源库，提取商务汉语基础词表和教学词表的实践出发，对开发面向商务汉语学习者的词汇学习资源工具进行了深入讨论，从而对国际中文教育的商务汉语词汇体系的构建做了一次从理论到实践的深入探索。

关键词：国际中文教育；商务汉语词汇；词汇类聚；资源建构

0 引言

2015年3月28日，国家发展改革委、外交部、商务部联合发布了《推动共建丝绸之路经济带和21世纪海上丝绸之路的愿景与行动》，表明"一带一路"进入正式实施阶段。"一带一路"的推进和实施极大地激发了"中文+"教育兴起和发展。合作共赢的"一带一路"为各国带来了新机遇，中文教育资源的职业导向需求日益明显，"中文+"复合型人才的需求量激增。根据教育部的统计，目前，我国职业教育与70多个国家和国际组织建立了稳定联系，在40多个国家和地区开展"中文+职业教育"特色项目，内容涉及高铁、经贸、旅游、法律、海关、航空等数十个领域，为各国学员提供职业

---

[*] 本研究受教育部人文社会科学研究规划项目《面向二语教学的商务汉语分级阅读标准研究》（18YJA740050）、教育部中外语言交流合作中心国际中文教育创新项目《面向国际中文教育的商务汉语词汇分级资源的聚合研究》（20YH006CX5）和国家社科基金重大项目《基于"互联网+"的国际汉语教学资源与智慧教育平台研究》（18ZDA295）资助，谨致谢忱！

教育培训和就业发展机会。同时，我国 400 余所高职院校和国外办学机构开展合作办学，全日制来华留学生规模达到 1.7 万人，"一带一路"沿线国家成为我国招收留学生的主要生源地和境外办学的主要集聚地。留学生人数的增加从侧面反映了汉语的国际影响力仍在不断增加。从单纯的中文学习进而拓展基于中文学习的复合型专业技术人才培养，已是国际中文教育充满生机活力的重要发展方向。培养"中文+"语言人才是推动"一带一路"五通建设（政策沟通、设施联通、贸易畅通、资金融通、民心相通）的重要途径。2019 年国际中文教育大会首设"中文+职业技能"论坛，邀请中外企业与教育专家共同讨论如何开展就业创业对接，此举引发不少业内专家关注，也让更多的目光投向国际中文教育与职业教育的融合，商务汉语是"中文+职业技能"教育中不可缺少的重要部分。推进职业教育与国际中文教育融合发展，整合优势资源，拓展"中文+职业技能"项目内涵及承载力，赋能国际中文教育转型升级发展，既是国际中文教育转型升级发展的着力点，也是提升中国语言文化传播能力的突破口。

　　词汇是第二语言教学的基础，科学的词表可以更好地指导国际中文教育教学点的总体设计、教材编写、课堂教学和成绩测试，使教材更实用，教学更有效。因此，词汇研究一直是国际中文教育的重点研究对象。但受早期教育发展模式的影响，领域词汇（domain-specific vocabulary）一直未受到重视。新文科建设宣言和"核心素养"理论，为本选题的"中文+职业技能"定位搭建了顶层架构；国内外中小学领域词汇研究，为课题提供了研究范式的支持。

　　新时期对词汇研究提出了新要求：研究需面向国家需求（李宇明，2021）、融合领域知识（蔡基刚，2021）、推进体系构建（周荐、李璐溪，2021）。然而，目前国际中文教育知识体系尚不完善（吴应辉、梁宇，2020），领域知识严重缺失，领域词汇也是明显短板。在"中文+职业技能"领域，领域词汇研究有 3 个亟须解决的问题：①领域词汇的缺口尚不明确；②领域词汇的选取程序尚未形成；③领域词汇的难度特征尚未确立。

　　本研究以词汇为抓手选取和呈现知识，从培养跨学科国际中文人才入手，聚合各类商务汉语词汇资源，构建商务汉语词汇分级资源，并对之进行深度挖掘，从而对国际中文教育的商务汉语词表的构建做一次从理论到实践的深入探索。本研究利用自然语言处理和人工智能技术，研发大规模、多样态核心资源与专家经验相融合的常用度提取模型，构建多层级的常用度分级标准，从大规模文本中挖掘和获取词语分级的方法，建设面向海内外的商务汉语词汇多元聚合资源库，在此基础上，提取商务汉语基础词表、教学分级词表以及分级阅读词表以及分级词汇学习手册。本研究有创新教学理论支撑，与新技术深度融合，面向培养跨学科国际中文人才需求，与当前国际中文教育"中文+商务"的特殊需求和发展方向高度契合，分别从"知识驱动"和"功能驱动"两个视角构建"商务词汇"体系，为发展"中文+商务"融合模式探索新路线。

1 商务汉语词汇资源的理论基础与面临的挑战

1.1 理论基础

根据20世纪30年代的功能主义语言学理论，弗斯（1957）认为语言研究的中心是语言的意义，而语言的意义是在语境中实现的，据此他提出了情景语境理论，强调语言的社会性，语言的本质功能是社会交际功能。余珍萍（1997）对功能主义语言学在中国的发展趋势进行了调查，认为功能主义语言学的研究方面可以拓展到句法学、语篇分析、语言教学等多个方面，具有很强的实际应用价值。商务汉语由于其交际性、专用性较强的特点区别于通用汉语，因此功能项目的选取尤为重要。

从二语习得的角度来说，大量可理解性的输入（comprehensible input）是掌握第二语言的关键因素，是语言习得的必要条件。人们一般认为阅读最直接的功用是有助于词汇的习得——扩大词汇量，阅读是词汇增长的一个主要机制，词汇与阅读理解存在着双向因果关系（reciprocal relationship），比如词汇知识的发展会极大地促进阅读理解的效果，从而带来更多的词汇知识。因而在分级阅读理念下，对词汇进行分级，不管是对母语儿童习得母语还是二语者习得外语都有着重要的意义。

1.2 面临的挑战

功能主义语言学对国内产生了较大的影响，在对外汉语教学领域，2006年，国家汉办和北京大学商务汉语考试研发办公室联合推出了《BCT商务汉语考试大纲》，其中包含"商务汉语交际功能项目表"，此表将商务汉语涉及的功能项目分为"生活类"和"业务类"两类，共有 93 个功能项目。赵燕华（2010）统计了 13 部初级商务汉语教材中的功能项目，并与《BCT 商务汉语考试大纲（2006）》中的功能项目大纲进行了对比，发现商务汉语教材中有 39 项功能项目在功能大纲中没有涉及，如休闲活动、辞行、公关等，在教材中涉及较多，但并未收录在功能大纲中。高宁（2010）结合《BCT 商务汉语考试大纲》的内容，对两部中级商务汉语口语教材中功能项目的编排情况进行了分析，发现目前两部商务汉语教材的功能项目内容编排存在功能项目的比例失调的问题，一些商务汉语大纲中涉及的功能，如签证、评估、签约、海关和商检等，均没有编写在内。

1.2.1 《BCT 商务汉语考试大纲（2015）》与《等级标准》的对比

《BCT 商务汉语考试大纲（2015）》（简称《BCT 大纲》）分 A、B 两个等级，其中 A 级有 468 个词汇，B 级有 4 000 个词汇。A、B 级的词汇有重复的内容，整合后的《BCT 大纲》共有 4 071 个词汇，其中 A、B 级共有词 576 个，A 级独有词 71 个，B 级独有词 3 424 个。（见表 1）

表 1 《BCT 大纲》和《等级标准》词汇对应情况

项目	1 级	2 级	3 级	4 级	5 级	6 级	7～9 级
A 级	16	5	0	3	1	1	0
A、B 级	180	170	113	60	17	10	6
B 级	101	265	532	525	121	246	766

《BCT 大纲》与《等级标准》中共有词 3 038 个，占《BCT 大纲》词汇的 74.62%，占《等级标准》中的 27.39%。《BCT 大纲》中的 A 级词汇在《等级标准》中的一级词汇中有 16 个，在其他等级词汇中仅有少量，甚至没有分布。A、B 级词主要分布在《等级标准》的 1～3 级，少量分布在 4 级、5 级。B 级词和《等级标准》的重合最多，主要分布在《等级标准》的 3 级、4 级和 7～9 级词汇中。由于 BCT 的词汇只分为初级和中高级两个等级，词汇大多是低级和中级的，且难度区分不明显。由于通用类词汇较多，无法满足高级水平商务汉语学习者的学习需求。

1.2.2 《商务分类分级词语表》与《等级标准》的对比

刘华（2021）基于话语分析、交际图式等功能理论和语料库语言学理论，统计了 44 册汉语教材中的生词表，建立了一个含有 12 872 个词汇的语料库，并将其与《BCT 大纲》中的词汇和《汉语国际用音节词汇等级划分》中的词汇进行对比分析，类聚出了商务汉语核心词表。同时，刘华还以《BCT 大纲》中的交际功能项目表为蓝本，进行合并、增加、删除、修改，根据其在商务汉语教材中出现的频率，对商务汉语交际功能项目进行了分级排序，形成了一个含有 24 个功能项目、120 个子功能项目的商务汉语功能项目库，并使用自主研发的"汉语助研"软件将商务词汇和功能项目进行类聚，经过人工干预，最终形成了一个含有 4 515 个词汇的《商务分类分级词语表》（简称《分级词汇》），将商务汉语词汇分为 1—4 级。（见表 2）

表 2 《分级词汇》在新《等级标准》中的分布情况

项目	1级	2级	3级	4级	5级	6级	7～9级
一级	78	122	100	37	24	21	29
二级	3	47	203	232	173	177	67
三级	0	2	35	35	74	72	677
四级	0	0	0	0	2	4	42

我们将《等级标准》与《分级词汇》进行对比，从中提取出共现词 2256 个，占《分级词表》中的 49.97%，占《等级标准》中的 20.34%。将这些共现词进行分级对应。可以发现，刘华的词表一级的词汇在《等级标准》中分布比较均匀，一级词对应标准中的 1、2、3 级词汇，都属于初级词汇，而且一级词汇中就有 29 个《等级标准》的 7～9 级词，同时 4～6 级词汇也有涉及。我们看到，刘华一级的词汇应该是商务汉语中比较基础的词，可能和通用的词汇有所重合，并且词汇具有商务汉语特色，专业性明显。刘华的二级词汇已经算是商务汉语的中级词汇了，三级和四级词汇对应《等级标准》的大多数都是中高级词汇，显然《等级标准》中商务类的词汇多集中在中高级，尤其是高级。同时，刘华选取的 44 册教材均为 2002 年以前出版的教材，在商务汉语功能、商务汉语词汇方面，与目前的商务汉语发展相比具有一定的滞后性。

本文基于功能主义语言学理论，在刘华的《商务汉语分类分级词汇表》研究基础上，统计 2010 年以后出版的商务汉语教材，并结合《BCT 考试大纲（2015）》《经贸汉语本科词汇大纲》，从功能项目选取、词汇选取等方面对《商务汉语分类分级词汇表》进行补充，在此基础上建构面向国际中文教育的商务汉语词汇资源学习平台。

2　商务汉语词汇核心资源的内容及构建框架

国际中文教育的基础词汇是课堂教学与教材编写的基础资源，然而基础词汇往往由于语料的缺乏很难获取。目前大规模语料由于领域等方面的局限，很难把我们日常生活中真正需要学习的教学基础词汇提取出来。本研究从国际分级阅读的理念入手，聚合各类商务汉语词汇资源，构建"多样态商务汉语词汇核心资源"。

2.1　词汇核心资源的对象及内容

从分级阅读的理念来看，阅读是词汇增长的一个主要机制，词汇与阅读理解存在着双向因果关系，词汇知识的发展会极大地促进阅读理解的效果，从而带来更多的词汇知识。阅读中的高频词（high-frequency words）或常见字（sightwords）会出现在教材里，学习者要通过不断的阅读来学习，而阅读词汇（reading vocabulary）与听力词汇（listening vocabulary）、口语词汇（oral vocabulary）和写作词汇（writing vocabulary）共同构成学习者的总藏词汇。

从技术层面来看，目前《词汇大纲》和《等级划分》常用词词汇提取来源和渠道单一，只能粗略提供词语的等级，而解决教学词语孰先孰后的可能途径不仅仅是建立词语与大规模语料的关联，多模态核心资源库更要平衡语料的来源，特别是考虑语料统计节点、学习者和教师心理经验等维度，通过计量的方式，建立客观、真实的教学词语常用度标准。

从词表的应用角度来看，汉语课堂教学的主体是学生，他们对基础词汇如何认识？他们心目中的基础词汇包含哪些？不同汉语学习者输出的基础词汇有哪些差异？都是值得探讨的问题。如果能针对留学生进行专门的调查，收集他们心中的基础词汇，将是对现有大规模语料非常好的补充。因此，本文通过开发多模态国际商务汉语核心资源，力争建立并完善面向语言教学的基础词汇提取模型及相关知识资源。

基于以上考虑，本课题的基础工作是建立多样态核心资源，其核心资源包括性质（商务通用口语、知识性教材）和来源（学习者、教学专家和教师）不同的语料库和词汇数据库，详见图1。

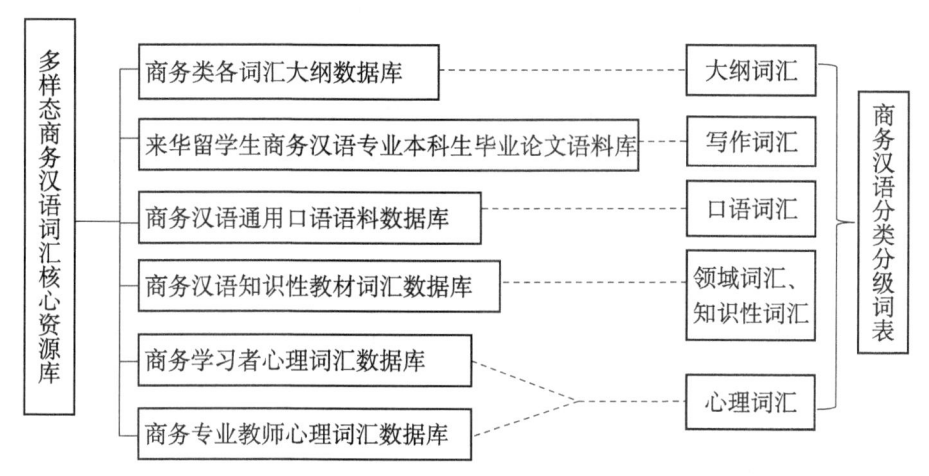

```
多样态商务汉语词汇核心资源库
├── 商务类各词汇大纲数据库 ------ 大纲词汇
├── 来华留学生商务汉语专业本科生毕业论文语料库 ------ 写作词汇
├── 商务汉语通用口语语料数据库 ------ 口语词汇
├── 商务汉语知识性教材词汇数据库 ------ 领域词汇、知识性词汇
├── 商务学习者心理词汇数据库
└── 商务专业教师心理词汇数据库 ------ 心理词汇
                                   ↓
                         商务汉语分类分级词表
```

图 1　多样态商务汉语词汇核心资源库的内部容构成

资源库的最终目标是根据不同语料来源做模型的调整，最终解决全部基础词汇（阅读词汇、写作词汇、听力词汇、口语词汇、心理词汇）的提取、筛选及分级的难题，从而形成国际中文教育用商务汉语词汇资源库，并将这一商务词汇资源进一步落地使之走向应用层面。

本研究的最终成果是基于"知识驱动"和"功能驱动"两个视角，根据不同样态的语料来源做模型的调整，最终解决全部基础词汇（阅读词汇、写作词汇、听力词汇、口语词汇、心理词汇）的提取、筛选及分级的难题，从而形成国际中文教育用商务汉语教学词表。

2.2　总体框架及路径

本研究基于分级阅读理论和标准建，打造国际商务汉语多模态核心资源库，其核心为商务语料库和词汇数据库建设的应用和开发。本课题的基础工作是建立多模态核心资源，内容包括：①商务汉语常用词语界定标准与语料选取；②商务汉语多模态核心资源（语料库＋数据库）；③商务汉语常用词语的过滤方法；④商务汉语词汇常用度模型的设计与实验；⑤商务汉语心理词汇调查问卷的设计和经贸词语定语模型的初步实验；⑥商务汉语基础词表以及商务汉语分级词表的研建。总体框架如图 2 所示。

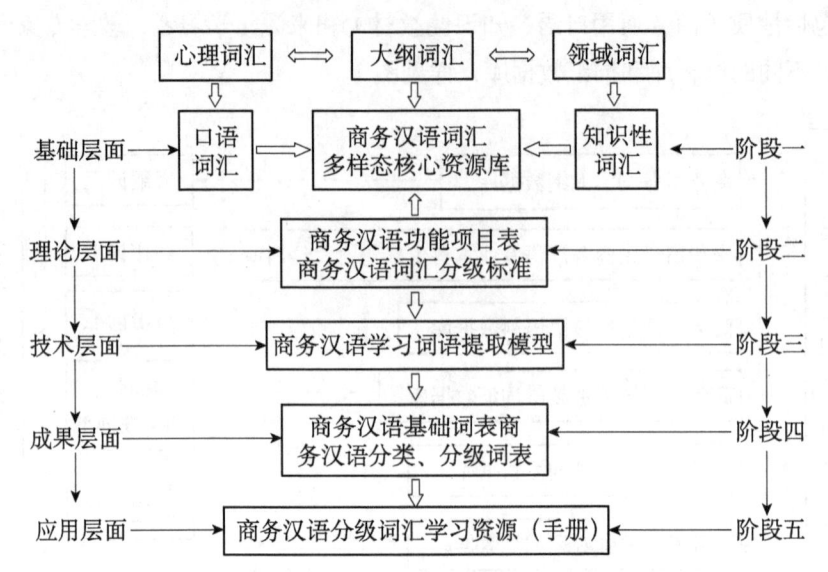

```
                    心理词汇 ⇔ 大纲词汇 ⇔ 领域词汇
                                  ⇓
基础层面 ──→  口语词汇 ⇔ 商务汉语词汇多样态核心资源库 ⇔ 知识性词汇 ←── 阶段一
                                  ⇓
理论层面 ──→  商务汉语功能项目表 商务汉语词汇分级标准 ←── 阶段二
                                  ⇓
技术层面 ──→  商务汉语学习词语提取模型 ←── 阶段三
                                  ⇓
成果层面 ──→  商务汉语基础词表商务汉语分类、分级词表 ←── 阶段四
                                  ⇓
应用层面 ──→  商务汉语分级词汇学习资源（手册） ←── 阶段五
```

图 2　多样态商务汉语词汇核心资源库的建设路径及框架

2.3　核心技术及方法

本研究借鉴传统的词表研发流程，结合商务词汇图谱技术、专家访谈、大规模问卷调查，制订一套商务词汇选取程序，为商务领域知识与二语教育的融合提供路径参考。

2.3.1　商务词汇的难度特征与量化指标提取研究

作为领域词汇，"商务词汇"难度包含"概念难度"和"语言难度"两个维度。资源库拟采用特征工程法对两个维度特征进行量化指标提取与指标效果检验，构建领域词汇难度模型。运用课题组成员自主研制的专利技术"面向汉语教学的词语常用度的获取方法与获取系统"（王治敏，专利号：201510102773.5），通过频次、词语输出位置、词语稳定性等参数决定基础的定序问题，研制兼顾概念和语言难度的领域词汇分级模型。定序模型设计如公式（1）：

$$U=\frac{F}{Stdev\,(K)} \tag{1}$$

U代表词语的常用度，F代表词语的频次，Stdev (K)代表词语的位置标准差。见公式（2）

$$Stdev\,(K)=\sqrt{\frac{\sum (k-\bar{k})^2}{n-1}} \tag{2}$$

常用度定序模型将使用 Distinct_freq 进行计算。而如何通过模型实验结果发现问题，修改模型参数，最终使结果接近人们的经验判断需要进行多次实验。

2.3.2 基于功能项目和交际图示的商务汉语词汇的聚合

词语聚类的核心原理是利用词语在不同类别语料中分布的差异性来计算词语对于该类别的贡献度，即权重。比如，虚词（如"的、在"）在不同类别语料中的频率几乎一样，散布均匀；而商务词语（如"银行、市场、优惠"）在"经济"类的语料中出现的频率会高于它们在其他类别语料中出现的频率，它们是经济领域类别中的词语。我们借用刘华开发的"汉语助研"软件，选取具有代表性、关联性和可融性的商务词汇。其聚类公式如公式（3）所示。

$$w(w_i, c_j)=\sqrt{\sum_j (p_j-\bar{p}_i)^2 / \sum_j p_{ij} \times \left(\log\,(N(w_i)/N)\right)^2 \times \sqrt[n]{p_{ij}}} \tag{3}$$

2.3.3 商务常用词获取模型中人工经验的多因素融合问题

如何根据词语的时间跨度、季度频次、领域信息、稳定特征和专家经验等信息设计合理的参数体系衡量词语的常用度，如何把通过问卷获得的百余位一线专家和汉语学习者的心理词表和常用度模型相结合，研制基础词汇的常用度分级模型是又一大难点。

2.4 主要目标

本课题的目标是打造国际商务汉语多样态核心资源库，其核心为商务语料库和词汇数据库建设的应用和开发。本课题拟解决的关键问题是研发大规模、多样态核心资源与专家经验相融合的常用度提取模型，构建多层级的常用度分级标准，从大规模文本中挖掘和获取词语分级的方法，建设面向海内外的商务汉语词汇多样态资源库。在此基础上，可以提取商务汉语基础词表和教学词表，进一步开发面向商务汉语学习者的词汇学习资源工具。以"商务汉语词汇"为研究对象，可以实现以下三大目标。

（1）实证论证商务词汇在国际中文教育中的必要性；
（2）选取具有代表性、关联性和可融性的商务词汇；
（3）研制兼顾概念和语言难度的商务词汇分级模型。

3 商务汉语词汇核心资源建构的思路及方法

3.1 基本思路

首先，对汉语国际教育发展中面临的挑战、需要解决的最重要的问题开展调研，收集大量问卷，研发汉语国际教育的核心资源，设计不同资源的架构体系。其次，采取需求分析、设计、验证、完善的实验模式。

本课题研究以功能主义语言学为理论基础，技术核心是基于以上多模态核心资源，利用本课题自主知识产权的基础词汇提取模型，我们将用到课题组成员研制的专利技术"面向汉语教学的词语常用度的获取方法与获取系统"（专利号：201510102773.5）、"一种基于分类体系的领域词表自动构建的方法及装置"（CN113254603B）、"一种基于Bert模型的专业术语提取方法及装置"（CN113569016B）、"基于transformer模型提取同义语块对的方法"（GN210778）等，融合教学专家、汉语学习者的心理经验，研制基础词汇常用度的分级模型。上述研究经验和积累，为本课题研究奠定了良好的工作基础。研究步骤如下：

（1）商务汉语词汇的界定标准与语料选取；
（2）商务汉语多样态核心资源（语料库+数据库）；
（3）商务汉语词语的过滤方法；
（4）商务汉语词汇分级模型的设计与实验；
（5）商务汉语心理词汇调查问卷的设计和商务词汇提取模型的初步实验；
（6）商务汉语基础词表以及商务汉语分级词表的研建；
（7）基于功能、话题、场景的商务汉语分级词汇资源学习平台。

3.2 研究方法及路径

在前期研究中，我们已经着手建立了《商务汉语分级阅读标准》，并拥有了"经贸汉语阅读核心词汇分级表""经贸类词汇熟悉度量表"和"经贸类学生心理词汇类聚表"等资源。此外根据商务汉语大纲、商务汉语教材以及调查问卷中商务汉语功能项目的初步统计，整理成"商务汉语功能项目表"，分"生活类""业务类"和"综合类"三个话题大类，内容涉及社交、住宿、出行、饮食、购物、文化、联系、日常办公、银行业务、招聘应聘、考察、营销、投资、谈判、企业管理、电子商务、争议、物流运输、政策与法律、税务、其他等 27 个功能项目。（见表 3）

表 3　商务汉语话题项目总表

分类	生活类	业务类			综合类
话题	日常购物	日常办公	物流运输	电子商务	企业经营
	日常出行	物资采购	考察调研	争议纠纷	资本运作
	信息沟通	联络会晤	市场营销	企业税务	商贸法规
	社交礼仪	谈判签约	商品检验	银行业务	经济组织
	道德准则	聘用、待遇及考核	商务投资		贸易摩擦
		评估考核	企业管理		商务环境
小计（项）	5	16			6
合计（项）	27				

功能项目下又细分成 46 个初级子功能项目、124 个中级子功能项目、59 个高级子功能项目，共计 229 个功能项目。（见表 4、表 5）

表 4　商务汉语"生活类"功能项目"社交礼仪"示例

话题	功能项目	子功能项目
社交礼仪	基本沟通	相互了解（工作、职位、工作经历及爱好）
		自我介绍（姓名、国籍、职业、家庭成员、家庭住址）
	上门拜访	寒暄、说明来意
		告别
	答谢	表达感谢
		送出、接受礼品

续表

话题	功能项目	子功能项目
社交礼仪	宴请	预订餐厅、点菜
		发请柬和邀请函
		欢迎来宾、接风、致辞、祝酒
		感谢、祝愿、送行
	礼仪	传统礼仪
		商务用餐礼仪（座位安排等）
	文化	节日风俗（入乡随俗、风土人情、禁忌）
	道德准则	生活准则（守时、诚信）
		商业道德（遵守合同、廉洁清正、爱岗敬业）

表5 商务汉语"业务类"功能项目"物流运输"示例

话题	功能项目	子功能项目
物流运输	运输方式	海运、航运、陆运（火车、汽车）、空运、水运
	货运通关	联系货代
		签订货运保险合同（确定货运日期）
		货运包装
		进出口审批
		海关申报
		海关查验
	运输及保障	提货流程
		装运延误
		货运保险
		货物验收

资源库所构建的词汇资源采用机器学习与人机交互效果检验的方法，经过科学统计，辅以严谨的人工干预来提高智能模型的准确性。本研究的具体路径如图3所示：

构建分功能项目的语料库 → 聚类出各功能项目的领域词语 → 从教材生词表、原BCT词表补充词语 → 专家人工控制词表 → 词语按常用度分级

图3 商务汉语词汇内聚的具体路径

3.3 预期的目标

（1）面向国际中文教育的商务汉语基础词汇知识库；

（2）面向国际中文教育的商务汉语学习者心理词库；

（3）面向国际中文教育的商务汉语教学一线教师心理词库；

（4）面向国际中文教育教学的多样态词汇资源库；

（5）面向国际中文教育的商务汉语教学词表；

（6）面向国际中文教育的"中文＋商务汉语"分级词汇学习资源平台。

本课题所研制的基于词汇分级的多样态商务汉语词汇资源和词汇数据库的核心资源可以提供给从事汉语教学的有关院校单位，可广泛应用于国际中文教育的教学大纲研制、学习词典、教材编写、商务汉语考试、商务汉语分级读物等系列再生学习资源的研建，如果能向全球发布，将真正发挥教学资源的应有价值，为中华文化走出去的国家战略服务。

4 结语

第一，通过"商务词汇"选取，探索领域知识与二语教育的可操作融合路径。通过商务汉语这类"领域词汇"缺口，管窥我国与其他国家在二语教育体系上的差距，构建商务词汇难度模型，探讨商务词汇与《等级标准》大纲词汇的关联与融合，推进国际中文教育知识体系和能力体系的完善。研究成果将为第二语言教育模式的转型提供借鉴，推进"中文＋"教育模式的发展。

第二，本研究所要构建的多样态商务汉语词汇资源是基于国际分级阅读的理念，在词汇分级标准框架下，通过科学统计，辅以严谨的人工干预的一次实践。其重要研究成果"商务汉语基础词汇知识库"和"商务汉语教学词表"是商务汉语国际教育学科有力的支撑，为学科的未来发展打下坚实的知识基础。

参考文献

[1] 蔡基刚. 学科交叉：新文科背景下的新外语构建和学科体系探索 [J]. 东北师大学报. 2021(3).

[2] 邓耀臣，冯志伟. 词汇长度与词汇频数关系的计量语言学研究 [J]. 外国语（上海外国语大学学报）. 2013(3).

[3] 高宁. 对外汉语商贸中级口语教材课文研究 [D]. 大连：辽宁师范大学，2010.

[4] 李宇明. 试论个人语言能力和国家语言能力 [J]. 语言文字应用. 2021(3).

[5] 梁琳琳，侯敏，何宇茵. 语料规模与常用字词计量研究的关系 [J]. 中国语文. 2013(6).

[6] 刘华. 商务汉语分类分级常用词常用句研究 [M]. 北京：外语教学与研究出版社，2021.

[7] 刘华. 商务汉语分类分级词语表 [M]. 北京：外语教学与研究出版社，2021.

[8] 沈庶英. 经贸汉语本科教学词汇大纲 [M]. 北京：北京语言大学出版社. 2012.

[9] 王治敏. 基于时间跨度的汉语教学常用词表统计研究 [J]. 华文教学与研究. 2010(4)：49-55.

[10] 吴应辉，梁宇. 交叉学科视域下国际中文教育学科理论体系与知识体系构建 [J]. 教育研究. 2020(12)：121-128.

[11] 余珍萍. 功能主义语言学在中国的研究现状和发展趋势 [J]. 山东外语教学，1997(1).

[12] 赵燕华. 初级商务汉语教材交际功能统计及分析. 现代语文（语言研究版）[J]. 2010(4).

[13] 周荐，李璐溪. 漫谈汉语词汇研究的理论和方法 [J]. 鲁东大学学报（哲学社会科学版）. 2021(4).

[14] Firth J R. Papers in Linguistics,1934-1951 [M]. London: Oxford University Press,1957.

20 年来国内外学习者语料库建设及应用研究分析

尤易　曹贤文（南京大学海外教育学院）

摘要：本文从 CSSCI 与 SSCI 数据库中检索 2001—2020 年有关学习者语料库的研究成果，运用 CiteSpace 文献计量分析工具，分析了 20 年来国内外学习者语料库建设及应用研究状况，探究了学习者语料库研究领域的发展趋势、核心作者、核心期刊、研究热点、研究前沿等问题，并通过对比国内外研究成果，讨论了如何吸收借鉴国内外相关研究新成就，进一步推动汉语中介语语料库建设及应用研究。

关键词：学习者语料库；CiteSpace；可视化分析；研究现状；发展趋势

1　引言

学习者语料库（learner corpora）是指通过收集外语或二语学习者的自然语料，利用计算机软件工具进行加工整理而成的语言数据库。根据《剑桥学习者语料库研究手册》的定义，学习者语料库是"按照明确的设计标准收集汇编的，由外语或二语学习者产出的自然数据或近乎自然数据的电子集合"（Granger，2015）。冯志伟（2006）指出，"语料库的使用……逐渐成为语言学研究的主流方法……是语言学研究的一次革命性的进步"。学习者语料库可以为第二语言习得研究提供大规模的真实语料作为分析材料，通过定量与定性分析，能够极大地提高研究结论的客观性、稳定性和普遍性（张宝林，2019）。

近年来，学习者语料库对于第二语言教学与研究的基础性作用日益凸显。汉语中介语语料库作为支撑平台，其提供的大规模学习者语言数据改变了传统的小规模、主观思辨式的研究范式，"为对外汉语教学研究提供了有力支持，极大地推动了汉语习得研究与中介语研究的发展"（张宝林，2019）。为了总结 20 年来本领域的研究状况和发展趋势，本文打算提取 2001

年至 2020 年国内外核心期刊数据库中与学习者语料库[①]相关的研究，采用文献计量方法进行分析，通过对比国际学习者语料库、国内英语学习者语料库、国内汉语中介语语料库的建设以及应用研究状况，探讨如何吸收借鉴国内外相关研究经验，进一步推动汉语中介语语料库建设及应用研究。

2 研究设计

2.1 研究方法及思路

本研究以 CiteSpace 软件作为主要数据处理工具。CiteSpace 由美国德雷塞尔大学华人学者陈超美教授研发，是一款引文可视化软件，通过生成科学知识图谱，可直观呈现科学知识的结构、规律和分布等情况（李杰、陈超美，2016）。我们分别从中国知网 CNKI 和科睿唯安（Web of Science, WOS）数据库中检索"学习者语料库"相关研究，获得收入国内 CSSCI 和国际 SSCI 两大核心期刊数据库中的相关研究文献，然后利用 CiteSpace 软件针对以上数据进行处理和分析，用表格和可视化图谱的形式呈现 2001—2020 年间，学习者语料库相关研究的发展趋势、核心作者及其合作网络、核心期刊、研究热点、研究前沿等内容。

2.2 检索词筛选方法

CiteSpace 所需的领域文献主要通过关键词检索和基于领域的核心期刊定位检索这两种方式（赵丹群，2012）。本文采用前一种方式，即通过设定关键词在 WOS 以及 CNKI 数据库中分别采集相关文献。其中，国际英文文献来源于 WOS 数据库，检索方式为主题词检索，语言设定为英语，文献类型设定为"Article"，最终主题词确定为"learner corpora"或"interlanguage corpora"[②]，主题词检索逻辑最终确定为"(TS=(learner corpora) OR TS=(interlanguage

---

[①] 目前，学界采用"学习者语料库"（learner corpora）和"中介语语料库"（interlanguage corpora）两个术语，通常情况下二者通用，前者出现频率更高。

[②] corpora 为语料库英文 corpus 的复数形式，采用复数进行检索后得到的文献包含采用单数作为关键词的检索结果，为了最终检索逻辑的简洁性，本文采用复数形式，即以"learner corpora""interlanguage corpora"为关键词。

corpora)) AND DT=(Article) AND LA=(English)"，文献时间跨度为 2001 年 1 月 1 日至 2020 年 12 月 31 日，数据库限定为 SSCI 数据库。于 2021 年 11 月 20 日共检索到 850 条符合条件的文献，后期经人工筛选，剔除非学习者语料库研究、书评等无关研究 457 条，剩余 393 条。

国内文献来源于 CNKI 中国知网期刊数据库，检索方式为主题词检索，为使检索结果更全面，主题词检索逻辑最终确定为"SU（主题）= '二语' OR SU（主题）= '外语' OR SU（主题）= '中介语' OR SU（主题）= '学习者' OR SU（主题）= '学生' AND SU（主题）= '语料库'"。文献时间跨度为 2001—2020 年。文献类型为学术期刊，期刊来源限定为 CSSCI 数据库，于 2021 年 11 月 20 日共检索到 1 249 条符合条件的文献，后期经过人工筛选，剔除会议通知、非学习者语料库研究、新闻、会议综述、书评等无关研究 690 条，得到有效文献 559 条。

3 研究趋势

3.1 国内研究趋势分析

国内文献共 559 条，对这些研究文献进一步分类得到英语学习者语料库相关研究 415 篇，汉语中介语语料库相关研究 131 篇，其他小语种以及少数民族语言中介语语料库研究共 13 篇。由于小语种以及少数民族语言中介语语料库研究数量过少，因此本文只对国内英语学习者语料库研究及国内汉语中介语语料库研究情况做具体分析。

3.1.1 英语学习者语料库

图 1 显示了 CSSCI 数据库中 2001—2020 年国内英语学习者语料库相关研究文献数量，并按年份绘制成曲线。2011 年前中国英语学习者语料库研究总体呈增长趋势，尤其是 2006—2011 年间发文数量快速增长，于 2011 年达到最大值 39 篇。2012—2020 年发文量有所回落，但是年均发文数量仍为 24 篇以上，维持在较高水平。

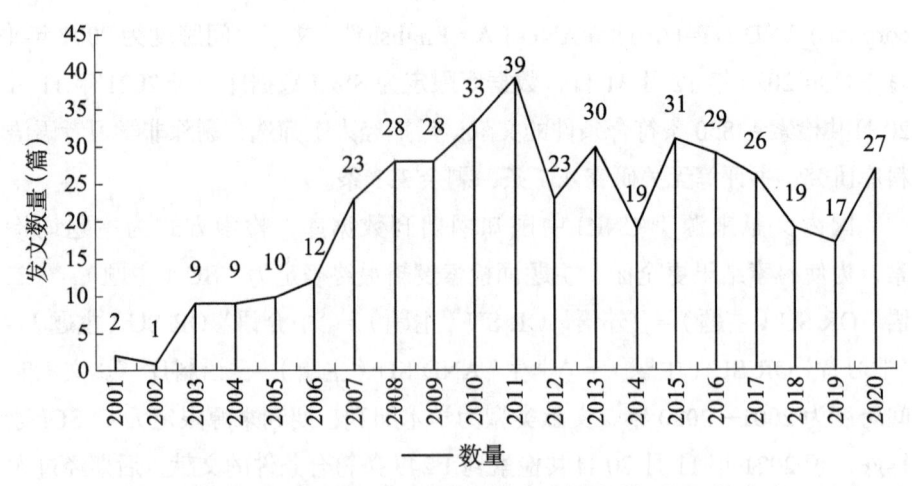

图 1　中国英语学习者语料库 CSSCI 数据库发文量统计折线图（2001—2020）

3.1.2　汉语中介语语料库

图 2 显示了 CSSCI 数据库中 2001—2020 年国内汉语中介语语料库相关研究文献数量，并按年份绘制成曲线。2009 年前汉语中介语语料库文献发表处于缓慢发展阶段，2010 年迎来文献发表的第一个小高峰。这一年由北京语言大学、南京师范大学举办了"首届汉语中介语语料库建设与应用国际学术研讨会"，会议的召开一定程度上促进了中介语语料库研究，并刺激发文数量增加。数据也显示，汉语中介语语料库研究 C 刊论文发表数量于 2013 年达到近 20 年的最高点，该年共有 17 篇汉语中介语语料库的论文被 CSSCI 数据库收录，此后，发文数维持在年均 10 篇上下。

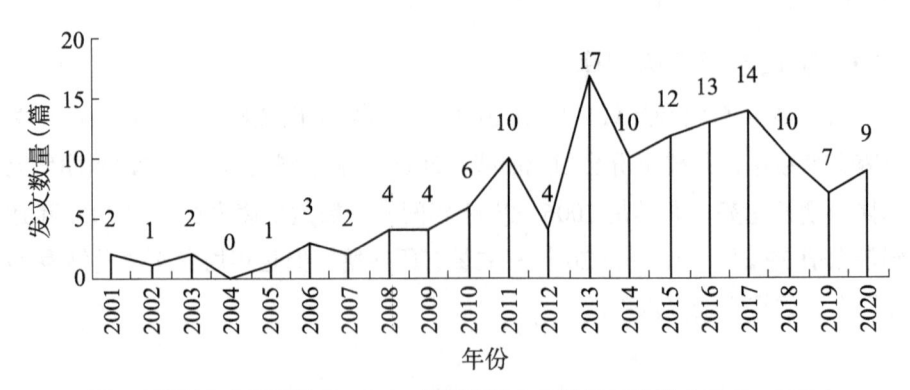

图 2　汉语中介语语料库 CSSCI 数据库发文量统计折线图（2001—2020）

3.2 国际研究趋势分析

图 3 显示了 SSCI 数据库中 2001—2020 年英语学习者语料库相关研究文献数量，并按年份绘制成曲线。2001—2008 年间，研究文献数量仍较少，2009 年起有关学习者语料库研究文献达到 14 篇，并逐年稳定增长，2018—2020 年增长更加迅速，2020 年收入 SSCI 的文献数量达到 54 篇。

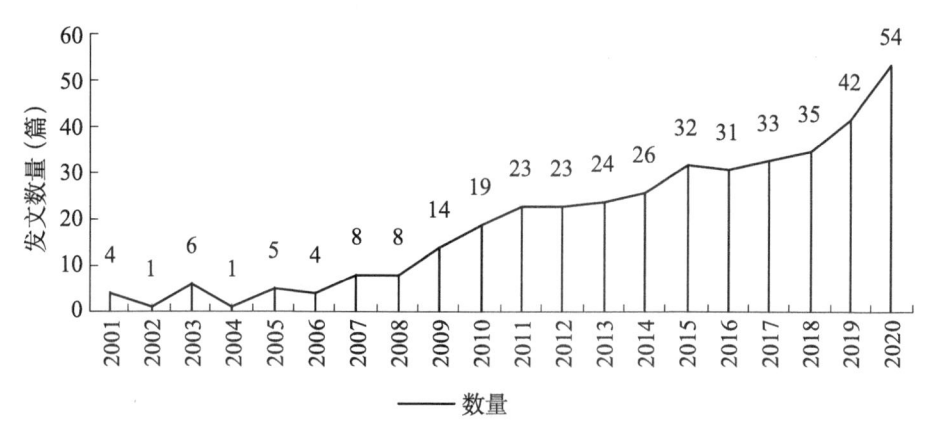

图 3 SSCI 数据库英语学习者语料库发文量统计折线图（2001—2020）

3.3 小结

从以上 3 张发文量统计折线图可以看出，在与学习者语料库相关研究的核心期刊论文发表方面，国内英语学习者语料库与汉语中介语语料库相关研究的总体发展趋势大体相似，经过一段快速增长和小幅回落之后，近年保持在比较稳定的水平。而国际上的研究文献数量，在经历较长时间的增长趋势后，近年发文量仍保持快速增长，表明在大规模语料处理和分析技术的支持下，基于学习者语料库的研究愈加受到国际学术界的重视。

4 国内外研究者、研究团体及期刊数据分析

4.1 核心作者及合作关系

我们利用 CiteSpace 软件从研究文献中提取研究者信息，设置文献时间跨度为 2001—2020 年，时间切片（time slicing）为 1 年，每段时间切片中默

认被引用或出现次数前 50 位,得到 2001—2020 年国内英语学习者语料库、汉语中介语语料库、国际学习者语料库研究领域核心作者及其合作网络图谱(见图 4 至图 6)。

4.1.1 国内核心作者及作者合作分析

(1)英语学习者语料库。

本研究共统计到国内英语学习者语料库研究作者 410 位。其中,刘永兵、张会平、卫乃兴、梁茂成、王立非 5 位学者发文量均超过 9 篇(见表 1),另有 17 位发文数量分别超过 5 篇,形成近 20 年来国内英语学习者语料库研究核心作者群。从图 4 可以看到,国内英语学习者语料库研究形成了三个较大的合作团队,分别是:围绕梁茂成、王立非和文秋芳等学者形成的研究团队(该团队也是国内该研究领域的最大团队);围绕刘永兵、张会平等学者形成的研究团队;围绕卫乃兴等学者形成的研究团队。

表 1　国内英语学习者语料库研究作者发文量统计(2001—2020)

序号	作者姓名	发文数量(篇)	发文最多年份
1	刘永兵	14	2013
2	张会平	10	2008
3	卫乃兴	10	2004
4	梁茂成	9	2006
5	王立非	9	2005

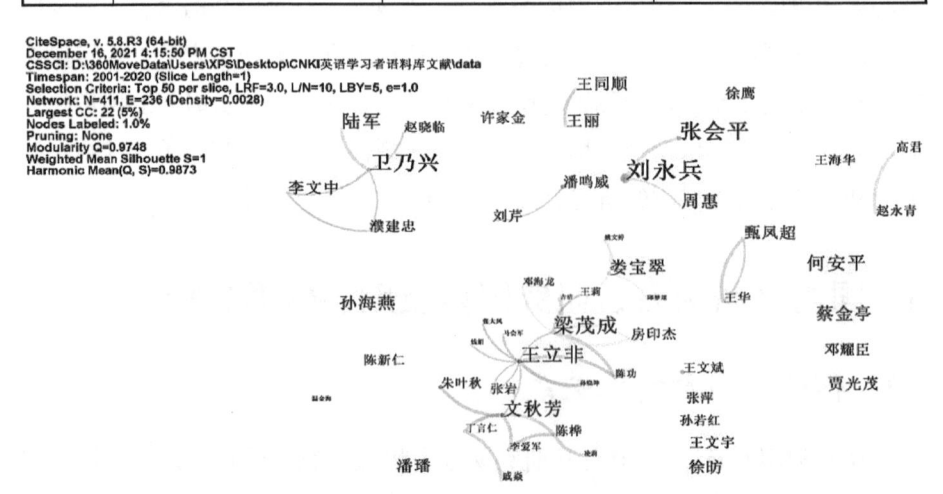

图 4　国内英语学习者语料库研究作者合作图谱(2001—2020)

（2）汉语中介语语料库。

本研究共统计到国内汉语中介语语料库研究作者 134 位，收录文章数量前 5 位分别是张宝林、肖奚强、施春宏、邢红兵、周文华，发文量均在 5 篇以上（见表 2），发文超过 3 篇的学者共 14 位，构成了近 20 年来汉语中介语语料库研究领域核心作者群。从图 5 可以看出，部分作者已经形成了较为稳定的合作研究关系，近 20 年国内汉语中介语语料库研究学者较稳定的研究团队主要有 3 个：张宝林和崔希亮两位学者为中心的研究团队；肖奚强和周文华两位学者为中心的研究团队；以施春宏等学者为中心的研究团队。

表 2　国内汉语中介语语料库研究作者发文量统计表（2001—2020）

序号	作者姓名	发文数量（篇）	发文最多年份
1	张宝林	10	2010
2	肖奚强	7	2009
3	施春宏	5	2013
4	邢红兵	5	2003
5	周文华	5	2009

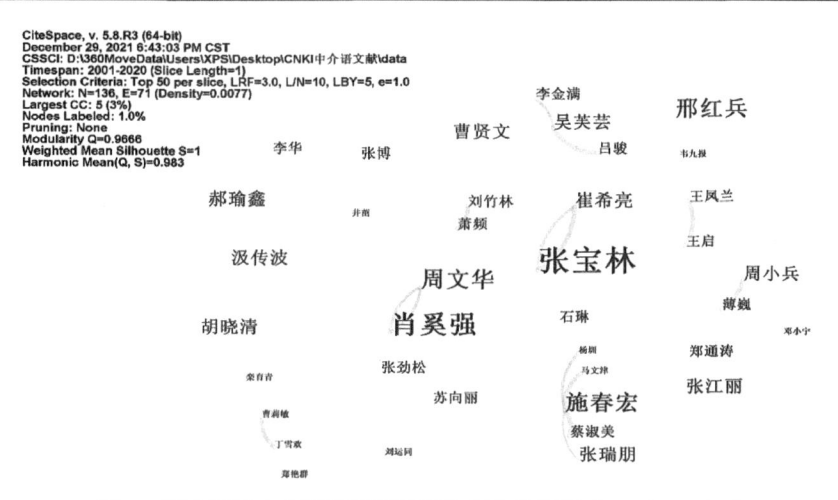

图 5　国内汉语中介语语料库研究作者合作图谱（2001—2020）

4.1.2　国际核心作者及作者合作分析

本研究共统计到国际作者 578 位。其中，Scott Crossley 发文量 19 篇，排名首位，发文超过 10 篇的共 3 人，在排名前 5 位的学者发文量均超过 5 篇，其中发文 9 篇的 Xiaofei Lu（陆小飞）为宾夕法尼亚州立大学华人学者（见

表3）。从图6可以看出，在学习者语料库研究领域，国际学者形成了多个研究团队，其中Scott Crossley、Kristopher Kyle、Danielle Mcnamara分别为发文量排名前3位的学者，他们形成了近20年来国际学习者语料库研究最突出的研究团队。图6也显示，刘海涛与蒋景阳等国内学者组成的团队活跃于国际研究领域。

表3 国际学习者语料库研究作者发文量排行（2001—2020）

序号	作者姓名	发文数量（篇）	发文最多年份
1	Scott Crossley	19	2009
2	Kristopher Kyle	10	2016
3	Danielle Mcnamara	10	2009
4	Xiaofei Lu	9	2010
5	Tom Salsbury	5	2009

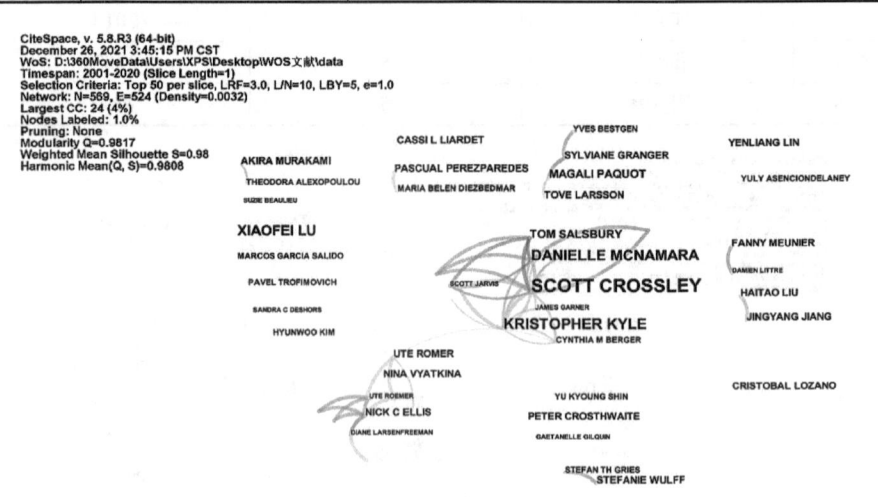

图6 国际学习者语料库研究作者合作图谱（2001—2020）

4.1.3 小结

由上文可见，主要研究团队中的核心研究者同时也是研究领域核心作者，学者之间加强交流并形成稳定的研究合作关系能够更有力地推进研究进程。国际和国内英语学习者语料库研究都已经形成了较为稳定且具一定规模的研究团队，而国内汉语中介语语料库研究学者的团队相对较为零散，学者之间需进一步加强联系和合作。

4.2 核心期刊统计

4.2.1 国内核心期刊统计

国内英语学习者语料库研究文献发表数量最多的期刊前10位分别是《外语教学与研究》《外语电化教学》《现代外语》《外语与外语教学》《外语教学》《外语界》《解放军外国语学院学报》《外语学刊》《现代教育技术》，在2001—2020年间发文数量均超过10篇（见表4），反映学习者语料库相关研究受到较多关注。

表4 国内英语学习者语料库研究期刊发文量统计（2001—2020）

序号	期刊名称	篇数（篇）
1	外语教学与研究	20
2	外语电化教学	16
3	现代外语	16
4	外语与外语教学	12
5	外语教学	12
6	外语界	12
7	解放军外国语学院学报	12
8	外语学刊	11
9	外语研究	11
10	现代教育技术	11

汉语中介语语料库研究发文数量最多的期刊前5位分别是《语言教学与研究》《世界汉语教学》《语言文字应用》《汉语学习》《华文教学与研究》，在2001—2020年间发表数量为8～13篇不等（见表5）。

表5 国内汉语中介语语料库研究期刊发文量统计（2001—2020）

序号	期刊名称	篇数（篇）
1	语言教学与研究	13
2	世界汉语教学	12
3	语言文字应用	11
4	汉语学习	10
5	华文教学与研究	8

4.2.2 国际核心期刊统计

国际学习者语料库研究发表数量最多的期刊前 4 位分别是 *System*、*Applied Linguistics*、*Language Learning*、*Journal of Second Language Writing*，这 4 本 SSCI 期刊在 2001 至 2020 年发文量均在 10 篇以上（见表 6）。

表 6　国外期刊发文量统计（2001—2020）

序号	期刊名称	篇数（篇）
1	System	12
2	Applied Linguistics	12
3	Language Learning	11
4	Journal of Second Language Writing	10
5	Modern Language Journal	9
6	Journal of Pragmatics	9
7	Journal of English for Academic Purposes	9
8	International Journal of Corpus Linguistics	9
9	Studies in Second Language Acquisition	8
10	Language Learning & Technology	8
11	English for Sepcific Purposes	8

4.3　小结

从以上数据可以看出，国内外本领域均有较多核心期刊发表了一定数量的学习者语料库相关研究成果，反映出国内外对于学习者语料库建设和应用研究这一主题都较为关注，是二语习得研究的热点领域。

5　国内外研究热点

5.1　国内英语学习者语料库研究热点

为了显示国内英语学习者语料库相关研究的热点问题，我们运用 CiteSpace 生成关键词结构可视化图谱（见图 7）。然后统计各关键词的频次、中介中间性，并删除语料库、中介语、二语习得等范围宽泛的关键词，再分别按照频次和中介中间性进行排序，频次排序表择取频率高于 6 的关键词，中介中间性排序表择取数据大于 0.03 的关键词，整理得到表 7。

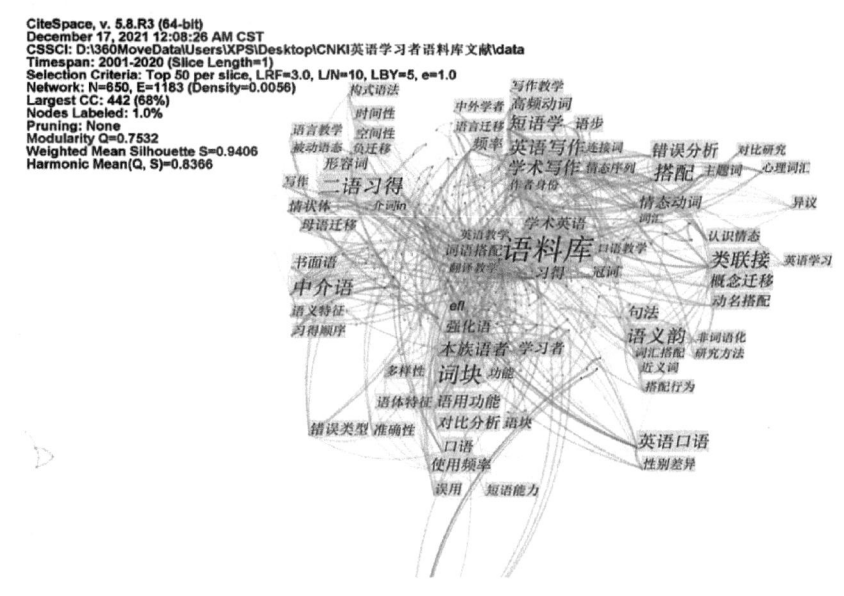

图 7　国内英语学习者语料库研究关键词图谱（2001—2020）

表 7　国内英语学习者语料库关键词排序（2001—2020）

英语学习者语料库关键词频次排序				英语学习者语料库关键词中介中间性排序			
序号	关键词	频率	中介中间性	序号	关键词	频率	中介中间性
1	词块	21	0.12	1	词块	21	0.12
2	语义韵	13	0.03	2	搭配	11	0.07
3	英语写作	12	0.05	3	类联接	11	0.06
4	英语口语	12	0.03	4	英语写作	12	0.05
5	搭配	11	0.07	5	短语学	7	0.04
6	类联接	11	0.06	6	学术英语	5	0.04
7	学术写作	10	0.02	7	语义韵	13	0.03
8	语块	7	0.02	8	英语口语	12	0.03
9	短语学	7	0.04	9	习得	4	0.03
10	错误分析	7	0.02	10	口语	4	0.03
11	概念迁移	6	0.02	11	负迁移	3	0.03

从图 7 中我们可以发现学习者语料库研究网络结构明晰，各话题之间关联紧密，反映该领域研究拓扑结构较为完整。结合表 7 考虑关键词的出现频次与中介中间性，可以看出国内英语学习者语料库研究对英语口语、英语写作以及学术写作比较重视，连同词块、短语学、类联接、语义韵等为热点研究话题。

5.2 国内汉语中介语语料库研究

为了显示国内汉语中介语语料库相关研究的热点问题，我们运用 CiteSpace 生成关键词结构可视化图谱（见图 8）。然后统计各关键词的频次、中介中间性进行排序，删除语料库、中介语、习得、二语习得等范围宽泛的关键词，再用排序表择取频率高于 3 的关键词，中介中间性排序表择取数据大于 0.03 的关键词，整理得到表 8。

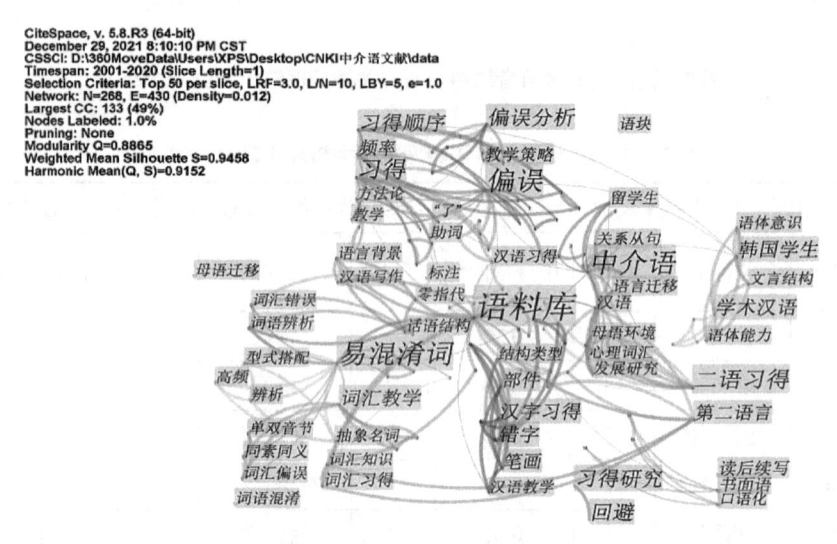

图 8　国内汉语中介语语料库研究关键词图谱（2001—2020）

表 8　国内汉语中介语语料库关键词排序（2001—2020）

\multicolumn{4}{c	}{汉语中介语语料库关键词频次排序}	\multicolumn{4}{c}{汉语中介语语料库关键词中介中间性排序}
序号	关键词	频次	中介中间性	序号	关键词	频次	中介中间性	关键词
1	偏误	9	0.14	1	偏误	9	0.14	
2	易混淆词	8	0.13	2	易混淆词	8	0.13	

续表

汉语中介语语料库关键词频次排序				汉语中介语语料库关键词中介中间性排序			
序号	关键词	频次	中介中间性	序号	频次	中介中间性	关键词
3	偏误分析	4	0.03	3	汉语教学	2	0.08
4	习得顺序	4	0.02	4	韩国学生	2	0.05
5	频率	3	0	5	口语	2	0.04
6	回避	3	0	6	偏误分析	4	0.03
7	标注	3	0	7	书面语	3	0.03
8	词汇习得	3	0	8	部件	2	0.03
9	关系从句	3	0.01	9	笔画	2	0.03
10	词语混淆	3	0	10	教学策略	2	0.03

本研究共统计到131篇汉语中介语语料库相关研究。从中可以看出，国内中介语语料库研究呈块状分布，各板块间研究尚未形成紧密的联系。结合表8统计频次和中介中心度排名前十位的关键词，偏误分析作为最突出的分析方法在频次与中介中间性方面排名均靠前，易混淆词在频次与中介中间性方面排名也十分靠前，反映它们在最近20年的研究文献中所占比重较高。在我们统计到的131篇研究中，与汉字有关的研究篇数不多，不过"笔画""部件"这两个关键词的中介中间性较高，说明汉字研究的重要性；在国别化研究中，韩国留学生出现频次最高，反映了学者们对这一研究对象的关注。

5.3 国际学习者语料库研究热点

为了显示国际学习者语料库相关研究的热点问题，我们运用CiteSpace生成关键词结构可视化图谱（见图9）。然后统计各关键词的频次、中介中间性，删除english、language、acquisition、learner corpus、second language等范围宽泛的关键词，并分别按照频次和中介中间性进行排序，从频次排序表择取频率高于10的关键词，从中介中间性排序表择取数据大于0.05的关键词，整理得到表9。

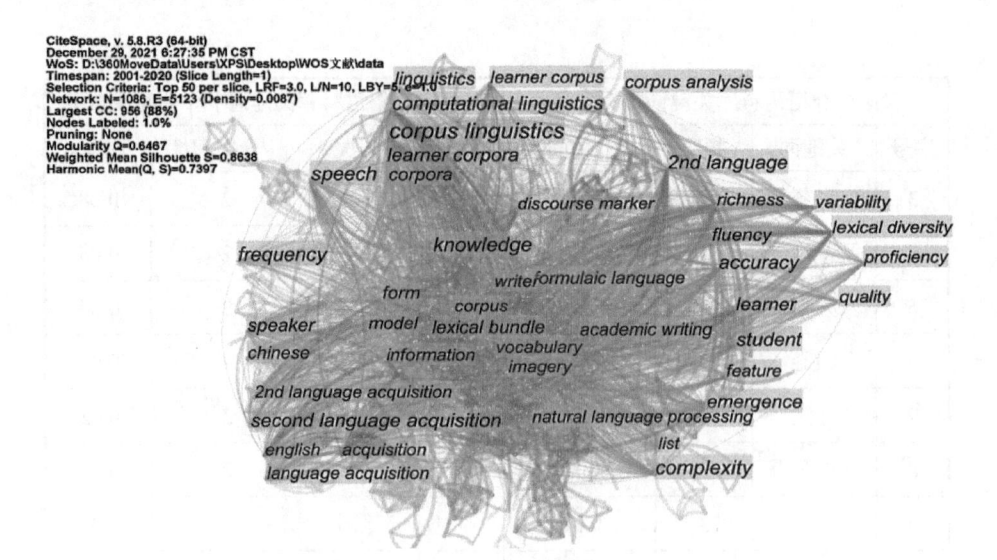

图 9　国外学习者语料库文献关键词图谱（2001—2020）

表 9　国外学习者语料库关键词排序（2001—2020）

国外学习者语料库关键词频次排序				国外学习者语料库关键词中介中间性排序			
序号	关键词	频次	中介中间性	序号	关键词	频次	中介中间性
1	proficiency	24	0.02	1	speech	14	0.14
2	accuracy	21	0.06	2	frequency	11	0.1
3	speaker	21	0.06	3	complexity	16	0.07
4	lexical bundle	19	0.05	4	knowledge	11	0.07
5	syntactic complexity	17	0.01	5	accuracy	21	0.06
6	complexity	16	0.07	6	speaker	21	0.06
7	discourse marker	15	0.05	7	academic writing	14	0.06
8	fluency	15	0.05	8	emergence	9	0.06
9	academic writing	14	0.06	9	chinese	8	0.06
10	l2 writing	14	0.04	10	lexical bundle	19	0.05
11	speech	14	0.14	11	discourse marker	15	0.05
12	formulaic language	12	0.04	12	fluency	15	0.05
13	frequency	11	0.1	13	form	7	0.05

本研究共筛得国外文献 393 篇。从中可以看出，国际学习者语料库研究文献形成的关键词图谱拓扑结构完整且相互之间联系紧密。通过统计频次和中介中心度排名前 20 位，不难发现国际学者对于语言熟练度（proficiency）、准确度（accuracy）、复杂度（complexity）、流利度（fluency）这些语言能力评量标准较为关注，对二语写作与学术写作也比较重视。除此以外，对频率（frequency）、词汇束（lexica bundle）、话语标记（discourse marker）等也很重视。

6 国内外研究前沿

通过运用 CiteSpace 从论文题目（titles）、摘要（abstracts）、描述符（descriptors）、书目资料标识符（identifiers of bibliographic records）中提取突发词（burst terms），能够检测到该领域出现频次在短时间内突然增加的研究术语，结合术语激增的年限，可以得知本研究领域特定时间段内研究者研究兴趣的变化，从而观察新出现的一些前沿问题。本文运用 CiteSpace 中突发词检测功能，设置 γ 值为 0.2，突发词最短持续时间为 4 年，分别对 CSSCI 收录的国内英语学习者语料库、国内汉语中介语语料库文献，以及 SSCI 收录的国外学习者语料库文献进行分析。

6.1 国内英语学习者语料库研究

2001—2010 年间，国内英语学习者语料库文献突发词有拼写错误、冠词、主题词、习得顺序、频率、性别差异、词语搭配、标记语、口语教学、心理词汇、分裂句等。2011—2020 年间，突发词有论说文、语体特征、相对频率、人称代词、类联接、学术英语、概念迁移、外壳名词、口译水平、二语知识、读后续写、语序分布等。其中，语体特征、概念迁移、二语知识、读后续写、语序分布等均为近几年突发词，可能为未来研究热点，值得继续关注。

6.2 国内汉语中介语语料库研究

国内中介语语料库文献突发词中，汉字研究的排名处于绝对优势地位。

汉字习得、笔画、部件这三个突发词与 2012 年以前持续时长均超过 6 年，这表明汉字研究在 2012 年以前为学术界关注的热点研究课题。2008—2017 年间的突发词有词语辨析、习得顺序、词汇习得与母语迁移，持续时长均超过 4 年。2016—2020 年间突发词为学术汉语。随着高级汉语学习者和来华攻读学位留学生人数的大幅增加，汉语学术教学和研究日益受到关注，学术汉语作为近年来核心期刊文献突发词，进一步显示该研究课题极有可能是未来研究热点，值得持续关注。

6.3 国际学习者语料库研究

在 2004—2014 年间，国外学习者语料库文献检测到的 foreign accent、interlanguage pragmatics、speech、constraint、knowledge、identity、error analysis 这 7 个术语突显性较高。在 2011—2018 年间，coh matrix、working memory、particle、strategy、tense、coherence、metadiscourse、writing assessment、competence、automated scoring、contrasive interlanguage analysis、writing development 这 12 个词突显性较高。在以上 19 个突发词中，writing assessment 作为突发词从 2014 年持续至 2017 年，competence、automated scoring、contrasive interlanguage analysis、writing development 作为突发词从 2015 年持续至 2018 年，说明写作评估、自动评分、中介语对比分析等课题作为国际学习者语料库研究的前沿，值得重点关注。

7 余论

上文对 CSSCI 与 SSCI 数据库近 20 年来收录期刊文献的研究，特别是通过从发展趋势、核心作者、核心期刊、研究热点、研究前沿等方面对国内英语学习者语言料库相关研究、汉语中介语语料库相关研究、国际学习者语料库相关研究的对比分析，其结果对国内汉语中介语语料库建设和研究具有颇多启示。首先，在研究重点方面，汉语中介语语料库相关研究应多关注学习者口语、写作等产出能力的分析和评量，特别是对语言表现的评量维度、标准、指标等方面的量化分析；在探究习得特征和规律时，可以从单个词汇或语法点的习得情况转向从语篇、语块、搭配等角度进行考察。其次，从核心作者群来看，学者之间加强合作有利于开阔研究视野，丰富研究课题，充实研究数据，强化研究方法，扩大研究影响，推进研究发展。目前，国内汉语中介语语料库研究虽有了少量核心作者群，但发展后劲不足，还未形成有一定规模的研究合作网络。

另外，从国内文献研究前沿来看，国内英语学习者语料库与汉语中介语语料库部分研究有相似之处，如学术英语与学术汉语等，国内两个领域的学者可以就类似研究互相借鉴；与此同时，国内英语学习者语料库的研究前沿主题更丰富，例如语体特征、概念迁移、二语知识等研究话题，同样值得汉语中介语语料库研究者参考。从国际学习者语料库研究前沿来看，语料库研究的跨学科性较强，更重视二语写作、自动评量、语料库自动标注软件的开发和应用等，国内研究可适当加强自动评量系统、智能写作评估等方面的建设及研究。

参考文献

[1] 冯志伟.《应用语言学中的语料库》导读 [M]. 北京：世界图书出版公司，2006.

[2] 张宝林. 从 1.0 到 2.0：汉语中介语语料库的建设与发展 [J]. 国际汉语教学研究，2019（4）.

[3] 李杰，陈超美. CiteSpace: 科技文本挖掘及可视化 [M]. 北京：首都经济贸易大学出版社，2016.

[4] 赵丹群. 基于 CiteSpace 的科学知识图谱绘制若干问题探讨 [J]. 情报理论与实践，2012（10）.

[5] Granger S, Gilquin G, Meunier F. The Cambridge Handbook of Learner Corpus Research[M]. Cambridge: Cambridge University Press, 2015.

对全球汉语中介语语料库字层面标注升级的思考

范晨菲（北京语言大学）

摘要：全球汉语中介语语料库提供了多个层面的语料标注，语料标注工作在语料库建设工作中具有重要意义。在字层面的实际标注工作中，我们发现了部分字无法被原有的标注体系涵盖的问题。项目组根据存在的问题以及实际的需要，对全球库字层面的标注进行了升级：增加外文字和旧字形标注项目。语料标注升级的过程体现了全球库的标注工作的严谨性与科学性。

关键词：汉语中介语语料库；语料标注；升级

0 引言

近年来，基于大规模真实文本的、定量分析与定性分析相结合的研究方法正在逐渐成为汉语教学与习得研究的一种主要方法，语料库的基础性平台作用日益凸显，建设汉语中介语语料库以促进对外汉语教学研究受到了学界的日益重视（崔希亮、张宝林，2011）。全球汉语中介语语料库（1.0版）（以下简称"全球库"）于2019年3月面向全球免费开放。该语料库有着丰富的标注内容、多样的检索方式，还有可供用户参考使用的统计信息，全球库为研究者提供了一个研究的新资源、新平台。

全球库为研究者提供了多个层面的标注，在具体的标注工作中，笔者主要参与了字层面的标注工作。在实际的标注工作中，我们发现：全球库收集了来自全球120多个国家的语料，这些语料有的收集自国内的大学，有的收集自国外的大学。由于教学单位的多样性，全球库中的有些语料是以港台通行字体（香港标准字形、国字标准字体）来书写的。全球库中字层面标注原先设计的代码有8个，包括错字、别字、繁体字、异体字、拼音字、缺字、多字、字存疑、异体字、拆分字。这套标注体系所涵盖的内容较为全面，但在实际标注全球库的过程中，我们遇到了有些字无法被现有的标注体系涵盖的问题，例如在遇到"广"字不知道采用哪项代码来标注。基于此，我们根据存在的问题以及实际的需要，对全球库字层面的标注进行了升级。

1 汉语中介语语料库的字层面标注

目前，依据汉语中介语语料库建设目的的不同，汉语中介语语料库可以分为两种不同的类型，即通用型汉语中介语语料库和专用型汉语中介语语料库。前者为满足各种研究目的而建，可以进行字、词、句、篇、标点符号等各方面的研究，后者则只为某种专门的研究目的服务（张宝林，2013）。

专用型汉语中介语语料库由于常常只专注于某个层面，因此在该层面上标注的内容通常较为丰富。台湾师范大学的"汉语学习者汉字偏误数据资料库"是专用型的汉语中介语语料库，它的标注仅限于汉字，只能满足汉字方面的研究需要，所以标注的内容更为全面。其标注内容可分为三层五级，即按汉字结构整体上分为笔画、部件、整字三个层级，然后每层按偏误类型又分为误加、遗漏、错位、误代、杂糅五个方面。

通用型汉语中介语语料库可以满足多种研究目的，对语料进行了多个层面的标注，但具体到某个层面的标注相对于专用型汉语中介语语料库而言较为简洁。目前，具有代表性且已经开放的汉语中介语语料库除了全球库以外还有中山大学汉字偏误连续性中介语语料库（字词句标注版）（以下简称"中山大学语料库"）、北京语言大学 HSK 动态作文语料库（以下简称"HSK 语料库"）以及暨南大学留学生书面语语料库。这几个语料库中含有字层面偏误标注的有中山大学语料库、HSK 语料库以及全球库。这 3 个语料库的字层面标注代码对比如表 1 所示。

表 1 语料库字层面标注代码对比表

语料库名称	中山大学语料库字标注		HSK 语料库字标注		全球库字标注[①]	
标注项目	标注代码	代码名称	标注代码	代码名称	标注代码	代码名称
错字	CZ	错字	[C]	错字	[Zc]	错字
别字	CBZ	别字	[B]	别字	[Zb]	别字
繁体字	F	繁体字	[F]	繁体字	[Zf]	繁体字
拼音字	P	拼音	[P]	拼音	[Zp]	拼音字
漏字	L	漏字	[L]	漏字	[Zq]	缺字

---

① 表格中列举的是全球库原先所采用的字层面标注。

续表

语料库名称	中山大学语料库字标注		HSK 语料库字标注		全球库字标注	
标注项目	标注代码	代码名称	标注代码	代码名称	标注代码	代码名称
多字	WJ	误加	[D]	多字	[Zd]	多字
无法识别字			[#]	无法识别字	[Z?]	字存疑
异体字			[Y]	异体字	[Zy]	异体字
拆分字					[Zl]	拆分字①

通过对上表中语料库字层面标注代码的比较，我们可以发现：①上述通用型汉语中介语语料库的语料标注都包含错字、别字、繁体字、拼音字、漏字、多字的标注项目，这些项目是字层面标注较为基础的项目。②全球库中字层面的标注项目基本沿袭自 HSK 语料库，在代码的设计上存在着一定的区别：全球库的标注代码开头都为"Z"，提示该代码是属于字层面的代码。全球库相较于 HSK 语料库中的字层面标注增加了拆分字的标注项目，这是基于全球库中汉字偏误的实际情况而增加的，体现了语料标注建设的渐进性。③相对于中山大学语料库字标注而言，HSK 语料库和全球库的字标注还多了无法识别字、异体字的标注项目。无法识别字是语料录入时采用的标注，体现了全球库的语料标注具有忠于原作的特点。张宝林（2013）指出，语料标注要忠于原作，要最大限度地保持第二语言学习者汉语中介语的"原汁原味"。

中介语语料库中的字层面的标注具有重要的应用价值。张宝林（2018）指出通用型汉语中介语语料库的语料标注应贯彻全面性的原则，指语料标注在广度上的内容全面，可以满足汉语教学与研究的多方面需求。中介语语料库中的字层面的标注除了在教学上有着巨大的价值之外，还在研究方面存在以下价值：第一，字层面的标注代码有利于进行对外国留学生的汉字偏误研究。通常，汉字偏误研究会将错字、别字的偏误区分得较为细致，如石定果等（1998）把留学生的汉字偏误分为以下七类：笔画增损、笔形失准、结构错位、形近混淆、音同混淆、繁简转换以及本国汉字写法影响。在通用型汉语中介语语料库中，语料标注项目较为全面、较为概括，标注代码在检索和定位上起到了重要的作用，研究者在使用语料库时可以通过检索功能找到目

---

① 拆分字指的是留学生在书写汉字时出现的将一个汉字拆分成两个汉字的偏误。

标字的各项偏误情况，从而进行较为细致的偏误研究。第二，字层面的偏误标注代码能应用于作文自动分级。在作文自动分级研究中，准确性也是相当重要的一个测量维度，字层面的偏误标注代码能应用于作文自动分级，在实际操作中研究者可以通过计数偏误标注代码的数量来测量中介语作文的准确性，如徐昌火等（2015）将错字、别字和拼音作为计数错误字数的指标。

2 全球库字层面标注时遇到的问题

全球库的标注工作十分严谨，步骤如下：首先，标注员根据标注规范对语料进行标注；然后审核员对标注员的工作进行审核，审核通过之后语料才能入库；为了提高标注的质量，各层面的标注负责人还进行了标注质量核验的工作。在这样严谨的工作中，项目组能够及时发现标注工作中存在的问题，并对问题进行处理。具体到字层面的标注实践中，我们遇到了以下问题：①旧字形汉字如何标注；②遇到日本汉字或汉字文化圈其他国家特有的汉字字形该如何标注。

2.1 旧字形汉字如何标注

由于教学单位的多样性，全球库中的有些语料是以港台通行字体（香港标准字形[①]、国字标准字体[②]）来书写的。这类字体较为复杂，部分字体对应着《通用规范汉字表》中的"规范字与繁体字、异体字对照表"中的繁体字和异体字（全球库中的语料按照该表格来标注），还有部分字形没有出现在"规范字与繁体字、异体字对照表"中，如"没"、"爭"等，这类字形无法归入到繁体字或者异体字的范畴中。这些字形属于旧字形，旧字形是与新字形相对而言的。1965年1月30日文化部和中国文字改革委员会联合发布了《印刷通用汉字字形表》，为6 196个通用汉字规定了通用字体的规范字

---

① 香港标准字形（《常用字字形表》）是由香港教育署语文教育学院中文系（今归作香港教育局和香港教育学院）制定的字形表，收录四千多个常用中文字的标准字形，是香港小学及初中课本的中文字形标准。

② 国字标准字体是台湾"教育部"颁布的常用国字标准字体表与次常用国字标准字体表里规定的国字标准字形写法。日后又经过多次修改，用于台湾出版之国中小课本、公文。是正体中文的规范依据。

形（包括笔画的数目、笔画的形状、笔画的顺序和间架结构的方式）。《印刷通用汉字字形表》发布后，此前中国大陆（内地）使用的和港澳台地区现仍在使用的印刷体字形（繁体字、异体字除外）被称为旧字形。

在原有的标注体系下，标注员常常将旧字形汉字标作繁体字或者异体字，如"没"字，有些标注员将其标注为繁体字，即"【没】[Zf 没]"，有些标注员将其标注为异体字，即"【没】[Zy 没]"，这些标注都不符合语料标注的准确性原则。

2.2 其他国家特有的汉字字形如何标注

在历史上，汉字文化圈国家受到中国汉字的影响，发展出了许多特有的汉字字形。汉字文化圈中其他国家特有的汉字字形主要包括日本汉字、越南喃字、韩国汉字等其他国家特有的汉字字形。在全球库中，日本汉字较为普遍地出现于日本留学生书写的语料中，如"広""辺""応"等。祁峰、张慕昭（2018）基于华东师范大学留学生中介语语料库对留学生的汉字偏误进行了研究，该研究将偏误分为别字、错字和其他类（包括繁体字、日本汉字、无法识别、拼音字、异体字／不规范的汉字、多字、漏字），在该研究的统计中，日本汉字的偏误在其他类偏误中占到一半以上，因此，该研究将日本汉字在其他类汉字偏误中单独分列。

在全球库原有的标注体系下，没有相应的代码来标注这些文字，因此标注员常常将日本汉字标作异体字或者繁体字，如"辺"字，有些标注员将其标注为异体字，即"【辺】[Zy 边]"，有些标注员将其标注为繁体字，即"【辺】[Zf 边]"，这些标注也都不符合语料标注的准确性原则。

上述问题出现的原因是由于字层面原有的标注体系的代码无法准确、科学地涵盖全球库中的一些特殊的字形，因此课题组对全球库的字层面标注体系进行了升级。

3 全球库字层面标注的升级

上文中所提及的问题与字层面的繁体字与异体字，我们针对上文的问题对全球库的字标注体系进行了升级，根据标注的实际需要，增加了外文字与旧字形的标注，得到的新的字层面标注代码表格，见表 2。

表 2 新的全球库字层面标注代码表

偏误名称	标注代码	示例
错字	[Zc]	地【球】[Zc]
别字	[Zb]	【题】[Zb 提] 高
繁体字	[Zf]	【單】[Zf 单] 纯
异体字	[Zy]	【災】[Zy 灾]
拼音字	[Zp]	【yúan】[Zp 缘] 分
拆分字	[Zl]	【女子】[Zl 好]
多字	[Zd]	后悔【悔】[Zd]
缺字	[Zq]	资【 】[Zq 源]
字存疑	[Z？]	更 [Z？][Z？] 保存自己的生命
旧字形	[Zj]	【沒】[Zj 没] 有
外文字	[Zw]	旁【边】[Zf 边]

字层面标注的升级不仅体现了全球库语料标注的准确性原则，还体现了语料标注的渐进性原则。外文字和旧字形标注项目的增加解决了部分汉字标注不准确的问题。

在选用"外文字"这一名称时，我们考虑到虽然语料库中出现频率较高的是日本汉字，但也可能存在其他国家（除日本外）特有汉字的情况。此外，全球库的词层面也有"外文词"的标注，字层面的"外文字"与词层面"外文词"相对，外文词所针对的是拉丁字母所构成的单词，而外文字是汉字文化圈内其他国家所使用的特有的汉字字形。

在选用"旧字形"这一名称时，我们也考虑过将"不规范字"作为这一标注项目的名称，但是"不规范字"所涵盖的范围较大，不能精确地指代旧字形。不规范字指不符合国家规定标准的字，一般说来，不规范字包括繁体字、异体字、旧字形、二简字、别字和错字等。使用"不规范字"这一名称的话容易造成使用者的误解。

在具体的标注实践中，如果繁体字、异体字、旧字形、外文字都需要标注员自行进行判断的话，无疑会增加标注员的工作量，降低标注工作的效率。考虑到原先语料库中内置的程序就可以利用预先设定好的字表实现繁体字与部分异体字的自动标注，我们依据《通用规范汉字表》，对全球库中常出现的繁体字、异体字、旧字形、外文字进行统计与分析，最终对原先的字表进行了校正、扩展工作，成功实现了繁体字、异体字、旧字形、外文字标注的自动化。

全球库字层面标注的升级来自项目组对全球库建设的不懈努力，体现了全球库的标注工作的严谨性与科学性。在标注实践与质量核验中发现问题并解决问题有利于更好地建设全球库。语料标注是一个边实践边探索的过程，需要不断积累经验，深化认识，逐步积累，最终达于完善（张宝林，2018）。通过发现问题、解决问题，我们实现了全球库字层面标注的升级。

4 结语

语料标注工作是语料库建设工作中的重要环节，在标注实践与质量核验中发现问题并解决问题有利于更好地建设全球库。在本研究中，我们通过发现并解决全球库字层面标注工作中存在的问题实现了全球库字层面标注的升级：增加了外文字、旧字形的标注，校正并扩展了全球库原先内置的字表，实现了繁体字、异体字、旧字形、外文字标注的自动化。在这个过程中，我们对通用型汉语中介语语料库标注的渐进性、准确性、自动化等原则有了更加深刻的理解。

参考文献

[1] 崔刚，盛永梅. 语料库中语料的标注 [J]. 清华大学学报（哲学社会科学版），2000（1）.

[2] 崔希亮，张宝林. 全球汉语学习者语料库建设方案 [J]. 语言文字应用，2011（2）.

[3] 何丹. 三个汉语中介语语料库对比分析 [D]. 广州：中山大学，2012.

[4] 黄昌宁，李涓子. 语料库语言学 [M]. 北京：商务印书馆，2001.

[5] 梁茂成，李文中，许家金. 语料库应用教程 [M]. 北京：外语教学与研究出版社，2010.

[6] 祁峰，张慕昭. 基于中介语语料库的留学生偏误研究 [C]// 张亚军，肖奚强，张宝林，等. 第四届汉语中介语语料库建设与应用国际学术讨论会论文选集. 北京：世界图书出版公司，2018.

[7] 石定果，万业馨. 关于对外汉字教学的调查报告 [J]. 语言教学与研究，1998（1）.

[8] 肖奚强，周文华. 汉语中介语语料库标注的全面性及类别问题 [J]. 世界汉语教学，2014，28（3）.

[9] 徐昌火，陈东，吴倩，等. 汉语作为第二语言作文自动评分研究初探 [J]. 国际汉语教学研究，2015（1）.

[10] 闫慧慧. 汉语中介语语料库标注标准研究 [G]// 张宝林，靳继君，胡楚欣. 汉语中介语语料库建设与应用研究：第 1 辑. 北京：中国书籍出版社，2021.

[11] 颜明，肖奚强. 论汉语中介语语料库建设的基本问题 [J]. 语言文字应用，2017（1）.

[12] 张宝林，崔希亮. "全球汉语中介语语料库"的特点与功能 [J]. 世界汉语教学，2022，36（1）.

[13] 张宝林，崔希亮. "全球汉语中介语语料库建设和研究"的设计理念 [J]. 语言教学与研究，2013（5）.

[14] 张宝林. 从 1.0 到 2.0：汉语中介语语料库的建设与发展 [J]. 国际汉语教学研究，2019（4）.

[15] 张宝林. 关于通用型汉语中介语语料库标注模式的再认识 [J]. 世界汉语教学，2013，27（1）.

[16] 张宝林，崔希亮. 关于汉语中介语语料库标注规范的新思考：兼谈"全球汉语中介语语料库"标注规范的设计 [C]// 张亚军，肖奚强，张宝林，等. 第四届汉语中介语语料库建设与应用国际学术讨论会论文选集. 北京：世界图书出版公司，2018.

[17] 张瑞朋. 留学生中介字数据库建设若干问题讨论：以中山大学留学生全程性中介字数据库为例 [J]. 华文教学与研究，2022（2）.

[18] 张瑞朋. 三个汉语中介语语料库若干问题的比较研究 [J]. 语言文字应用，2013（3）.

[19] 赵焕改，林君峰. 关于汉语中介语语料库标注代码的思考 [J]. 海外华文教育，2019（1）.

[20] Garside R G, Leech G, Mcenery A M. Corpus Annotation: Linguistic Information from Computer Text Corpora[M]. London: Longman, 1997.

[21] Leech G. Corpus annotation schemes[J]. Literary and Linguistic Computing. 1993, 8(4).

近 30 年汉语中介语语料库研究现状和趋势分析
——基于中国知网数据库期刊文献的可视化研究

邓司琪（北京外国语大学）

摘要： 本文借助文献计量工具 CiteSpace，对 1993—2020 年中国知网（CNKI）数据库中来自中文社会科学引文索引（CSSCI）和《中文核心期刊目录总览》（北大核心）有关汉语中介语语料库的文献，进行了量化分析和可视化呈现。以"汉语"/"中文"和"中介语语料库"为关键词检索得到 128 篇相关文献，剔除不符合要求的会议、通知以及无关文献后，剩余有效文献 115 篇。虽然这 28 年间，与汉语中介语语料库有关的文献远不止于此，但立足 CSSCI 索引和北大核心总览，集中考察高影响因子文献，能在一定程度上反映国内语料库语言学研究的大致面貌。通过对国内汉语中介语语料库的发文数量、作者机构与知识演进进行系统性审视，研究发现：①汉语中介语语料库相关主题论文发文量在过去 28 年经历了先增后减的变化：在 2013 到达顶峰并开始逐步减少；总体上该领域研究每年发文数量起落明显，发文数量还不稳定。②发文机构主要集中在北京语言大学，共发表 38 篇，约占发文量的 1/3，且研究范围比较广泛，涵盖语音、语法、汉字等。③发文作者之间的合作以校内合作为主，跨校合作不紧密，形成了以高发文量作者为核心的高校作者群。④从关键词的演进看，二语习得和语言教学、偏误分析以及语料库建设和研究为三大主要领域，随着时间发展，每个领域逐渐转变为在单一主题下研究的更细化、延伸和深入的探索，并出现不同学科领域的交叉探讨和协同研究。

关键词： 汉语中介语语料库；研究现状；文献计量 CiteSpace

0 引言

随着国际中文教育的不断发展壮大，越来越多的汉语中介语语料库相继出现和发展起来。不论是综合性的语料库，如全球汉语中介语语料库，中山大学、南京师范大学等高校自建的语料库，还是专门语料库，如汉语口语中介语语料库、学习者为儿童的汉语中介语语料库等，其建设和应用都给学界提供了丰富的资源和更加广阔的研究议题。为了了解目前汉语中介语语料库研究的现状和趋势，客观把握中介语语料库的情况，文章应用文献计量软件CiteSpace量化分析了1993—2020年中国知网（CNKI）数据库中来自中文社会科学引文索引（CSSCI）和《中文核心期刊目录总览》（北大核心）中有关汉语中介语语料库的文献，从被引作者、机构、期刊和研究热点与趋势等方面考察分析了汉语中介语语料库建设与应用研究相关的论文，并通过可视化图谱对上述内容进行了直观的可视化呈现。研究旨在对国内汉语中介语语料库相关文献进行量化分析和可视化呈现，梳理相关领域的发展脉络，为汉语中介语语料库的研究提供一定参考。

1 数据来源及研究工具

1.1 文献数据来源

我们从知网数据库中梳理了近30年汉语中介语语料库的情况，并对1993—2020年中国知网（CNKI）数据库中来自中文社会科学引文索引（CSSCI）和《中文核心期刊目录总览》（北大核心）有关汉语中介语语料库的文献进行量化分析和可视化呈现。以"汉语"/"中文"和"中介语语料库"为关键词检索得到128篇相关文献，剔除不符合要求的会议、通知以及无关文献后，剩余有效文献115篇。立足CSSCI索引和北大核心总览，集中考察这些高影响因子文献，能使我们对国内语料库语言学研究的大致面貌有更加全面的理解。

1.2 研究工具与方法

之前的研究对文献主要采取定性归纳的方法，且考察的文章数量比较有限。本研究使用了美国德雷赛尔大学信息技术与科学学院计算机与情报学教授陈超美开发的CiteSpace5.7.R5可视化分析软件进行文献计量研究。采用文献计量的方法，可以从较长的时间维度，考察这一研究领域的热点和前沿，并以可视化的方式展现诸如作者、机构以及关键词这些知识单元的共现关系。本研究时间跨度为28年，即1993—2020年，时间切片为1年，即共有

24 个单个时间分区，使用 g-index 算法（k=20）且不使用网络修剪算法，以保持知识图谱的完整性。

2 研究结果及分析

2.1 发表年份分布统计

文献的分布年代，可以在一定程度上反映该领域的发展情况。从图 1 可知汉语中介语语料库的建设和发展相关论文可以粗略分为三个阶段：1993—2009 年缓慢增长；2010—2013 剧烈增长并达到峰值；2014—2020 年波动下降。

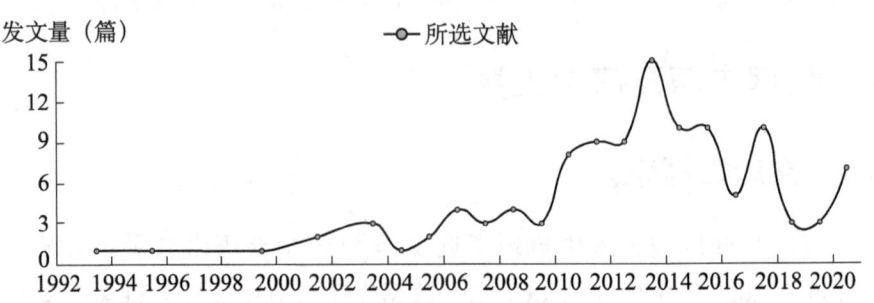

图 1　1993—2020 年 CNKI 数据库中来自 CSSCI 和北大核心有关汉语中介语语料库的文献

汉语中介语语料库的相关研究始于 1993 年储诚志和陈小荷发表在《世界汉语教学》期刊上的《建立"汉语中介语语料库系统"的基本设想》一文。在 1993—2000 年这一阶段，发文数量较少，2001—2009 年发文数量开始逐渐增加到每年 3～4 篇，2010—2013 年保持年均 9 篇，并在 2013 年达到峰值 13 篇。自 2014 年以后发文量的整体趋势在下降，但波动较为明显，特别是在 2017—2018 年。由此可见，伴随着汉语中介语语料库建设的蓬勃发展，汉语中介语语料库相关研究成果也呈现急剧上升趋势，特别是在 2010—2014 年这 4 年间的论文数量超过 40 篇，大于前 20 年发文数量之和。

2.2 引文分布统计

本研究所统计的文献中，引用最多的参考文献和著作可在一定程度上反映该领域的关注范围。综合知网数据库中的文献信息，我们将汉语中介语语料库中的文献按照被引次数从高到低排列，如表 1 所示。可以看到，引用的文献和著作涉及的内容，同时包含了汉语学界和英语学界的书籍，有方法论的书籍，也有二语习得相关的著作。

表 1　1993—2020 年 CNKI 数据库中关于汉语中介语料库的文献最常引用的文献和著作

序号	名称	作者	期刊 / 出版社	时间	被引次数（次）
1	现代汉语词典	中国社会科学院语言研究所词典编辑室	典商务印书馆	2005	14 083
2	对外汉语教育学引论	刘珣	北京语言文化大学出版社	2000	9 699
3	语料库语言学导论	卫乃兴	上海外语教育出版社	2002	2 276
4	第二语言习得研究	王建勤	商务印书馆	2009	1 683
5	汉语量范畴研究	李宇明	华中师范大学出版社	2000	1 475
6	中国学习者英语语料库	桂诗春	上海外语教育出版社	2003	1 286

2.3　期刊分布统计

根据本研究所统计的 115 篇论文在不同刊物上的发文量列出排行前 5 位的期刊，如表 2 所示。这五种期刊总共发文 82 篇，占总发文量的 77% 左右，是汉语中介语料库领域研究文献的重要来源，因此这些期刊也形成了汉语中介语料库研究的较重要的期刊群。

表 2　1993—2020 年 CNKI 数据库中发表关于汉语中介语料库的文献的期刊情况

序号	期刊刊名	发文量（篇）	占比（%）
1	世界汉语教学	20	17.39
2	语言文字应用	20	17.39
3	语言教学与研究	18	15.65
4	华文教育与研究	16	13.91
5	汉语学习	8	6.96

2.4 核心作者分布统计

我们对这 115 篇文献的作者进行统计分析，共计得到 126 名作者，并根据发文量进行排序如表 3 所示。普赖斯定律表明：在同一主题中，半数的论文为一群高生产能力作者所写，这一作者群的数量大致和全部作者总数的平方根[①]相一致。在本研究中共有作者 126 名，发文量最多的作者为张宝林，发文数量为 9 篇，根据上述提到的普赖斯定律，可将 9 的平方根乘以 0.749，其结果约等于 2.247，取近似数 2.25；即 2 篇及其以上的作者有 23 位，他们一共发表 69 篇文献，占 115 篇文献的 60%，超过全部论文的半数。这些数据已满足普赖斯定律关于核心作者群的条件要求，说明我国汉语中介语语料库研究领域已经形成了较稳定的核心作者群。

表 3 1993—2020 年 CNKI 数据库中作者发表关于汉语中介语语料库的文献的情况

序号	作者	发文时间（年）	发文量（篇）	序号	作者	发文时间（年）	发文量（篇）
1	张宝林	2010	9	7	郑艳群	2006	3
2	肖奚强	2011	5	8	胡晓清	2013	3
3	施春宏	2013	4	9	周文华	2011	3
4	邢红兵	2003	4	10	洪炜	2010	3
5	郝瑜鑫	2013	3	11	周小兵	2010	3
6	曹贤文	2009	3				

此外，我们根据 CNKI 数据库中发表的关于汉语中介语语料库文献的作者合作情况，通过 CiteSpace 制作了作者合作情况图，如图 2 所示。可以看出汉语中介语语料库研究领域的主要作者间存在相互合作，形成了一定的合作关系。如张宝林与崔希亮、肖奚强与周文华、施春宏与张瑞朋、胡晓清与苏向丽、崔永华与陈小荷等均存在合作关系，形成学术共同体。作者间合作

---

① 所谓普赖斯定律（Price Law），即科学家总人数开平方，所得到的人数撰写了全部科学论文的 50%。如果设最高产的那位科学家所发表的论文数为 nmax，将科学家们发表论文的总数记为 x(1, nmax)，则普赖斯定律可用下式表示：(1/2)x(1, nmax) = x(m, nmax) = x(1, m)。式中，m 为普赖斯假定的这样一个数，即个人的论文数大于 m 的科学家们所发表的论文总数恰好等于全部论文总数的一半，而式中 x(m, nmax) 的意义恰好表征了这一半论文。普赖斯根据洛氏定律，经推导得出：m ≈ 0.749(nmax 1/2)。

增加可能和汉语中介语语料库数据分析量较大，领域划分越来越细致，已建成的汉语中介语语料库相对较少以及研究本身对技术和方法的要求较高有关。

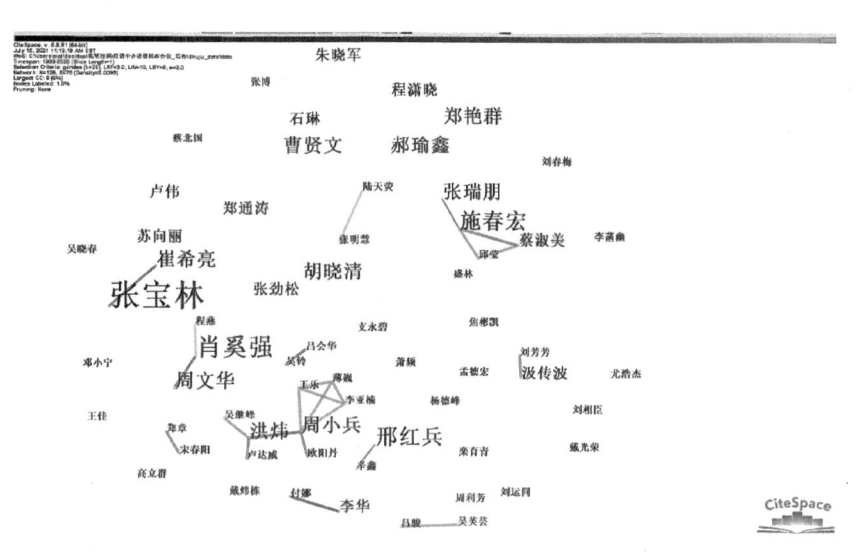

图 2　1993—2020 年 CNKI 数据库中发表关于汉语中介语语料库的文献的作者合作情况

2.5　发文机构分布统计

机构的发文量可以在一定程度上体现出该机构在相关领域的研究实力及影响力。本研究所分析的 115 篇文献所属的发文机构中发文数量大于 4 篇的如表 4 所示。其中，在汉语中介语语料库领域核心期刊中发文最多的机构是北京语言大学，总发文量为 38 篇，中山大学和南京大学发文量在 5 篇左右，南京师范大学以 4 篇紧随其后，后三所发文机构间发文数量差距并不大。北京语言大学是相关研究产出最高的机构，在总的 115 篇文章中占 33%，可见北京语言大学在这一研究领域发挥了主导作用。

表 4　1993-2020 年 CNKI 数据库中发表关于汉语中介语语料库的机构发文数量

序号	发文机构	发文量（篇）
1	北京语言大学	38
2	中山大学	5
3	南京大学	5
4	南京师范大学	4

除了发文机构统计以外，我们同时绘制了作者和机构的合作图谱，如图 3 所示。分析发现，同一机构内的作者合作紧密，形成了合作群体，而跨机构合作相对还较少。

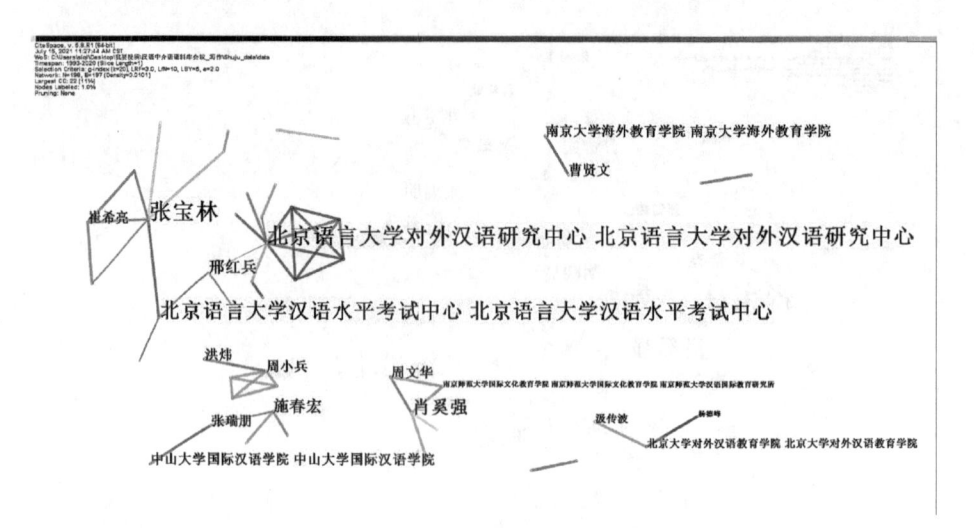

图 3 1993—2020 年 CNKI 数据库中发表关于汉语中介语语料库的文献的作者与机构概况

2.6　研究热点与分析

词频分析法是利用能够揭示或表达文献核心内容的关键词或主题词在某一研究领域中出现的频次高低，来确定该领域研究热点和发展动向的文献计量方法。由于一篇文献的关键词或主题词是文章核心内容的浓缩和提炼，因此，如果某一关键词或主题词在其所在领域的文献中反复出现，则可反映出该关键词或主题词所表征的研究主题是该领域的研究热点。研究热点可以是某领域中学者共同关注的一个或多个话题。一个专业研究热点保持的时间有长有短，利用 CiteSpace 共词分析，可以从文献的标题、关键词和摘要中提取出名词性术语，这些名词性术语在一定程度上反映了研究的热点和变化趋势。

我们根据关键词或主题词的频率，筛选出高于 10 次的词语，如图 4 所示。需要注意的是有一些高频次的关键词范围广泛，但并不具备明确的指向性和倾向性，如"中介语""语料库""中介语语料库"等，在分析时可以考虑观察其区域内更具体的词语。通过对高频次、高中心度关键词的归纳和汇总，汉语中介语语料库研究的热点大致分布在 3 个子领域，即二语习得和语言教学、偏误分析以及语料库建设和研究。

"二语习得研究"是汉语中介语语料库研究关注的重要方面，语料库的建设为研究者大量收集学习者的真实语料，并通过大数据追踪和分析学习者的语言学习情况提供了支持。研究者使用汉语中介语语料库对汉语作为第二语言学习者在汉字方面、不同词类的偏误方面，以及语法偏误方面进行观察研究。比如周文华、肖奚强（2011）对汉语介词习得情况进行了综合考察，郑艳群（2006）考察了汉语中介语中程度副词的使用情况，尤浩杰（2003）考察了汉字笔画部件的情况，张宝林（2010）对留学生"把"字句进行了研究等。这些研究使用中介语语料库的方法，探索二语习得和语言教学，为后来的研究者提供了有益的参考。

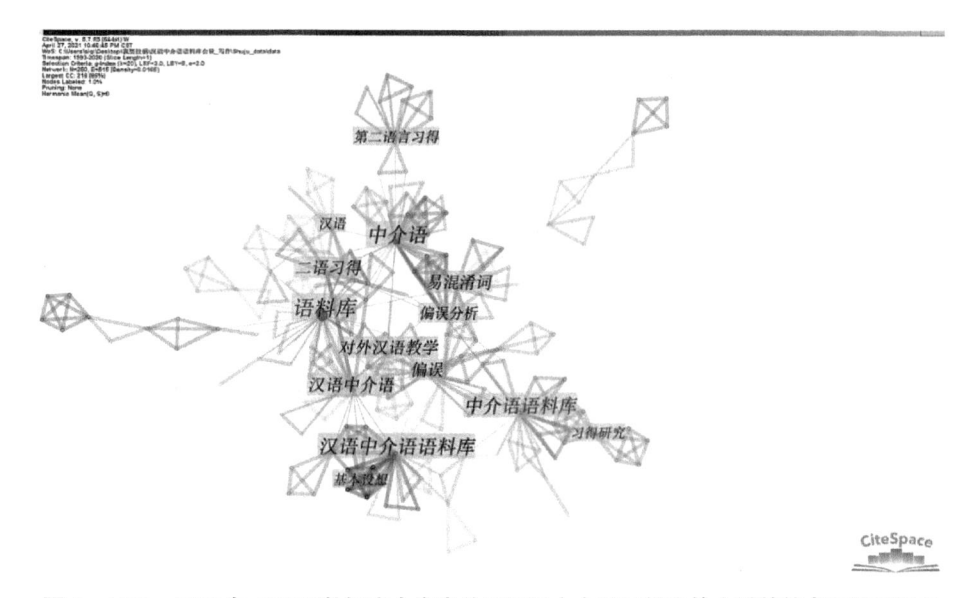

图 4 1993—2020 年 CNKI 数据库中发表关于汉语中介语语料库的文献的热点和趋势概况

"偏误分析"也是研究关注的热点之一，特别是对不同国家不同区域学习者的偏误分析，就出现了偏误国别化的研究。周小兵（2014）通过对日本留学生句尾助词"了$_2$"的系统考察，并对比日语词"た"，揭示"了$_2$"比"了$_1$"更晚习得的原因。程燕（2020）对韩国留学生成语使用情况的分析，发现教材语言的输入对学习者的中介语系统产生一定的影响。而在不同国家或地区学习者的对比研究中，杨德峰（2003）通过对英语国家初中高水平学习者趋向补语的习得的考察，构拟出趋向补语的习得顺序。针对来自中亚地区的学习者，朱晓军（2010）发现把母语组合关系类推到汉语对应词上，是造成易混淆词语的重要因素。基于偏误国别化的研究，这些研究有利于丰富汉语中介语语料库应用研究的成果，同时可帮助教师根据不同国家学习者的需求来制定相应的教学策略以提高教学效果。

使用中介语语料库的研究者日益增加，"中介语语料库的建设"也成为学者们关心的趋势和方向。一些学者从语料库建设的各个方面提出了自己的观点，既有从宏观上提出汉语中介语语料库的设计理念、建设标准与建设需求（张宝林、崔希亮，2013；刘运同，2020；胡晓清、许小星，2020），也有提出建立不同种类语料库的建设方案，如基于偏误反馈的对韩汉语词汇教学信息库建设（焉德才、胡晓清，2013），汉语中介语语音库的文本设计（王玮、张劲松，2019）等。此外，语料库建设的技术和标注体系也是讨论热点，如汉语中介语的依存句法标注规范及标注实践（肖丹、杨尔弘、张明慧，2020）以及中介语语料库的平衡性问题（施春宏、张瑞朋，2013）等。随着技术的发展，汉语中介语语料库的建设及相关研究会不断深化和扩展。

3 结语和展望

通过使用 CiteSpace 可视化分析软件对 1993—2020 年中国知网期刊全文数据库中的汉语中介语语料库相关研究进行统计分析，整合文献统计学的相关知识以及可视化知识图谱中的信息，我们可以发现：①汉语中介语语料库相关主题论文发文量在过去 28 年经历了先增后减的变化：在 2013 年达到顶峰以后，开始逐步减少。总体上该领域研究每年发文数量起落明显，发文数量还不稳定。②发文机构主要是北京语言大学，共发表 38 篇，占 115 篇文献的 1/3 左右，且研究范围比较广泛，包括语音、语法、汉字等。③发文作者之间的合作以校内合作为主，跨校合作不紧密，形成了以高发文量作者为核心的高校作者群。④从关键词的演进看，二语习得和语言教学、偏误分析以及语料库建设和研究为三大主要领域，随着时间发展，每个领域的研究逐渐细化和深入并出现了不同学科领域的交叉探讨和协同研究。

总的来说，经过二十多年的发展，汉语中介语语料库研究的发展已经步入正轨，产生了核心期刊群、核心作者群、稳定的研究机构并逐渐形成了研究热点和方向。但我们也要看到，与英语中介语语料库建设相比，汉语中介语语料库的数据来源存在局限性，数据还不能充分共享；此外，语料库建设也缺乏跨学科的视角，不少技术问题仍有待突破。

参考文献

[1] 蔡武，郑通涛. 我国汉语中介语语料库研究现状与热点透视：基于 CiteSpace 的可视化分析 [J]. 华文教学与研究，2017（3）.

[2] 曹文，张劲松. 面向计算机辅助正音的汉语中介语语音语料库的创制与标注 [J]. 语言文字应用，2009（4）.

[3] 程燕，肖奚强. 韩国留学生汉语成语使用状况考察 [J]. 汉语学习，2020（2）.

[4] 崔希亮，张宝林. 全球汉语学习者语料库建设方案 [J]. 语言文字应用，2011（2）.

[5] 胡晓清，许小星. 韩国汉语学习者中介语口语语料库的建设及意义 [J]. 华文教学与研究，2020（1）.

[6] 刘运同. 汉语口语中介语语料库建设中的两个关键问题 [J]. 华文教学与研究，2020（1）.

[7] 施春宏，张瑞朋. 论中介语语料库的平衡性问题 [J]. 语言文字应用，2013（2）.

[8] 肖丹，杨尔弘，张明慧，等. 汉语中介语的依存句法标注规范及标注实践 [J]. 中文信息学报，2020，34（11）.

[9] 肖奚强，周文华. 汉语中介语语料库标注的全面性及类别问题 [J]. 世界汉语教学，2014，28（3）.

[10] 焉德才，胡晓清. 基于偏误反馈的对韩汉语词汇教学信息库建设 [J]. 华文教学与研究，2013（2）.

[11] 杨德峰. 英语母语学习者趋向补语的习得顺序：基于汉语中介语语料库的研究 [J]. 世界汉语教学，2003（2）.

[12] 尤浩杰. 笔画数、部件数和拓扑结构类型对非汉字文化圈学习者汉字掌握的影响 [J]. 世界汉语教学，2003（2）.

[13] 郑艳群. 中介语中程度副词的使用情况分析 [J]. 汉语学习，2006（6）.

[14] 周文华，肖奚强. 现代汉语介词习得研究 [J]. 语言文字应用，2011（2）.

基于汉语中介语语料库的应用研究

基于读书报告用词考察的来华研究生汉补课程反思[*]

韩玉国（北京语言大学）

摘要： 在来华留学研究生面临的各种学业困难中，语言问题高居榜首。本文以 HSK 词汇大纲为参照框架，对汉语国际教育专业中、韩硕士研究生读书报告个案的用词等级进行了全面考察。数据分析表明，二者的显著性差异并不是 HSK 五级、六级、通用类超纲词等高级通用词汇，而主要在于专业词语的自主使用，HSK 六级词汇的语篇贡献度微小。我们据此认为，以 HSK 六级为目标的汉补课程与学业需求存在明显偏差，急需调整方向，开设研究生层次的专业/学术汉语类课程。

关键词： 来华留学研究生；汉语水平考试；词汇等级；汉补课程；专业/学术汉语

0 引言

随着《留学中国计划》的实施和不断推进，近 10 年间，来华留学教育已成为我国高等教育的重要组成部分。在规模增长的同时，学历教育占比逐年提高，为提升来华留学层次、打造"留学中国"品牌起到关键作用。根据教育部发布的数据，2018 年来华留学研究生（包括硕士、博士）人数持续领涨，共计 8.51 万人，同比增长 12.28%，达到学历生总量的 1/3。

来华研究生教育规模的持续扩大也对现有培养体系提出新的要求和挑战。刘水云（2017）对我国 78 所高校 3 942 名在读外国研究生的大样本调查发现，近 80% 的来华研究生将语言障碍列为最大的学业障碍，成为制约来华研究生培养质量提升的瓶颈问题。问卷调查旨在发现问题，然而对于如何解决问题，还需要正面观察和描摹来华研究生在学业中的语言使用情况，概

---

[*] 本研究得到北京语言大学院级科研项目（中央高校基本科研业务专项资金）资助。项目名称为"预科专业汉语教材语篇个案的语义密度考察"，项目编号为 22YJ010406。

括其能力现状并提炼特点和不足，在此基础上对标学业需求优化课程设置。基于这一认识，本文以汉语水平考试（HSK）词汇大纲为参照框架，对北京语言大学汉语国际教育专业中、韩硕士研究生读书报告个案的用词等级进行了考察，采用定量与定性研究相结合的方式管窥来华硕士研究生课业语言的真实面貌，探查其与中国研究生的差距所在，并提出相应的汉补课程建议。

1 研究设计

1.1 研究内容

词汇量是二语水平的重要表征，尤其是能够应用于说、写两种语言输出的词语。由于我国高校以 HSK 五级为来华研究生入学语言标准，以 HSK 六级为入学后汉语补习目标，因此，本文以《HSK 考试大纲（2015 版）》中的一至六级词汇大纲为等级判定依据，以中国研究生为参照，对比分析 HSK 五级水平韩国研究生读书报告中词语等级的概貌与特点，结合个案研究结论探讨以下 3 个问题。

第一，中国研究生、HSK 五级水平的韩国研究生在完成读书报告时的用词等级特点；

第二，以中国研究生为参照，HSK 五级水平韩国研究生与之有何本质差异和不足；

第三，基于考察结论，探讨汉补课程的设课方向，帮助来华研究生突破语言瓶颈。

1.2 研究步骤与方法

此项考察分主要包括统计量化、数据分析两个步骤。

第一，设定条件，筛选出中国研究生、HSK 五级水平韩国研究生读书报告个案，切词、归类并进行量化统计，并对中、韩两组数据进行可靠性/信度检验，确保语篇个案具备可分析性。

第二，对比分析中国研究生、HSK 五级水平韩国研究生语篇用词等级的显著性差异，考察项目包括词位密度、HSK 一至六级词汇占比、超纲词占比等 8 项内容，尤其关注 HSK 五级、六级、超纲词等高级词汇的语篇贡献度问题，结合考察结论对相关问题进行反思与讨论。

使用 SPSS 25 进行数据分析时，采用通行阈值，主要有可靠性/信度数据 α 值、相关性数据 r 值、差异显著性数据 P 值。数据意义见表 1。

表 1 本文涉及的 SPSS 数据判定标准

数值类型	可信度 α 值	相关性 r 值	差异显著性 P 值
数值意义	α≥0.9 十分可信 0.7≤α<0.9 很可信 0.5≤α<0.7 很可信 0.4≤α<0.5 可信	r≥0.8 高度相关 0.5≤r<0.8 显著相关 0.3≤r<0.5 低度相关 r<0.3 不相关	P≤0.01 极其显著 0.01<P≤0.05 显著 0.05<P≤1 边缘性显著 P>0.1 不显著

1.3 研究个案的选取

读书报告在研究生教育中既是获取知识、进行专业学习的手段，也是学术阅读与写作训练的主要途径，因此成为一种常规的研究生学业指导、课程作业形式。笔者于 2016 年春季学期面向汉语国际教育专业一年级中、外硕士研究生开设"教学语法与语法教学"课，要求学生自主阅读专业经典论文《教外国人汉语语法的一些原则问题》（赵金铭，1994），并撰写不少于 1 000 字的读书报告，收取中外研读书报告共 29 篇。由于韩国学生人数最多（10 人），利于提取同质性，因此，外研被试在韩国学生中筛选。

5 名中国研究生、10 名 HSK 五级韩国研究生进入筛选范围。为了保证语言水平的真实性，对被试语篇设定了两个筛选条件：第一是独立完成，未经他人修改与润色；第二是使用读秀网"大雅相似度分析"进行查重，以不高于 40% 为限。筛选出符合条件的读书报告 6 篇，其中，中国研究生 3 篇、韩国研究生 3 篇，具体情况见表 2。

表 2 中、韩两组 6 名被试情况

被试类型	被试	性别	汉语水平	汉教经历
中研被试	中研 1	女	母语者	无
	中研 2	女	母语者	无
	中研 3	女	母语者	无
韩研被试	韩研 1	女	HSK 五级	无
	韩研 2	女	HSK 五级	无
	韩研 3	男	HSK 五级	无

1.4 样本的量化过程

1.4.1 样本概貌

词汇考察涉及"词例数""词位数"两种统计单位。同一个词,无论重复出现多少次都只能算作一个词位(type),而它的每一次出现都算作一个词例(token)。我们把词位数与词例数的比值当作词位密度,反映语篇用词的丰富性。由于词位数是学习者词汇量的真实反映,因此我们以词位数为词汇量统计单位。语篇个案概况见表3。

表3 中、韩两组6个语篇的基本数据

被试类型	被试	字符数(个)	词例数(个)	词位数(个)	词位密度(%)
中研被试	中研1	901	496	237	47.78
	中研2	1140	630	279	44.29
	中研3	1 141	649	276	42.53
	中研均量	1 060.67	591.67	264	44.62
韩研被试	五级韩研1	825	515	186	36.12
	五级韩研2	875	524	162	30.92
	五级韩研3	924	538	205	38.10
	五级韩研均量	874.67	525.67	184.33	35.07
整体均量		967.67	558.67	224.17	40.13

注:本文所有表格中比值类均量的算法为分子数值的累加量除以分母数值的累加量。

1.4.2 样本量化过程中的人工干预

样本的量化以孔子学院总部/国家汉办编制的HSK考试(2015版)词汇大纲为依据,对语篇进行分词后逐词筛查并归级。归级过程中我们对未出现在大纲中的词是否为超纲词的判断格外谨慎——通过人工干预确定是否真正超纲,以确保考察的信度与效度。人工干预主要包括重组默认词判定、减字默认词判定、参考纲内词进行等级认定三个方面。

"重组默认词""减字默认词"是2015版HSK词汇大纲的新增项目,用以凸显汉语语素的构词作用。前者如"白"和"颜色"组合成"白色",后者如"羊肉"可分为"羊"和"肉"两个词。这两类词都不在正式词表中列出,仅在词汇大纲之后以附表的形式进行例示,这就使得HSK词汇大纲并非完全封闭,而是具有一定的开放性。另有一类词语并不在HSK词汇大纲中，然而却与纲内词具有很强的一致性，因此也没有将其草率地列为超纲词，而是参考纲内词进行等级判定。如纲外词"西班牙语""韩国语/韩语"参照"汉语"定为 HSK 一级词，"外国"参考"外地"定为 HSK 三级词，"小看"比照"轻视"定为 HSK 五级词。

通过人工干预自定 HSK 等级的纲外词共计 106 个，占 6 名被试语篇词位累加量（1345 个）的 7.88%。其中，重组默认词 43 个、减字默认词 33 个、参考纲内词定位的词语 30 个。对这些纲外词的定级有效确保了下文超纲词考察的严谨、有效。

2 研究结果

2.1 量化结果及描述性分析

2.1.1 量化结果及数据可靠性/信度分析

我们在分词、归级、人工干预、对部分纲外词定级的基础上进行了量化统计，6 个语篇 HSK 一至六级词、超纲词数量及在各语篇词位总量中的占比情况如表 4 所示。

表 4　中、韩两组语篇中 HSK 各等级词占比统计

单位：%

	一级词占比	二级词占比	三级词占比	四级词占比	五级词占比	六级词占比	超纲词占比	占比合计
中研 1	15.19	8.02	17.3	22.78	14.77	5.49	16.46	100
中研 2	16.13	11.83	13.98	18.28	13.26	4.30	22.22	100
中研 3	17.03	9.78	14.49	22.46	13.77	4.71	17.75	99.99
中研均量	16.16	9.97	15.15	21.09	13.89	4.80	18.94	100
韩研 1	27.96	15.59	22.04	16.13	8.60	2.15	7.53	100
韩研 2	26.54	14.20	17.28	19.75	9.88	1.85	10.49	100
韩研 3	22.44	13.17	20.00	17.56	11.71	1.95	13.17	100
韩研均量	25.50	14.29	19.89	17.72	10.13	1.99	10.49	100.01
整体均量	19.10	11.63	16.84	20.54	13.43	3.94	14.53	100.01

注：受篇幅限制，表中仅呈现各级词的占比数，未呈现具体个数，

表 4 中具有分析意义的是各等级词语的占比数据，我们使用 SPSS 25 对其及进行可靠性/信度检验（包括表 3 中词位密度数据）。经检验，α 值为 0.974，超过阈值 0.9，达到十分可信水平。此项检验同时也得到了项间相关性矩阵，如表 5 所示。

表 5　项间皮尔逊相关性矩阵

	中研 1	中研 2	中研 3	韩研 1	韩研 2	韩研 3
中研 1	1					
中研 2	.961**	1				
中研 3	.989**	.976**	1			
韩研 1	.750*	.721*	.763*	1		
韩研 2	.763*	.744*	.803*	.967**	1	
韩研 3	.904**	.891**	.916**	.950**	.944**	1

*. 在 0.05 级别（双尾），相关性显著

**. 在 0.01 级别（双尾），相关性显著

上表中中研组（浅灰色区域）、韩研组（深灰色区域）的组内相关系数均大于阈值 0.8，为高度相关，且相关系数的显著性数值均小于阈值 0.01，达到极其显著水平，说明两组各自的组内相关性并非抽样误差所致。

上表中组间相关系数（白色区域）最低值为 0.721，最高值为 0.916，5 个数值介于阈值 0.5～0.8 之间，为显著相关；4 个数值大于阈值 0.8，为高度相关。全部 9 个相关系数的显著性数值有 6 个介于阈值 0.05～0.01 之间，达到显著水平，有 3 个小于阈值 0.01，达到极其显著水平。以上数据说明，中、韩两组的组间相关性显著并稳定，可以排除抽样误差的干扰。

上述校验表明，虽然我们的个案数不多，但数据质量高、稳定性强，暗示出内部隐含较强的一致性和规律性，具备进一步分析和研究的价值。

2.1.2　量化结果的描述性分析

我们用平滑线散点图图 1、图 2 表示两组被试用词等级的具体情况，横轴数字 1～7 分别代表 HSK 一至六级词、超纲词，纵轴数字为在各自语篇词位总量中的占比。

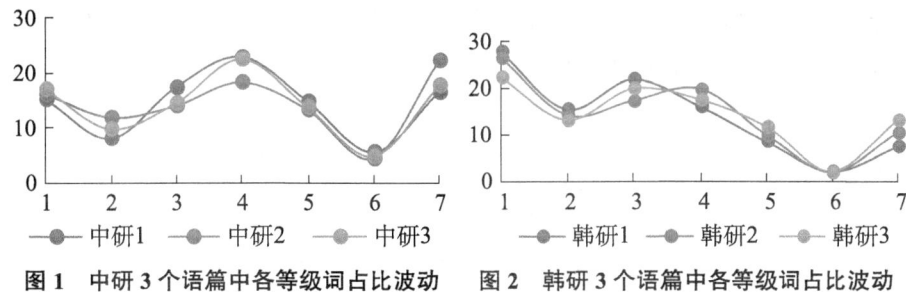

图 1 中研 3 个语篇中各等级词占比波动　　图 2 韩研 3 个语篇中各等级词占比波动

观察可见，中研组波动走势完全一致，以 HSK 四级词或超纲词为峰值。高度重合点有 3 处——HSK 六级词、五级词和一级词，其中，HSK 六级词均为谷值。韩研组波动趋势除了 HSK 四级词以外，其他均一致。其中，3 个语篇均以 HSK 一级词为峰值，高度重合点是 HSK 六级词，均为谷值。两组被试均以 HSK 六级为谷值这一现象出人预料，值得深入研究。

2.2 组间显著性差异的分析与再分析

我们使用 SPSS 25 对观察到的组间差异进行显著性校验。在初步分析结果的基础上，考虑进一步细化数据，对多项独立的定量研究结果进行再分析（reanalysis），进而得出更具普适性的结论。

2.2.1 组间差异初次分析结果

基于表 3、表 4 数据，我们使用 SPSS 25 对中、韩两组 6 个语篇的词位密度、各等级词占比进行多变量分析，结果如表 6 所示。

表 6 对中、韩两组组间差异显著性的多变量分析

因变量	词位密度	一级词占比数	二级词占比数	三级词占比数	四级词占比数	五级词占比数	六级词占比数	超纲词占比数
P 值	.020	.005	.027	.059	.134	.018	.001	.024
显著性判定	显著	极其显著	显著	边缘性显著	不显著	显著	极其显著	显著

结果显示，中、韩两组的 HSK 六级词、一级词形成了极其显著差异，五级词、词位密度、超纲词、二级词形成了显著差异，三级词形成了边缘性显著差异，这些显著水平（含边缘性显著）的差异表明中、韩研究生的用词

丰富性、用词等级存在质的不同。唯一差异不显著的是HSK四级词，可以被认为是中、韩研究生用词等级差异的分水岭。

　　这一结论看似符合一般预期，但在反映真实语言水平方面仍然存在两个问题：第一，超纲词内部不同质。HSK一至六级词均为通用词汇，而超纲词的情况要复杂一些，包括通用词语、专业词语两类，前者如"透彻、组装、深化、笔者、线条"等，后者如"对外汉语、语境、过去时、主语、偏误、语序、第二语言"等，因此，有必要对超纲词进一步切分；第二，考虑到读书报告对原文的引用，我们有理由认为上文表4中HSK五级、六级、超纲词等三种高级词汇占比并未反映出两组研究生真实的用词水平。鉴于以上两点，我们回归三类高级词语的原始材料，对其进行再分析。

2.2.2　对高级词语组间差异的再分析

　　再分析的做法首先将超纲词分为通用类超纲词、专业类超纲词，然后再将二者与HSK五级词、六级词一同进行"引用""非引用"考察，考察结果如表7所示。

表7　高级词语的"引用"与"非引用"占比统计

单位：%

被试	引用的五级词	非引用的五级词	引用的六级词	非引用的六级词	引用的通用超纲词	非引用的通用超纲词	引用的专业超纲词	非引用的专业超纲词
中研1	10.55	4.22	4.22	1.69	5.91	3.38	3.80	3.38
中研2	8.96	4.30	2.15	1.79	6.81	6.45	5.02	3.94
中研3	12.32	1.81	4.35	0.36	7.97	1.09	7.25	1.45
中研均量	10.61	3.41	3.54	1.26	6.94	3.66	5.43	2.90
韩研1	5.38	3.76	1.61	0.54	3.76	1.61	2.15	0
韩研2	8.02	1.85	1.23	0.62	4.94	0.62	4.94	0
韩研3	8.29	3.90	0.98	0.49	8.78	2.93	1.46	0
韩研均量	7.23	3.25	1.27	0.54	5.97	1.81	2.71	0
整体均量	9.22	3.35	2.60	0.97	7.03	3.13	4.63	1.24

我们将上表中各类词语的语篇占比作为因变量，再次对中、韩两组高级词语的组间差异进行多变量分析，结果如表 8 所示。

表 8 对中、韩两组高级词语组间差异的再分析

因变量	引用的五级词	非引用的五级词	引用的六级词	非引用的六级词	引用的通用超纲词	非引用的通用超纲词	引用的专业超纲词	非引用的专业超纲词
P 值	0.066	0.808	0.035	0.19	0.547	0.32	0.163	0.018
显著性判定	边缘性显著	不显著	显著	不显著	不显著	不显著	不显著	显著

上表显示，中、韩两组自主使用的，也即非引用 HSK 五级、六级词汇并未出现显著性差异，上文表 6 中出现的高级词语显著差异、极其显著差异也在表 8 中得到了解释——来源于对原文的引用。表 8 中四类超纲词只有非引用的专业超纲词形成了显著性差异，说明表 6 中的显著性差异是由于对专业类超纲词语的自主使用所致。

再分析表明，从反映真实语言水平的自主性使用角度来看，中、韩两组对 HSK 五级、六级词汇使用并没有显著性差异，而对专业类超纲词语的自主使用则差异显著。这一结论对表 6 所代表的初次分析既有归因作用，也形成了进一步的发现。

2.3 考察结论

本文考察出的主要结论包括以下五个方面。

第一，中研语篇的词汇丰富性显著高于韩研语篇。

第二，整体上看，HSK 四级词汇是中、韩研究生语篇词汇等级差异的分水岭。

第三，HSK 六级词汇的语篇占比在中、韩研究生语篇中均为谷值，无一例外。

第四，再分析表明，自主使用的 HSK 五级、六级词汇在中、韩语篇中的占比并无显著差异。

第五，再分析表明，自主使用的高级词汇中，中、韩两组的唯一的显著性差异是自主使用的专业类超纲词。

3 讨论

3.1 关于 HSK 考试大纲高级词汇的语篇贡献度

本项考察对 HSK 五级、六级这两种通用高级词汇的语篇贡献度各有发现。

(1) 以 HSK 五级为来华硕士研究生入学语言标准基本合理。

我国高校来华硕士研究生入学语言标准通常为 HSK 五级，这是一种经验性的判断，未见专门的论证。根据上文表 4 的均量数据可以推算出，HSK 一至五级词汇在中研组词位总量中的占比为 75.26%，韩研组为 87.53%，构成了读书报告语篇用词的主体。值得注意的是，中、韩研语篇的其余部分主要由超纲词而非 HSK 六级词补足，HSK 一至五级词汇与超纲词汇之和在中研组中语篇中覆盖率达到 95.2%，在韩研组中为 98.02%。可以这样说，研究生读书报告主要由 HSK 一至五级词、超纲词汇构成，因此可以认为，HSK 五级能够基本满足来华研究生通用维度的课业词汇需求，以 HSK 五级为入学语言标准是合适的。

(2) 以 HSK 六级为目标的汉补课程偏离学习需求。

考察发现，HSK 六级词作为通用维度的最高级词汇，其语篇贡献率极低，在中、韩两组共 6 个语篇中均是如此，与我们的一般认知存在巨大反差。上文表 4 可见，具有标杆意义的中研组 HSK 六级词占比均量为 4.80%，人均使用 12.67 个。如果去除对原文的引用（见表 7 数据），数值分别下降为 1.26% 和 3.33 个，仅占 HSK 六级词汇总量（2 500 个）的 0.133%。我们将中、韩两组 HSK 六级词汇的使用情况汇总如表 9 所示。

表 9 中、韩两组 HSK 六级词使用情况

	HSK 六级词总体使用情况		非引用的 HSK 六级词使用情况	
	个数（个）	在 HSK 六级词总量中的占比（%）	个数（个）	在 HSK 六级词总量中的占比（%）
中研组	30	1.2%	11	0.44%
韩研组	9	0.36%	3	0.12%
总量	37	1.48%	14	0.56%

这一结论从量化的角度为近年来来华研究生汉语课满意度调研结果提供

了解释。董天时（2017）就来华研究生公共汉语课问题对哈尔滨地区 3 所高校 82 名一年级硕、博士研究生的问卷调查显示，仅有 9% 的学生对公共通用汉语课持明确的积极评价，84% 的学生认为该课程对专业学习帮助不大甚至没有帮助，我们的考察结论对这一现状有一定的归因作用。当然，外研在通用汉语维度上继续提高语言水平是必要的，但对学业的支撑作用在短时间内收效甚微，导致当前各高校以此为目标的汉语课严重偏离来华研究生的学业需求，无法解决来华研究生在学业上的燃眉之急，急需调整课程内容与方向。

3.2 研究生汉补课程应转向专业 / 学术汉语

本研究表明，为了在短时间内更好地满足外研的专业学习需求，汉语课的设课维度应是专业 / 学术汉语，这也是提升来华研究生培养质量的必需条件。在刘水云（2017）的调查中，被访谈高校教师认为，"来华留学研究生广泛存在语言障碍的主要原因在于 HSK 考试不涉及学科专业词汇和内容，所以即使通过 HSK 考试的来华留学生在专业学习和研究中也常常会遇到困难"。实际上，来华研究生也自发地提出此类要求。史迹（2017）对西南交通大学 61 名来华研究生汉语语言能力的调查发现，95% 的学生表示希望开设专业汉语课、汉语专业术语课。表 7 中数据显示，韩国研究生 3 个语篇中非引用的专业超纲词数量均为 0，表明了专业词汇使用的严重不足。这一结果也从语篇用词角度印证了开设专业 / 学术汉语类课程的必要性。

专业汉语课建设目前在中国政府奖学金本科来华留学预科教育中已较为成熟。教育部于 2009 年发布通知，要求培养单位开设预科专业汉语课程，并提出"以语言教学为主，以专业知识教学为辅"这一指导意见。来华留学预科教育"汉语综合统一考试"明确要求："考查专业领域的特殊词汇和表达方式，考查专业领域的语言运用能力，而非专业知识本身。"（王佶旻、黄理兵、郭树军，2016），可见预科专业汉语课注重语言功能的转变——从交际的工具转型为学习、获取知识的工具，实现从通用汉语学习转向专业学习的过渡与搭桥功能。相比之下，来华研究生培养却缺乏此类课程的设置。针对这一缺失，高增霞、刘福英（2016）提出，加强专业 / 学术汉语教学也应在研究生教育阶段展开。相较于来华本科留学预科专业汉语课"以语言为主、以知识为辅"的设课原则，来华硕士研究生层次的同类课程则应是语言与知识相融、并重，这也是高层次专业学习与学术研究需求使然。

3.3 依托读书报告开设专业经典文献读写课

考察中也发现了来华硕士研究生读书报告写作的突出问题——对所读文献的提炼、概括、引用与评价严重不足，急于参照主题抒发感想，写成了读后感，导致专业知识学习与学术写作能力没有得到有效提高。为更充分地借助于读书报告这一形式进行语言训练，有必要将分散在各专业课中的经典文献读书报告整合起来，汇聚为一门专业/学术类汉语课程，在扩展专业词汇量的同时提升来华硕士研究生的文献综述等学术写作能力。

来华研究生专业/学术汉语类课程可以是多样的，以读书报告为内容的专业经典文献读写课能够成为一种较为理想的设课形式。该课程能够以专业经典著述为输入，拓展专业词汇量与知识领域，呈现学术写作规范和研究方法，也能够以学术写作为输出，培养和提高批判性思维、观点表达与阐述、专业写作等学术能力，为撰写学位论文奠定基础。为此，经典文献的选取应该考虑到专业领域、高频专业词汇、研究方法、成果类型、写作方式等因素，引导来华研究生基于专业文本适应和掌握汉语学术话语体系。

参考文献

[1] 董天时. 来华研究生公共汉语课程调查与分析 [D]. 哈尔滨：哈尔滨师范大学，2017.

[2] 高增霞，刘福英. 论学术汉语在对外汉语教学中的重要性 [J]. 云南师范大学学报（对外汉语教学与研究版），2016（2）.

[3] 教育部关于印发《留学中国计划》的通知 [EB/OL].（2010-09-21）[2020-01-15]. http://www.moe.gov.cn/srcsite/A20/moe_850/201009/t20100921_108815.html.

[4] 教育部，关于对中国政府奖学金本科来华留学生开展预科教育的通知 [EB/OL]. (2009-03-13)[2020-01-15]. http://old.moe.gov.cn/publicfiles/business/htmlfiles/moe/moe_850/201006/xxgk_89013.html.

[5] 教育部. 2018 年来华留学统计 [EB/OL]. (2019-04-12)[2020-01-15]. http://www.moe.gov.cn/jyb_xwfb/gzdt_gzdt/s5987/201904/t20190412_377692.html.

[6] 孔子学院总部/国家汉办.HSK 考试大纲（一至六册）[M].北京：人民教育出版社，2015.

[7] 刘水云.来华留学研究生培养质量调查[J].学位与研究生教育，2017(8).

[8] 史迹.来华留学生汉语语言能力调查研究[C]//刘玉屏.全球化的中文教育：教学与研究：第十四届国际汉语教学学术研讨会论文集.北京：中央民族大学出版社，2017.

[9] 王佶旻，黄理兵，郭树军.来华留学预科教育"汉语综合统一考试"的总体设计与质量分析[J].语言教学与研究，2016（2）.

[10] 赵金铭.教外国人汉语语法的一些原则问题[J].语言教学与研究，1994（2）.

汉语二语学习者笔语产出性词汇复杂性研究

张江丽（北京华文学院）

摘要：本文基于两个较大规模自建语料库，以《汉语国际教育用音节汉字词汇等级划分》为标准，考察了汉语第二语言学习者和汉语母语学习者词汇复杂性的总体情况，分析了不同水平汉语第二语言学习者和不同水平汉语母语学习者词汇复杂性的变化趋势。研究表明：随着学习者汉语水平的提高，这两类学习者对大纲词汇的习得效果越来越好；与此同时，他们词汇习得的复杂性也在逐渐提高。母语学习者的词汇复杂性好于汉语第二语言学习者，母语学习者习得难词的比例比汉语第二语言学习者平均高出5%—7%。

关键词：复杂性；汉语第二语言学习者；汉语母语学习者；词汇大纲

0 引言

词汇复杂性测量检验的是学生在写作中使用具有一定难度或较正式的词汇或词类的能力（文秋芳，2010）。Laufer和Nation（1995）确定了测量词汇丰富性的四个维度：词汇变化性（多样性）、词汇密度、词汇复杂性和词汇独特性。Read（2000）也提出了测量丰富性的四个新维度：词汇变化性（多样性）、词汇复杂性、词汇密度和词汇错误。虽然二者对词汇丰富性测量维度的设定不尽相同，但是均涵盖词汇复杂性。可见词汇复杂性是衡量学习者词汇习得情况，尤其是词汇丰富性的重要指标。

在英语第二语言学习中，词汇复杂性最常用的测量方法是Laufer和Nation（1995）所开发的词汇频率概貌（LFP）。这一工具根据英语词汇的频率分出高频词、中频词和低频词，然后考察学习者使用的词汇中各类词汇的使用比例。低频词使用比例越大，则学习者词汇的复杂性越好。英语第二语言学习者词汇复杂性的研究大多采用这种方法。

在汉语第二语言的相关研究中，一些学者对词汇复杂性进行了测量。孙晓明（2008）采用完型填空的方法，考察了初、中、高级水平汉语第二语言学习者产出性词汇在不同等级中的分布情况。袁芳远（2012）确定了词汇复杂性的两个指标：词种数与总词数的比例和难词与总词数之比。曹贤文、邓素娟（2012）用高级水平词例数与总词例数之比、高级水平的词型数与总词型数之比来测量词汇的复杂性。井茁（2013）把词汇复杂性分解为两个指标，一是词汇密度，即文本中不同实词的总数与词汇总数的比值；二是词汇多样性，即不同词汇的类总数与总词汇数的比例。陈默（2015）在考察中高级水平美国留学生汉语自然口语产出的复杂性时，把词汇复杂性设定为两个测量指标，词汇多样性（不重复词语的数量和词语总量）和词汇难度（甲、乙、丙、丁四级词和超纲词的使用数量）。

从以上研究可以看出，学者们对复杂性和多样性的界定和测量方法各执一词。其根本的原因是，这两个概念在意义上有相似之处，如不加以辨析很容易混淆。

根据Laufer和Nation（1995）以及Read（2000）的分类，相对复杂性和多样性而言，丰富性是一个上位概念。而多样性和复杂性则是测量丰富性的指标。多样性主要是指在一定长度的文章里，不重复使用的词语的比例。复杂性主要是测量学习者使用具有一定难度或较正式的词汇或词类的能力。前者通常用词种数与词形数之间的比例或其变式来计算。后者主要用学习者使用的难词（低频词）比例来测量。而以上一些有关汉语第二语言学习者词汇复杂性的研究显然混淆了二者。井茁（2013）测的是词汇的丰富性；袁芳远（2012）的第二个指标和曹贤文、邓素娟（2012）的两个指标与复杂性有关，但是仅能反映难词的比例，不能观察各级词汇使用的概貌。

以上汉语第二语言教学有关复杂性的研究中，只有陈默（2015）和孙晓明（2008）的测量方法属于复杂性的测量。他们都不约而同地选择了《汉语水平词汇等级大纲》作为比较的对象。不过陈默（2015）的研究是以美国学生为对象的，并且研究的是口语词汇。孙晓明（2008）从《汉语水平词汇等级大纲》中选取了120个词汇，采用完形填空的方式，测得的是学习者的控制性产出性词汇，然后用测得的词汇与《汉语水平词汇等级大纲》进行对比。我们认为对笔语产出性词汇复杂性的调查最有效的方法应是基于大规模语料库的调查，囿于很多研究者很难拥有较大规模语料库，因此，目前鲜见基于语料库对学习者词汇复杂性的调查。同时从对比的视角对汉语第二语言学习者和汉语母语者词汇复杂性进行对比的研究也尚未出现。

本研究基于较大规模的自建笔语语料库，从对比的角度对汉语第二语言学习者产出性词汇的复杂性进行考察。研究旨在回答以下问题：

（1）汉语第二语言学习者产出性词汇的复杂性如何？初级、中级、高级水平学习者的产出性词汇的复杂性如何？

（2）汉语母语学习者的产出性词汇的复杂性如何？不同学段的汉语母语学习者产出性词汇的复杂性如何？

（3）不同水平汉语第二语言学习者与不同学段汉语母语学习者产出性词汇复杂性的发展趋势有何异同？

1 语料选取及研究方法说明

1.1 语料来源

本研究所需要的汉语第二语言学习者语料来源于自建语料库——"外国留学生汉语笔语语料库"。该语料库中的语料均为汉语第二语言学习者独立完成的且未经他人指导和修改的原始语料。截至目前，语料库规模已达到 4 628 篇，188 万字。语料库中的学习者主要来自泰国、印尼、菲律宾、老挝、柬埔寨、马来西亚、蒙古、美国、日本、德国、英国、韩国、俄罗斯等 40 多个国家。根据学时，我们把语料分为初级、中级、高级三个级别。初级水平学习者的学时少于 960 学时，中级水平学习者的学习时间在 960～1 920 学时之间，高级水平学习者学习时间超过 1 920 学时。

本研究是从对比的视角进行的，研究所用的汉语母语学习者的语料源于我们的另一个自建语料库——"中国中小学生汉语笔语语料库"。由于在中国大多数小学从三年级才开始正式写作，因此该库搜集的语料主要包括小学三、四、五、六年级，初中一、二年级的作文。同样，这些作文也都是他们独立完成且未经他人指导和修改的原始语料。目前，语料规模已达 120 万字。

1.2 语料选取

为了让对照结果更有可比性，我们从这两个自建语料库中各选取了 100 万字的语料。所选取的语料均经过二次校对。

从"外国留学生汉语笔语语料库"中选取初、中、高级水平学习者的语料各约 33.3 万字，其中初级、中级、高级水平学习者的语料分别为 1 016 篇、740 篇、320 篇，共计 2 076 篇。

为了方便与汉语第二语言学习者的语料进行对照，我们将汉语母语学习者的六个年级分为三个学段：第一学段——三、四年级，第二学段——五、六年级，第三学段——初一、二年级。同样我们从"中国中小学生汉语笔语语料库"中选取 100 万字的语料，每个学段各选取约 33.3 万字的语料。其中三、四年级 946 篇，五、六年级 696 篇，初一、初二年级 474 篇。

1.3 分词软件的设计及相关问题说明

目前，尚未出现现成的软件能够满足本文的研究需求，故本研究特请专业程序设计师设计了专门的词汇分析软件。其中，影响词汇统计结果最重要的因素是分词问题。在设计软件之前，我们对多家较有影响的分词软件进行了试运行，比较分词数量和分词正确率等，最终选取中国传媒大学国家语言资源监测与研究有声媒体中心开发的分词软件作为软件分词的依据，由于软件分词存在一定的偏误率，我们在软件分词的基础上对机器分词的结果进行了人工校对。

1.4 对照词表的选取

考察词汇复杂性，通常以已有的词汇频率词表作为对照。现代汉语中现有的频率词表要么年代久远，要么词表的语料来源过于广泛。对于汉语第二语言研究者来说，大纲词汇无疑是最方便有效的对照标准。在汉语第二语言教学中，词汇大纲较多，其中有些大纲是面向特定学习者的。我们选取最具有通用意义的大纲作为对照。

《汉语国际教育用音节汉字词汇等级划分》是一个重要的词汇大纲。该大纲由国家汉办 / 孔子学院总部、北京语言大学起草，2010 年由北京语言大学出版社出版。这是目前汉语第二语言教学界最新的大纲。该大纲把词汇分为四个等级。其中一级词汇 2 245 个，二级词汇 3 211 个，三级词汇 4 175 个，三级附录词汇 1 461 个，共计 11 092 个。该大纲可以作为新时期汉语词汇大纲的代表，下文简称"新大纲"。

2　L2 与 L1 词汇复杂性总体情况对比

我们用新大纲中四个级别的词汇作为对照，考察了学习者产出性词汇的分布状况。结果如下：

表 1　L2 与 L1 新大纲词汇的使用情况对比

词语等级	大纲词汇量（个）	第二语言学习者使用词汇量（个）	第二语言学习者用词量占大纲词汇量的比例（%）	母语学习者使用词汇量（个）	母语学习者用词量占大纲词汇量的比例（%）
一级词	2 245	2 057	91.6	1 990	88.6
二级词	3 211	2 526	78.7	2 464	76.7
三级词	4 175	2 444	58.6	2 584	61.9
三级附录词	1 461	555	38	658	45
合计	11 092	7 582	68.4	7 038	73.1

从总体使用比例来看，汉语第二语言学习者使用了 68.4% 的新大纲词汇，可见学习者尚有三成以上的词汇并未掌握。

从各级别词汇的使用比例来看，同样，一级词的使用比例占绝对优势，之后依次是二级词、三级词、三级附录词。可见，随着词汇等级的提高，学习者使用词汇的比例也越来越低。两类学习者的产出性词汇同样显示出高频优先的特点。从各级词汇的使用比例来看，在一级词和二级词上，汉语第二语言学习者的产出性词汇的使用比例均略高于汉语母语学习者。

在难度较高的三级词和三级附录词的使用比例上，汉语母语学习者占较明显的优势，高出 5～7 个百分点。因此，汉语母语者的词汇复杂性高于汉语二语学习者。

3　不同水平 L2 与 L1 词汇复杂性对比研究

3.1　不同水平 L2 与 L1 对新大纲词汇的使用情况

那么，不同水平汉语第二语言学习者所使用的汉语词汇中各个等级的词汇分别占比多少呢？我们把初、中、高级这三个水平学习者的词汇使用状况与大纲进行了对比。统计结果如下：

表 2　不同水平 L2 对新大纲词汇的使用情况

词语等级	大纲词汇量（个）	初级纲内词使用量（个）	初级纲内词使用比例（%）	中级纲内词使用量（个）	中级纲内词使用比例（%）	高级纲内词使用量（个）	高级纲内词使用比例（%）
一级词	2 245	1 654	73.7	1 902	84.7	1 948	86.8
二级词	3 211	1 239	38.6	1 776	55.3	2 188	68.1
三级词	4 175	647	15.5	1 163	27.9	1 984	46.7
三级附录词	1 461	79	5.4	189	12.9	432	29.6

从不同水平学习者对这四个级别词的使用状况来看，随着词汇级别难度的增大，学习者习得词汇的比例越来越低。从总体习得情况来看，初、中、高级水平学习者对一级词的使用比例均是最大的。在三级词和三级附录词的使用上，随着学习者汉语水平的提高，他们对这些词的习得比例逐渐升高。

3.2　不同水平 L1 与新大纲对比及变化趋势

那么，不同水平汉语母语学习者对新大纲词汇的使用情况如何呢？统计结果如下。

不同水平汉语母语学习者与新大纲对比及变化趋势如下：

表 3　不同水平 L1 对新大纲词汇的使用情况

词语等级	大纲词汇量（个）	第一学段纲内词使用量（个）	第一学段纲内词使用比例（%）	第二学段纲内词使用量（个）	第二学段纲内词使用比例（%）	第三学段纲内词使用量（个）	第三学段纲内词使用比例（%）
一级词	2 245	1 702	74.7	1 785	79.4	1 835	81.7
二级词	3 211	1 687	52.5	1 903	59.3	2 029	63.2
三级词	4 175	1 427	34.2	1 731	41.5	1 850	44.3
三级附录词	1 461	305	20.9	360	24.6	398	27.2

同样，无论哪个学段的汉语母语学习者，他们对一级词汇的使用比例明显高于其他等级词汇。但是与汉语第二语言学习者相比，汉语母语学习者对二级词、三级词、三级附录词的习得比例远远大于汉语第二语言学习者。

以第一学段为例，母语学习者对二级词、三级词、三级附录词的使用比例为 52.5%、34.2%、20.9%，而初级水平第二语言学习者对这三类词的使用比例仅为 38.6%、15.5%、5.4%，习得占比差距平均达到了 15% 左右。

3.3 不同水平 L1 与 L2 对新大纲难词的习得变化趋势

我们把新大纲中的三级词和三级附录词作为难词，考察了不同水平汉语第二语言学习者与不同学段汉语母语学习者对新大纲中三级词和三级附录词的习得情况。他们对三级词和三级附录词的习得情况如下：

表 4 L1 与 L2 对大纲难词（三级词、三级附录词）的习得比例

水平	三级词习得比例（%）		三级附录词习得比例（%）	
	L1	L2	L1	L2
初级 / 第一学段	34.20	15.5	20.9	5.4
中级 / 第二学段	41.5	27.9	24.6	12.9
高级 / 第三学段	44.3	46.7	27.2	29.6

从纵向发展的角度来看，随着学段的升高，汉语母语学习者对大纲词汇的习得效果越来越好。但总体来看，母语学习者对难度等级较高的词汇的习得效果远好于汉语第二语言学习者。

为了更清楚地看出习得比例的变化趋势，我们将上表用如下两图表示：

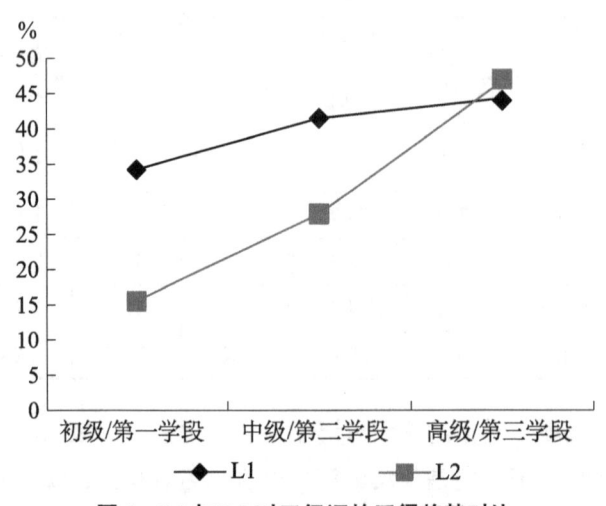

图 1 L1 与 L2 对三级词的习得趋势对比

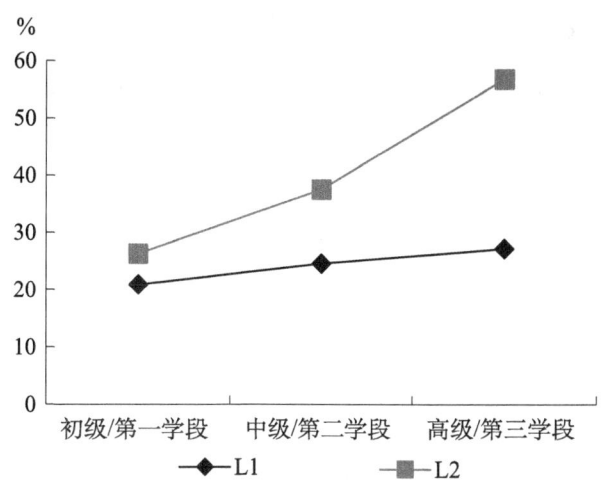

图 2　L1 与 L2 对三级附录词的习得趋势对比

通过对比可以发现，L2 对三级词和三级附录词的习得均随着学习者汉语水平的提高而提高。L1 对三级词和三级附录词的习得比例变化不大，值得注意的是，L2 对三级词的习得比例到了高级阶段迎头赶上，习得比例甚至略高于 L1。出现这种情况的原因可能有两点：一是 L1 使用的一些词汇并未被新大纲收入；二是新大纲收入的词汇中更多地考虑了 L2 使用的词汇。

4　小结与启示

本研究基于 100 万字的汉语第二语言学习者语料和 100 万字的汉语母语学习者语料，发现这两类学习者的词汇使用状况有同有异。

这两类学习者对《汉语国际教育用音节汉字词汇等级划分》中等级靠前的高频词的习得情况均较好。而对于等级靠后的难词，这两类学习者的习得情况差别较大，汉语母语学习者的习得效果明显好于汉语第二语言学习者。

出现这一现象的原因在于，汉语第二语言学习者的词汇起点跟汉语母语学习者的起点不同，虽然三、四年级的汉语母语学习者刚开始笔语写作，但是其生活在汉语环境中，在开始写作之前，已经有了八九年的语言积累，小学三、四年级真正开始笔语写作，但并非真正开始学习汉语，因此他们的词汇量的起点较高。除此之外，可能还有一部分词汇，可能笔语中无法产出，但是作为接受性词汇已经存储在脑子里了。

从中也可以看出，这两类学习者在学习过程上也有一定的区别。汉语第二语言学习者多是成年人，他们思维成熟，但语言简单。他们学习汉语的过程是把自己所思内容用汉语表达出来的过程。汉语母语学习者多为青少年，他们语言较为丰富，但思维不够成熟。他们学习汉语写作的过程是口语表达书面化的过程。

通过与《汉语国际教育用音节汉字词汇等级划分》的对比来看，学习者对大纲词汇的习得率为72.3%。可见习得效果并不是很理想。从另一个侧面可以看出，语料库中学习者使用的超纲词较多，约有30%～40%的词汇属于超纲词。

以往一些学者也关注过超纲词。杨德峰（1997）将几部有代表性汉语教材的词表和《词汇等级大纲》比对，发现超纲词比例都在50%以上。另外，郭曙纶（2007）、吴成年（2011）、董琳莉（2012）等也发现一些汉语教材中的超纲词占较大的比例。高翀（2015）对超纲词出现比例较大的原因进行了探讨，他认为超纲词所占比例较大的原因主要是某些词未被词典收录，而这类词的语义透明度很高。我们认为除此之外，出现这一情况可能还有以下两种原因：一是在编写教材时并未严格按照《汉语水平词汇等级大纲》中所列词汇及等级进行编写，导致《汉语水平词汇等级大纲》中丙级词和丁级词的入选率较低；二是《汉语水平词汇等级大纲》中的词汇虽已入选，但是学习者掌握得不好。苏新春（2006）将《汉语水平词汇大纲》中的词汇与北京语言大学出版社出版的《汉语教程》和北京大学出版社出版的《汉语初级教程》《汉语中级教程》《汉语高级教程》中的词汇进行了对比，发现大纲规定的教学词表"并未在现有的教材得到很好的落实"。苏新春的研究在一定程度上印证了我们的猜测。由于语料库中学习者使用的教材多种多样，到底是哪种原因所致，有待专文考察。

提高词汇复杂性的关键在于提高他们对低频词的使用率。本文的研究结果显示汉语第二语言学习者对高频词的产出效果跟汉语母语学习者差异不大。但是在低频词上，汉语第二语言学习者的产出效果明显低于汉语母语学习者。

到底怎么才算习得一个词？对于产出性词汇知识的界定，不同学者有不同的观点。Cronbach（1942）最早进行词汇知识理论研究，指出掌握一个词应包括五个方面——概括、运用、词义广度、词义准确度及词的可用性。Richards（1976）提出了掌握一个词的七个标准，包括词频、语域、句法特征和语义特征、屈折变化、联想、概念意义和一词多义。Nation（1990）从理解性和产出性的二维角度论述了词汇知识的八大方面，包括词的口头形式、书面形式、语法形式以及搭配、频率、语域、概念意义和联想。学者们对产出性词汇的界定虽不尽相同，但从心理学的角度来看，理解性词汇和产出性词汇之间的差异主要体现在二者的加工深度上。无论以上学者对词汇知识的界定有何不同，但是综合起来看，都离不开词汇的两个关系，一个是组合关系，一个是聚合关系。Cronbach（1942）所说的运用、词义广度、词义准确度、词的可用性，以及 Richards（1976）所说的搭配、频率、语域、概念意义和联想都是既包括组合关系又包括聚合关系，而搭配重在组合关系。

正如孙晓明（2008）所言，"产出性词汇在学习者心理词典中多以聚合和组合的方式存在"。这给我们以启示：在汉语第二语言教学中，教师应该从组合和聚合两个角度加强教学，提高学生运用词汇的能力。具体来讲，在学习一个词时，不但要求学生能认、会读、会写这个词，而且最关键的是会用。要想达到会用的标准，就需要掌握经常和这个词搭配的词有哪些，哪些词可以与之搭配，哪些词不可以与之搭配。这就是在组合关系上对学生的要求。与此同时，还要帮助学生了解这个词的近义词有哪些，什么情况下可以替换，什么情况不可以替换，替换的条件是什么。与之形近的词有哪些，与之反义的有哪些，与之处于同一语义场的词有哪些。这是从聚合的角度对词汇的要求。学生如果可以从这两个角度掌握这个词，那么这个词基本上就成为他的产出性词汇。

汉语第二语言教学的各种大纲，目前还处于对词汇进行简单的分级的阶段，不同水平的学习者对这些词汇到底应该掌握到什么程度，缺乏明确的规定。在修订大纲时，可以考虑从接受性词汇和产出性词汇的角度对词汇进行分级，细化词汇掌握要求，让大纲更细致地指导第二语言教学。

参考文献

[1] 鲍贵. 二语学习者作文词汇丰富性发展多维度研究 [J]. 外语电化教学，2008（5）.

[2] 曹贤文，邓素娟. 汉语母语和二语书面表现的对比分析：以小学高年级中国学生和大学高年级越南学生的同题汉语作文为例 [J]. 华文教学与研究，2012（2）.

[3] 陈默. 汉语作为第二语言自然口语产出的复杂性、准确度和流利度研究 [J]. 语言

教学与研究，2015（3）．

[4] 邓芳，郝美玲．基于"看图口语叙述"任务的泰国留学生词汇多样性发展研究 [J]．华文教学与研究，2017（1）．

[5] 董琳莉．如何解决对外汉语教材编写中的超纲词问题：以《博雅汉语·中级·冲刺篇（Ⅰ、Ⅱ）》为例 [J]．海外华文教育，2012（4）．

[6] 高翀．语义透明度与现代汉语语文词典的收词 [J]．中国语文，2015（5）．

[7] 郭曙纶．《雨中登泰山》的超纲词统计与分析 [J]．语言文字应用，2007（1）．

[8] 黄立，钱旭菁．第二语言汉语学习者的生成性词汇知识考察：基于看图作文的定量研究 [J]．汉语学习，2003（1）．

[9] 井茁．从中介语发展分析到高级汉语课程设置：内容依托型教学研究的启示 [J]．世界汉语教学，2013（1）．

[10] 马广惠．中美大学生英语作文语言特征的对比分析 [J]．外语教学与研究，2002（5）．

[11] 苏新春．对外汉语词汇大纲与两种教材词汇状况的对比研究 [J]．语言文字应用，2006（2）．

[12] 孙晓明．第二语言学习者跨越产出性词汇门槛的机制研究 [D]．北京：北京语言大学，2008．

[13] 文秋芳，胡健．中国大学生英语口语能力发展的规律与特点 [M]．外语教学与研究出版社，2010．

[14] 文秋芳．英语专业学生口语词汇变化的趋势与特点 [J]．外语教学与研究，2006（3）．

[15] 吴成年．报刊教材编写面临的挑战与对策研究 [J]．语言文字应用，2011（4）．

[16] 吴继峰．英语母语者汉语写作中的词汇丰富性发展研究 [J]．世界汉语教学，2016（1）．

[17] 杨德峰．试论对外汉语教材的规范化 [J]．语言教学与研究，1997（3）．

[18] 袁芳远．课堂任务条件和篇章结构对输出语言质量和数量的影响 [C]// 第十届国际汉语教学研讨会论文选．沈阳：万卷出版公司，2012．

[19] Laufer B, Nation P. Vocabulary size and use: Lexical richness in L2 written production[J].Applied Linguistics,1995(16):307-322.

[20] Nation P. Teaching and Learning Vocabulary[M]. New York: Newbury House Publishers,1990.

[21] Read I.Assessing Vocabulary[M]. Cambridge:Cambridge University Press,2000.

[22] Richards, Jack C. The role of vocabulary teaching[J]. TESOL Quarterly 1976(10): 7789.

政治隐喻特点及其映射规律探析*

宋锐（沈阳师范大学文学院）
王治敏（北京语言大学）

摘要：本文通过对2015—2019年习近平系列重要讲话中隐喻现象的研究，考察了源域、目标域的数量分布及政治隐喻的映射规律。研究发现源域词语的使用频度差距大、两极分化明显，目标域词语经济领域的最多，情感色彩分明并且以正向积极的表达为主。通过对隐喻产率和隐喻密度的计算，发现总体篇章中平均1 118个词中含有一个隐喻现象，单篇中含有2～3个隐喻的讲话稿最为常见，隐喻数量的波动性和增减幅度与国家的时政热点和政治举措密切相关，以隐喻为线索可以观察出国家在经济、反腐、改革等领域的发展重点和重大事件。同时，本文也探讨了源域为【人类】【动物】【人工物】【自然物】的概念域下基础映射的属性特征并将源域词语按语义类别投射到《同义词词林》进行对比分析，为词表的更新和扩充提供词例参考。

关键词：政治隐喻；源域；目标域；映射规律

0 引言

隐喻是政治新闻和领导人讲话中重要的表达方式，例如：

（1）我国经济发展的"蛋糕"不断做大，但分配不公问题比较突出，收入差距、城乡区域公共服务水平差距较大。习近平（《在党的十八届五中全会第二次全体会议上的讲话》，2016年1月4日）

（2）璀璨的亚洲文明，为世界文明发展史书写了浓墨重彩的篇章，人类文明因亚洲而更加绚烂多姿。（习近平，《深化文明交流互鉴，共建亚洲命运共同体》，2019年5月15日）

其中"经济发展的'蛋糕'""亚洲文明……书写浓墨重彩的篇章"是隐

---

* 本文得到国家社科基金重大项目（18ZDA295）、国家语委科研项目（ZDI135-139）、中央高校基本科研业务费（19PT03）的资助。

喻用法，这里把经济比作蛋糕、把文明比作篇章可谓是文章的点睛之笔，不仅形象生动，而且体现了我国政治话语的独特风格。

关于政治隐喻话语，近年来学者们给予了很多关注和探究，有学者采取语料库统计的方法分析政治隐喻的差异（黄敏，2006；黄秋林、吴本虎，2009；王维民、黄娅，2012；周运会、吴世雄，2015），也有中外对比及政治隐喻功能的研究（陈勇、刘肇云，2009；Pikalo，2012；文旭，2014）。Lakoff（1980:4）指出："隐喻不仅是一种修辞手段，更体现了人们的思想行动和思维方式。"因此隐喻不仅具有丰富的语言魅力，更表达出人们的意识和情感。

前人的研究大多是关于政治隐喻的内涵机制、功能作用及领导人语言风格等方面，有关政治隐喻的计量分析、分布特点及映射规律等方面的研究尚不多见，因此本文以2015—2019年习近平总书记系列重要讲话作为研究语料，从不同主题的分布趋势、源域、目标域的使用频率，跨概念域的基础映射以及与《同义词词林》的投射对比几个方面做进一步的研究，旨在归纳政治隐喻特征、考察整体分布情况、总结映射规律以及为词表提供词例参考。

1 政治隐喻数量及分布研究

1.1 隐喻主题分类及数量分布

为了考察政治隐喻总体分布情况，本文统计了人民网2015—2019习近平总书记系列重要讲话的全部文章[①]，共176篇总计85万余字，采取人工精细化标注的方式筛选出隐喻例句共768例，并依据原文的网页主题和句子内容将全部隐喻例句划分为文化、法制、经济、反腐、环保共五个主题类别。其中，文化类主题（302例）包括国际关系、社会发展、文艺、历史、和平、安全、外交等，法制类主题（197例）包括法律法规、制度建设、政治举措、改革、党建、扶贫等方面，经济类主题（120例）涉及世界经济、国内经济、经贸合作、民生建设等，反腐类主题（107例）涉及党风党纪、反腐倡廉、纪检建设等，环保类主题（42例）包括绿色发展、生态建设、环境保护等方

---

① 本文的语料均来源于"习近平系列重要讲话数据库"，参见人民网（http//jhsjk.people.cn）。

面。各类主题具体数量及其占比的历时分布分别如图1、图2所示。

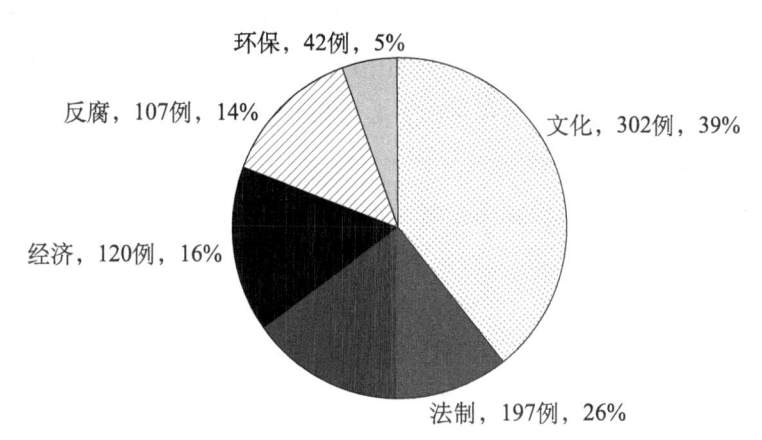

图1 各主题隐喻数量及占比

环保，42例，5%
反腐，107例，14%
经济，120例，16%
法制，197例，26%
文化，302例，39%

从主题类别上来讲，各类主题隐喻现象广泛且数量分布不均，文化类和法制类主题的例句数量占优，其次为经济类和反腐类，环保类主题数量较少。仅从分布上来说，我国领导人的政治讲话中，与文化主题相关的隐喻表达数量最多，特点也最为鲜明。

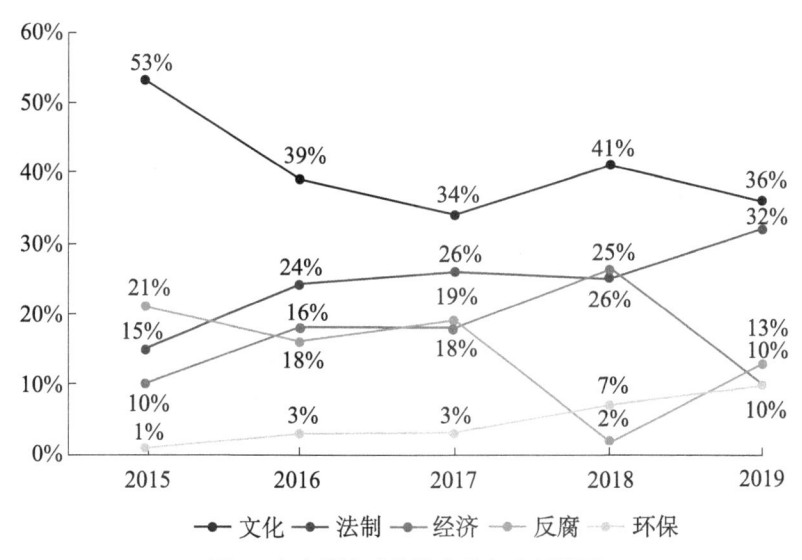

图2 各主题隐喻数量占比年度折线图

年份	文化	法制	经济	反腐	环保
2015	53%	15%	10%	21%	1%
2016	39%	24%	16%	18%	3%
2017	34%	26%	18%	19%	3%
2018	41%	25%	26%	7%	2%
2019	36%	32%	13%	10%	10%

从数量占比及趋势走向上来讲，文化类主题的隐喻例句数量占比每年都

为最多，基本维持在 40% 上下，环保类主题的隐喻数量则相对较少。整体呈上升趋势的是法制类和环保类，整体呈下降趋势的是文化类。从 2015 年各类主题的数量占比差距显著，到 2019 年逐步趋于平均，说明我国领导人政治讲话中涉及的隐喻主题类型愈加多元和丰富，关于法制和环保的隐喻表达也愈加频繁。

从增减幅度和政治内容上来讲，波动性较为明显的是经济类和反腐类，其中 2018 年经济类隐喻数量占比大幅上升，反腐类则大幅下降，数据和类型的增减也是内容的体现，追溯到 2018 年的政治热点与经济发展密切相关，例如，倡议"共建创新包容的开放型世界经济""深入推动长江经济带发展的相关举措"等。2019 年的法制类、反腐类和环保类都有所增长，也与当年的政治热点如"不忘初心主题教育""国家监察体制改革""生态文明建设"等密切相关。

1.2 隐喻产率和隐喻密度

为了考察隐喻现象在篇章中的数量和分布情况，本文引入隐喻产率和隐喻密度的概念。隐喻产率（metaphor productivity）是指每年度隐喻例数与讲话篇数的比例，即每篇讲话稿中的平均隐喻数量。隐喻密度（metaphor Density）指语料库每千字所含的隐喻数。本文按年度统计了习近平总书记重要讲话稿中的隐喻数量及其相对应的篇章数和篇章字数，如表 1 所示。

表 1 隐喻产率和隐喻密度统计数据（2015—2019）

年份	2015	2016	2017	2018	2019
隐喻数（个）	108	153	152	125	230
篇章数（篇）	29	39	34	27	47
篇章字数（字）	103 766	233 563	181 038	145 098	194 998
隐喻产率	3.724	3.923	4.471	4.630	4.894
平均产率	4.364					
隐喻密度	1.023 74	0.655 07	0.839 60	0.861 50	1.179 49
平均密度	0.894 62					

表达公式：隐喻产率 =（隐喻数 / 篇章数）

隐喻密度 =（隐喻数 ×1000）/ 篇章字数

从分析数据结果可知，隐喻产率呈逐年递增的趋势，即每篇讲话稿中的隐喻数量越来越多，这说明通过隐喻的表达方式，能够使政治话语更加吸引读者的阅读兴趣和注意力。随着时间的推移，不断涌现出新的隐喻表达，例如"黑恶势力的保护伞""国际关系的黏合剂""世界各国的朋友圈"等，展现了隐喻的创造性和表达效果。同时，五年整体的隐喻平均产率为4.364，即每篇讲话稿中平均含有4个隐喻表达。通过统计，我们还发现五年整体的隐喻平均密度为0.894 62，换算后可得知，平均1 118个字中含有1个隐喻表达。

上文通过对平均隐喻产率和密度的计算得知每篇讲话稿中平均含有4个隐喻表达，但实际上隐喻数量在单位篇章中的分布是不均衡的。单篇讲话稿中的隐喻现象有的多达30多例，有的只有1例，这和篇章的主题、长度、内容等都有关系。为了考察单位篇章中隐喻的数量情况，笔者统计了篇章内隐喻数量的区间范围及篇章频数，如表2所示。

表2 篇章内隐喻数量的区间分布

单篇内的隐喻数（个）	1	2～3	4～5	6～10	11～20	20以上
篇章频数（篇）	39	58	38	29	11	1

由表2可以看出，单位篇章内隐喻数量在2～3个范围内的讲话稿数量最多，共计58篇；单篇有1个隐喻表达的讲话稿有39篇，位居第二；单篇4～5个隐喻表达的讲话稿为38篇，位居第三；单篇6～10个隐喻表达的讲话稿为29篇，位居第四；其余为超过10个隐喻表达的讲话稿，数量并不多，这恰恰说明隐喻是文章的点睛之笔，人们在运用隐喻表达时非常慎重。政治话语不使用过多的隐喻，一般2～3个隐喻表达最为常见，从中也能看出隐喻在篇章中的独特性。那么，政治话语中的源域和目标域由哪些词语充当？具有何种特点？这些都有待进一步研究。

2 政治隐喻特点

2.1 源域词语特征分析

隐喻是跨概念域的映射，即用一种概念去理解另一种概念，也就是把一个概念域（源域）的结构映射到另一个概念域（目标域）上（Lakoff & Johoson，1980：8-10）。如前文例句（1）中"经济发展的'蛋糕'"，是把经济发展的成果比喻成蛋糕，也就是将"蛋糕"的意义投射到"经济发展"上，可见源域是投射关系的发起者，也是隐喻表达的核心和关键。因此为了考察政治隐喻源域词语的特征和分布情况，本文统计了源域词语的数量和词频，如图3所示。

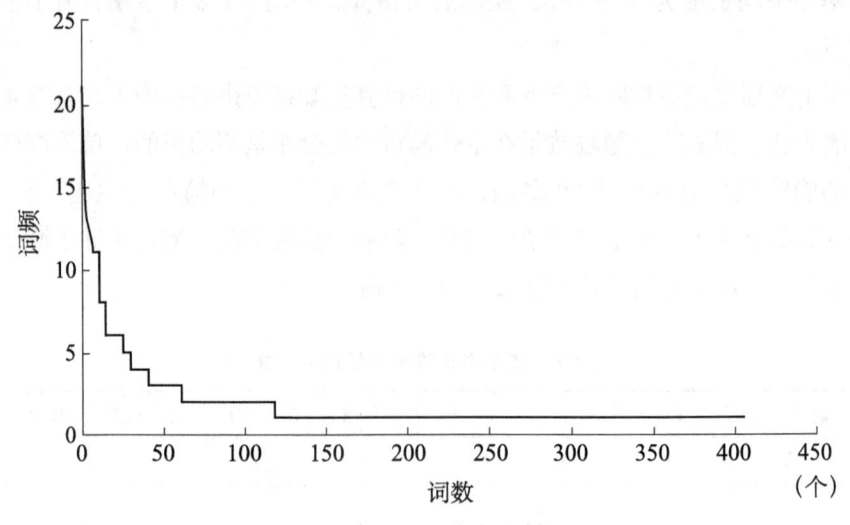

图3　源域词语频次分布图

可见，源域词语的数量和词频关系有两个明显特征：一是波动性大，两级分化明显，最大值和最小值之间相差多个数量级，比如词频最多的词"篇章"有21例，词频最少的词如"摇篮"只有1例。二是少数显著度效应，即出现频率最多的词往往集中在几个少数词语上，大数量的词语都是低频次的，因此形成了"长拖尾"型的幂律分布曲线。

为探究高频源域词语及其特征，本文提取出各类主题内排序前十位的源域词语及其数量，如表3所示。

表3　各主题内源域词语数量统计

类别序列	文化	法制	经济	反腐	环保
1	篇章 21例	攻坚战 10例	蛋糕 16例	笼子 12例	金山银山 13例

续表

序列＼类别	文化	法制	经济	反腐	环保
2	纽带 14例	硬骨头 10例	引擎 11例	老虎 6例	地球村 3例
3	新篇章 13例	牛鼻子 8例	瓶颈 5例	苍蝇 5例	底色 2例
4	桥梁 11例	战斗堡垒 7例	壁垒 5例	利剑 5例	储藏库 2例
5	脊梁 7例	旗帜 6例	快车 4例	稻草人 4例	枝繁叶茂 2例
6	步伐 6例	一盘棋 6例	超车 2例	堤坝 3例	弯路 1例
7	巨轮 5例	公约数 6例	冰山 2例	猛药 3例	土壤 1例
8	史诗 5例	同心圆 6例	火山 2例	软骨病 3例	保卫战 1例
9	课题 4例	道路 5例	高山 2例	刮骨疗毒 3例	摇篮 1例
10	画卷 4例	藩篱 5例	金钥匙 2例	雷区 2例	金饭碗 1例

由表3可以看出：第一，各主题内的源域词语也表现出两级分化的特点，而且高频词语很少在其他主题中交叉重复出现，表现出主题类别的归属性和一致性。第二，从内容和意义上来说，源域词语多数是具体的、常见的事物，例如"世界和平的纽带""全球市场的蛋糕""不能腐的笼子"等，这也印证了前人的观点，即隐喻映射是由具体的概念域到抽象概念域的投射规律。第三，各类主题源域词语在表达隐喻功能时，展现了我国独特的政治理念。例如文化类源域词语不仅体现着我国优秀的传统文化底蕴，而且展现了我国文明交流、和平发展的政治愿景，例（3）中的"篇章"和例（4）中的"桥梁""纽带"均展现了我国致力于建设友好合作、和平稳定的国际关系，以及兼容并蓄、多元发展的政治理念。

（3）北京峰会……揭开了中非关系新的历史篇章，树立了……

（4）面向未来……使文明交流互鉴成为增进各国人民友谊的桥梁、推动……和世界和平的纽带。

法制类源域词语"攻坚战""硬骨头""战斗堡垒"具有强烈的战争指代意义，多用于形容脱贫工作、改革措施和党员组织，政治与军事自古密不可分，而不畏艰险、攻坚克难的军事思想也正体现了我国扶贫脱贫、深化改革等政治举措的意志和信念，如例（5）所示。

（5）打赢脱贫攻坚战是一项光荣而艰巨的历史任务，……

经济类源域词语"瓶颈""壁垒""冰山"表现出经济领域的局面和态势，如例（6）所示。"蛋糕""引擎""快车"则表达出我国力求稳步增长及合作共赢的经济发展理念，如例（7）所示。

（6）现在……多边贸易体制发展面临瓶颈，……

（7）我们……举措，共同把全球市场的蛋糕做大……

反腐类源域词语"笼子""利剑"等表现出我党对腐败问题的坚决态度，"打虎""拍蝇"则表现出对贪官污吏的严厉打击和处理执行力。环保类源域词语"金山银山""地球村"表现出党和国家对于环境问题的重视，"底色"、"弯路"则是对可持续发展、绿色发展理念的诠释。两类各举一例如下。

（8）坚持……坚定不移"打虎"、"拍蝇"、"猎狐"，……不能腐的笼子越扎越牢……

（9）我们……牢固树立绿水青山就是金山银山的理念……

2.2 目标域及感情色彩

源域是隐喻映射的核心和始发点，而目标域则表现出隐喻的描述范围和终止点，为了考察政治隐喻目标域词语的概念域[①]特点，本文统计了目标域中数量排序前十位的领域词语，如图4所示。

从上文的主题分类可知，文化类主题的例句最多，但是文化类的目标域并不是直指文化，而是表示"文化""文明""文艺"等多个领域，较为分散，如图4所示，因此目标域中"经济"领域的词语数量最多，其次为"反腐"和"改革"，再次为"党/党员"和"政策"。领域词语的数量能够反映出隐喻描述

[①] 本文所说的概念域是指目标域词语的具体领域，如"世界经济""数字经济""经济合作"均属经济领域。

的广泛度，也就是说，经济作为目标域时，用各种隐喻的表达最为突出。

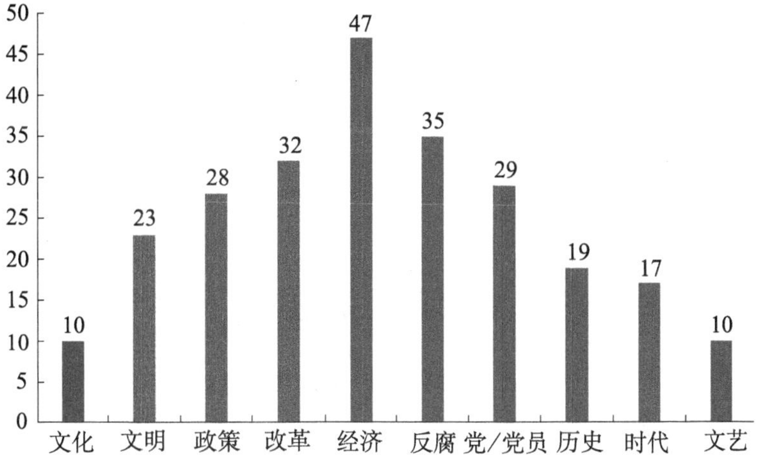

图 4　目标域词语数量统计

另一方面，目标域词语也反映出国家在经济、改革、反腐、党员、政策等方面的重视程度最高，如果把隐喻现象作为领域线索，就可以反向联系到国家的重大事件和政治举措，例如：

（10）经济全球化是历史潮流，……大江大河奔腾向前的势头是谁也阻挡不了的。

（11）反腐不是经济发展的绊脚石，而是推动经济转型的催化剂。

例（10）和例（11）的目标域分别是"经济全球化"和"反腐"，这也正反向映衬了国家对经济全球化和反腐倡廉方面的重视和倡议。近年国家持续倡导和推进的还有深化改革、依法治国、党员自身建设等都可以在隐喻中发现，在此不一一列举。

本文按表达意义将语料划分为"积极""中性""消极"三种感情色彩，发现积极情感的表达占 60.94%，消极情感占 25.13%，中性意义的表达占 13.93%。这说明在政治隐喻表达中，感情立场鲜明，并以积极的情感表达为主。感情色彩的倾向性，表现出我国在经济、改革等工作取得的阶段性成果，并且呈积极乐观的发展趋势，中性表达大多为陈述某一事实或制定相关的法规政策，而消极情感的表达则展现了我国在制度上、反腐上的自省自查，例如：

（12）脱贫摘帽后工作放松，有的摘帽县出现撤摊子、甩包袱、歇歇脚的情况，有的摘帽县不是把精力物力用在巩固成果上，而是庆功搞铺张浪费。

虽然说的是"撤摊子""甩包袱""歇歇脚"等问题，但其目的实际上是为了将改革、脱贫等工作更加深化和细化。

3 映射规律及应用

3.1 源域为【人类】的多种类概念域

上文指出，源域词语大多为我们所熟知的、具体且常见的事物，除此之外，笔者在统计分析时，发现与人相关的源域词语有很多，因此笔者对源域的类别进行了考察，发现在【人类】概念域下，具有拟人化隐喻的现象共144例，占语料总数的18.75%，例如"中华民族的脊梁"，其中"脊梁"是人的骨骼肢体、具有支撑、支柱的作用，在映射过程中，存在一个"将中华民族比作人"的基础映射，这也正印证了王治敏（2006）所指出的："当源域为【人类】的概念域下，当源域词语不是指某一个具体的人，而是指身体的某一部分或者人的某种功能属性时，在映射过程中往往存在一个隐藏的基础映射。"

本文发现在【人类】概念域下，不仅有【肢体，部分】【动作，行为】【认知，知识】的属性，还有【外貌，形象】【性能，才能】的属性特征，并且都存在隐含的基础映射，例如：

（13）大江南北披上红色盛装，人们脸上洋溢着自豪的笑容，……
（14）循序渐进推进民主，……让澳门焕发出蓬勃向上的生机活力。

例（13）中的"红色盛装"为人的【外貌】特征，先将"大江南北"比作"人"，再进行源域"红色盛装"到目标域"大江南北"的映射过程。例（14）中的"生机活力"为人的【性能】属性，先将"澳门"比作"人"，再进行源域"生机活力"到目标域"澳门"的映射过程。

另外，在源域为【人类】的概念域下，人的【职业】【身份】等特征也可以作为源域投射到目标域上，这时目标域一般是一类人而不是具体的个人。例如：

（15）……共产党人应该是最不知疲倦、无所畏惧和可靠的先进战士。

（16）香港……专业人士扮演了"带徒弟"的"师傅"角色，为内地企业改革……提供了咨询意见。

例（15）中的"战士"为人的【职业】特征，映射到目标域"共产党人"上。例（16）中的"师傅""徒弟"为人的【身份】特征，分别映射到到目标域"香港专业人士"和"实行内地企业改革的人"上面，形成完整的映射过程。

3.2 源域为【动物】【人工物】【自然物】概念域的映射

相似性是隐喻赖以成立的基本要素（束定芳，2000：172）。本文认为在拟人隐喻中，源域不仅可以是【人类】的概念域，也可以是【动物】【人工物】【自然物】，此时的映射是以"作用"或"特点"作为相似性的映射基础，例如：

（17）县委书记……要做……绿色发展的铺路石、体察民情的大脚掌、地方团队的领头雁、作风建设的打铁匠，……

（18）从……今天，产生了灿若星辰的文艺大师，留下了浩如烟海的文艺精品，……

在例（17）中，将"县委书记"比作"铺路石"和"领头雁"，此时源域分别为【人工物】和【动物】，这不是一个单纯、直接的映射，而是以"铺路石"和"领头雁"的作用作为映射基础，即"铺路石"起到为后人开路的作用、"领头雁"起到带领前进的作用，类似的隐喻映射也都是以"作用、性能、效果"等作为相似性的基础来进行映射传递的。例（18）中，将"文艺大师"比作"星辰"，源域作为【自然物】，即"星辰"的特点是"明亮、灿烂、广泛"，以此特点作为与目标域"文艺大师"之间的相似性映射基础。

3.3 与《哈工大同义词词林扩展版》的对比分析

从源域词语的类别上看，表人的概念很多，但是具体的语义类别有哪些？又是什么情况呢？由此本文按照《哈工大同义词词林扩展版》（以下简称《词林》）的词义分类体系，将表达隐喻含义的源域词语768例像投棋子一样点对点投射到其词类表（图5）中，以便统计和分析源域词语的语义类别特征。《词林》是由哈工大信息检索研究室在《同义词词林》（梅家驹，1983）的基础上扩展更新而得，目前词表共包含 77 343 条词语，全部按照树状层次结构和词义的远近及相关性进行编排，是一部同义类词典，在机器翻译、信息检索、自动问答系统等多领域中具有实用价值。

A人	B物	C时空	D抽象	E特征	F动作	G心理	H活动	I状态	J关联	K助语	L敬语
Aa泛称	Ba统称	Ca时间	Da情况	Ea外形	Fa上肢	Ga心理状态	Ha政治	Ia自然	Ja联系	Ka疏系	La敬语
Ab男女老少	Bb拟状物	Cb空间	Db事理	Eb表象	Fb下肢	Gb心理活动	Hb军事	Ib生理	Jb异同	Kb中介	
Ac体态	Bc物体部分		Dc外貌	Ec颜色	Fc头部	Gc能愿	Hc行管	Ic表情	Jc配合	Kc联接	
Ad籍属	Bd天体		Dd性能	Ed性质	Fd全身		Hd生产	Id物态	Jd存在	Kd辅助	
Ae职业	Be地貌		De性格才能	Ee德才			He经济	Ie事态	Je影响	Ke呼叹	
Af身份	Bf气象		Df意识	Ef境况			Hf交通	If境遇		Kf拟声	
Ag状况	Bg自然物		Dg比喻物				Hg科研	Ig始末			
Ah亲人	Bh植物		Dh联想				Hh文体	Ih变化			
Ai辈次	Bi动物		Di社会				Hi社交				
Aj关系	Bj微生物		Dj经济学				Hj生活				
Ak品性	Bk身体		Dk文教				Hk宗教				
Al才识	Bl排泄物		Dl疾病				Hl迷信				
Am信仰	Bm材料		Dm机构				Hm司法				
An丑类	Bn建筑物		Dn单位				Hn恶行				
	Bo机具										
	Bp用品										
	Bq衣物										
	Br物品										

图 5 同义词词林扩展版词义类别表

经投射统计后得出，可完全匹配的源域词语共有 622 例，占总语料的 80.99%；不完全匹配的词语有 99 例，占总语料的 12.89%，例如源域词语为"金钥匙"，《词林》中为"钥匙"；无匹配的词语有 47 例，占总语料的 6.12%，例如"储藏库""烂尾楼"等。我们用软件"Word It Out"将完全匹配的源域词语 622 例的语义类按频次统计整理，得到共现词云如图 6 所示。

图 6 语义类别共现词云

从语义类别上看，如图 6 所示，Bo 机具（82 例）最为显著，其次为 Bp 用品（64 例）、Bn 建筑物（56 例）、Dk 文教（57 例），再次为 Dd 性能（36 例）、Bk 身体（32 例）、Di 社会（30 例）。这也充分说明我们在表达隐喻时，最善于运用我们所熟悉的机具、用品、建筑物等具体的事物对抽象的事物进行描述和比喻。

从投射的具体词语上看，本文按数量排序提取了前 15 位词语，如图 7 所示，用例最多的依次是"篇章"（Dk 文教）、"蛋糕"（Br 物品）、"纽带"（Dd 性能）、"新篇章"（Ca 时间）、"引擎""笼子"（Bp 用品）。可见高频的源域词语依然具有其语义类别的独特性，并且使用频率也是高低不同。

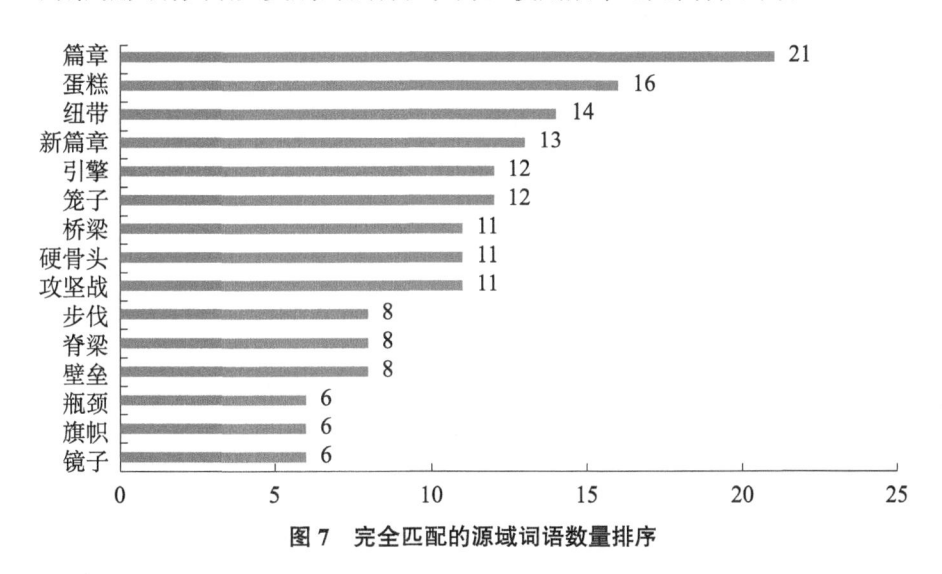

词语	频次
篇章	21
蛋糕	16
纽带	14
新篇章	13
引擎	12
笼子	12
桥梁	11
硬骨头	11
攻坚战	11
步伐	8
脊梁	8
壁垒	8
瓶颈	6
旗帜	6
镜子	6

图 7　完全匹配的源域词语数量排序

不完全匹配的 99 例中，本文经过综合考量，选取了频次排序前十且常用度较高的词语，如表 4 所示，建议可以作为同类词或近义词添加到《词林》中。

表 4　不完全匹配的源域词语及词类对应

序号	源域词语	出现频次（次）	《词林》对应词	词类	编号
1	金山银山	13	山	Be 地貌	Be04A01
2	战斗堡垒	7	堡垒	Bn 建筑物	Bn18B01
3	一盘棋	6	棋	Bp 用品	Bp12C01
4	朋友圈	3	交朋友	Hi 社交	Hi01A08

续表

序号	源域词语	出现频次（次）	《词林》对应词	词类	编号
5	地球村	3	自然村	Cb 空间	Cb25C13
6	猛药	3	药品	Br 物品	Br13A01
7	金钥匙	2	钥匙	Bo 机具	Bo03A38
8	新画卷	2	画卷	Dk 文教	Dk19A12
9	石榴籽	2	石榴	Bh 植物	Bh07A08
10	亮剑	2	剑拔弩张	Ef 境况	Ef10B01

在无匹配的 47 例中，出现频率较高的有表示反腐决心的"壮士断腕""刮骨疗毒"，可以考虑添加到 Ga 心理状态或 Ee 德才的词义类中。环保类词语中的"储藏库"可与贮藏（Hj40B01）作为同类相关词。用以比喻脱贫工作的"花拳绣腿"可以考虑添加到 Eb 表象的词义类中。其他生僻或不常用的词则待日后继续研究。

4 结语

本文统计了 2015—2019 年习近平系列重要讲话中的隐喻现象，从文化、法制、经济、反腐、环保五个主题考察了政治隐喻的数量和分布情况，进行隐喻产率和隐喻密度的计算，统计了源域、目标域词语的使用频率，讨论了源域概念的基础映射及其相似性特征，并将全部源域词语按语义类别以点对点的形式投射到《哈工大同义词词林扩展版》进行对比分析。通过研究发现，第一，各主题隐喻现象广泛且数量分布不均，整体上呈均衡发展的趋势，文化类主题隐喻数量占优但占比呈逐年下降的趋势，法制类和环保类主题的隐喻年度占比持续增长，并且隐喻数量的波动性和增减幅度均与国家的时政热点和政治举措密切相关。第二，隐喻产率呈逐年递增的趋势，平均隐喻密度为 0.894 62，即平均 1 118 个词中含有一个隐喻现象，单篇内有 2～3 个隐喻的讲话稿最为常见，源域词语的使用频度差距大、两极分化明显，目标域词语为经济领域的最多。以隐喻为线索可以观察出国家在经济、反腐、改革等领域的发展重点和重大事件，感情色彩分明并且以正向积极的表达为主。第三，源域为【人类】的概念域下，基础映射中不仅有【肢体，部分】【动作，行为】【认知，知识】的属性，还有【外貌，形象】【性能，才能】

的属性特征。在拟人隐喻中，源域是【动物】【人工物】【自然物】的映射是以"作用"或"特点"作为相似性的映射基础来进行投射传递的。第四，本文语料的 90% 以上都能够与《词林》进行匹配，并且词类分布上以"机具""物品""建筑物""文教"四类最多，具体词语的使用上则是"篇章""蛋糕""纽带"较为显著，这也更加展现出《词林》的容纳量与实用性俱佳。本文的研究从政治隐喻和使用频率的角度，为进一步扩充《词林》提供新的词例和参考借鉴。

参考文献

[1] 陈勇、刘肇云. 隐喻政治与政治隐喻：论美国政治家的政治隐喻 [J]. 外语教学，2009（1）.

[2] 黄敏. 隐喻与政治：《人民日报》元旦社论（1999—2004）隐喻框架之考察 [J]. 修辞学习，2006（1）.

[3] 黄秋林、吴本虎. 政治隐喻的历时分析：基于《人民日报》（1978—2007）两会社论的研究 [J]. 语言教学与研究，2009（5）.

[4] 束定芳. 隐喻学研究 [M]. 上海：上海外语教育出版社，2000.

[5] 王维民、黄娅. 从概念隐喻看政府的意识形态与执政理念：以国务院《政府工作报告》（1978～2011）为例 [J]. 西南交通大学学报（社会科学版），2012（3）.

[6] 王治敏. 汉语名词短语隐喻识别研究 [D]. 北京：北京大学，2006.

[7] 文旭. 政治话语与政治隐喻 [J]. 当代外语研究，2014（9）.

[8] 周运会、吴世雄. 国外语料库隐喻研究综述 [J]. 外语学刊，2015（1）.

[9] Lakoff G, Mark J. Metaphors We Live by [M]. Chicago：University of Chicago Press, 1980.

[10] Pikalo J. Metaphor change and persistence: Comparative analysis of political metaphors in Slovenia and Yugoslavia [J]. Journal of Comparative Politics, 2012, 5(2).

韩国学习者汉语短时类时间副词深度习得状况研究

——以"马上""立刻""立即"为例

卜晓琳　胡晓清（鲁东大学）

摘要： 本文借助语料库对韩国学习者"马上""立刻""立即"的习得状况进行研究。我们发现：①"马上"的使用限制最少，韩国学习者习得中出现的问题多与本体知识掌握不足有关。②语义层面词汇知识出现的偏误最多，句法层面出现的词汇知识偏误最少。③三个词都存在组内混淆和组外混淆，组外混淆多为与非短时类时间副词的混淆。④句法层面词汇知识习得情况较好，搭配层面知识习得情况较差。韩国学习者三个词的习得深度与中国学习者相比仍有较大差距，"立刻"存在使用严重不足的问题；词汇使用的丰富性较低，易将其他词误加到自己的词汇联想网络中；搭配类型不够丰富且动词搭配较少出现常用语块；更倾向于使用非正式语体。

关键词： 短时类时间副词；习得深度；语料库

0 引言

"现代汉语中的时间副词约有 130 个左右，几乎占整个副词的 30%"[①]，在副词中占有重要地位。在时间副词中，有一个主要表示"时间间隔短"的小类，被称为"短时类时间副词"，其中"马上"的使用频率很高，属于教学中的重点。但是我们发现韩国学习者在习得过程中容易将"马上"和与其意义相近的"立刻""立即"等词混淆，给学习者正确使用这些词带来了困难。本文将"马上""立刻""立即"称为"马上"组短时类时间副词（以下简称"马上"组 s-adv），从多个角度深入研究这组短时类时间副词的习得情况，以期进一步丰富韩国学习者汉语短时类时间副词的相关研究成果。

---

① 陆俭明，马真. 现代汉语虚词散论 [M]. 北京：语文出版社，1999：98.

在本体研究中，吴志霄（1984）、高会成（1997）、付江（2007）、唐依力（2011）、徐振鹏（2011）、郝雪（2017）等对"马上""立刻"进行了比较研究。王灵霞（2011）研究了"马上""立刻""立即"的句法表现和语义特征，解释了三个词在使用上的异同。

在习得研究中，胡瑞琦（2020）、史小斌（2019）、周子琳（2018）、蔡慧洁（2017）、尧桢（2016）、张涛（2015）、尹伊（2014）等主要对三个词进行了偏误研究。黄岩（2014）、袁征（2011）的研究不仅分析了偏误，还关注了学习者的正确产出情况，主要通过使用率和正确率得出词语的习得顺序并分析各词的搭配情况。前人的研究多集中在偏误分析上，对学习者习得两词的整体情况进行的研究很少，应进一步探讨。

本文拟以"马上""立刻""立即"为例，在梳理本体研究的基础上，分析研究韩国学习者"马上"组 s-adv 的习得情况，并进一步探究韩国学习者"马上"组 s-adv 的深度习得情况。本文试图通过研究回答以下问题：

（1）在本体研究中，"马上"组 s-adv 之间究竟有何不同？
（2）"马上"组 s-adv 的哪些知识容易导致韩国学习者的偏误？
（3）"马上"组 s-adv 有哪些混用的情况？
（4）韩国学习者"马上"组 s-adv 的习得情况如何？是否深度习得了这些词？

1 "马上"组 s-adv 本体知识梳理

《现代汉语词典》（第 7 版）标明"马上""立刻""立即"为副词，在解释时将"马上"和"立刻"互相用作对方的释义词，用"立刻"解释"立即"，可见这三个词在用法和词义上有很多相同之处。但是三个词也存在许多不同点，其中"马上"与"立刻""立即"的差别更大，"立刻"和"立即"的差别较小，主要区别在于"立刻"书面语和口语都用，而"立即"多用于书面语。[①]

为行文方便，"马上"组 s-adv 词汇知识点代称如表 1.1 所示。

---

① 吕叔湘. 现代汉语八百词（增订本）[M]. 北京：商务印书馆，1999：362.

表 1.1 "马上"组 s-adv 词汇知识点代称

知识点层面	知识点	代表字母
语义	以说话时间为参照点，表示某件事很快发生	M1
	以某个事件为参照点，表示某件事紧跟在上一件事后发生	M2
	时间间隔长	M3
	时间间隔短	M4
	已然表达	M5
	未然表达	M6
句法	位于主语后	G1
	位于主语前	G2
	否定形式	G3
	单独成句	G4
搭配	与能愿动词"要""会""能"连用	D1
	与副词"就"连用	D2
	与心理动词、表性状变化的形容词连用	D3
	与名词连用	D4
语域	口语	C1
	书面语	C2

通过梳理高会成（1997）、吕叔湘（1999）、付江（2007）、唐依力（2011）、尹伊（2014）、王虹月（2015）、尧桢（2016）、郝雪（2017）等人关于"马上""立刻""立即"的本体研究成果，本文将三个词的异同点归纳为表 1.2。

表 1.2 "马上"组 s-adv 的异同

知识点层面	知识点	马上	立刻	立即
语义	M1	+	+	+
	M2	+	+	+
	M3	+	−	−
	M4	+	+	+
	M5	+	++	++
	M6	++	+	+

续表

知识点层面	知识点	马上	立刻	立即
句法	G1	+	+	+
	G2	+	-	-
	G3	+	+	+
	G4	++	+	+
搭配	D1	++	+	+
	D2	++	+	+
	D3	+	++	++
	D4	+	-	-
语域	C1	+++	+	+
	C2	+	++	+++

注:"+"表明具有此语义或句法功能,"++""+++"表示程度依次增强;"-"表示不具有该词义和句法功能。

2 韩国学习者"马上"组 s-adv 习得情况研究

本文的中介语语料来自鲁东大学"国别化汉语中介语语料库库群"中的"韩国在华学习者汉语中介语语料库"。我们从中选取初级语料、中级语料和高级语料各 30 万字,对韩国学习者不同学习阶段"马上"组 s-adv 的语料进行统计分析。据统计,韩国学习者在初级阶段"马上"共出现 53 次,"立刻"共出现 17 次,"立即"未被使用;在中级阶段"马上"共出现 69 次,"立刻"共出现 14 次,"立即"共出现 8 次;在高级阶段"马上"共出现 61 次,"立刻"共出现 6 次,"立即"共出现 5 次。

下面将对韩国学习者"马上"组 s-adv 的使用情况及偏误情况进行分析。

2.1 "马上"组 s-adv 使用情况分析

我们首先对韩国学习者"马上"组 s-adv 不同层面词汇知识的使用情况和搭配情况进行分析。

2.1.1 "马上"组 s-adv 各层面知识的使用情况

本文用词语中知识点的使用频次除以词语使用频次计算出各知识点的使

用频率，结果如表 2.1 所示。

表 2.1 "马上"组 s-adv 知识点使用情况

		初级		中级			高级		
		马上	立刻	马上	立刻	立即	马上	立刻	立即
语义	M1	26（49.06）	7（41.18）	28（40.58）	4（28.57）	4（50.00）	20（32.79）	1（16.67）	2（40.00）
	M2	27（50.94）	10（58.82）	41（59.42）	10（71.43）	4（50.00）	41（67.21）	5（83.33）	3（60.00）
	M3	30（56.60）	1（5.88）	34（49.28）	1（7.14）		32（52.46）		
	M4	23（43.40）	16（94.12）	35（50.72）	13（92.86）	8（100）	29（47.54）	6（100）	5（100）
	M5	23（43.40）	11（64.71）	44（63.77）	14（100）	4（50.00）	29（47.54）	5（83.33）	4（80.00）
	M6	30（56.60）	6（35.29）	25（36.23）		4（50.00）	32（52.46）	1（16.67）	1（20.00）
句法	G1	52（98.11）	13（76.47）	68（98.55）	14（100）	8（100）	57（93.44）	5（83.33）	5（100）
	G2	1（1.89）		1（1.45）			4（6.56）		
	G3				1（7.14）				
	G4						1（1.64）		
搭配	D1	14（26.42）	1（5.88）	15（21.74）			17（27.87）		1（20.00）
	D2	8（15.09）	3（17.65）	15（21.74）	4（28.57）		11（18.03）		
	D3	2（3.77）		8（11.59）	1（7.14）		7（11.48）	2（33.33）	
	D4								
语域	C1	51（96.23）	14（82.35）	65（94.20）	10（71.43）	1（12.50）	57（93.44）	4（66.67）	1（20.00）
	C2	2（3.77）	3（17.65）	4（5.80）	4（28.57）	7（87.50）	4（6.56）	2（33.33）	4（80.00）

注：括号前的数字为知识点的使用频次，括号内的数字为知识点的使用率（%）。

据表 2.1 可知，韩国学习者在初级阶段未使用"立即"，这与"立即"在大纲中属于中级词汇有关。"马上"和"立刻"则在初、中、高各阶段均使用。随着学习阶段的提高，"马上""立即"使用的知识点有所增加，可以看出其知识点的使用数量与学习水平呈正相关。而"立刻"使用的知识点在初级、中级阶段数量相同，高级阶段有所减少，说明韩国学习者"立刻"各知识点的使用并未随学习水平的提高而日渐丰富。

在各学习阶段，语义层面知识点使用得最多，使用率也较高。句法层面G1的使用率最高。语域层面的使用率也较高，主要集中在不同语体的使用上。搭配层面的使用率较低。

2.1.2 "马上"组 s-adv 的搭配情况

下面以韩国学习者"马上"组 s-adv 右侧搭配考察其搭配类型。我们以每个词每种搭配类型出现的频次除以搭配类型总频次得出搭配率。

"马上"的搭配情况见表 2.2 所示。

表 2.2 韩国学习者"马上"的搭配类型

搭配类型	初级	中级	高级
马上 + 动词	18（56.25）	34（69.39）	30（68.18）
马上 + 形容词			2（4.55）
马上 + 副词 + 动词	5（15.63）	4（8.16）	3（6.82）
马上 + 副词 + 形容词	1（3.13）	1（2.04）	
马上 + 助动词 + 动词	3（9.38）	2（4.08）	3（6.82）
马上 + 副词 + 助动词 + 动词		4（8.16）	
马上 + 介词短语 + 动词	5（15.63）	4（8.16）	4（9.09）
马上 + 副词 + 介词短语 + 动词			1（2.27）
单独使用			1（2.27）
总计	32（100）	49（100）	44（100）

注：括号前的数字为每种搭配类型的频次，括号内的数字为搭配率（%）。

据表 2.2 可知，随着汉语水平的提高，韩国学习者"马上"的搭配类型不断丰富。在初、中、高各阶段"马上 + 动词"的搭配率最高，从初级阶段到中级阶段搭配率增加较快，从中级阶段到高级阶段搭配率基本趋于稳定。"马上 + 副词 + 动词""马上 + 助动词 + 动词""马上 + 介词短语 + 动词"的搭配率与学习水平不成线性相关。此外，"马上 + 形容词""马上 + 副词 + 形容词""马上+副词+介词短语+动词"及"单独使用"的搭配率较低，不常使用。

"立刻"的搭配情况见表2.3所示。

表2.3 韩国学习者"立刻"的搭配类型

搭配类型	初级	中级	高级
立刻+动词	9（75.00）	7（70.00）	3（75.00）
立刻+副词+动词	1（8.33）	2（20.00）	
立刻+介词短语+动词	2（16.67）	1（10.00）	1（25.00）
总计	12（100）	10（100）	4（100）

注：括号前的数字为每种搭配类型的频次，括号内的数字为搭配率（%）。

据表可知，韩国学习者"立刻"的搭配类型未随学习阶段的提高而增加，反而在高级阶段有所减少。在各学习阶段"立刻+动词"的搭配率最高，在中级阶段有所下降，但与此同时"立刻+副词+动词"在中级阶段的搭配率上升，对直接搭配动词的情况产生了一定影响。"立刻+介词短语+动词"在习得过程中出现反复性，中级阶段搭配率降低，但是随着学习水平的提高，搭配率又有了进一步的提高。

"立即"的搭配情况见表2.4。

表2.4 韩国学习者"立即"的搭配类型

搭配类型	初级	中级	高级
立即+动词		3（60.00）	3（100）
立即+介词短语+动词		1（20.00）	
立即+地+动词		1（20.00）	
总计		5（100）	3（100）

注：括号前的数字为每种搭配类型的频次，括号内的数字为搭配率（%）。

据表可知，"立即"的搭配类型随着学习阶段的提高有所减少。在中高学习阶段中"立即+动词"的搭配率最高，且随着学习阶段的提高搭配率上升，"立即+介词短语+动词""立即+地+动词"只在中级阶段使用并且搭配率较低。

2.2 "马上"组 s-adv 偏误情况分析

本部分我们分析韩国学习者语料中各层面知识的使用偏误。此外，为了观察词语混淆的情况，我们还将三个词的混用偏误单独作为一种偏误类型进行分析。

2.2.1 "马上"组 s-adv 总体偏误

2.2.1.1 "马上"的偏误情况

分析发现，"马上"主要有三个层面的知识偏误，分别为语义层面偏误、搭配层面偏误和语域层面偏误。

语义层面的偏误包括学习者在使用时未将说话时间作为参照点或与其他词产生语义矛盾的偏误，以下简称 M1（马上）偏误；学习者在使用时句中缺少作为参照点的某个事件的偏误，以下简称 M2（马上）偏误；"马上"用在未然句中但缺少能够体现句子未然性的搭配词导致语句不通的偏误，以下简称 M6（马上）偏误。

搭配层面的偏误包括缺少能愿动词搭配词"要""会"或"能"的偏误，我们称为 D1（马上）偏误；缺少副词搭配词"就"的偏误，我们称为 D2（马上）偏误；搭配形容词时，句子缺少动态性的偏误，我们称为 D3（马上）偏误。

语域层面的偏误包括口语语体中误用书面语词的偏误，我们称为 C2（马上）偏误。

2.2.1.2 "立刻"的偏误情况

"立刻"也存在三个层面的知识偏误，分别为语义层面偏误、句法层面偏误和语域层面偏误。

语义层面偏误包括在使用"某件事很快发生"这个意义时与句中的其他词产生了语义重叠的偏误，以下简称 M1（立刻）偏误；在使用"某件事紧跟在上一件事后发生"这个意义时缺少作为参照点的某个事件的偏误，以下简称 M2（立刻）偏误；"立刻"只能表达时间间隔短的意义却用在了表达时间间隔长的句子中的偏误，以下简称 M4（立刻）偏误。

句法层面偏误指"立刻"相对于主语的位置出现了偏误。"立刻"一般只能用在主语后却用在了主语前，以下简称 G1（立刻）偏误。

语域层面偏误指口语语体中误用书面语词，以下简称 C2（立刻）偏误。

2.2.1.3 "立即"的偏误情况

"立即"存在两个层面的知识偏误，分别为语义层面偏误和语域层面偏误。

语义层面偏误包括学习者未正确使用"某件事很快发生"的意义，误用了"某件事紧跟在上一件事后发生"这个义项的偏误，以下简称 M1（立即）偏误；在句中缺少作为参照点的某个事件的偏误，以下简称 M2（立即）偏误；常用于未然句的用法未完全掌握，在句中使用了常用于已然句的其他词导致的偏误，以下简称 M6（立即）偏误。

语域层面偏误指口语语体中误用书面语词的偏误，以下简称 C2（立即）偏误。

下面我们分初、中、高三个学段统计韩国学习者各知识点偏误出现频次和偏误率。每个学段组内各词总偏误率为 100%，分布在每个知识点的偏误率通过偏误频次除以总偏误频次计算得出。统计结果见表 2.5。

表 2.5 "马上"组 s-adv 偏误情况

		初级		中级			高级		
		马上	立刻	马上	立刻	立即	马上	立刻	立即
语义	M1	5（13.89）	1（2.78）	4（12.12）		1（3.03）	2（7.14）		
	M2	6（16.67）	1（2.78）	5（15.15）	1（3.03）	1（3.03）	1（3.57）		1（3.57）
	M3								
	M4		1（2.78）		1（3.03）				
	M5								
	M6	6（16.67）		6（18.18）		1（3.03）	8（28.57）		
句法	G1		4（11.11）					1（3.57）	
	G2								
	G3								
	G4								

续表

		初级		中级			高级		
		马上	立刻	马上	立刻	立即	马上	立刻	立即
搭配	D1	8 (22.22)		7 (21.21)			12 (42.86)		
	D2	2 (5.56)		3 (9.09)			2 (7.14)		
	D3	1 (2.78)							
	D4								
语域	C1								
	C2		1 (2.78)	1 (3.03)	1 (3.03)	1 (3.03)			1 (3.57)

注：括号前的数字为出现偏误的知识点的频次，括号内的数字为偏误率（%）。

据表可知，随着学习阶段的提高，"马上"组 s-adv 出现偏误的知识点种类不断减少，总体上习得情况越来越好。

在各学习阶段，语义层面出现的偏误最多，其中"马上"M6 偏误率最高，且随着学习阶段的提高偏误率不断上升。分析发现这在一定程度上受到了 D1 偏误的影响，D1 偏误中主要是"马上"缺少与助动词"要"的搭配，使句子的未然性表达受到影响。搭配层面的偏误率排在第二位，主要是"马上"出现的 D1 偏误。语域层面偏误较少，主要是"立刻""立即"的语体使用不当。句法层面偏误最少，主要是"立刻"的 G1 偏误。

2.2.2 "马上"组 s-adv 混淆偏误

"马上"组 s-adv 的混淆情况可分为三词间的混淆和三个词与其他词的混淆，混淆关系如图 2.1。

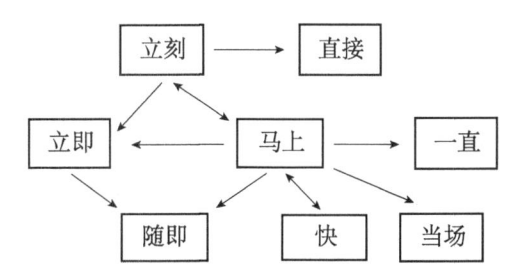

图 2.1 "马上"组 s-adv 混淆关系图

2.2.2.1 "马上"组 s-adv 之间的混淆

在三词间的混淆中，"马上"和"立刻"存在双向混淆的情况，"马上"用成"立刻"的偏误较多，主要由学习者未理解两词在时间间隔、相对于主语的位置、语体三方面的差异所致。"立刻"用成"马上"的偏误、"立刻"用成"立即"以及"马上"用成"立即"的偏误不多，这些混淆主要是由学习者未充分理解三个词之间的语体差异所致。

2.2.2.2 "马上"组 s-adv 与其他词的混淆

"马上"组 s-adv 均存在与其他词的混淆问题。"马上"的混淆词最多，其中既有双向混淆，也存在单向混淆；"立刻"和"立即"均为单向混淆。与这三个词发生混淆的组外词多为副词，也有形容词，其中只有"随即"属于短时类时间副词。

3 韩国学习者"马上"组 s-adv 词汇习得深度分析

本文将中国学习者语料作为判断韩国汉语学习者习得深度的参照语料，思路为：韩国学习者"马上""立刻"习得情况越接近中国学习者，其习得深度越高；反之，习得深度越低。

在词汇深度习得方面，本文结合 Richards 和 Nation 的研究得到短时类时间副词习得深度词汇知识框架，如表 3.1 所示。

表 3.1 词汇知识框架

词频		使用这个词的频率是怎样的
意义	语义	表达何种意思时用到这个词
	联想	还能用哪些词代替这个词
使用	句法	必须在什么形式下使用这个词
	搭配	用哪些词和这个词搭配
	语域	可以在哪里、何时、多么频繁地使用这个词

我们依据此框架对韩国学习者"马上"组"赶紧组"s-adv 的深度习得情况进行分析。

本文的母语语料来自鲁东大学"国别化汉语中介语语料库库群"中的"中小学生作文语料库"。我们从中选取初级语料、中级语料和高级语料各 30

万字。据统计，初级阶段"马上"共出现 67 次，"立刻"共出现 46 次，"立即"共出现 11 次；中级阶段"马上"共出现 40 次，"立刻"共出现 44 次，"立即"共出现 7 次；高级阶段"马上"共出现 121 次，"立刻"共出现 84 次，"立即"共出现 8 次。

3.1 基于词频的习得深度分析

我们首先从词频角度考察韩国学习者"马上"组 s-adv 的习得深度。词频由"马上"组 s-adv 中每个词出现的频次除以韩国学习者语料中的总词语数计算得出。

韩国学习者和中国学习者"马上"组 s-adv 的词频如下表 3.2。

表 3.2　两国学习者"马上""立刻"的词频（%）

	韩国学习者			中国学习者		
	马上	立刻	立即	马上	立刻	立即
初级	0.006 8	0.002		0.029	0.020	0.005 5
中级	0.009 1	0.001 7	0.000 7	0.022	0.023	0.003 6
高级	0.007 9	0.000 8	0.000 4	0.041	0.028	0.003 7

根据表中数据，利用 IBM SPSS Statistics 21.0 对表中数据进行 x^2 检验。结果显示，韩国学习者"马上""立刻"（x^2=5.994，$p<0.05$）的词频在不同学习阶段存在显著差异，而中国学习者"马上""立刻"（x^2=1.443，$p<0.05$）的词频在不同学习阶段没有显著差异。说明韩国学习者"马上""立刻"的使用分布不均匀，过度集中地使用"马上"，"立刻"的使用率较低；而中国学习者"马上""立刻"的使用分布较均匀，从组内词词频分布看，韩国学习者与中国学习者的使用相似度较低。

我们再对两国学习者"马上"组 s-adv 的词频分别进行对比，发现韩国学习者"马上"组 s-adv 的词频与中国学习者存在显著性差异，虽然"马上"在两国学习者中都属于高频词，但韩国学习者在使用率上与中国学习者差异较大，习得深度较低。

3.2 基于意义的习得深度分析

本文的意义角度从语义和联想两个层面进行分析。

3.2.1 语义层面分析

统计韩国学习者和中国学习者"马上"组 s-adv 语义层面知识点的使用情况，通过词语中语义层面知识点的使用频次除以词语使用频次计算出各语义层面知识点的使用频率。

韩国学习者和中国学习者"马上"组 s-adv 语义层面知识点的使用情况如下表 3.3。

表 3.3 两国学习者"马上"组 s-adv 语义层面知识点使用情况

	韩国学习者			
项目		马上	立刻	立即
语义	M1	74（40.44）	12（32.43）	6（46.15）
	M2	109（59.56）	25（67.57）	7（53.85）
	M3	96（52.46）	2（5.41）	
	M4	87（47.54）	35（94.59）	13（100）
	M5	96（52.46）	30（81.08）	8（61.54）
	M6	87（47.54）	7（18.92）	5（38.46）
	中国学习者			
项目		马上	立刻	立即
语义	M1	73（32.02）	54（31.03）	10（38.46）
	M2	155（67.98）	120（68.97）	16（61.54）
	M3	47（20.61）		
	M4	181（79.39）	174（100）	26（100）
	M5	147（64.47）	154（88.51）	21（80.77）
	M6	81（35.53）	20（11.49）	5（19.23）

注：括号前的数字为知识点的使用频次，括号内的数字为知识点的使用率（%）。

分析表中数据，我们发现韩国学习者"马上"组 s-adv 的 M2 使用率高于 M1，倾向于表达"某件事紧跟在上一件事后发生"这个意义，M5 的使用率高于 M6，倾向于用在已然句中，与中国学习者的使用情况相似，说明这些知识点的习得程度较深。"立刻""立即"均不能使用 M3，即用在时间间隔较长的句子中，但是韩国学习者"立刻"使用了 M3，"立即"未使用 M3，说明"立刻"M3 的习得深度低于"立即"。

我们将表 3.3 中两国学习者"马上"组 s-adv 知识点的使用率相减，得到两国学习者对相同知识点的使用率的差值，以此进一步观察两国学习者词语不同知识点使用的相似程度，具体数据见表 3.4。

表 3.4　两国学习者"马上"组 s-adv 知识点语义层面使用相似度

单位：%

		马上	立刻	立即
语义	M1	8.42	1.40	7.69
	M2	8.42	1.40	7.69
	M3	31.85		
	M4	31.85	5.41	0.00
	M5	12.01	7.43	19.23
	M6	12.01	7.43	19.23

根据表中数据，我们将两国学习者知识点使用率差值在 10% 以下的情况视为知识点的使用情况较相似，10%～20% 之间视为一般相似，30% 以上视为不相似。分析发现，"马上"组 s-adv 的 M1、M2 与中国学习者的使用情况最相似，习得程度最深；M5、M6 的习得深度次之；M3、M4 与中国学习者的使用情况最不相似，习得深度最低。

在"马上"组 s-adv 三词中，"立刻"习得程度最深，"立即"次之，"马上"的习得深度最低。

3.2.2　联想层面分析

联想层面我们从正确换用和误用这两个方面来观察。

3.2.2.1　正确换用方面

首先，我们分析"马上"组 s-adv 组内词语间的正确替代情况。从前文的词频角度分析发现，韩国学习者比中国学习者更加集中地使用"马上"，"立刻""立即"的使用频率均很低。其实，当句中的语境较为中性时，"马上"组 s-adv 在很多情况下可以互相替换，意思基本相同，例如韩国学习者语料中的这个句子：

（1）下课以后我马上回家。

此句中的"马上"也可以替换为"立刻"或者"立即"，句义基本不变。

由此来看，韩国学习者过多地使用某一个词会使词汇联想网络的丰富性降低。

其次，我们分析"马上"组 s-adv 与组外词语的正确替代情况。组外词语我们结合沈敏（2008）关于短时类时间副词的研究成果和《国际中文教育中文水平等级标准》，选出以下 14 个汉语短时类时间副词：刚、刚刚、才、立刻、立即、马上、眼看、就、随即、当即、赶紧、赶快、赶忙、连忙。这些短时类时间副词中与"马上"组 s-adv 意义相近的词包括：眼看、就、随即、当即、赶紧、赶快、赶忙、连忙。

在一些情况下，这些意义相近的词也可以换用，例如：

（2）我起床后就去洗手间洗脸。

（3）见老奶奶要摔倒了，小红赶紧跑上去扶住。

例（2）中的"就"和例（3）中的"赶紧"均可替换为"马上""立刻""立即""赶紧""赶快""赶忙""连忙""随即""当即"。

（4）眼看就要面试了！我在网上查询着如何准备面试，突然就到了面试的那一天。

此句中的"眼看"也可以替换为"马上""立刻""立即"。

由此看，与"马上"组 s-adv 意义相近的其他短时类时间副词的使用情况同样可以侧面反映出韩国学习者词语间的联想关系。下面是"马上"组近义词使用频次的数据。

表 3.5 "马上""立刻"近义短时类时间副词的使用情况

单位：次

	韩国学习者	中国学习者
马上	183	228
立刻	37	174
立即	13	26
就	4148	6160
眼看	1	23
赶紧	45	64
赶快	28	58

续表

	韩国学习者	中国学习者
赶忙	5	18
连忙	1	115
随即	3	3
当即	1	0

分析上表可知，韩国学习者"马上"组 s-adv 的联想网络比中国学习者大。韩国学习者在"马上""立刻"近义短时类时间副词中使用了"当即"，但中国学习者未使用这个词。

3.2.2.2 误用方面

我们通过混淆偏误分析"马上"组 s-adv 的误用情况，请看下表，词语后面的数字代表易混淆词出现的频次。

表 3.6 韩国学习者"马上"组 s-adv 的混淆偏误情况

马上	立刻	立即
快 3；立刻 2；当场 2；一直 1；随即 1	马上 7；直接 1	马上 1；立刻 1；随即 1

通过分析可以发现，中国学习者未出现混淆偏误，韩国学习者使用"马上"组 s-adv 时出现了组内混淆和组外混淆，组外混淆中包括短时类时间副词"随即"，非短时类时间副词"当场""一直"，形容词"快""直接"。其中"马上"的混淆词最多，前文的研究发现韩国学习者过度使用高频词"马上"，在很多不应该使用的情况下使用，导致"马上"出现了较多混淆偏误。从中可以发现，虽然韩国学习者的词汇联想网络与中国学习者相似，但是过度使用高频词不但会降低词汇的丰富性，还会使混淆偏误情况增多，进一步降低词汇习得深度。

3.3 基于使用的习得深度分析

本文从句法、搭配和语域三个层面对使用角度进行分析。

3.3.1 句法层面分析

下面通过分析两国学习者的搭配类型进一步观察"马上"组 s-adv 的习得深度。我们统计出每个词每种搭配类型的频次，用每个词每种搭配类型的频次除以搭配类型总频次得出搭配率。为了更加直观,在展现"马上"组 s-adv 的搭配类型时我们将三个词用字母"x"表示。

两国学习者"马上"组 s-adv 的搭配类型如表 3.7 所示。

表 3.7 两国学习者"马上"组 s-adv 搭配类型

搭配类型	韩国学习者			中国学习者		
	马上	立刻	立即	马上	立刻	立即
x+动词	82（65.60）	18（69.23）	6（75.00）	105（46.05）	122（70.11）	22（84.62）
x+形容词	2（1.60）			5（2.19）	2（1.15）	
x+副词+动词	12（9.60）	4（15.38）		16（7.02）	6（3.45）	
x+副词+形容词	2（1.60）			1（0.44）	2（1.15）	
x+副词+介词（宾语省略）+动词				1（0.44）		
x+助动词+动词	8（6.40）			32（14.04）	1（0.57）	
x+副词+助动词+动词	4（3.20）			34（14.91）	3（1.72）	
x+副词+介词短语+动词	1（0.80）			1（0.44）	1（0.57）	
x+介词（宾语省略）+动词				1（0.44）	3（1.72）	
x+介词短语+动词	13（10.40）	4（15.38）	1（12.50）	29（12.72）	31（17.82）	4（15.38）
x+介词短语+助动词+动词					1（0.57）	
x+介词短语+副词+动词					1（0.57）	
x+小句				2（0.88）	1（0.57）	
x+单独使用	1（0.80）					
x+拟声词+地+动词			1（12.50）			

续表

搭配类型	韩国学习者			中国学习者		
	马上	立刻	立即	马上	立刻	立即
x+动词谓语句+地+动词				1（0.44）		
总计	125（100）	26（100）	8（100）	228（100）	174（100）	26（100）

注：括号前的数字为每种搭配类型的频次，括号内的数字为搭配率（%）。

据表 3.7 可知，两国学习者"马上"组 s-adv 的搭配类型中都有"x+介词短语+动词"和"x+动词"，说明这两种搭配类型韩国学习者的使用情况和中国学习者相似，习得程度较深。其中韩国学习者"x+介词短语+动词"的搭配率与中国学习者更相似，说明"x+介词短语+动词"比"x+动词"的习得程度更深。

"x+形容词""x+副词+形容词""x+副词+介词（宾语省略）+动词""x+副词+介词短语+动词""x+介词（宾语省略）+动词""x+介词短语+助词+动词""x+介词短语+副词+动词""x+小句"等搭配类型韩国学习者很少使用或未使用，中国学习者也很少使用，这似乎与中国学习者的使用情况很接近，知识点的习得程度较深。但是，考虑到中国学习者也处于语言的学习阶段，搭配类型的使用可能仍未达到比较理想的程度，本身的习得深度有限，所以韩国学习者这些搭配类型的习得程度未必很深。

在"马上"组 s-adv 中，韩国学习者"立即"搭配类型的数量与中国学习者最相似，习得深度相对较深，"立刻"的搭配类型的数量与中国学习者相差最大，习得深度最低。

3.3.2 搭配层面分析

在"马上"组 s-adv 中，直接搭配动词的搭配类型搭配率最高，我们在这一最常用的搭配类型下具体分析两国学习者的高频搭配，从而发现"马上"组 s-adv 的习得深度情况。我们从两国学习者语料中取出搭配频率排在前三位的词进行观察，用单个搭配词的搭配频次除以一个词中所有搭配语块的搭配频次得出每个搭配词的搭配率。

两国学习者"马上""立刻"的高频搭配见表 3.8 所示。

表 3.8　两国学习者"马上"组 s-adv 高频搭配

韩国学习者			中国学习者		
马上	立刻	立即	马上	立刻	立即
去 9（7.20）	跑 2（7.69）	派 1（12.50）	要 29（12.72）	变 6（3.45）	跑 2（7.69）
要 6（4.80）	走 1（3.85）	捡 1（12.50）	跑 13（5.70）	拿 6（3.45）	行动 2（7.69）
回家 3（2.40）	过来 1（3.85）	出门 1（12.50）	开始 6（2.63）	停 3（1.72）	开始 2（7.69）
回国 3（2.40）	到 1（3.85）	看到 1（12.50）	拿 6（2.63）	用 3（1.72）	拿 1（3.85）
坐 3（2.40）	吃 1（3.85）	掉头 1（12.50）		给 2（1.15）	去 1（3.85）
理解 3（2.40）	告诉 1（3.85）	打 1（12.50）		跳 2（1.15）	成 1（3.85）
	来 1（3.85）			去 2（1.15）	逃 1（3.85）
	产生 1（3.85）			站 2（1.15）	改装 1（3.85）
	停止 1（3.85）			有 2（1.15）	按键 1（3.85）
	打车 1（3.85）			上 2（1.15）	报警 1（3.85）
	下 1（3.85）			叫 2（1.15）	知道 1（3.85）
	进去 1（3.85）			躲 2（1.15）	停止 1（3.85）
	觉得 1（3.85）			有 2（1.15）	涌现 1（3.85）
	去 1（3.85）			摘 2（1.15）	捅 1（3.85）
	闭 1（3.85）			开始 2（1.15）	挤 1（3.85）
	想象 1（3.85）			告诉 2（1.15）	明白 1（3.85）
	明白 1（3.85）			发现 2（1.15）	动手 1（3.85）
				呻吟 2（1.15）	掉头 1（3.85）

注：括号前的数字为搭配频次，括号内的数字为搭配率（%）。

分析发现，韩国学习者"马上"存在搭配率较高的动词，说明"马上"存在较常用的搭配词，形成了常用语块，这与中国学习者搭配动词的情况相似，从搭配层面看，韩国学习者"马上"的习得程度较深。

韩国学习者"立刻""立即"搭配的动词大都只出现一次或两次，搭配率较低，未形成常用语块。进一步分析发现，"立即"为书面语，中国学习者大多搭配了书面语体双音节词，像"改装""停止""涌现"等；而韩国学习者搭配词多为"出门""掉头"等口语词语，说明韩国学习者在运用正式语体进行表达方面不如中国学习者。

总体来看，三个词中"立即"的搭配情况与中国学习者的相似度较低，习得深度最低。

3.3.3 语域层面分析

用词语中语域层面知识点的使用频次除以词语使用频次计算出各知识点的使用频率。韩国学习者和中国学习者"马上"组 s-adv 语域层面知识点的使用情况如表 3.9 所示。

表 3.9 两国学习者"马上"组 s-adv 语域层面知识点使用情况

韩国学习者				
项目		马上	立刻	立即
语域	C1	173（94.54）	28（75.68）	2（15.38）
	C2	10（5.46）	9（24.32）	11（84.62）
中国学习者				
项目		马上	立刻	立即
语域	C1	165（72.37）	96（55.17）	5（19.23）
	C2	63（27.63）	78（44.83）	21（80.77）

注：括号前的数字为知识点的使用频次，括号内的数字为知识点的使用率（%）。

据表可知，韩国学习者和中国学习者一样，"马上""立刻"更常用于非正式语体中，"立即"更倾向于用在正式语体中。但是就正式语体的使用情况来看，韩国学习者的使用率低于中国学习者，说明笔语语料具有口语化倾向。

我们将表 3.9 中两国学习者"马上"组 s-adv 知识点的使用率相减，得到两国学习者相同知识点的使用率的差值，以此进一步观察两国学习者对词语的不同知识点使用的相似程度，具体数据请见表 3.10。

表 3.10 两国学习者"马上"组 s-adv 知识点语域层面使用相似度

单位：%

	马上	立刻	立即
语域	22.17	20.51	3.85

通过分析可以发现，在语域层面韩国学习者与中国学习者"马上"的习得相似度最低，"立即"的习得相似度最高，说明"马上"的习得程度较低，

"立即"的习得程度较深。

4 韩国学习者"马上"组 s-adv 的习得规律

根据上文分析,我们将"马上"组 s-adv 的习得情况总结如下。

4.1 "马上"组 s-adv 的习得情况

在使用方面,"立即"属于中级词汇,习得时间较晚。"马上""立即"使用的知识点有所增加,但是"立刻"知识点丰富性未进一步增加。在各学习阶段,语义层面知识点使用的最多,使用率也较高。句法层面主要集中在 G1 的使用上。语域层面主要集中在不同语体的使用上。搭配层面的使用率最低。

在搭配方面,"马上"的搭配类型丰富性远高于其他两词。

在偏误方面,"马上"组 s-adv 在语义层面出现的偏误最多,其中"马上"M6 偏误率最高,在句子时制的表达上出现了较大问题。搭配层面的偏误主要是"马上"D1 偏误,说明其与助动词"要"的搭配出现了较多问题。句法层面偏误最少,主要是"立刻"与主语的位置关系没掌握好,但随着学习阶段的推进差错率得到大幅减小。在混淆偏误上,"马上"组 s-adv 存在组内混淆和组外混淆两种情况,组内混淆中"马上"误用为"立刻"最多;组外混淆中易混淆词多为副词,也有形容词,副词中短时类时间副词只有一个,数量不多。

4.2 "马上"组 s-adv 的习得深度

在习得深度上,韩国学习者"马上"组 s-adv 在很多方面与中国学习者相比仍有较大差距。

在词频方面:第一,韩国学习者"马上"组 s-adv 的词频与中国学习者存在显著差异,习得程度低。第二,韩国学习者过度集中地使用"马上"导致词语使用分布不均匀,与中国学习者相似度低,习得深度低。

在意义方面,语义层面上高频词"马上"习得深度较低;联想层面上,韩国学习者的词汇联想网络比中国学习者大,但是韩国学习者过度使用"马上"不但降低了使用词汇的丰富性,而且使混淆偏误增多,降低了词汇习得深度。

在使用方面，句法层面上"马上"组 s-adv 的"x+ 动词"的习得程度更深，且搭配类型的丰富性与词频不成相关关系。搭配层面上韩国学习者"马上"存在常用语块，"立刻""立即"未形成常用语块，且"马上"搭配动词的情况与中国学习者更相似，习得深度比"立刻""立即"更高。语域层面上韩国学习者倾向于使用非正式语体，"马上"的习得深度最低。

结语

本文通过观察韩国学习者语料中的偏误和使用情况分析韩国学习者"马上"组 s-adv 的习得问题，并通过与中国学习者的对比研究三个词的习得深度，通过研究得出以下结论：

（1）通过梳理本知识可知，三个词中"马上"的使用限制较少，使用更广泛，韩国学习者习得中出现的问题多与本体知识掌握不足有关。

（2）"马上"组 s-adv 的语义层面词汇知识出现的偏误最多，其次为搭配和语域层面的偏误，句法层面出现的词汇知识偏误最少。

（3）"马上"组 s-adv 存在组内混淆和组外混淆，组外混淆中多为与非短时类时间副词的混淆。

（4）"马上"组 s-adv 句法层面词汇知识习得情况较好，搭配层面知识习得情况较差。

此外，韩国学习者过于集中使用词汇使用限制少的"马上"，词汇间的使用分布不均匀。在习得深度上，韩国学习者"马上"组 s-adv 的习得深度与中国学习者相比仍有较大差距，"立刻"存在使用严重不足的问题；词汇使用的丰富性较低，易将其他词误加到自己的词汇联想网络中；搭配类型不够丰富且动词搭配较少出现常用语块；更倾向于使用非正式语体。

参考文献

[1] 蔡慧洁. 对外汉语教学中"立刻"和"马上"的差异及其偏误分析 [J]. 现代语文（语言研究版），2017（1）.

[2] 付江. "立刻"和"马上"的异同 [J]. 南开语言学刊，2007（2）.

[3] 高会成.‍"立刻"与"马上"两词辨析：兼论副词教学中的几个问题 [J].新疆职工大学学报，1997（4）.

[4] 郝雪.时间副词"顿时"、"立刻"、"马上"比较研究 [C]//2017对外汉语博士生论坛暨第十届北京地区对外汉语教学研究生学术论坛论文集.北京：北京大学出版社，2017.

[5] 黄岩.对外汉语教学中的短时类时间副词研究 [D].济南：山东师范大学，2014.

[6] 胡瑞琦.基于HSK动态作文语料库对于副词"立刻"与"马上"的偏误分析 [J].作家天地，2020（15）.

[7] 陆俭明、马真.现代汉语虚词散论 [M].北京：语文出版社，1999.

[8] 吕叔湘.现代汉语八百词(增订本)[M].北京：商务印书馆，1999.

[9] 沈敏.现代汉语短时类副词考察 [D].上海：上海师范大学，2008.

[10] 史小斌.中高级阶段韩国留学生习得汉语短时副词的偏误分析及教学对策 [D].大连：辽宁师范大学，2019.

[11] 唐依力."立刻"和"马上"的功能差异 [J].湖州师范学院学报，2011（4）.

[12] 王虹月.对外汉语"马上类""赶紧类"短时义副词相关研究 [D].长春：吉林大学，2015.

[13] 王灵霞.现代汉语短时时间副词用法考察 [D].上海：上海师范大学，2011.

[14] 吴志霄."赶紧""立刻""马上"的意义和语法特点 [J].汉语学习，1984（2）.

[15] 徐振鹏.时间副词"立刻"与"马上"的语义及语用分析 [J].现代语文（文学研究），2011（7）.

[16] 尧桢.基于语料库的甲级短时类副词搭配及二语习得考察 [D].长沙：湖南大学，2016.

[17] 尹伊.面向对外汉语教学的短时副词研究 [D].沈阳：沈阳师范大学，2014.

[18] 袁征.对外汉语教学中两对时间副词的习得研究 [D].合肥：安徽大学，2011.

[19] 张涛.现代汉语瞬时副词及其习得状况研究 [D].扬州：扬州大学，2015.

[20] 中国社会科学院语言研究所词典编辑室.现代汉语词典 [M].北京：商务印书馆，2016.

[21] 周子琳.面对对外汉语教学的短时副词研究 [D].大连：大连外国语大学，2018.

[22] Nation P. Learning vocabulary in another language[M]. Cambridge, England: Cambridge University Press, 2001.

[23] Richards J. The role of vocabulary teaching[J]. TESOL Quarterly, 1976(10).

中介语语料库在外向型汉语虚词学习词典编纂中的作用*

王雪燕（鲁东大学）

荆磊（烟台市第二中学）

摘要：汉语中介语在国际中文教学实践中是一种常态现象。研究发现，在外向型汉语虚词学习词典编纂各个环节，汉语中介语语料库都起着十分重要的作用：有助于发现学生虚词习得及现有词典编纂中存在的问题；有助于确立学习词典释义原则；有助于优化义项排列顺序；有助于优化近义虚词辨析方法；有助于优化义项划分操作程序。

关键词：中介语语料库；虚词学习词典；释义原则；义项划分

0 引言

汉语中介语在汉语二语教学实践中是一种常态现象。汉语中介语语料库将汉语学习者各种类型的偏误现象集合在一起，其建设和研究总结学习者的偏误情况，找到习得规律，对汉语教学有重要的参考作用，在国际中文教学和研究中起着十分重要的辅助作用。来源于学生生活和学习实际的活的语料可信度高，可定量分析，在国际中文研究中具有十分重要的意义。

汉语学习词典是辅助教学的重要工具，中介语语料库在词典编纂中也起着十分重要的作用。本文主要研究中介语语料库在编纂外向型汉语虚词学习词典过程中所起的作用。

本文所用语料主要来源于"国别化汉语中介语动态语料库库群"中的韩国在华学习者汉语中介语笔语语料库和韩国学习者汉语中介语口语语料库（以下简称"语料库"）和北京语言大学 HSK 动态作文语料库。

---

* 基金项目：本文为"世界汉语教学学会全球中文教育主题学术活动计划"项目（SH22Y13）、声速输入法基金项目"服务国际中文教育的汉语虚词学习词典编纂研究"（SSYB202129）、教育部语合中心年度项目"基于《新标准》的现代汉语虚词功能层级划分及虚词知识库建设与研究"（22YH68C）的阶段性成果。

通过研究发现，在外向型汉语虚词学习词典编纂各个环节中，汉语中介语语料库都起着十分重要的作用。

1　有助于发现学生虚词习得及现有词典编纂中存在的问题

1.1　因语义要求与句法不合造成的偏误

（1）*现在，我有点儿感到寂寞。
（2）*我去超市的时候才发现，绿色食品比一般的食品有点儿贵。
（3）*应该怎么解决这个问题？我觉得应该把绿色食品发展。
（4）*为了更方便，他们商量怎么样才能把这些工作更轻松一些。

例（1）—例（4）都不合句法要求。例（1）和例（2）是副词"有点儿"和动词搭配的偏误，应放在动词后形容词前。"有点儿"的常用用法是用在形容词后，形成"有点儿+Adj"结构，学习者没有掌握好"有点儿"与动词和形容词搭配时顺序不同，导致使用偏误。例（2）"有点儿"和形容词搭配用对了，却又和"比"字句用法相矛盾。原因可能有二：首先，可能是对"比"字句的用法没有掌握。"比"字句的基本句法结构是"A 比 B+Adj（数量词）"，形容词前不能加表程度的副词。"有点儿"是程度副词，"有点儿+Adj"不能用作"比"字句的结果项。其次，有可能是没有准确掌握"有点儿"和"一点儿"的用法区别。"比"字句中形容词后面可以加数量补语，故"一点儿"可以加在"比"字句形容词后。因"有点儿"和"一点儿"形式都有数量成分"点儿"，此处学生应是将二者误以为是同一类表数量的词，造成使用上的偏误。

例（3）、例（4）是"把"字句使用偏误。"把字句"的核心语义包括"处置义"和"致使义"，二者均含有"动作+结果"义，且结果是需要强调的部分。"把字句"的语义要求句法形式必须有表示动作的动词和表示结果的成分位于动词后做动词的结果补语，或者动词本身包含"动作义"和"结果义"。例（3）中只有表示动作的动词没有表示结果的成分且动词本身不含结果义，例（4）只有表结果的成分没有表动作的动词，在句法上都不完整，造成"把"字句的使用偏误。以上各例，表面上看都是句法层面的问题，究其本质都是由于"虚词"的语义与句法要求不合，造成虚词的使用偏误。

1.2 因近义虚词的区别语义特征掌握不好造成的偏误

（5）*"文化大革命"的究竟目的是实现完全的共产主义，完全否认资本主义。
（6）*人的一生中毕竟会遇到几次挫折？
（7）*吸烟原来是一种爱好。
（8）*因为我学习考古专业，对这种名胜古迹原来就有兴趣。

例（5）—例（8）都涉及近义虚词的误用或使用不恰当的问题。例（5）该用"最终"而用了"究竟"。"究竟用于问句时表示进一步追究，用于陈述句时表示主观评价意义。"（吕叔湘，1999：314）例（5）是对事件的客观叙述，没有评价义，故此处不应用"究竟"，依据语境，用"最终"或"终极"比较合适。例（6）该用"究竟"而用了"毕竟"。"毕竟"表示"追根究底所得出的结论，肯定重要的或正确的事实"（吕叔湘，1999：78）。从其语义可知"毕竟"不能用于疑问句，此处应用"究竟"。

例（7）、例（8）该用"本来"而用了"原来"。"本来"与"原来"是一对关系复杂的近义虚词，有时能够互换，互换后合句法要求，意义差别不大；有时可以互换，互换后合句法要求，意义发生变化；有时不合句法要求。例（7）、例（8）属于第二种情况，二者可以互换，互换后虽合句法但意义发生变化。之所以有如此复杂的关系是由二者的核心语义决定的。"本来"的核心语义是表示事物的"固有属性"，主要强调事物初始的本有状态；"原来"的核心语义则是指发生变化之前的状态。"本来"将事物原本状态和现在状态视为一个不可分割的整体，当现在状态没有改变时表示"一直"；当现在状态有所改变时则是指在本质属性不变情况下量的改变，即量变质不变。"原来"将事物的原来状态和现在状态视为时间轴上发展出来的两个独立个体，"原来"强调"事物未改变之前的状态"，暗示现在已经发生改变。对事物的要求是在时间上具有变化特征。例（7）在没有特定语境的情况下，将"吸烟是一种爱好"看作事物的固有属性更恰当，用"本来"更合适。如果换为"原来"，虽合句法要求，但意义发生改变，表示"有所发现或醒悟"，即"原来不知道，现在知道了"，在没有语境的情况下，很难推测出这种意义。例（8）从前后子句的因果关系看，将"对这种名胜古迹有兴趣"看作事物的本质属性更恰当,用"本来"更合适。如果换为"原来",虽合句法要求,但意义发生改变,表示时间——原先,暗示现在已经发生改变。例(8)改为"原来"后更恰当的表达应该是"因为原来就对这种名胜古迹有兴趣,所以我学习考古专业"。而这样又与例(8)原有子句之间的逻辑语义不符。因此,例(7)、例(8)用"本来"更合适。

1.3 因虚词缺失造成的偏误

(9)*在这样的情况下,尽管我学了很长时间英语,遇到外国人的时候{CQ 却 /d}一句话也说不出来。

(10)*我们一边聊天一边{CQ 在 /p}九寨沟的周围转悠。

例(9)为副词"却"的缺失,在固定结构"尽管……却"中缺失副词,导致语义解读出现问题。例(10)为表示地点的介词"在"的缺失,由于缺失介词导致句子不合句法。经统计,在鲁东大学建设的"多层偏误标注的国别化汉语中介语动态语料库"(Ⅰ期)100万字语料中,虚词缺失主要为介词和助词,其中介词缺失共902例,助词缺失最多,共3 152例,主要是缺失结构助词"的"和动态助词"了",分别为1 475例和1 328例[①]。

1.4 因虚词多余造成的偏误

(11)*{CD 凡是 /d}涉外婚姻不是都那么不好。

(12)*但这是我第一次坐船去旅游{CD 的 /u}。

(13)*丈夫和儿子眼睛太小,特别是笑的时候,他们的眼睛像{CD 和 /p}扣眼一样。

例(11)副词多余,例(12)因对"是……的"结构的误用导致"的"字多余,例(13)是对"像/和……一样"结构前一部分的重复导致"和"字多余。在该类偏误中,助词多余的偏误最多,共2 277例,其次是介词多余,共547例。

此处仅举几例说明现代汉语虚词的使用偏误现象。实际上,在面向汉语

---

① 此处调查数据来自胡晓清《国别化汉语中介语动态语料库建设与研究》,中国社会科学出版社,2018。

国际教育的实际教学过程中，学生例句偏误随处可见。在此背景下，对外汉语中介语语料库建设与研究曾一度成为热点。国内建设较成熟的有北京语言大学的"HSK 动态作文语料库"、南京师范大学的"汉语中介语语料库"、中山大学的"汉语中介语语料库"及鲁东大学"国别化中介语语料库"等。其中鲁东大学以胡晓清为核心的团队的"多层偏误的国别化中介语语料库"现已建设 400 余万字书面语语料，口语语料库正在建设中。对语料进行了多层偏误标注，汉字、词、短语、句子及语篇层面都进行逐层标注。从标注的结果看，汉语虚词使用偏误率较高。

"调查研究表明，现代汉语虚词的偏误总量低于实词，但失误比例随着语言水平的提高不降反升，说明在汉语作为二语习得过程中，克服虚词偏误的耗时要比实词长得多。"章宜华（2011：103）偏误类型既涉及句法，又有语义语用；既涉及字词偏误又有短语和句子偏误；既有使用错误又有使用不恰当的情况出现。第二语言学习产生偏误的原因是多方面的，既有母语负迁移原因，有目的语泛化原因，学习者因过度类推等学习策略原因，又有教学资料和教学方法不当的原因。而在上述原因中，教学资料和教学方法不当是重要原因。因为无论母语负迁移、目的语泛化还是过度类推造成的偏误都可以在教学过程中通过教师的引导、参考词典的规范用法得以矫正。

综上，分析汉语中介语语料库的偏误信息可帮助我们发现学生习得虚词问题及现有词典编纂中存在的问题。

2 有助于确立学习词典释义原则

在相关研究基础上，我们确立外向型汉语虚词学习词典主要编纂原则为学习性原则，学习性原则要求对虚词进行释义时需注意浅显性、实用性、区别性和明示性[①]。在凸显区别特征不明显和用法说明不清楚时，中介语语料库可起到辅助的作用。

2.1 有助于凸显虚词的区别语义特征

有时候，我们无法确定相关虚词的区别语义特征究竟是什么，需要在

---

① 章宜华. 基于用户视角的对外汉语词典释义研究 [M]. 北京：商务印书馆，2011.

学习者真实学习语料中寻找，这时可借助中介语语料库。《现代汉语八百词》对介词"跟"的释义为：一表示共同、协同；二是指与动作相关的对象；三是表示与某物有无联系；四是引进用来比较的对象。对介词"对"的释义为：一是指示动作的对象，朝、向；二是表示对待。词典释义中"跟"的第二个义项和"对"的第一个义项相似，在这个义项上也可以互换，但并非所有用法都可互换，上述解释没有凸显两个介词的区别性语义特征，导致使用中出现许多偏误。如：

（14）*我的爱好是打篮球，我在学习很多对篮球有关的课程。
（15）*我跟北师大的学费规定作了调查。

我们知道，介词多数由动词语法化而来，语法化的一个重要原则是语义滞留，即实词的语义会滞留在虚词中并限制虚词的句法语义功能。故我们应从其动词义中寻找两个介词的核心区别语义特征。《汉语动词用法词典》："跟，在后面紧接着向同一方向行动。"《现代汉语动词例释》："对，应对，对待；使朝向。"根据其动词释义，我们总结介词"跟"和"对"的核心区别语义特征为："跟"的"在后面紧接着向同一方向行动"义影响其介词用法，表示协同、伴随，动作一般要有双方一同进行。"对"的"对待"义影响其介词用法，表示动作行为涉及的对象，且有对某个对象进行某种处理的意思。

上述两例则分别凸显了"跟"和"对"的核心区别语义特征。"跟"是一种协同义、伴随义，双方存在某种关系，"跟……有关"也凝固成了一个固定结构，"对"则没有这种用法，故例（14）中"对"要改为"跟"。介词"对"有对待义，对某个对象进行某种处理的意思，例（15）意思为对北师大的学费规定做某种处理（调查），所以该句介词应用"对"。两词的核心区别语义特征应在词典释义中凸显出来。

2.2 有助于明确虚词的用法明示

很多时候，我们不清楚虚词释义时应该注重哪些用法明示，这时需要借助中介语语料库的偏误分析来确定。如介词"被"在《课程大纲》三级语法项目中出现，四级项目中又出现意义被动句，即没有"被"字的被动句。

"被"的语义与句式密切关联，其使用环境成为释义重点。要了解国际学生"被"字句的使用情况，需依靠中介语语料库的偏误分析，才能在学习词典中精确释义。如：

（16）可是 {CJ-zhuy 时间 /n} 太晚商店 {CD 被 /p} 关门了 {CJbei}。
（17）因为我新买的数码相机 {CQ 被 /p} 偷 /d 走 /v 了 /v{CJbei}。

例（16）为一般谓语句，"被"字多余。例（17）为被动句误用为一般谓语句，产生的原因是没有掌握"被"字句的核心语义。被字句的典型格式为"N1+ 被 +N2+V+ 其他"，这一格式可分为三段，"N1"称为 A 段，"被+N2"称为 B 段，"V+ 其他"称为 C 段。典型语义为强调客体事物受到某种动作或动力的影响产生了某种结果，经常表达不愉快、不如意的语用功能。例（16）"商店关门"不是因为受到某种动作影响而产生的，故不用"被"；例（17）"数码相机"是因为"偷"这个动作的影响产生了不好的结果，故应用"被"。我们通过调查"多层偏误标注的国别化汉语中介语语料库"（I 期）中"被"字句的使用情况，分析偏误类型及成因，为"被"字释义提供参考。

中介语语料库中共有"被"字句 374 例，其中 107 例存在偏误，约占总数的 28.6%。我们将中介语语料库中"被"字句的偏误大致分为三类。一类是"被"字多余，共计 32 例，占 29.9%；另一类是"被"字缺漏，共计 43 例，占 40.2%；一类是"被"字误用，共计 32 例占 29.9%。在误用类别中，我们又分别截取 B 段和 C 段进行分析，发现 B 段偏误有 11 例，C 段偏误有 20 例。

因此，在对"被"字偏误分析的基础上进行虚词学习词典释义时主要考虑的内容就比较清楚了。一方面要解释清楚"被"字句表达的意义及"被"的功能，严格区分"被"字句和意义被动句；另一方面，重点要解释"被"字句中对 C 段核心动词的语义要求，减少 C 段的偏误。与其他介词的辨析不是"被"释义的重点内容。因为学生出现偏误的根本原因不是没有掌握不同介词意义区别，而是不清楚"被"字句自身的句法语义。

"反倒"包含预设义。对"反倒"释义时，应该明示其使用的语境：当出现一种情况 A，说话人认为应该从 A 推测出另一种情况 B，但实际上这种推测的情况没有出现（C），出现的实际情况 D 与推测情况 B 不一致。"反倒"出现在实际情况 D 的前面。

（18）*我们做小辈的，只要以孝敬的态度对待公婆，礼让 [F 讓] 一些，{CP 不但相处的好，而且还得 {CJ-buy 到} 老人家赞扬，反倒他们老人家也关心我们来了。

例（8）"反倒"所在句子和前面句子之间并不存在推测和实际情况不一致的情况，而是在原有基础上程度的进一步加深，用"甚至"之类的词较好。

总之，通过中介语语料库可以查找出偏误的原因，因而词典编纂中要根据不同虚词的实际情况明晰其使用语境。

3 有助于优化义项排列顺序

词典编纂中义项排列原则为常用性和由易到难原则，在由易到难这一原则贯彻过程中可通过参照各类课程大纲、语法词汇大纲，借助中介语语料库及人的认知难度确定具体虚词义项排列左右顺序。

3.1 参照课程大纲排序

某个多义虚词在课程大纲或语法词汇大纲中的排列基本反映了词汇习得难度顺序，在词典编纂中对一个多义虚词的义项排序可参考课程大纲或语法词汇大纲，如需确定介词"比"的义项排序，首先看其在《国际汉语教学通用课程大纲（修订版）》（以下简称《课程大纲》）中的排序，具体如表 1 所示。

表 1 "比"的义项在大纲中的排序表

级别	用法	例句
二级	A+ 比 +B+ 形容词	今天比昨天冷。
	A+ 比 +B+ 形容词 + 一点儿 / 得多 / 多了 / 数量短语	今天比昨天冷多了。 我比他高五厘米。
三级	A+ 比 +B+ 更 / 还 + 形容词	他比姚明还高。
	A+ 不比 +B+ 形容词	北京不比上海凉快。

3.2 借助中介语语料库

有些用法复杂的虚词，需要参照中介语语料库的偏误情况，根据词语偏误分析确认虚词的难易度。一般而言，偏误较多的虚词习得难度较大。也即偏误较少的义项排在前面，偏误较多的义项排在后面，利于学习。如介词"比"，通过中介语语料库调查发现，"比"字句在中介语语料库中的偏误频率与其在《课程大纲》中的难度等级呈正向关系，因此，结合《课程大纲》和中介语语料库，确定"比"的义项排序如下：

【比】

① A 比 B+adj

② A 比 B+adj+ 数量补语

③ A 比 B+ 更 / 还 adj

④ A+ 不 + 比 B+adj

当然，也有可能，就是该义项常用性较强，偏误率也较高。也即说多错多，该义项为"常用性＋难度大"。这时排列顺序应该遵从"常用性优先"的原则，适当将该义项往前排列。

4 有助于优化近义虚词辨析方法

4.1 异构对比

首先，在异构对比中，可借助中介语语料库，根据其混用情况分析，优化辨析方法。

虚词用法差异首先表现在不同的句法结构中。通过对不同结构的对比分析，总结其用法差异。如"倒是"和"反倒"的区别。

（19）男朋友倒是（*反倒）很体谅她，希望她能按自己的想法去做，他也可以等她学成归来。但她自己却难以做出这样的决定。

（20）号码偏大的束裤起不到收腹提臀的效果，反倒（倒是）会使臀部的肌肉变得更加松垮。

例（19）只能用"倒是"不能用"反倒"，例（20）二者都可以用，但更倾向于用"反倒"。二者不同的句法使用环境与它们的核心语义有关。二者都是由两个意义相近的语素组成的复合词。故"反倒"重在"反"，转折语义重；而"倒是"重在"是"，重点在确认某一事实的基础上再提出不同之处，自然转折意味较轻。

再如"常常"和"通常"的辨析，也是先在异构对比中总结其用法差异。如：

（21）我们通常每个星期四下午开碰头会（我们常常每个星期四下午开碰头会）

（22）他工作积极，常常受到表扬（*通常受到表扬）。

例（22）只能用"常常"不能用"通常"，说明这一句法结构区别是二者核心语义的关键。将例句稍做改动，两个词又都可以用了。

（23）工作积极的人通常（常常）会受到表扬。

究其原因，是因为"通常"限制整个事件，意思是某一事件出现规律的普遍性，故要求句子表达为单一事件，其前成分为名词性成分。如例（23）指"工作积极的人受到表扬"这一规律的普遍性。"常常"限制其后谓语部分，表示其后动作发生频率较高，故对整个事件的复杂性没有要求，对其前部分是否为名词性成分不做要求。如例（22）意思为"他受到表扬的频率较高"，至于为何受到表扬，受到表扬的原因是否具有普遍规律性，则不是其关注的内容。

4.2 同构辨异

其次，在同构对比的基础上，通过"同构辨异"分析近义虚词的语义差异。所谓"同构辨异"是指在相同的搭配关系中对比分析混淆词语的语义差异。通过不同结构对比，明确了近义虚词主要用法区别之后，还要通过相同结构的分析，总结其核心语义区别。

如"倒是"与"反倒"的区别，当位于复句第二分句中表示转折时，二者都可用。只是用在第二分句中，"倒是"和"反倒"转折意味轻重有别。如前例（20），虽两词都可用，但更倾向于用"反倒"，因为从人对百科知识的认知上，较容易辨识"收腹提臀"和"臀部的肌肉变得更加松垮"在语义上是相反的，用转折意味较重的"反倒"连接二者更好。但若说话人重点不在强化两种结果的相反性，而是要表达使用"束裤"的实际效果时用"倒是"更好。再如：

（24）刘招华说他去西安想做房地产生意。但房地产虽没有做，倒是（反倒）认识了不少朋友。

该例也是两词都可用，但更倾向于用"倒是"。该例的意义是虽然主要事情"做房地产生意"没有实现，但也有一些别的收获"认识了很多朋友"。说话人的重点若是强调两件事情的区别时，用"反倒"。若语义重点不是强调两件事情的相反或不同，而是确认与主要任务（做房地产）不同的实际结果（认识朋友），用"倒是"。但在一般人的百科知识里，从认知上很难将"做房地产"和"认识朋友"视作意义相反的事件。故此例更倾向于用"倒是"。

再如对于"常常"和"通常"的语义区别：

（25）实践证明，教师对学生的巨大感染力，常常（通常）直接源于对学生的热爱和关心。

该例是"常常""往往"在不同结构对比的基础上，将二者置于相同的结构中进行进一步分析。通过二者不同结构中的对比分析可知，二者核心语义有异，当它们用在同一种句法结构中也会显示出语义区别。用"常常"时表示"教师对学生产生巨大感染力源于对学生的热爱和关心"这一事件发生的次数较多；用"通常"时则表示说话人认为"教师对学生产生巨大感染力源于对学生的热爱和关心"这一事件的出现具有普遍性。

这种情况下，究竟该用哪个词表达意义更准确，要在上下文中寻找语境，确定要表达的意义究竟是什么，如：

（26）生活本来就是享受，（何必让自己那么辛苦）。
（27）生活原来就是享受，（我怎么以前没发现呢）。

以上两例，如果语境中出现了"以前""现在"等和目前情况对比的词语，则句子用"原来"；如果结合语境该句揭示一个道理，那么句子用"本来"。

5 有助于优化义项划分操作程序

现代汉语虚词的功能存在层级，有些虚词在句中与谓词关联，有些与命题关联，其意义解读依赖谓词或命题，且其意义影响句子真值意义表达。而有些虚词的功能则处于命题之外，与说话人认识、态度或篇章语境相关联。依据框架语义学和构式原则，确立义项划分操作程序为：语料提取与筛选——框架识别与描写——语义框架与词典义项比较——"框架为本，构式为用"的义项划分验证方法——结合偏误分析，最终确立义项[①]。本文只谈和语料库密切相关的程序。

5.1 语料提取与框架识别

以副词"更"的义项划分操作程序为例，其汉语本体语料的筛选及框架识别如表2所示。

表2 "更"在BBC语料库中的用法

语义框架	句型/结构	句法特征	语例（个）	比例（%）
框架1	典型比字句	A比B更（加/为）	64	8
框架1	非典型比字句	"与/同……相比（比起来），……更"、"相比之下，……更"、"比（较）起（……来）/来说，……更"	32	4
框架2	非比字句	更（加）A/VP	689	87
框架3	用"（连）……，更……"结构	（连）……，更……	8	1

依据汉语本体语料库语料的筛选，识别出三个语义框架。

框架1：该框架描写与比较基准相比，比较主体在某一性质方面程度上有所加深或数量有所增减。句法形式为"A 比 B 更 A/VP"。

框架2：该框架描写与隐含比较基准相比，比较主体在某一性质方面程度上有所加深或数量有所增减。句法形式为"更 A/VP"。

框架3：该框架描写与对比焦点相比，常规焦点具有某一性质的可能性增高。对比焦点指具有某一性质的相关序列事物中的低限或高限。典型句法形式为"（连）Y……，更别/不要说……"。

---

① 参见王雪燕（2021）的详细分析。

5.2 结合偏误分析确立义项

（28）我喜欢游上海中的浮台上，将它视为必至的目标。但大多数我更常在浅处潜下水去找[B 我]小蚌，尤其喜欢下雨时在水中嬉戏。

（29）由于妈妈经常出外工作，留下我们三个小孩。[BC,]邻居们不但没有同情心，更不时阻止我们玩乐的活动，一旦发现我们出去与其他小朋友玩耍{CQ 就}加以体罚。

例（28）可去掉"更"，只表示两种情况对比，并不注重比较主体在某种程度的加深或数量的增减；如果用"更"，则可以用"喜欢……，更喜欢……"结构。例（29）可以改为"还"或者"反而/反倒"，该句不仅表达程度加深，还表示反预期，即在与说话人期望的相反方向基础上的程度加深，该句没有理解"更"和"还"使用语境的差异。

以语义框架为基础，结合偏误分析，最终确定"更"的义项如下[①]：①更，副词，表示程度加深或数量增减，用于比较，主要用于形容词或动词（短语）前。a）用于比字句。b）用于非比字句。②"（连）……，更不用说……"，指能做或不能做某件事的可能程度增加。

6 结语

本文以 HSK 动态作文语料库和鲁东大学"国别化汉语中介语动态语料库"（I 期）为语料，发现中介语语料库在外向型汉语虚词学习词典编纂中有重要的辅助作用。

首先，中介语语料库可以帮助我们发现学习者虚词使用中的偏误，通过分析这些偏误规律及形成原因，可使词典释义具有针对性。

其次，中介语语料库有助于确立学习词典的释义原则。学习词典释义需遵循实用性、简明性等原则。在此过程中，中介语语料库通过凸显虚词的核心区别语义特征、明晰虚词用法说明等方式可使词典释义简单实用。

再次，参照课程大纲，借助于中介语语料库可优化义项排列顺序，可使词典编纂与学习者习得难度相一致。

---

① 参见王雪燕（2020）的详细分析。

然后，借助中介语语料库，可有助于优化近义虚词辨析方法，在异构对比和同构辨异中精准辨析近义虚词。

最后，借助中介语语料库可有助于优化义项划分操作程序。通过偏误分析和虚词本体框架的对比，可以确定虚词的最终义项划分。

总之，中介语语料库在外向型汉语虚词学习词典编纂的各个环节均起着十分重要的作用，对国际中文教育和词典编纂具有重要的价值。

参考文献

[1] 蔡永强.《当代汉语学习词典》配例分析 [J]. 辞书研究，2008（3）.

[2] 洪波."连"字句续貂 [J]. 语言教学与研究，2001（2）.

[3] 胡晓清. 国别化汉语中介语动态语料库建设与研究 [M]. 中国社会科学出版社，2018.

[4] 黄祥年. 比较句中的"更"和"还"[J]. 语言教学与研究，1984（1）.

[5] 孔子学院总部 / 国家汉办. 国际汉语教学通用课程大纲（修订版）[M]. 北京：北京语言大学出版社，2014.

[6] 陆俭明."还"和"更"[J]. 语言学论丛，1980（6）.

[7] 吕叔湘. 现代汉语八百词 (增订本)[M]. 北京：商务印书馆,1999.

[8] 马真. 关于表程度浅的副词"还"[J]. 中国语文，1984（3）.

[9] 马真. 现代汉语虚词研究方法论 [M]. 北京：商务印书馆，2004.

[10] 彭小川. 副词"倒"的语篇功能：兼论对外汉语语篇教学 [J]. 北京大学学报，1999（5）.

[11] 邵敬敏.《汉语虚词框架词典》编撰的创新思路 [J]. 语言文字应用，2013（3）.

[12] 邵敬敏. 国际汉语教学中近义虚词辨析的方法与理据 [J]. 语言文字应用，2018（1）.

[13] 苏宝荣. 词的结构、功能与语文辞书释义 [M]. 上海：上海辞书出版社，2011.

[14] 谭景春. 词的意义、结构的意义与词典释义 [J]. 中国语文，2000（1）.

[15] 王雪燕. 外向型汉语虚词学习词典编纂研究 [M]. 北京：北京大学出版社，2021.

[16] 王雪燕. 现代汉语虚词功能分析及义项划分：以"更"为例 [J]. 鲁东大学学报（哲学社会科学版），2020（2）.

[17] 魏向清. 积极型双语学习词典配例的多层次 [J]. 辞书研究，2000（6）.

[18] 文全民 . "更"和"还"在肯定与否定比较句中的差异 [J]. 世界汉语教学，2008（1）．

[19] 吴常安 . "更"和"还"研究 [D]. 长春：吉林大学，2008．

[20] 萧茂元 . 基于框架语义学的汉语学习词典动词义项划分方法研究 [D]. 北京：北京语言大学，2017。

[21] 杨金华 . 论外向型学习词典编纂的四项基本原则 [J]. 辞书研究，2016（1）．

[22] 杨金华 . 释义·义项划分·义项排列（下）：《现代汉语词典》和《小罗贝尔法语词典》的对比初探 [J]. 辞书研究，1987（5）．

[23] 张博 . 汉语二语教学中词语混淆的预防与辨析策略 [J]. 华文教学与研究，2017（1）．

[24] 张博 . 针对性：易混淆词辨析词典的研编要则 [J]. 世界汉语教学，2013（2）．

[25] 张宏 . 外向型学习词典配例研究 [D]. 广州：广东外语外贸大学，2009．

[26] 章宜华 . 对外汉语学习词典释义问题探讨：国内外二语学习词典的对比研究 [J]. 世界汉语教学，2011（1）．

[27] 章宜华 . 基于用户视角的对外汉语词典释义研究 [M]. 北京：商务印书馆，2011．

韩美 CSL 学习者生造词对比研究
——基于中介语语料库

赵习连　宋春阳（上海交通大学）

摘要：生造词是汉语作为第二语言（CSL）学习者词语偏误的重要类型之一。目前国内这方面的文章大都是在分析学习者词语偏误时将生造词作为一个小类进行介绍，缺少专门性研究。本文选取了对于生造词有专门标注的全球汉语中介语语料库，对韩国和美国的 CSL 学习者书面语产出的 600 条生造词语料进行分析。本文以对比分析理论、偏误分析理论、中介语理论为理论基础，采用定性分析与定量分析相结合的方法，对生造词所对应的原词在 2021 年颁布的《国际中文教育中文水平等级标准》词汇等级表中的分布、不同国别学习者的生造词偏误情况、生造词偏误类型与偏误成因等角度对生造词偏误进行研究。研究主要得出以下三点结论：①汉语二语学习者所产生的书面语语料中存在着不同等级的生造词，其中初级生造词占比最多；②国别对 CSL 学习者的生造词词汇等级分布及生造词偏误类型影响不显著，韩国与美国学习者的生造词间无显著差异；③生造词的偏误成因主要是目的语规则泛化及母语负迁移。

关键词：生造词；偏误分析；中介语；语料库

0 引言

Verhallen 和 Schoonen（1998）认为对于儿童和二语学习者来说词汇知识是语言学习的核心。Gass 和 Selinker（2001）认为词汇学习是语言习得的基础。早在 20 世纪初，第二语言词汇习得研究就引起了广泛的关注（Edward Lee Thorndike，1914）。到了 90 年代，L2 词汇研究更是有了革命性的进步，其研究地位得以明确，研究内容和研究方法都有所增进。但研究成果大多集中于 EFL 的词汇习得，如词汇发展理论（Henriksen，1999）、词汇广度和深度研究（Nation，1993）、词汇测试（Meara，1997）、被动和主动词汇相关（Laufer，1998）等方面的研究，而汉语方面的相关研究成果还十分有限。

从汉语词汇习得的角度来看，词汇偏误是学习者汉语表达中比较突出的问题。而生造词则是词语偏误中最常见的类型，即使学习者到了高级阶段也会出现许多"造词"现象，产生偏误。而国内关于生造词的研究起步较晚，相关文章大都是在对学习者词语偏误分析时将生造词作为一个小类进行介绍（李婷媛，2010；周玲，2014；孙慧莉，2015），专门性研究较少（李捍华，2016；侯志国，2019；马庆，2019）。且研究对象也主要集中在韩国（董婷婷，2012；孙慧莉，2015；马庆，2019）及泰国的汉语学习者（周玲，2014；侯志国，2019），缺少对于不同母语背景学习者的对比研究。因此，本文将结合二语习得理论，采用定性分析与定量分析相结合的方法，基于中介语语料库对韩国和美国 CSL 学习者的生造词词汇等级情况、生造词偏误类型及偏误成因进行分析，并提出对不同母语背景 CSL 学习者汉语词汇教学的一些启示。

学习者的母语背景对其二语习得有着一定的影响，因此本文将通过研究考察不同母语背景对生造词的词汇等级及偏误类型的影响。在语料库中，韩国及美国学习者的生造词语料数量较多，且二者分属于汉字文化圈及非汉字文化圈国家，因此本文预设二者间存在一定的差异。本文语料均来自对生造词有专门标注的"全球汉语中介语语料库"[①]（以下简称"语料库"），语料为已标注的作文文本。选取了国别为韩国和美国的的汉语二语学习者的生造词语料进行分析，剔除相同生造词及标注错误词后各选定了 300 词进行统计分析。

1 生造词词汇等级分析

沈怀兴（1990）认为生造词就是语言运用中通过任意拼凑词语而成的表义不明确、不为人们所理解的"词"；邢红兵（2003）认为生造词是指留学生使用的合成词在汉语中没有对应的词或者虽然有对应词但其中至少有一个语素跟目标词无关；李冰（2013）认为生造词是汉语语言词汇系统中没有而留学生使用的词语。结合前人观点，本文将生造词界定为汉语学习者为了满足交际表达需要，但由于掌握的汉语词汇量或语法知识有限，按照母语或汉

---

① 网址为 http://qqk.blcu.edu.cn/。

语的构词方式创造出的不符合汉语构词习惯且词义含混的词。这些词在汉语中不存在，汉语母语者也不能接受，但是能够了解其表达的意思。

为考察两国 CSL 学习者生造词的整体特征，本研究将所选定的生造词对应的原词与 2021 年颁布的《国际中文教育中文水平等级标准》（以下简称"等级标准"）词汇等级表进行对比，匹配出其对应词汇等级。

1.1 韩国 CSL 学习者生造词词汇等级

对韩国学习者生造词对应的原词等级进行分析，发现各等级词汇数量分布并不平均，在各等级词汇中都大量存在，这表明生造词现象在学习者习得汉语的过程中是一直存在的。其中 3 级词的数量仅次于 7～9 级词汇，有 65 个，占比 21.67%；对应 6 级原词最少，仅有 12 个，占比 4%。

由于等级标准中将高级词汇即 7～9 级词汇合并，因此进一步将词汇按初级（1～3 级）、中级（4～6 级）、高级以及超纲词来划分时，可以发现初级词占比最多，然后是高级词汇，超纲词的词语数量最少，即词语数量分布为：初级 > 高级 > 中级 > 超纲词。

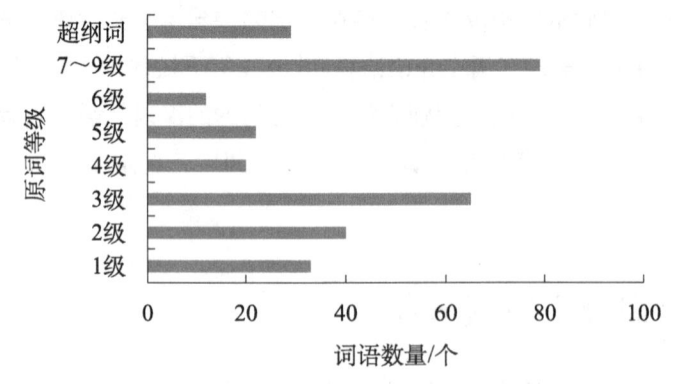

图 1　韩国 CSL 学习者生造词对应的原词等级

2.2 美国 CSL 学习者生造词词汇等级

对美国 CSL 学习者生造词对应的 300 个原词进行等级划分，发现各等级词汇数量分布同样存在差异。其中 2 级词汇的词语数量相比于韩国 CSL 学习者语料有所增加，是除 7～9 级词语外数量最多的等级，共计 56 个，占比 18.67%；同样，6 级词汇数量最少，仅有 15 词，占比 5%；将词汇按初级、中级、高级以及超纲词来划分时，同样是初级词语，即 1～3 级词语最多，共计 133 个，占 44.33%，词语数量从多到少依次为：初级＞中级＞高级＞超纲词，与韩国 CSL 学习者对应原词等级分布情况存在差异。

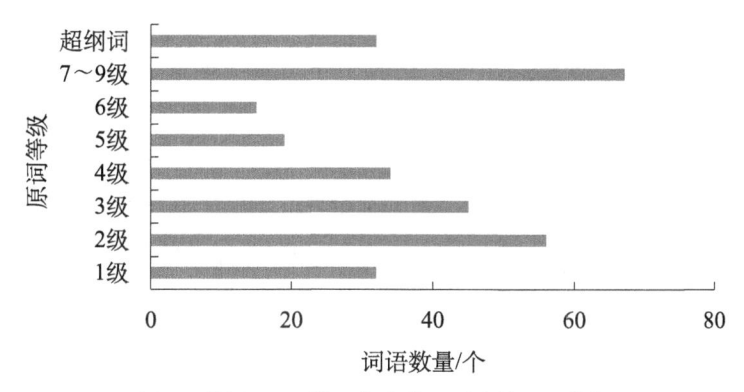

图 2　美国 CSL 学习者生造词对应的原词等级

2.3　词汇等级对比

为明确不同母语背景学习者生造词词汇等级分布情况是否相同，本文首先对其进行了正态分布检验，采用 S-W 检验，显著性 P 值为 0.178，水平不呈现显著性，说明满足正态分布。随后，进行了独立样本 t 检验，发现二者生造词对应原词的等级分布并无显著差异（$P=0.358>0.05$）。

表 1　两国 CSL 学习者生造词对应原词等级独立样本 t 检验

		莱文方差等同性检验		平均值等同性 t 检验						
		F	显著性	t	自由度	Sig.（双尾）	平均值差值	标准误差差值	差值95%置信区间	
									下限	上限
原词等级	假定等方差	.323	.570	.919	.598	.358	.180	.196	-.205	.565
	不假定等方差			.919	.856	.358	.180	.196	-.205	.565

对各等级的词语数量一一比较，也发现二者一些共同点：①将词汇按初级、中级、高级以及超纲词来划分时，1～3 级词汇累计最多，占比约

45%。这说明对于 CSL 学习者来说并不是越难的词越容易产生生造词，相反，由于低级词汇使用频率更高，在书面语表达的过程中就更容易产生生造词偏误。②对应 6 级词汇的生造词数量最少，韩国 CSL 学习者有 12 个，美国 CSL 学习者有 15 个，如聊天（谈天）①、愉悦（欣悦）、灵活（灵通）、孤独（独单）、景点（风景点）等。这表示学习者对该部分的词汇掌握较好，较少产生生造词偏误情况。同时，该等级的词汇在书面表达中的使用频率较低，由于较少使用，产生对应生造词较少。③二者都存在一定数量的超纲词，韩国 CSL 学习者有 29 个，美国 CSL 学习者有 32 个，占比约为 10%。这说明学习者在书面表达中，在掌握了大量的基础词汇和中高级词汇的同时，也会根据表达需求使用一些较难的词汇。比如曾几何时（曾经何时）、同日而语（同日而言）、百战百胜（百战胜战）、紫禁城（紫禁城市）、脑肿瘤（脑肿子），等等，其中有较多的三音节和四音节词语。

2 生造词偏误类型及成因分析

由于不同类型生造词产生的原因及心理机制存在差异，因此需要将其进行分类研究。故而本文对所选定不同母语背景 CSL 学习者的生造词进行偏误分类，以探求其偏误成因，进而了解其造词偏误规律。

邢红兵（2003）将新造词分为语素相关对应词、无对应词、类比造词、语素无关对应词、多词混合、增加词缀六种；董婷婷（2012）将生造词分为因义生词、偷换某字、仿照造词、杂糅、简称泛化五个小类；李捍华（2016）将生造词分为七大类：语素误代、语素错序、语素增减、无相同语素对应词、无对应词、词语杂糅、重叠偏误；侯志国（2019）将生造词分为语素误代、简缩造词、类比造词、语素错序、语素增减、语素杂糅、无相同语素及其他错误八类。结合所选语料样本及前人观点，本文将生造词分为七类：语素误代、语素错序、语素增减、类比造词、无对应语素词、重叠偏误及其他偏误。

2.1 生造词偏误类型总体分析

通过结合语境对韩国和美国 CSL 学习者的 600 个生造词的偏误类型进

---

① 括号内为生造词，括号前为对应原词。

行分类，得到了表 2 的数据。

表 2　两国 CSL 学习者生造词偏误类型

偏误类型	韩国 词语数量（个）	占比（%）	美国 词语数量（个）	占比（%）
语素误代	177	59.00	154	51.33
语素错序	9	3.00	10	3.33
语素增减	17	5.67	27	9.00
类比造词	59	19.67	67	22.33
无对应语素	17	5.67	18	6.00
重叠偏误	7	2.33	8	2.67
其他错误	14	4.67	16	5.33

在七种偏误中，语素误代偏误的数量最多，两国 CSL 学习者均有 150 个以上该类型生造词偏误，这与邢红兵（2003）、李捍华（2016）及侯志国（2019）等人的结论一致；类比造词是除语素误代之外占比最多的偏误类型，占比约 20%；语素错序和重叠偏误两类生造词偏误较少且数量相近，占比不到 5%；类比造词类偏误均占比约 20%；无对应语素类偏误的词语数量也相近，均有 6% 左右；未能按照上诉六种类型进行划分的生造词的数量也相近；但两国 CSL 学习者由于语素增减而产生的生造词数量在书面语表达中表现出了差异。

本文采用 S-W 检验对两国学习者不同偏误类型的生造词数量进行了正态分布检验，显著性 P 值为 0.000，水平上呈现显著性，说明其不满足正态分布。为明确两国学习者的生造词偏误类型分布情况是否存在差异，进一步进行了独立样本 MannWhitney U 检验，检验结果 P 值为 0.654，说明二者间不存在显著差异。

表 3　韩美 CSL 学习者各偏误类型生造词数量独立样本 MannWhitney U 检验

变量名	变量值	样本量	中位数	标准差	统计量	p 值（双尾）	中位数值差值	Cohen's d 值
词汇数量	韩国	7	17	61.721	21	0.654	1	0
	美国	7	18	52.948				
	合计	14	17	55.246				

注：***、**、* 分别代表 1%、5%、10% 的显著性水平。

2.2 语素误代

语素误代类生造词数量最多，占比超过 50%，因此需要重点关注。李捍华（2016）认为语素误代生造词在构造上与原词没有差异，只存在语素差异，即词中的语素被学习者使用相关或无关语素替代。其中的"相关"主要指语义范畴及语音范畴上的相关。例如：

（1）可以受到【疼苦】[痛苦]①，很难过，无论多么不好的情况没关系。
（2）空调【内面】[里面]很长时间没打扫了，太不干净了。
（3）商人在与客户谈判时，不要认为让步是【理所当让】[理所当然]之事。
（4）我洗脸完【一后】[以后]，我和朋友去留学生食堂吃了泡茶汤配家常餐。

例（1）、例（2）为语义范畴上的语素误代偏误，"疼"和"痛"、"内"和"里"意思相近；例（3）、例（4）为语音范畴上的语素误代偏误，其中的"让"和"然"声母及声调相同，韵母部分有前后鼻音的差异，但总体发音相近；"一"和"以"只有声调不同。

此外，非相关语素误代的情况也很多。这类生造词偏误中替代语素与原词没有语音或语义上的关联，但还是能够为母语者所理解。例如：

（5）她的个子比普通的女生还高，身材也是【魔落】[魔鬼]身材。
（6）我在长城【走步】[散步]时，一幅迷人的美景就挂在了眼前。

上面两个例子中的"落"和"鬼"、"走"和"散"在语音和语义都没有关联，但通过上下文能够明确生造词与原词的意思相同。

对于学习者来说，相关语素误代主要是由于其对替代语素与原词语素的认知不够明确，容易发生混淆，语音及语义上的相似也增加了学习的难度。而无关语素误代主要是由于学习者将这些词语作为一个个独立成分来习得，由于并未完全掌握，但又对词语有一定的认识，使用时就会根据一定规则替换掉原词中的某个语素，从而产生生造词。但其中语素的替换规则尚未明确，主要是母语迁移及学习者在学习过程中目的语知识的迁移等。

---

① 全角中括号内为生造词，半角中括号内为对应原词。

2.3 语素错序

语素错序在不同母语背景 CSL 学习者的生造词语料中占比都不是很高，该类偏误主要是由于学习者将原词中的语素顺序颠倒而造成的，例如：

（7）【初起】[起初] 来到广州的时候，让我最惊讶的是天气，虽然当时是二月，但是天气不冷，从三月到五月常常下大雨。

（8）现在请大家猜一猜给你们【绍介】[介绍] 的人。

上例中的"初起"与"起初"、"绍介"与"介绍"的语素相同，只是学习者在使用这些词语时将语素顺序颠倒了。可以看出学习者在学习这些词语时是将其作为一个整体习得的，但没有完全习得这些词语，将语素顺序记错，故而在表达时会产生该类型生造词。

2.4 语素增减

语素增减类生造词主要是在原词的基础上增加或遗漏了某个语素而产生偏误，例如：

（9）天气这么热，我们买【游泳衣】[泳衣] 去海边怎么样？

（10）例子就是贝多芬的音乐或者雷诺尔的【画品】[绘画作品] 等等像这样的艺术。

该类偏误主要是语素增加形成的生造词，如例（9）学习者将两个词结合在一起构成一个新词，这个新词与原词相比增加了一定的语素，需要删减掉才能使用。这主要是由于学习者没有完全掌握汉语构词规则，特别是汉语中经常使用双音节词语，这就需要将词语减缩才能正确使用。其中，语素减缩主要是学习者将一个短语或几个词减缩为一个词而造成的偏误，这类生造词相对于语素增加类数量较少，如例（15）中将"绘画作品"减缩为"画品"。

在汉语中，绝大多数词语为双音节词，所以学习者在掌握汉语词汇时需要明确汉语双音节化的规则。学习者由于没有将复合词减缩为双音节词，或泛化双音节化的规则将短语减缩，就容易产生语素增减类生造词。

2.5 类比造词

对于韩国和美国 CSL 学习者来说，类比造词偏误都是数量第二多的生造词类型，前者有 59 个，后者有 67 个。类比造词是典型的目的语规则泛化造成的偏误，学习者将已经学过的目的语规则泛化使用到其他意义的表达上而产生了生造词。例如：

（11）我们约好了【下一天】[第二天] 晚上 7 点在我的宿舍门口见面。

（12）【星期七】[星期天] 早上 08:00 我起床和去洗澡。

例（11）中的"下一天"是类比"下一次"的构词方式创造出来的，表示的是"第二天/明天"的意思；例（12）中的"星期七"是学习者参照"星期+数字"的规律创造出来的，但汉语中该词对应的是"星期天/星期日"，同样也有学习者使用"周七"表示"周日"。

2.6 无对应语素词

无对应语素词指生造词与对应原词间没有共同的语素，两国生造词语料中均有 15 个以上该类型偏误。例如：

（13）人为了改善自己的生活，很多自然环境被【坡害】[破坏] 了。

（14）汉语以【原母】[元音] 为主体，开音节多；汉语也是声调语言，声调有区别意义的作用。

上例中，"破坏"与"坡害"、"元音"与"原母"都无相同语素，生造词对应的原词语素主要是结合上下文语境以及生造字的字面意思与原词进行对比联系。如"坡害"主要是通过字形、字音及上下文语境与"破坏"建立起了联系；"原母"一词的理解结合了"原"与"元"的近似发音，类比"韵母"的造词规则及上下文语境。

无对应语素词或多或少与原词有一定的联系，说明学习者已经学过了对应原词，但由于掌握不充分，在使用时未能组织正确语素造词，而产生了该类型的生造词偏误。

2.7 重叠偏误

重叠偏误在不同母语背景生造词语料中占比也不高，不到3%。该类型偏误主要是由于生造词采用了语素重叠方式创造了一些在汉语表达中不需要重叠的词，例如：

（15）在我的印象中，有【许多多】[许多]的人都帮助过我，在我脑海中留下深深的印象，然而最使我印象深刻的就是我的妈妈，她含辛茹苦地把我抚养长大、成人。

（16）有很多地方可以【散散步步】[散步]。

汉语中有很多类型的重叠词（AA/ABB/AABB/ABAB），学习者在学过这些词语后就将该构词方法套用到一些其所想表达的词语上而产生重叠偏误，如"许多多"为"ABB"式重叠，汉语中也常用"一点点、惨兮兮、黑乎乎"等词；例（16）则是将无需重叠的"一点"和"散步"变成了"AABB"式词。这些生造词大都是由于目的语规则泛化造成的。

2.8 其他偏误

在对生造词语料进行分类时，由于部分词语不完全符合上述六种偏误类型，也不能对其进行明确的分类，只能根据语境对生造词的对应原词进行猜测。例如：

（17）他的房间经常【阿拉八咂】[乱七八糟]的，没有下脚的地方。

（18）你应该尽量【不逸】[避免]看手机和电视。

2.9 小结

通过对两国学习者生造词的偏误类型进行分析，发现二者生造词偏误类型分布情况无显著差异，但各类型生造词数量并不完全相同，其中语素增减类生造词数量差异较大。对于不同类型生造词来说，其产生原因也有一定的差异，但主要是由于目的语规则泛化，学习者对汉语构词规则、语素义项掌握不充分及母语迁移造成的。且生造词与原词之间都有着或多或少的联系，在语义、语音、语素等方面都无明显关联时也能够根据其上下文语境对词语意思进行推测。

3 教学建议

基于以上研究结果与分析，本文对汉语词汇教学提出了以下三点建议：第一，在对生造词等级进行分析时发现初级词汇对应的生造词数量最多，因此教师应注重初级词汇的教学，确保学习者能够正确得体地使用这些词语。且初级词汇的使用频率也是最高的，为有效减少生造词的产生，应该对初级词汇有更多的操练和复习巩固。第二，语素误代类生造词在语料中占比最多，而这主要是由于学习者对语音和语义相近的语素或词难以区分造成的。因此，词汇教学中教师也应该多对近义词和同音词进行区分，将新旧词汇进行对比讲解。第三，汉语拼音、汉字、语义知识、句法知识等都是词汇教学的重点，为构建一个完善的二语词汇系统，在二语学习者词汇发展的各个阶段，词汇教学内容都应该有所侧重。初期主要是拼音和汉字教学，中期注重语义和句法知识教学，当学习者步入高级阶段，还需综合各方面知识进行教学，且要注重培养学习者对词语使用上下文语境的分析能力。

4 总结

本文选取了对于生造词有专门标注的全球汉语中介语语料库，对韩国与美国 CSL 学习者书面语产出中的 600 条生造词语料进行分析。通过对生造词所对应的原词在 2021 年颁布的《国际中文教育中文水平等级标准》词汇等级表中的分布情况进行考察，发现两国 CSL 学习者的生造词对应原词在词汇等级表上总体分布情况无显著差异，但各等级词汇数量稍有不同。其中初级生造词占比最多，6 级词汇的生造词数量最少，且二者都存在一定数量的超纲词。

通过对 CSL 学习者的生造词偏误类型和偏误成因进行研究发现，两国 CSL 学习者生造词偏误类型分布情况无显著差异，但各类型偏误数量并不完全相同；其中语素误代类生造词数量最多，这类生造词主要是由于学习者对于替代语素与原词语素的认知不够明确，容易发生混淆用法，语音及语义上的相似及母语的影响也增加了学习的难度；语素错序和重叠偏误类生造词数量较少，各类占比不足总数的 5%。不同类型生造词的成因也有一定的差异，主要是由于目的语规则泛化，学习者对于汉语构词规则、语素义项掌握不充分及母语迁移造成的。且生造词与原词之间都有着或多或少的联系，在语义、语音、语素等各方面都无明显关联时也能够根据上下文语境对词语意思进行推测。

参考文献

[1] 侯志国. 基于 HSK 语料库的泰国学生汉语生造词偏误分析及教学建议 [D]. 石家庄：河北师范大学，2019.

[2] 李捍华. 基于中介语语料库的留学生汉语生造词偏误分析 [D]. 广州：中山大学，2016.

[3] 李婷媛. 泰国宋卡王子大学学生汉语学习偏误分析调查与研究 [D]. 昆明：云南大学，2010.

[4] 马庆. 基于 HSK 动态作文语料库的韩国学生汉语生造词偏误研究 [J]. 云南师范大学学报（对外汉语教学与研究版），2019，2.

[5] 沈怀兴. 怎样辨识生造词 [J]. 语文建设，1990(5).

[6] 孙慧莉. 韩国留学生汉语中介语汉字、词汇系统研究 [D]. 南京：南京师范大学，2015.

[7] 王瑞. 母语为英语的汉语学习者词汇心理表征发展过程与造词偏误的心理机制研究 [D]. 北京：北京语言大学，2009.

[8] 邢红兵. 留学生偏误合成词的统计分析 [J]. 世界汉语教学，2003(4).

[9] 周玲. 泰国学生 HSK 汉语词汇偏误分析 [D]. 南宁：广西大学，2014.

[10] Henriksen B. Three dimension of vocabulary development[J]. Studies in Second Language Acquisition, 1999, 21(2).

[11] Levelt W J. Speaking: From intention to articulation[M]. Cambridge, MA: Bradford, 1989.

[12] Verhallen M, Schoonen R. Lexical knowledge in L1 and L2 of third and fifth graders[J]. Applied Linguistics, 1998, 19(4).

介词"从"及其结构的偏误分析与教学建议

卢方红（北京语言大学）

摘要：通过对 HSK 动态作文语料库中介词"从"的检索，归纳出介词"从"的五种偏误类型，偏误率由高到低排序为：遗漏、混用、词语搭配问题、误加、错序。偏误成因主要包括五个方面：母语负迁移、目的语本身复杂、学习者的基础知识在初级阶段掌握不扎实、教师教学时不够重视或教学方法不恰当、教材编排不合理。根据偏误类型及成因分析，从教师教学的角度入手，提出相关建议。

关键词：介词"从"；偏误分析；教学建议

0 引言

汉语不依赖严格意义上的形态变化，而是借助语序、虚词等其他语法手段来表示语法关系和语法意义。介词作为虚词的一个大类，在其中发挥着重要作用，是汉语语言学研究的重要组成部分。不仅如此，介词在汉语中的使用频率非常高，汉语学习者要想学好汉语，就必须掌握介词的使用，因此对介词的研究也是汉语教学领域的热点。

根据崔希亮（2005）对汉语常用介词在欧美学习者中介语中偏误率的统计，介词"从"的偏误率高居第二，仅次于"被"。不仅如此，朝鲜学习者和日本学习者的中介语中，介词"从"的偏误率也处于较高水平。聂羽菲（2013）统计了"往、由、向、从、在、当、自从"7 个介词在 HSK 动态作文语料库中的偏误数量，其中介词"从"的偏误率较高，居第四。由此可见，对大部分学习者来说，学习并掌握介词"从"有一定难度，即使是中高级水平的学习者依旧会出现不少偏误。因此，研究介词"从"的偏误类型及其教学对策，有助于教师在教学过程中"对症下药"，改善教学质量，从而提高学习者的学习效率。

白荃（1995）是较早对介词"从"的偏误进行研究的学者，他将介词"从"的偏误归纳为 12 种类型，包括不宜用"从"却用了、与其他介词混用、用作"从"的宾语的词语不当等。但白荃的语料来自教学过程中的错句,不够全面、严谨,且只列举了偏误类型,缺少必要的数据支撑。张月(2012)将介词"从"的偏误分为遗漏、错序、误代、误加四种情况,但同样缺少偏误率统计。聂羽菲(2013)则将介词"从"的偏误分为词语偏误和结构偏误,前者包括误代、冗余、遗漏,后者包括介词框架不完整、介词短语错序。但介词"从"的偏误类型还应包括词语搭配问题(崔希亮,2005)。因此,在已有研究的基础上,仍有必要对介词"从"的偏误类型进行归纳总结,统计偏误率,分析偏误原因,提供教学建议。[①]

1 介词"从"的偏误类型

在 HSK 动态作文语料库中检索得到含"从"的语料 4 848 条,随机抽取 500 条语料进行分析。其中,无效语料 38 条。无效语料主要包括两部分:一是"从"在语料中充当构词语素,比如语料中含有"从而""顺从""从商"等词语;一是语料不完整,无法进行分析。剔除无效语料,共获得有效语料 462 条。其中,介词"从"使用正确的语料为 312 条,使用出现偏误的语料为 150 条,正确率和偏误率分别为 67.5% 和 32.5%。由此也印证了介词"从"偏误率相对较高的观点。具体数据见表 1。

表 1 抽样语料相关数据统计

有效语料	正确语料	312 条	正确率	67.5%	有效率	92.4%
	偏误语料	150 条	偏误率	32.5%		
无效语料	38 条				无效率	7.6%
共计	500 条					

对这 150 条偏误语料进行整理、分析,基于学者们对偏误分类的研究,参考各种偏误分类的方法,进而总结归纳出介词"从"的五种偏误类型——误加、遗漏、混用、错序和词语搭配问题,并进一步统计了每种类型的偏误率。其中,5 条语料出现了混合偏误(即两种及以上偏误)。具体数据如表 2 所示。图 1 为介词"从"偏误率饼状图。

---

① 本文语料均来源于 HSK 动态作文语料库。

表 2 介词"从"的偏误类型及偏误率统计

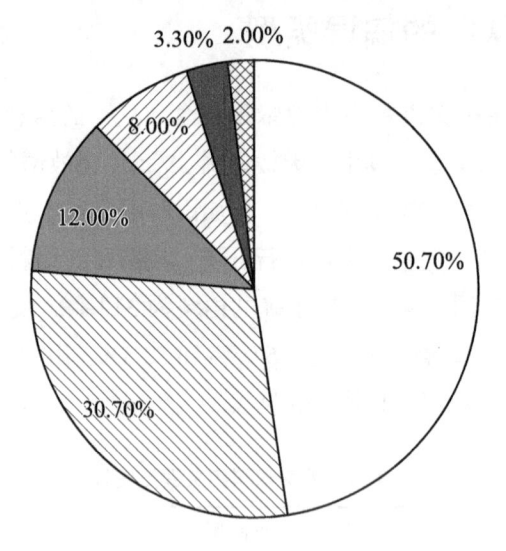

偏误类型	语料数（条）	偏误率（%）
遗漏	76	50.7
混用	46	30.7
词语搭配问题	18	12.0
误加	12	8.0
错序	3	2.0
混合错误	5	3.3

图 1 介词"从"及其结构各类偏误占比

偏误类型按照偏误率由高到低排序为：遗漏、混用、词语搭配问题、误加、错序。接下来将对这五种偏误类型进行一一论述。需要特别说明的是，分析时不考虑语料中出现的与介词"从"及其结构无关的偏误，若出现则进行修改。

1.1 遗漏

遗漏类偏误数量最多，依据遗漏数量的不同可以分为单项遗漏和多项遗漏。依据遗漏内容的不同，单项遗漏可以进一步分为遗漏介词"从"和遗漏后置成分。后置成分包括介宾短语中的宾语、方位词／代词和准助词／动词。具体数据见表 3。图 2 为遗漏类偏误各类型占比饼状图。

表 3　遗漏类偏误统计

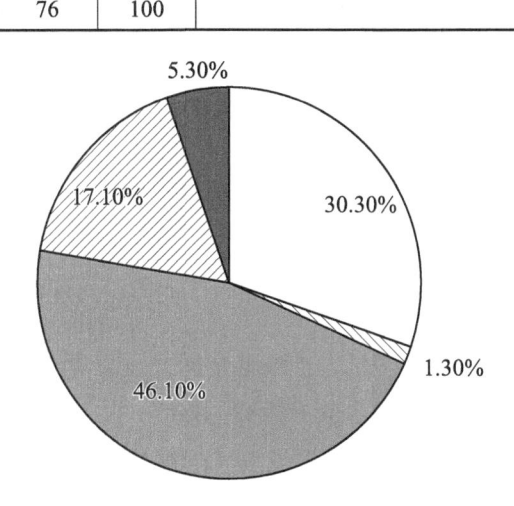

偏误类型			偏误数（条）	占比（%）	例句
单项遗漏	遗漏介词"从"		23	30.3	（1）*但是整个的地球来看，我认为目前最重要的是在这个地球生活的人们都能吃饱，不挨饿。 （2）*我是安卡拉大学毕业以后到中国来学习古代汉语的。
	遗漏后置成分	介宾短语中的宾语	1	1.3	（3）*有效阅读，并不是把好书、名书、哲理书等买回家，匆匆从到尾看一遍，搁在书架上就算了，那不叫读书，那叫藏书。
		方位词/代词	35	46.1	（4）*如果我得了非常痛苦的病，想从这种苦痛解脱，但没法治好病，那么可能想死。 （5）*知识方面或在社会上生存的方法从老师及朋友可以学会。
		准助词/动词	13	17.1	（6）*每一个人从求学时代，都要养成爱好阅读的习惯。 （7）*从以上，很明显，父母的兴趣爱好，思想观念，无一不是从幼年就开始在孩子心目中打下深深的烙印。
多项遗漏			4	5.3	（8）*所以我自己觉得，要判定安乐死是否可取，一定要从。 （9）*徐老伯是一家华文报馆的老前辈，他平时早晚都待在办公室里，为华文教育贡献心血。
共计			76	100	

图 2　遗漏类偏误各类型占比

遗漏介词"从"这一类偏误不需多说，接下来只对遗漏后置成分和多项遗漏做一步的说明。

1.1.1 遗漏后置成分

介宾短语中的宾语。例（3）中用到了"从 A 到 B"结构，但漏掉"A"成分导致"从"字结构不完整，应修改为"从头到尾"。

方位词/代词。"从"字结构中遗漏方位词/代词的偏误最多，偏误率高达46.1%。遗漏的方位词包括中、里、上、那儿等。如例（4），应为"从……中"结构，学习者漏掉了方位词"中"导致偏误。另外，如果"从"后面跟着某个人或某一类人，就要加上"那儿"或者"这儿"，如例（5）应修改为"知识方面或在社会上生存的方法从老师及朋友那儿可以学会"。

准助词/动词。常出现在"从"字结构中的准助词主要有"看来、来看、来讲、来说、讲、看、说"等。这些准助词都是由言说类和观察类动词虚化而来的（陈昌来，2002）。但在语料中并没有发现准助词遗漏的偏误，这说明准助词遗漏的偏误率非常低，中高级阶段的学习者掌握得较好。有些词语虚化得没那么明显，学习者反而容易遗漏，如例（6）和例（7），正确形式应该分别是"从求学时代开始"和"从以上可知"。

1.1.2 多项遗漏

多项遗漏即有多个部分的内容缺失。如例（8）中遗漏了"从"的宾语以及谓语动词，导致句子结构不完整。"早晚"的意思是早晨和晚上，也可以引申为迟早，但例（9）中应是一整天都待在办公室里，表示待在办公室里的时间长，应为"从早到晚"，遗漏了介词的宾语以及宾语后连接的介词。

1.2 混用

混用即混淆了介词"从"与其他介词，主要是与"在、对、跟、由、用"等介词混用。可以进一步分为两类：该用"从"却用了其他介词，该用其他介词却用了"从"。具体数据见表4。图3为混用类偏误各类型占比饼状图。

表 4　混用类偏误统计

介词	该用"从"却用了其他介词（条）	该用其他介词却用了"从"（条）	共计（条）	占比（%）
在	14	4	18	39.1
对	7	1	8	17.4
跟	0	3	3	6.5
由	0	3	3	6.5
用	0	3	3	6.5
通过	0	2	2	4.3
以	2	0	2	4.3
通	1	0	1	2.2
向	0	1	1	2.2
自从	0	1	1	2.2
因	0	1	1	2.2
按	1	0	1	2.2
把	0	1	1	2.2
当	1	0	1	2.2
共计	26	20	46	100
占比（%）	56.8	43.2		

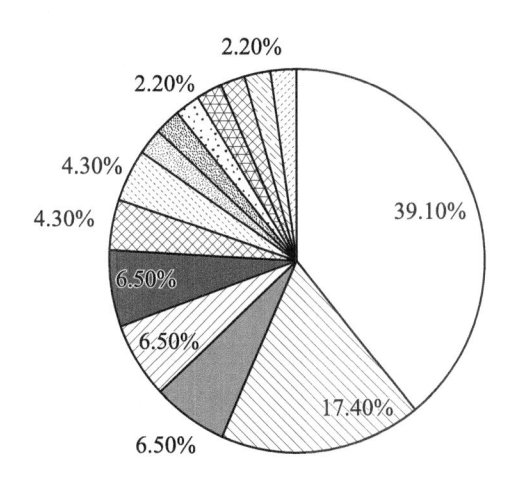

图 3　混用类偏误各类型占比

由上表可知，该用"从"却用了其他介词的偏误数略高于该用其他介词却用了"从"；"从"与"在"的混用偏误最多，"从"与"对"的混用偏误次之。也就是说，在教学过程中，应明确告知学习者介词"从"的使用范围，并加强对"从/在""从/对"这两组易混淆介词的辨析。接下来重点分析"从"与"在"混用及"从"与"对"混用。

1.2.1 "从"与"在"混用

混用类偏误中，"从"与"在"的混用偏误率远超其他介词，出现了不少该用"从"却用了"在"的情况。

（10）*在父母的角度来看，我认为当孩子的老师不仅是当然的事，而且是义务的。

（11）*在法律角度来说，杀人者要受到法律的制裁，是国家律法、社会法规的根本。

（12）*在我真正与异性交往开始，已经历了四段不算刻骨但也算得上铭心的恋情。

（13）*我从高中吸过烟，不过，我已经戒烟了。

（14）*从不吸烟的人看来，这一措施就是最好的。

其中，例（10）～例（12）属于该用"从"却用了"在"，例（13）例（14）属于该用"在"却用了"从"。"从"与"在"的混用偏误中，超过半数是因为"从……角度/方面来看/说"这一结构使用错误，如例（10）和例（11），这一结构的错误也在"从"与其他介词的混用中出现，如例（15）。由此可见，应加强对这一结构的教学。

"从"可以构成"从A来看/说"，"在"可以构成"在B看来"。A多是"角度、方面、立场"等词语，这些词语具有多方向性、可分散性，比如"角度"可以多个，"方面"也至少有两个。而B则多指某个人或某个群体，一般是独立的个体或者一个整体，具有独立性或整体性，如"不吸烟的人"。因此，例（10）、例（11）应分别修改为"从父母的角度来看""从法律的角度来说"；例（14）应修改为"在不吸烟的人看来"。

"从"与"在"都可以表时间，"在"介引的时间是动作行为发生或状态出现的确定时间或时间点，"从"介引的时间是动作行为发生或状态出现的时间起点（聂羽菲，2013）。也就是说，"从"是时间开始的标志，意味着时间可能持续、可能变化、可能终止；而"在"只是强调特定的时间段或时间点，没有开始的含义。因此，例（12）强调开始的时间，该用"从"；例（13）想说明在高中这个时段吸过烟，并非强调开始的时间，该用"在"。

1.2.2 "从"与"对"混用

通常我们认为"从"和"对"之间的相似性并不大，因此也很少有人对这一组词进行对比分析。但语料库的统计数据显示，学习者对"从/对"这组介词存在一定的混淆，因此有必要做进一步的说明。

（15）*对基本的想法来说，首先的方法是防治地球的温室化现象，怎么防治呢？

（16）*还有从我来说性格也有很大影响，我的性格就像母亲。

学习者对"从/对"这组介词的混淆主要出现在"从/对……来说"这一结构中。后面同样跟着"……来说"，例（15）要用"从"，而例（16）却要用"对"。"对……来说"表示从某人、某事的角度来看（仇姝婷，2014），与"从……来说"有相似之处。两者的差别就在于"对"可以表示指示动作的对象，也可以表示对待；而"从"没有这个意思。如例（16）中，性格影响的对象是"我"，有对待的含义，该用"对"；而例（15）的意思是把"基本想法"作为一个考虑的角度或方面，并不是表示动作或对待的对象，因此应修改为"从基本的想法来说"。

1.2.3 "从"与其他介词混用

"从"与其他介词，如"跟、由、用"等，混用偏误率较低，因此不详细论述。

（17）*父母要他们的孩子变成有好习惯的人，有责任感的人，会做好事的一个人，他们就要控制他是从谁学习。

（18）*那就是从沟通不良引发的。

（19）*我认为这种活动是很用的，立刻从一个公用电话给那位教授打了电话。

1.3 词语搭配问题

词语搭配问题主要有两类：介词"从"的宾语搭配不当和介宾短语的动词搭配不当。具体数据如表 5 所示。图 4 为词语搭配类偏误各类型占比饼状图。

表 5　词语搭配类偏误统计

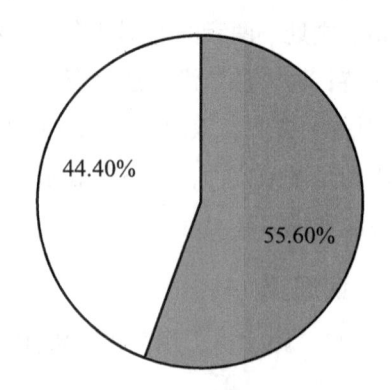

偏误类型	偏误数（条）	占比（%）	例句
介词"从"的宾语搭配不当	10	55.6	（20）*可我从初中学生到现在只喜欢一个男歌手。 （21）*长辈要从年轻人的看法来跟他们交流，对待他们。
介宾短语的动词搭配不当	8	44.4	（22）*因此吸烟不仅损害自己的健康，而且从社会角度看来带来了严重的后果。 （23）*我以各种颜色、线条组合鲜明标出了公司所须采取的函意，从广告中影视出来，并为公司招来了不少生意。
共计	18	100	

■ 介词"从"的宾语搭配不当　　□ 介宾短语的动词搭配不当

图 4　词语搭配类偏误各类型占比

"从 A 到 B"这一结构中，"A"和"B"应为同一类型，可以是时间，也可以是地点。但例（20）中，"初中学生"是人物，"现在"是时间，不属于同一类型，根据句意可以修改为"可我从初中到现在只喜欢一个男歌手"。"从……角度来 + 动词"可以视为一个固定搭配，例（21）中错在"看法"，例（22）错在动词搭配不当，应改为"角度"。例（23）中，"影视"为名词，而"从＋宾语"的介宾结构只能修饰谓语性成分，因此可以换成"影射"。

1.4 误加

误加类偏误共 12 条语料，均为误加了介词"从"，分别导致误加在作状语的时间名词前、主语缺失、定语错误等偏误。具体数据如表 6 所示。图 5 为误加类偏误各类型占比饼状图。

表 6　误加类偏误统计表

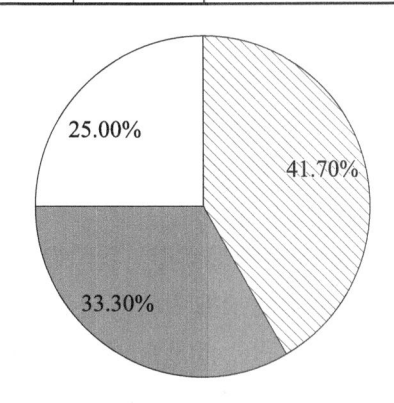

偏误类型	偏误数（条）	占比（%）	例句
误加在作状语的时间名词前	5	41.7	（24）*从小时候孩子们很容易就会受到周围人的影响。
主语缺失	4	33.3	（25）*从这个故事不禁让我想起公司里的人力资源计划。
定语错误	3	25.0	（26）*现在，石油已经是从生活离不开的资源。
共计	12	100	

图 5　误加类偏误各类型占比

其中，误加在作状语的时间名词前的偏误类型最多，且较多情况是"从"与"小时候"同现，出现这种偏误也有可能是学习者混淆了"从"和"从小"。如例（24）中，"小时候"在句中作状语，无需加"从"。一般情况下，由"从＋宾语"构成的介宾短语在谓语前充当状语，不能作定语和主语。例（25）误加"从"，导致句子主语缺失；例（26）误加"从"，导致定语出现错误。以上三例均需删去"从"。

1.5 错序

错序类偏误数量最少，共3条。由此可大致推断，中高级学习者对"从"和"从+宾语"介宾结构的位置掌握较好。

（27）*我是个印尼华人，从小就在印尼长大，至于对中国的了解，一直听从父母那儿。

（28）*我开始踢足球后，他马上就退休了从足球队。

（29）*1年前从韩国我妈来北京，我妈听不懂中国话。

通常"从+宾语"作为介宾短语修饰谓语动词作状语时，应位于动词前、主语后：

$$主语+\underbrace{从+宾语}_{介宾短语}+谓语动词$$

以上三例中，介宾短语均被置于错误位置。其中，例（28）、例（29）调换动词与介宾短语的位置即可。但例（27）出现了混合错误，不仅错序，介宾短语和动词之间的搭配、甚至整个句式都有问题。若仅调换语序仍是偏误句，正确句应为"一直是从父母那儿听来的"。

2 介词"从"的偏误成因

通过分析学习者出现的各种偏误类型，我们发现，即使是中高级水平的学习者对介词"从"及其结构的掌握依旧不全面。汉语是一门比较复杂的语言，介词对学习者来说是重点，也是难点。分析偏误成因，有利于教学"对症下药"，从而提高汉语教学质量，推动汉语教学发展。接下来我们将从母语、目的语、学习者、教师以及教材这五个方面来分析介词"从"的偏误成因。

2.1 母语负迁移

母语负迁移是指目的语的规则与学习者母语的规则有差异，学习者在学习目的语时受到了母语规则的影响，从而产生了偏误。介词"从"在英语里对应着"from"。遗漏类、错序类偏误很可能就是受到了母语负迁移的影响。

（30）A.* 我们应该从上面的故事吸取教训。

　　　B.We should learn a lesson from the above story.

（31）A.* 每一个人从求学时代，都要养成爱好阅读的习惯。

　　　B. From the time of school, everyone should develop the habit of reading.

（32）A.* 我开始踢足球后，他马上就退休了从足球队。

　　　B. He retired from the football team as soon as I started playing football.

在英语中，"from"后直接加表示处所的词，但汉语中介词"从"的使用限制更多。如例（30），"from"后直接加"the above story"，但汉语中，"从"后面跟的是较为抽象的空间名词，因此还要加上方位词，即"从上面的故事中"，英语没有方位词，这给学习者增加了学习难度。例（31）也是如此，汉语中，在时间词的后面还要加上准助词/动词"起"或"开始"，即"从求学时代起/开始"。例（32）语序偏误也是母语负迁移造成的，英语中的语序为动词"retired"在前，修饰成分"from the football team"在后；而汉语则正好相反，介宾结构"从足球队"作状语在前，修饰后面的动词"退休"。

2.2　目的语本身复杂

汉语本身就是一种比较复杂的语言，就如汉语"从"后面可能需要加方位词/代词或者准助词/动词，但英语则无需考虑，只用"from"就可以了。另外，汉语借助语序、虚词等其他语法手段来表示语法关系和语法意义，语序变化多样，虚词内部的分类、使用范围也非常复杂，这都给学习者增加了难度。

2.3　学习者的基础知识在初级阶段掌握不扎实

根据聂羽菲（2013）对《新实用汉语课本》中介词"从"的编排的考察，介词"从"最早以"从+NP"结构出现在《新实用汉语课本2》中，即初级阶段，且教师用书中明确说明要详细讲解介词"从"表动作起点，组成介词短语"从+NP"，常放在动词前。同时，《新实用汉语课本2》中还出现了"从+时间名词+起/开始""从……到……""从+名词+上/下/里/中"等结构。也就是说，初级阶段是学习介词"从"非常关键的时期，为后续学习更复杂的用法打下基础。如果在初级阶段学习者没有很好地掌握基础知识，所出现的偏误没有及时得到纠正，就很有可能会影响之后的学习，以致一些本该在初级阶段就解决的偏误在中高级阶段依旧顽固地存在。

2.4 教师教学时不够重视或教学方法不恰当

教师在教学时对介词"从"的用法不够重视，讲解不够到位，没有及时纠正偏误，或者使用的教学方法不恰当也会导致偏误率居高不下。比如遗漏、误加、错序等偏误经常出现，如果教师能进行格式化教学，同时加强练习，对出现偏误较多的地方重点强调，就可能会使偏误率有所下降。另外，如果教师能在讲解中适时总结一些常用介词的用法，加强对几个易混淆介词的辨析，学习者的混用偏误现象也会得到很大改善。

2.5 教材编排不合理

没有一本完美的教材，教材的编排也在不断完善中。目前对外汉语教学中应用较多、影响力较大的教材也存在编排问题。比如张月（2012）统计了《发展汉语》对于介词"从"的课后习题的设置情况，发现教学安排缺乏相应的、充足的练习，且练习主要以填空、完成句子这类题型为主，练习方式相对单一。练习是加强记忆、深化理解的重要方式，学习者对知识点的掌握离不开充分、有效的练习。练习不足就容易导致学习者知识掌握不牢固，从而出现偏误。

聂羽菲（2013）则考察了与介词"从"有关的语法知识点在《新实用汉语课本》中出现的情况，发现教材中很少涉及介词"从"表方面、范围和依据的用法等。教材中涉及较少，很可能导致教师、学生不够重视，从而忽视对这些用法的教学。而这些用法又是学习者平时可能会用到的，在实际使用时就容易出现偏误。

3 介词"从"的教学建议

针对以上偏误成因，为了让学习者更好地掌握介词"从"的用法，我们从教师教学的角度入手，提出相关建议。

3.1 了解学习者母语，避免母语负迁移

教师在教学前应对学习者的母语有一定的了解，确定是否会产生母语负迁移。若可能产生，则应在教学过程中说明和强调，可以对比目的语和母语，重点突出差异，帮助学习者理解，加深记忆。

3.2 选择恰当的教学方法

在教学过程中，教师应加强对介词"从"及其相关结构的重视，可以采取格式化教学的方法，直接给出结构格式，这对减少遗漏、误加、错序等偏误是非常有效的。对于学习者常出现混用偏误的几组易混淆介词，应及时进行总结和辨析。另外，在学习者出现偏误时，教师要及时纠正。

3.2.1 格式化教学

在讲解介词"从"的使用时，将"从"字结构视为一个整体，给出使用的格式。如学习者经常遗漏方位词，在教学中就可以直接给出格式"从+X+方位词（上/中/里）"，X一般是表示时间或地点的词或短语，如果X是人物，则为"从+人+这儿/那儿"。在给出格式后，辅以例句，帮助学习者理解。在语法教学时，应尽量避免烦琐晦涩的语法讲解，代之以简洁易懂的语言，而格式化教学就可以起到简化教学内容的作用，减轻学习者的负担。另外格式化教学让学习者从整体上加以记忆，从而有利于降低学习者在形式上出现偏误的可能性，特别是遗漏类偏误更应加强格式化教学。

3.2.2 侧重辨析

从前文偏误类型的统计中可知，介词"从"与其他介词混用的偏误率占比居第二，其中又以和"在"混用的偏误率最高。这也暴露出教学过程中的不足——讲解时易混淆词的辨析不够到位。因此，教师应加强对易混淆词的辨析，特别是"从/在""从/对"这两组偏误率较高的易混淆词。应及时总结各自的用法，加强对比分析，抓住易混淆词之间最大的不同，让学习者对两者的差异有更清晰的认识。另外，也可以布置一些辨析任务，这不仅可以让学习者巩固知识，也可以让教师对学习者的掌握情况有一定的判断，教师可以及时纠正学习者的错误。

3.3 阶段性教学

介词"从"的用法及意义非常丰富，基于循序渐进的原则，应重视阶段性教学。应根据学习者的发展水平、认知能力以及知识内部的特点，由易到难、由浅入深、由简及繁有序安排教学内容和教学方法。如《发展汉语》和《新实用课本》都将"从+时间名词/地点名词+V"和"从……到……"放在初级阶段的教学中，而"从+名词+方位词"主要集中在中高级阶段，而且在中高级阶段中间成分更加复杂。因为相对来说，前者对于学习者来说更易掌握，这也是介词"从"的基本用法，使用频率较高，而后面的结构由于方位词的加入，学习的难度加大了。学习者必须先掌握方位词，才能学习"从+名词+方位词"这一结构。

另外，如前文所说，学习者在使用介词"从"及其结构时，产生偏误的原因是初级阶段掌握不扎实，对此，在教学过程中应更加重视初级阶段的学习。

3.4 合理利用教材

没有十全十美的教材，教师在教学过程中要善于使用教材，合理利用教材。应对教材的优势及不足有清晰的认识，积极发挥其长处，并尽可能弥补不足。比如，如果教材对介词"从"的相关语法知识点缺乏相应的、充足的练习，教师就应进行必要的补充，巩固强化知识点的学习，丰富习题类型，同时可以设计一些交际性活动。这样不仅可以增加练习的趣味性，也能较好地锻炼学习者的交际能力。

参考文献

[1] 白荃.外国学生使用介词"从"的错误类型及其分析 [J].北京师范大学学报（社会科学版），1995(6).

[2] 吕叔湘.现代汉语八百词（增订本）[M].北京：商务印书馆，1999.

[3] 聂羽菲.面向对外汉语教学的现代汉语介词"从"研究 [D].扬州：扬州大学，2013.

[4] 仇姝婷.以英语为母语的学生汉语介词偏误分析及教学策略 [D].大连：辽宁师范大学，2014.

[5] 张月.基于对外汉语教学的介词"从"研究 [D].大连：辽宁师范大学，2012.

基于语料库的韩国汉语学习者量词"个"习得研究

马子涵（鲁东大学）

摘要： "个"作为使用频率最高的汉语量词，一直是外国学生学习汉语量词的重点和难点。本文借助大规模语料库，考察了韩国汉语学习者"个"的使用情况及习得顺序，并对"个"的偏误进行分析，以期为对外汉语教学提供一定参考。

关键词： 语料库；韩国汉语学习者；量词；个；习得

0 引言

量词作为汉藏语系的特有词类，一直是汉语研究的一个重点，也是外国学生学习汉语的一个难点。而"个"作为使用频率最高、使用范围最广的汉语量词，自然受到了学界的广泛关注。目前，有关量词"个"的研究已经取得了较为丰富的成果。部分学者关注"个"的语源及其在不同历史时期的演变情况。如游汝杰（1985）对"个"的语源进行了细致辨析；王邵新（1989）探究了量词"个"在唐代前后的发展。还有部分研究重在讨论"个"的语法意义和语法功能。如张谊生（2003）从共时、历时两个层面考察了"个"的语法化过程；石毓智（2004）探讨了"个"标记宾语的功能，并进一步对"个"产生标记宾语功能的动因进行分析。还有一些学者在前人研究的基础上，把研究视野转向汉语作为第二语言教学领域。施艳婷（2010）对外国学生使用量词"个"的过度泛化现象进行深入分析，认为量词的语义色彩教学是减少泛化偏误的关键所在。王重阳（2021）从 HSK 动态作文语料库着手，对留学生使用量词"个"的偏误类型进行归纳，并提出相应教学策略。

综合来看，量词"个"的研究成果仍多集中于本体研究领域，教学领域成果较少；教学领域的成果大多关注汉语学习者使用"个"的偏误情况，习得研究则少有学者涉猎，区分母语背景的研究也占少数。基于此，本文决定借助大规模语料库，考察韩国汉语学习者量词"个"习得情况，试图从中归纳普遍性的习得规律。本文拟回答以下问题：韩国汉语学习者在不同阶段对量词"个"的使用情况是否有规律可循？韩国汉语学习者习得量词"个"不同用法的先后顺序是怎样的？韩国汉语学习者在使用量词"个"时的偏误情况如何？

1 语料来源和分类

本文的语料来源于"国别化汉语中介语语料库库群"中的"韩国在华学习者汉语中介语语料库"。为了方便观察和描写韩国汉语学习者学习量词"个"的动态变化过程，我们从初级、中级、高级中介语语料库中各随机抽取了 10 万字语料，从中筛选包含"个"的语料片段，经过进一步整理（删除"个人""个子"等无关语料），最终确定有效语料 1076 例，并以此作为研究开展的对象。其中，包括初级语料 534 例；中级语料 267 例；高级语料 275 例。

"个"从先秦时期发展至今，已演变出很多不同的用法。为了尽可能全面地考察"个"的习得情况，本文从韩国语言学习者的语言表达材料中概括整合出了"个"的不同用法，分成 3 类，用 A1、A2、A3 表示。

A1：用于没有专用量词的名词及部分有专用量词的名词前；例：两～香蕉。
A2：用于带宾语的动词后面，有表示动量的作用；例：打～电话。
A3：用于动词和补语中间，使补语略带有宾语的性质；例：吃～够。

需要说明的是，以上分类是根据韩国汉语学习者实际语言使用情况而 WDT 出的概括分类，不是从传统语法角度进行的分类，并不能代表量词"个"的全部语法意义和功能。例如，量词"个"还可以放在约数前，有轻松随便之义。但由于在韩国汉语学习者的语料中并未出现该用法，我们无法对其习得情况进行统计和考察，分类中也就没有体现该用法。

2 韩国汉语学习者量词"个"不同用法在各阶段使用情况

2.1 韩国汉语学习者量词"个"不同用法在各阶段使用频率

为方便观察，本文将韩国汉语学习者各阶段量词"个"不同用法的使用频率制成表 1。

表 1　不同阶段各用法使用分布

	初级（10 万字）		中级（10 万字）		高级（10 万字）	
	使用频次（次）	使用频率	使用频次（次）	使用频率	使用频次（次）	使用频率
A1	519	51.9	256	25.6	257	25.7
A2	15	1.5	7	0.7	13	1.3
A3	0	0	4	0.4	5	0.5

注：使用频率 = 使用频次 / 各个阶段语料总量（10 万字），表中使用频率用万分位表示。

从表 1 可知，无论处于哪个学习阶段，韩国汉语学习者量词"个"的各个用法使用频率皆呈现出 A1>A2>A3 的规律。这种使用频率的差异可以用不同用法的难易程度不同来解释。一般来说，学习者面对较难、较复杂的语法项目，往往会采用回避策略。因此，越是复杂的用法，使用频率一般就越低。A1 用法作为量词"个"的基本用法，有实在意义，学习者接触较多，较容易掌握；A2、A3 用法中的"个"分别见于述宾结构和述补结构，意义已经虚化，学习起来较为困难。而对于二语学习者而言，述补结构本身又比述宾结构更难掌握，A3 用法难度自然高于 A2。

我们再来观察量词"个"同一用法在不同阶段的使用频率。首先看 A1，我们发现，A1 用法在初级阶段的使用频率远远高于其在中级、高级阶段。也就是说，随着汉语水平的升高，A1 用法的使用频率整体上呈现出下降趋势。这与"个"的泛化现象有关。汉语量词纷繁复杂，对于刚刚接触汉语的学习者来说，掌握数量庞大的量词与名词的对应关系几乎是不可能完成的任务。而"个"作为使用范围最广的通用量词，往往会被学习者过度依赖。无论是什么名词，初级学习者都倾向于使用"个"来搭配，因此"个"在初级阶段使用频率较高。而到了中级、高级阶段，学习者汉语水平升高，掌握的量名搭配更为丰富，"个"的泛化现象较少出现，使用频率趋于稳定。A2 的使用频率整体上呈现出先降低后升高的波动趋势。我们推断是因为在初级阶段学习者使用该用法时偏误率较高，所以在中级阶段学习者有意识地回避了 A2 用法。到了高级阶段，学习者已经掌握该用法，使用频率因而回升。A3

用法在初级阶段 10 万字语料中未检索到用例，说明在初级阶段，学习者还未接触到该用法。中级、高级阶段虽已接触该用法，但由于其较难掌握，学习者有意回避，使用频率仍然较低。

2.2 韩国汉语学习者量词"个"不同用法在各阶段正确使用率

为方便观察，本文将韩国汉语学习者量词"个"不同用法在各阶段正确使用率制成表 2。

表 2 不同阶段各用法正确率分布

	初级 总例数（个）	初级 正确用例（个）	初级 正确率（%）	中级 总例数（个）	中级 正确用例（个）	中级 正确率（%）	高级 总例数（个）	高级 正确用例（个）	高级 正确率（%）
A1	519	491	94.6	256	245	95.7	257	254	98.8
A2	15	11	73.3	7	6	85.7	13	13	100
A3	0	0	0	4	3	75	5	5	100

注：正确率 = 该用法的正确用例数 / 该用法的总例数，表中正确率用百分位表示。

从表 2 可知，总体而言，韩国汉语学习者量词"个"各个用法的正确率都是随着学习者汉语水平的升高而升高的，这符合学习者的认知规律。将 3 种用法的正确率进行比较，我们发现 A1 正确率最高，各个阶段平均正确率达 96.3%；其次是 A3，平均正确率为 87.5%；A2 最低，但平均正确率也达到了 86.3%。可见，韩国汉语学习者对量词"个"的不同用法掌握情况较好。

3 韩国汉语学习者量词"个"不同用法习得先后顺序

习得顺序研究是第二语言习得研究的一个重要领域，了解第二语言学习者习得语言项目的先后顺序，有助于我们更好地掌握学习者的认知规律，对科学合理地安排语言项目教学顺序、调控教学过程有指导性意义。事实上，前文统计的使用频率与正确率已经在一定程度上反映了韩国汉语学习者习得量词"个"各个用法的先后顺序。但为了使结论更加科学准确，本文使用了正确使用相对频率法和蕴含量表法两种统计学方法对其进行进一步考察。

3.1 正确使用相对频率法

施家炜（1998）认为，正确使用相对频率法能有效解决语料分布不均的问题，在不同用法样本容量差距较大的情况下保证数据的可信性和准确性。一般来说，正确使用相对频率越高，说明该用法越简单，二语学习者越先习得。

表3 不同阶段正确使用相对频率分布

	初级 正确用例（个）	初级 不同用法用例总数（个）	初级 正确使用相对频率（%）	中级 正确用例（个）	中级 不同用法用例总数（个）	中级 正确使用相对频率（%）	高级 正确用例（个）	高级 不同用法用例总数（个）	高级 正确使用相对频率（%）
A1	491		91.9	245		91.8	254		92.4
A2	11	534	2.1	6	267	2.2	13	275	4.7
A3	0		0	3		1.1	5		1.8

注：正确使用相对频率=该用法正确用例数/不同用法用例总数，表中正确率用百分位表示。

本文在表3的基础上，分别计算了A1、A2、A3在不同阶段的正确使用相对频率均值，得出量词"个"3种用法的正确使用相对频率排序为：A1（平均值92.03%）＞A2（平均值3%）＞A3（平均值1.45%）；可见A1用法对二语学习者来说最为简单，最先习得；其次是A2；而A3用法最晚习得。

3.2 蕴含量表法

蕴含量表（Implicational Scaling）是二语习得研究领域的重要工具，主要用于计算二语学习者习得语言项目的先后顺序。本文将韩国汉语学习者量词"个"不同用法使用正确率（见表2）转化成二分变量（0,1），以是否大于0.8为分界线：将大于等于0.8的转换为1，视为习得；小于0.8的转换为0，视为未习得。A3用法在初级阶段并无用例，无法测算其正确率，本文也视为未习得。然后统计出"1"的数量，按照数量从右向左降序排列，由下到上升序排列，并标记出习得分界线。最终排列出如下蕴含量表矩阵。

表 4　量词"个"不同用法习得蕴含量表

项目	A3	A2	A1	Total
难 → 易				
高级	1	1	1	
中级	0	1	1	
初级	0	0	1	
Correct	3	3	3	9
Error	0	0	0	0
Total	21	12	3	

　　本文测算了该表的伽特曼再生系数（Guttman Coefficient of Reproducibility）以及可分级系数（Coefficient of Scalability），所得结果皆大于统计学规定的有效临界值，证明该表对学习者的习得顺序具有较强的预测性。在蕴含量表中，越往右的项目越容易习得。也就是说，量词"个"3 种用法的习得顺序排序为 A1＞A2＞A3。

　　将上述两种统计学方法测算的结果进行比较，我们发现，无论是正确使用相对频率法，还是蕴含量表法，最终得出的习得顺序是完全一致的，皆为 A1＞A2＞A3。这说明该习得顺序具有较强的科学性和可信性。

3.3　"个"的语法化顺序与习得顺序的关系

　　上文我们分析了"个"不同用法的习得顺序，在此基础上，本文进一步探究"个"的语法化顺序与习得顺序的关系。高顺全（2011）曾提出如下假设，语法化顺序与习得顺序具有很大程度的一致性。该假设认为，语法化是一个由实到虚的过程。而对于汉语学习者而言，具有实在意义的语言项目往往更容易习得，而语义抽象的语言项目是其较难掌握的部分。由此推断，习得顺序与语法化顺序存在一定相关性。如果该假设成立，我们就可以依据语法化顺序预测二语学习者的习得顺序，这对我们安排语言项目教学顺序、提高学习者学习效率有很大帮助。下面，我们将考察量词"个"的语法化顺序，并将其与上文得到的习得顺序进行对比，观察该假设是否具有普遍的适应性。

　　对于"个"的语法化顺序，前人早有研究。张谊生（2003）从共时、历时两个层面考察了"个"从量词到助词的语法化轨迹；陈云香（2007）详细论述了"个"在语法化过程中的句法语义功能演变以及其语法化的动因机制。下面本文将结合前人研究对"个"的语法化过程进行梳理。

"个"最早的词性是名词，指竹子，许慎《说文解字》的释义为"个，竹杖也"。到了先秦时期，"个"由名词借用为量词，但多与竹子相搭配。《荀子》《史记》等文献中都有对该用法的记载。在魏晋南北朝时期，"个"的称量范围进一步扩大，不仅可以量竹，还发展出了量人、量物的用法。唐代是"个"的用法发展变化最快的时期。首先，"个"的称量范围在先前基础上迅速扩大，既可以量人或物，又可以量时间、处所以及部分抽象名词。其次，"个"的语法形式和意义发生很大改变。它不再局限于修饰名词，而开始修饰动词、形容词。"个"的表量义也逐渐发生弱化。与"个"共现频率最高的数词"一"的省略使这种变化更加凸显。此时，量词"个"的语法化进程已经开始，"个"的用法从 A1 逐渐向 A2 过渡，语法意义由指量向指称转变。而随着时间推移，述宾结构的语义重心不断后移，结构关系向述补结构转变，A2 用法也就随之朝 A3 发展。此时，位于"述＋个＋补"结构中的"个"表量义进一步弱化，语法意义得到了最大程度的凸显，"个"的用法相当于汉语中的结构助词"得"。为了更直观地体现"个"语法化过程，本文将其绘制成图 1。

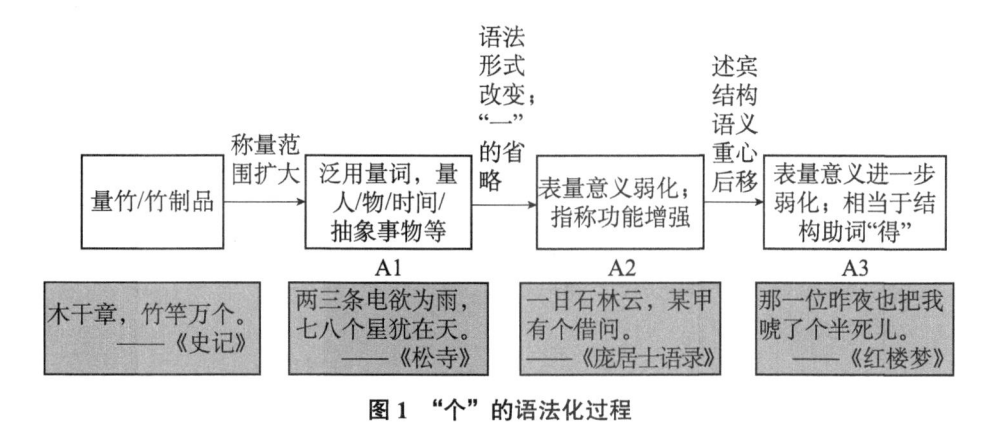

图1 "个"的语法化过程

将图 1 中呈现的语法化顺序与上文得出的习得顺序进行对比，我们发现，"个"的不同用法语法化顺序和习得顺序具有一致性，皆为 A1＞A2＞A3。该结论在一定程度上证明了用语法化顺序预测习得顺序的可行性；肯定了语法化研究对第二语言习得研究和对外汉语教学的积极意义。

4 韩国汉语学习者量词"个"偏误情况

通过上文对语料的统计，本文发现，在 30 万字语料中，"个"的偏误仅出现了 48 例，数量较少，不利于全面考察"个"的偏误情况。因此，本文将语料数量由原来的初级、中级、高级各 10 万字扩大为各 20 万字，从共计 60 万字的语料中检索到与"个"相关的语料 2 230 例，包括初级 772 例，中级 690 例，高级 768 例，并依据其中 102 个偏误用例来分析"个"的偏误情况。

为方便观察，本文将韩国汉语学习者在各个阶段学习量词"个"出现的偏误情况制成表 5。

表 5　量词"个"偏误分布

单位：个

	误代		遗漏	误加	总计
	误用"个"代其他量词	误用其他量词代"个"			
初级	28	4	7	15	54
中级	10	1	5	10	26
高级	4	0	5	13	22
总计	42	5	17	38	102

整体来看，韩国汉语学习者对量词"个"的掌握情况较好，出现偏误不多。偏误类型主要集中于误代、遗漏和误加。为了更清楚地看到"个"的偏误变化趋势，本文计算了不同阶段的偏误率并将其制成图 2。

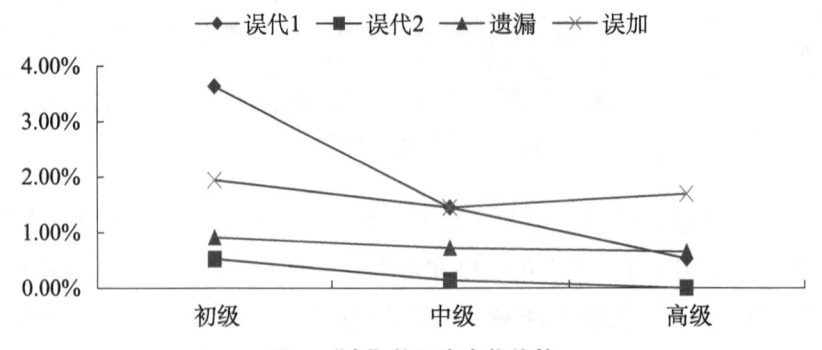

图 2　"个"偏误率变化趋势

从图2可以看出，"个"的偏误率总体上随着学习阶段的上升而递减。误代、遗漏类偏误皆呈现这种变化趋势，但误加类偏误稍有不同。从中级到高级阶段，偏误率不升反降。处于高级阶段的学习者，更注重追求语言的复杂性，不再对较难的用法采取回避策略，但对相关的知识掌握又不充分，出现的偏误随之增多也是正常现象。下面将进一步分析"个"的三种偏误类型。

4.1 误代

4.1.1 误用"个"代其他量词

表5数据显示，这类偏误一共出现42例，约占全部偏误的41.2%，是学习者使用量词"个"出现频率最高的偏误。汉语量词十分丰富，不同量词之间的色彩意义差别较为抽象，与名词的搭配关系较为复杂，二语学习者往往需要花费一段时间才能掌握。而"个"作为通用量词，使用频率高、范围广，是学习者最先学习的汉语量词。在初期掌握量词用法有限的情况下，学习者常常将"个"错误地应用到其他量词的搭配中。误用"个"代替其他量词的偏误主要可以分为以下两种。

一是误用"个"修饰集合名词。"个"作为个体量词，仅用于表示个体数量。而"水果"（见例1）是表示可食用含水量较多的植物果实的集合名词，在原句中与数量短语相搭配，表示"水果"的下位类名，用量词"种"来修饰更合适。二是误用"个"代替具有色彩意义的量词。汉语中有些名词与量词之间有选择关系，需要与特定的量词搭配表达色彩意义。比如例2中的"路"通常与"条"相搭配，例3中的"海"通常与"片"相搭配。这类量词可以更好地表现出搭配对象的形态。如果用"个"替代，不仅无法体现相应特征，而且会使汉语的独特的色彩和韵味大打折扣。

例1：[误]大家在冬天为了预防感冒，经常吃橘子、橙子等等，因为这两【个】水果含有很多维生素。（高级）

[正]大家在冬天为了预防感冒，经常吃橘子、橙子等等，因为这两【种】水果含有很多维生素。

例2：[误]我在一【个】路上一边说一边找卖饮料的地方。（中级）

[正]我在一【条】路上一边说一边找卖饮料的地方。

例3：[误]那【个】海既晶莹清莹又透明。（初级）

[正]那【片】海既晶莹清莹又透明。

4.1.2 误用其他量词代"个"

表 5 数据显示，这类偏误一共出现 5 例，约占全部偏误的 4.9%。进一步分析 5 例偏误，我们发现其与"种""次""位"与"个"的混淆有关。"个"和"种"在用法上有重叠，具体使用哪个需要结合上下文语境中进行判断。例 4 中的"重大事件"对应的是"我的家人一起坐在桌子前上吃肉"，单指一个具体的事件，应该用"个"修饰。"次"是动量词，表示动作的数量，用于修饰动词；而例 5 中的"假期"是名词，应改为用名量词"个"修饰。再看例 6，首先，名词"人"只能用量词"个"修饰，不能用其他量词代替；其次，"位"有表敬重的情感色彩，修饰的往往是受人尊敬的指人名词，如"一位老师""一位前辈"等。

例 4：[误]我的家人一起坐在桌子前上吃肉的情况是一【种】重大事件。（中级）

[正]我的家人一起坐在桌子前上吃肉的情况是一【个】重大事件。

例 5：[误]这【次】假期我要去云南，为的是开阔开阔眼界。（初级）

[正]这【个】假期我要去云南，为的是开阔开阔眼界。

例 6：[误]可是突然发现刚刚有【位】人把一瓶可乐扔下去了。（中级）

[正]可是突然发现刚刚有【个】人把一瓶可乐扔下去了。

4.2 遗漏

表 5 数据显示，遗漏类偏误一共出现 17 例，约占全部偏误的 16.7%。遗漏类偏误是指二语学习者在本该使用量词"个"的情况下漏用"个"造成的偏误。"个"的遗漏类偏误主要包括以下两种：一是在时间名词"月"前遗漏"个"。汉语中有这样一批词——年、月、日、天、星期、小时……这些词都与时间有关，学习者很容易认为它们用法相同。但事实上，它们用法差异很大，词性也并不一致。"月"是时间名词，必须加量词才能与数词结合；"天、分、秒"本身就是时量词，不能也不需另加量词；"星期、小时"是时间名词与时量词兼类，既可以加量词，也可以不加量词。对于汉语学习者来说，这些用法较为复杂，很容易产生混淆，一旦混淆就容易出现在时间名词"月"前"个"的遗漏现象（见例 7、例 8）。二是语义虚化"个"的遗漏。上文曾经提到，汉语中的"个"除了表量的 A1 用法，还有 A2、A3 用

法，这些是韩语中的"개"不具有的；母语的干扰加上"个"的语法意义本身较难掌握，最终导致了"个"的漏用。如例9，由于没有用"个"表示动量，该句的表意并不完整。

例7：[误] 我病了一阵儿，所以我休假休了6【】月。（初级）

　　　[正] 我病了一阵儿，所以我休假休了6【个】月。

例8：[误] 公务员的生活比较艰苦，而且一【】月的工资也不够。（高级）

　　　[正] 公务员的生活比较艰苦，而且一【个】月的工资也不够。

例9：[误] 那天小红给我打了【】电话。（中级）

　　　[正] 那天小红给我打了【个】电话。

4.3　误加

表5数据显示，误加类偏误一共出现38例，约占全部偏误的37.3%。误加类偏误是指二语学习者在本不需要使用量词"个"的情况下错误使用了"个"造成的偏误。"个"的误加偏误主要可以分为以下两种情况：一是在时量词"年"前误加"个"。上文曾经提到，"年"是时量词，可直接与数词构成数量结构。但由于学习者对其用法没有完全掌握，在"年"前误加"个"的情况经常出现（见例10、例11）。二是语义虚化"个"的误加。例12中的"个"需要去掉，原因在于原句仅把"照照片"当作事件进行陈述，并不需要添加"个"体现具体的动作信息。

例10：[误] 那样的情况下，我反省了上一【个】年生活中的错误。（中级）

　　　 [正] 那样的情况下，我反省了上一【】年生活中的错误。

例11：[误] 我来烟台已经一【个】年多了。（初级）

　　　 [正] 我来烟台已经一【】年多了。

例12：[误] 在船上夜里很多人在船上照【个】照片，有的年轻男女一对对
　　　　　　说着悄悄话密语交谈。（中级）

　　　 [正] 在船上夜里很多人在船上照【】照片，有的年轻男女一对对说
　　　　　　着悄悄话密语交谈。

5　结语

本文借助大规模语料库，考察了韩国汉语学习者量词"个"的使用情况及习得顺序，并对量词"个"的偏误情况进行分析，最终得出以下结论：首先，韩国汉语学习者对量词"个"的习得是有规律的，符合二语学习者的认知过程；其次，韩国汉语学习者习得量词"个"用法的先后顺序为 A1>A2>A3，且与"个"的语法化顺序完全一致；最后，量词"个"整体掌握情况较好，出现偏误不多，偏误类型主要有误代、遗漏和误加。

本文的研究存在诸多不足之处。由于时间和条件等各个方面因素限制，本文所搜集的语料数量有限，对语料的处理和分析也不够深入，未能全面地反映出韩国汉语学习者"个"的习得情况；此外，本文的研究成果未来如何应用于对外汉语教学领域、如何与相关教学策略相结合仍需我们进一步探索。

参考文献

[1] 陈云香. 汉语"个"的语法化研究 [D]. 成都：四川师范大学，2007.

[2] 高顺全. 多义副词"还"的语法化顺序和习得顺序 [J]. 华文教学与研究，2011（2）.

[3] 施家炜. 外国留学生 22 类现代汉语句式的习得顺序研究 [J]. 世界汉语教学，1998（4）.

[4] 施艳婷. 对外汉语教学中量词"个"泛化现象的偏误分析 [J]. 现代语文（语言研究版），2010（11）.

[5] 石毓智，雷玉梅. "个"标记宾语的功能 [J]. 语文研究，2004（4）.

[6] 王绍新. 量词"个"在唐代前后的发展 [J]. 语言教学与研究，1989（2）.

[7] 王重阳，王建民. 留学生量词"个"使用偏误分析及对外汉语量词教学策略 [J]. 科教导刊，2021（25）.

[8] 游汝杰. 汉语量词"个"语源辨析 [J]. 语文研究，1985（4）.

[9] 张谊生. 从量词到助词：量词"个"语法化过程的个案分析 [J]. 当代语言学，2003（3）.

动态助词"过"的偏误分析及习得顺序考察

胡楚欣（北京语言大学）

摘要： 动态助词"过"是汉语学习者较难掌握的语法点之一。本文统计了各阶段汉语学习者使用"过"的偏误情况，发现在初级阶段误加偏误率最高，中级和高级阶段则是遗漏偏误率较高。从习得顺序考察情况来看，"过1"的习得顺序要先于"过2"，含有"过1"的6类句法结构习得率也有所差别。
关键词： 动态助词"过"；偏误分析；习得顺序

0　引言

　　动态助词"过"的语法意义较为丰富，是汉语作为第二语言教学的难点之一。对于汉语者而言，动态助词"过"也是学习和使用过程中比较容易产生偏误的语法点。本文在前人研究动态助词"过"的基础上，总结了各阶段学习者使用动态助词"过"的偏误类型，并进行习得顺序考察，望能为该助词的对外汉语教学提供一定的参考。

1　现状综述

1.1　动态助词"过₁"的研究

　　动态助词"过"附加在动词或者形容词后，表示事情曾经发生或者行为动作已经完结。吕叔湘（1980）、孔令达（1985）、刘月华（1988）等学者把动态助词"过"分为"过₁"和"过₂"，孔令达认为两者表示不同的意义："过₁"用在动词或形容词之后，表示过去曾经有过这样的事情；"过₂"用于动词或形容词后，表示动作完毕。

1.2　动态助词"过"在大纲和教材中的体现

　　在《汉语水平等级标准与语法等级大纲》（1998）中，动态助词"过"

分别出现在甲级语法大纲和丙级语法大纲的语法点中。

【甲120】经历态：

1. 用动态助词"过"表示过去曾经发生这样的事情。

（1）我们去过长城。

（2）这本书我读过，很有意思。

2. 否定式是"没(有)……过"。

（3）我学过英语，没学过法语。

（4）我没有去过西安。

【丙304】

1. 表示动作或状态的结束。

（5）等我问过他再去买计算机。

（6）第一场歌剧已经演过了。

2. 形容词+过。

（7）你们不要说了，我也年轻过。

（8）他小时候胖过。

（9）二月下旬冷过一阵，这两天又暖和起来了。

从大纲中可以看出，表示经验意义的"过$_1$"出现的顺序要早于表示完成意义的"过$_2$"。在大多数的汉语初级教材中，对"过"的处理一般是放在动态助词教学的最后，符合循序渐进的编写原则。《博雅汉语·起步Ⅱ》第13课《一封信》的第四个语法点中首次出现动态助词"过"，对比讲解"过"的肯定及否定形式。《发展汉语》第一册第30课《我当过英语老师》首次出现动态助词"过"，其基本用法、疑问句、反问句用法均有涉及。动态助词"过"在《新实用汉语2》第22课《你看过越剧没有》首次出现并将其处理为生词，并给出"过"肯定、否定、疑问形式及例句，还从偏误分析的角度总结了"V+过+O"和"V$_1$……V$_2$+过"两种句型。但以上教材都没有对"过$_1$""过$_2$"的意义和用法进行区分。

2 偏误分析

本文的语料主要来源于"全球汉语中介语语料库"和"HSK 动态作文语料库"。初级阶段的语料出自前者,中级阶段和高级阶段的语料则是出自后者。经过筛选搜查,共收集到 875 条含有动态助词"过"的有效语料,我们从中找出错句进行偏误分析。

2.2 偏误类型统计与分析

2.2.1 初级阶段动态助词"过"的偏误统计

初级阶段含有动态助词"过$_1$"的例句共 275 条,正确句子 252 条,正确率为 96.4%;错误句子共 23 条,错误率仅为 4.6%。表 1 是初级阶段"过"的偏误类型及其偏误率统计。

表 1　初级阶段偏误率统计

偏误类型（初级阶段）	数量（个）	偏误率（%）
误加	10	34.5
搭配不当	6	20.7
"过"和"了"错误连用	6	20.70
和"了"混用	3	10.3
位置不当	3	10.3
遗漏	1	3.4

由此看出,初级阶段的汉语学习者使用动态助词"过$_1$"的正确率高,已基本掌握该词的用法;含有动态助词"过$_2$"的例句仅为个例,使用率低。

2.2.2 初级阶段动态助词"过"的偏误分析

（一）误加

初级阶段的学生由于对汉语助词的用法和意义没有真正掌握了解,加上母语知识的影响,动态助词"过$_1$"与动词自由组合,造出了很多误加或滥用"过$_1$"的语句。例子如下:

（1）我特别喜欢中国菜,从第一次我吃过中国菜时就习惯了。

（2）所以，令我难忘的是跟弟弟一起去过背包旅行。
（3）我每天坐地铁去过我的大学。

句子中有表示具体时间的状语如"第一次"等，动词后面不跟"过₁"，如例（1）；例（2）不是强调曾经经历过，也不应该用"过₁"；例（3）描述的是经常性事件，不能用"过₁"。

（二）搭配不当

有些副词、认知类动词、动词重叠式不能和"过₁"搭配使用。

（4）在太平我们坐船去太平湖，看看过很多新的事情，看过小猴子。
（5）来中国以前，我从来不想过学习汉语。
（6）他们认识过他们，他们是很好朋友。

例（4）的"看看"是动词重叠式，表示短暂持续义，不应用"过₁"。例（5）的否定词应用"没/没有"。例（6）中的动词"认识"是认知类动词，在句中表示持续的状态，其后不能加"过₁"。

（三）"过"和"了"错误连用

这一偏误是指在动态助词"过₁"后错误地添加了另一动态助词"了"，助词"了"变成了多余成分。

（7）在北京我也去过了天坛公园。
（8）因为我去过了上海几个月。
（9）以前也一个人去过了日本。

上述三个例句都是描述过去经历或体验过的事情，使用"过₁"即可，不需加上其他动态助词。出现这种偏误可能是受母语负迁移的影响，学习者把"过去经历"分解成"经历体"和"过去时"，因此用"过₁"表示经历体，用"了"表示过去时。

（四）和"了"混用

在初级阶段，学习者会把"过₁"和"了"混淆使用。因为"过₁"和"了"在语法意义上有相似之处，均可表示动作的发生。初级阶段的教材只是总结了"过"所适用的句型格式，并未对"过"和"了"的使用条件和限制条件进行讲解，未对"过₁"和"过₂"进行区分，学生未能真正了解"过₁"的用法，极易混淆。

（10）我以前性格不好，所以没参加了口语课的活动。
（11）我认为很多人考虑了这个问题，我也不是例外。
（12）从上星期四到上个星期天去过黄山。

"了"关注动作完成，"过₁"关注曾经发生，两者所关注的点不同。例（10）和例（11）表示过去经历或曾经（没）做过某事，应用"过"。例（12）表示"去黄山"这件事已完成，应该用"了"。

（五）位置不当

在运用动态助词"过₁"的过程中将其位置放错，是由学生不了解"过₁"所处的语法位置造成的。

（13）在韩国我从未吃柚子过。
（14）我四个月以前去过新西兰，也去过跟我哥哥见面，他住在新西兰。

"过₁"应该紧跟动词后，如若动词后有宾语，宾语应该放在"过₁"后面，例（13）的正确语序应为"吃过柚子"。当两个动词一起出现在句子中时，"过₁"应该放在末尾动词后，格式为"V₁+V₂+过₁"；如果最后的动词是离合词，"过₁"应放在离合词中间，例（14）应改为"去跟我哥哥见过面"。

（六）遗漏

初级阶段的学生由于刚学习汉语，对动态助词"过"的意义用法比较生疏，因担心出错而避免使用，造成遗漏。从收集到的语料中来看，遗漏偏误率较低。

（15）我来中国以后的我的感觉我从来没有去旅游（过）。

2.2.3 中级阶段动态助词"过"的偏误统计

在 HSK 动态作文语料库中，随机抽查出 300 条 HSK 水平为中等、含有动态助词"过"的语料，其中动态助词"过₁"使用正确的句子有 247 条，正确率为 82.3%；错句 53 条，错误率为 17.7%。含有动态助词"过₂"的例句有 2 条，1 条偏误。

表 2　中级阶段动态助词"过"偏误率统计

偏误类型（中级阶段）	数量（个）	偏误率（%）
误加	23	43.40

续表

偏误类型（中级阶段）	数量（个）	偏误率（%）
遗漏	19	35.80
搭配不当	5	9.40
和"了""到"混用	3	5.70
位置不当	2	3.80
"过"和"了"错误连用	1	1.90

中级阶段动态助词"过$_1$"的偏误率比初级阶段的要高，这可能是由于语料库不同、作文题目不同而造成的差异。但从整体上看，中级阶段的汉语学习者，对动态助词"过$_1$"的掌握情况和习得情况良好，但仍存在少量偏误。

2.2.4 中级阶段动态助词"过"的偏误分析

（一）误加

在中级阶段，误加"过$_1$"表现出多种主要偏误形式。

其一，"V+过$_1$+O"这一结构一般不能加"的"作定语来修饰其他成分。这一偏误形式错误率最高。

（16）最重要的就是你所做<u>过</u>的过程，而不是结果。

（17）跟同学或者朋友吵<u>过</u>架的时候，我批评她不承认自己的错。

（18）这些"安乐死"的问题是经常发生<u>过</u>的。

（19）我要写以前去<u>过</u>北京的时候寄给爸爸妈妈的信。

上述例句中动词后的"过"均为多余，正确改法是删掉动词后的"过"。

其二，不是所有讲过去的事情都可以用"过$_1$"。

（20）我上大学一年级时，一切都很新鲜，所以我不太想<u>过</u>家里的父母亲。

（21）那时，我利用暑假时间，自己一个人到中国的许多地方去<u>过</u>旅游。

例（20）、例（21）虽然都是描述过去的事情，但从"当时""那时"的角度来看，"想家里的父母亲""去旅游"不是过去经历的事，而是正在发生的事，所以不能用"过$_1$"。

其三，当句子中有"经常""一直""常常"等频率副词，强调动作行为经常发生或重复，动词后不能加"过₁"。

（22）"代沟"的问题，在我的生活中也经常发生过。
（23）在新闻报道中，常常听说过这"代沟"两个字。

其四，在讲述常识性的事情时，也不应该用"过₁"。

（24）人生中不可能一帆风顺，不遇见过困难或挫折。

（二）遗漏
在中级阶段，学习者对"过"的多种用法规则不熟悉，未能完全掌握，实际表达时不能很好运用，因此出现回避使用的情况，造成遗漏。

（25）"父母是孩子的第一任老师"，我觉得可能大多数人亲身体验过这一句话的意思。
（26）我母亲从来没有到外面去工作过。
（27）我和弟弟的女朋友一起出去过几次。
（28）他们之间很和气，所以从来没有吵过架。
（30）我看过这篇短文后，觉得有道理。

例（25）～例（28）都是属于遗漏动态助词"过₁"，例（29）是遗漏了表示完成意义的动态助词"过₂"。

（三）混用
在中级阶段，学习者主要是将动态助词"过₁"与助词"了""到"混用。例子如下：

（31）"代沟"，我们生活当中经常听过这个词。
（32）因此我利用这次休假去过好多地方。

例（31）中出现"经常"这一副词，因此动词后不能加"过"，应该将"听过"改为"听到"。例（32）表示"利用休假去好多地方"这件事的完成，而不是强调经历，应用"了"。

（四）位置不当
在中级阶段，动态助词"过₁"位置不当的偏误较少，造成位置不当这一偏误的原因主要是学习者不熟悉动态助词"过₁"应该放在离合词中间这一语法规则。

（32）她的父亲是留学过美国，所以他有西欧思想。
（33）当时，长安是世界大都市，我们日本人去长安留学过的人不少。

例（32）、例（33）的动词"留学"是个离合词，动态助词"过₁"应放在离合词中间。两个例句都应改为"留过学"。

（五）搭配不当

在中级阶段，搭配不当主要表现为两种形式：一是动词和动态助词"过₁"搭配不当；二是在"V+过₁（+O）"用错否定词。

（34）中国有一句话"老马识途"，意思是最好听专门研究的或经验过的人的意见。
（35）对他们来说，看的、听的、闻的都是没有经验过的。
（36）回顾过去已经度过过的假期，给我留下最深印象的假期还是今年元旦。
（37）我离开家乡很久，但是我一次也勿忘过父母的恩情和爱。

学习者也许是混淆了动词"经历"和名词"经验"，造成例（34）和例（35）偏误现象。名词后不能加"过₁"，应该把"经验"改为"经历"。例（36）应该把动词后的"过"删掉，因为本身就带有语素"过"的动词，自身就含有"经历"义，其后一般不需要再加动态助词"过₁"。"V+过₁（+O）"的否定式是"没/没有+V+过₁（+O）"，在前面还常常加"从来""过去"等词。例（37）应该把"勿"改成"没（没有）"方为正确。

（六）"过"和"了"错误连用

（38）我甚至想过了如果有一天我当母亲的时候，我难道不像他们？

2.2.5 高级阶段动态助词"过"的偏误统计

正确使用"过₁"句子有270条，正确率为91%；错句27条，错误率仅为9%。含有动态助词"过₂"的例句仅有3条，都是正确用法。表3是高级阶段"过₁"的偏误类型及其偏误率统计。

表 3　高级阶段动态助词"过"偏误率统计

偏误类型（高级）	数量（个）	偏误率（%）
误加	8	29.60
遗漏	12	44.40
位置不当	3	11.10
"过"和"了"错误连用	2	7.40
和"下""了"混淆	2	7.40

与中级阶段相比，高级阶段中动态助词"过₁"的一些偏误得到改善，没有出现动词和助词"过"搭配不当的现象，总体偏误率有所降低，遗漏变成偏误率最高的类型。

2.2.6　高级阶段动态助词"过"的偏误分析

（一）误加

高级阶段出现的误加类型，和初级、中级的类型基本一样，多了一个偏误类型：在动态助词"着"后加"过₁"，如例（39）。但整体来看，误加的偏误率有所降低。

（39）对于我这么贪玩的人来说，每一个假期我都没闲着过。

（40）今天第一次听过，而且没有体会过在完全没有声音的环境下生活。

（41）今年的寒假，我去过长期旅游。

（42）遇到过一点小事情的时候，会有部分人受不了精神上的压力，去选择自杀行为。

（二）遗漏

在高级阶段，遗漏的偏误率比误加要高，这从侧面反应学习者对"过₁"的用法规则还是有不确定的地方，会采取回避策略。造成例（46）这一偏误的原因，是学习者对"V+过₁"的另一否定形式——"不曾……过₁"不熟悉而造成的。

（43）从小孩子到现在我还没跟她说（过）"我爱你"。

（44）可能很多国家也遇到（过）这个大问题。

（45）来中国已经过了一年半的时间，我一次也没出去旅游（过）。

（46）我还不曾输（过）呢！

（三）混用

在高级阶段，仍旧存在动态助词"过₁"与助词"了"混用的现象，说明学习者对这两个助词的用法和意义区分得不好，教学时应加强对这两个助词的区分。

（47）这个态度，是可以从他留过的很多文章、诗词、书法作品中看到的。

（48）而且看过他们写着东巴文字的布。

例（47）"留过"应改成"留下"；例（48）结合上下午语境，"看过"应改成"看了"。

（四）位置不当

高级阶段的学习者，仍会犯中级阶段的错误，把动态助词"过₁"放在离合词后，造成动态助词"过₁"位置不当。

（49）他从来没跟别人吵架过。

（50）想起这几年，好久没有写信过。

"过₁"应放在离合词中间，例（49）应改为"吵过架"，例（50）应改为"写过信"。

（五）"过"和"了"错误连用

在高级阶段，这一偏误类型明显减少。

（51）我本来在越南学过了两年汉语。

（52）爸爸您曾经对我说过了"有意志者，什么事都能做得到"。

2.2.7 各阶段偏误类型对比

我们总结初、中、高三个阶段的偏误类型和偏误率，得出表4。可以发现，偏误类型随着学习阶段的深入而有所变化：在初级阶段，误加、搭配不当、"过"和"了"的错误连用这三类偏误较为常见；在中级和高级阶段，则是遗漏偏误较多。

表 4　各阶段动态助词"过"的偏误率对比

偏误类型	初级阶段 数量（个）	初级阶段 偏误率（%）	中级阶段 数量（个）	中级阶段 偏误率（%）	高级阶段 数量（个）	高级阶段 偏误率（%）
误加	7	28.00	23	43.40	8	29.60
遗漏	1	4	19	35.80	12	44.40
和"了"混用	3	13	3	5.70	2	7.40
位置不当	3	13	2	3.80	3	11.10
搭配不当	6	26.10	5	9.40	0	0
"过"和"了"的错误连用	5	21.70	1	1.90	2	7.40

3　动态助词"过"习得顺序考察

考察习得顺序需要先确定习得标准，学界常用的习得标准有二：一是准确率标准，二是初现率标准。准确率标准一般以百分比形式进行衡量，其计算公式为"正确使用次数/所有应使用的次数"（冯丽萍，孙红娟 2010）。准确率高的语法项目被视为先习得，准确率低的则被认为后习得，施家炜（1998）把 80% 的准确率作为习得标准。初现率标准是以某一个语法现象在中介语中第一次"有系统"的和"非公式化"的出现和使用作为参数来确定语法项目习得过程的开始（Pienenmann，1984）。此外，高顺全（2019）认为，在考察习得顺序时，也应将学习者的输出情况表现视为评价习得情况的标准之一，输出情况主要体现为输出频率、输出比例及输出分布这三方面。

综上，我们对动态助词"过$_1$"和"过$_2$"习得顺序分别进行考察，考察将从准确率情况、输出情况和初现情况三个方面展开。

3.1　动态助词"过$_1$"习得顺序考察

3.1.1　"过$_1$"准确率情况考察

准确率计算公式为"正确使用次数/所有应使用的次数"。表 5 是各阶段动态助词"过$_1$"的正确率情况考察。

表 5 各阶段动态助词"过₁"的正确率对比

	带"过₁"的语例（个）	正确用例（个）	正确率（%）
初级	275	246	89.50
中级	299	246	82.30
高级	297	270	91

不管在哪一阶段,"过₁"的正确率均超过 80%。根据施家炜（1998）"正确率达到 80% 即可视为习得"，可得出结论：在初级阶段时，学习者已能习得动态助词"过₁"的用法和规则，且掌握度较高。

初级阶段的正确率高于中级阶段，可能有以下两方面原因：一是初级语料和中高级语料来源不同，二是初级阶段所学的含有"过₁"的句法结构较为简单，学习者掌握较好。

3.1.2 "过₁"输出情况考察

在所收集到的语料中，我们发现汉语学习者所使用的含有"过₁"的句法结构主要是表格中的 6 类，表 6 是 6 类结构在初级、中级、高级阶段的输出情况。

表 6 六类句法结构在各阶段的输出率及正确率对比

含有过₁的句法结构	阶段	输出数量（个）	比例（%）	正确数量（个）	比例（%）
V+ 过₁+O	初级	148	48.50	135	91.20
	中级	129	37.10	109	84.50
	高级	133	44.80	125	92.60
V+ 过₁	初级	39	12.80	34	87.20
	中级	65	18.70	56	86.20
	高级	75	25.30	73	97.30
不曾/没/没有 +V+ 过₁	初级	41	13.50	37	90.00
	中级	52	17.00	40	77.00
	高级	90	30.30	82	91.10
离合词 + 过₁	初级	2	0.66	2	100.00
	中级	24	6.90	19	79.20
	高级	8	2.70	4	50.00

续表

含有过₁的句法结构	阶段	输出数量（个）	比例（%）	正确数量（个）	比例（%）
V+过₁+了	初级	16	5.30	10	62.50
	中级	8	2.30	7	87.50
	高级	2	0.70	0	0
V+过₁+数量补语+O	初级	8	2.60	7	87.50
	中级	7	2.00	6	85.70
	高级	7	2.40	6	85.70

"V+过₁+O"这一句法结构，在三个阶段的输出量都很高，占比在40%左右。否定式"不曾/没/没有+V+过₁"输出量排第二，在高级阶段输出量最大，达到30.3%。"V+过₁"的输出量排第三，输出量呈现由低到高的趋势。剩余三类句法结构"离合词+过₁""V+过₁+了""V+过₁+数量补语+O"输出量情况偏低，但正确率较高。

3.1.3 "过1"初现情况考察

根据 Pienemann（1998）的定义，初现率标准是指"一个结构第一次被系统运用"，运用就是实际用例输出。根据上一表格，我们发现，含有"过₁"的6类句法结构中，"V+过₁+O"的输出用例最多，为148例；"V+过₁"的输出用例为39例，否定式"没/没有+V+过₁+O"的输出用例为40例；其余结构的输出用例大多不超过10例。

在初级阶段，"V+过₁+O""V+过₁""没/没有+V+过₁+O"这3类含有"过₁"的句法结构输出量较高且正确率高（都达到80%以上），达到了初现标准。对比3类结构的输出量和正确率，得到下列结论：

输出量：V+过₁+O＞没/没有/不曾+V+过₁+O＞V+过₁

正确率：V+过₁+O＞没/没有/不曾+V+过₁+O＞V+过₁

剩余的3类句法结构输出量低，未达到初现标准。输出量和正确率对比情况如下：

输出量：V+过₁+了＞V+过₁+数量补语（+O）＞离合词+过₁

正确率：过₁+数量补语（+O）＞离合词+过₁＞V+过₁+了

3.2 动态助词"过₂"习得顺序考察

在我们所收集到的 875 条语料中，含有动态助词"过₂"的例句并不多，总共只有 5 句，其中正确用例有 4 句，中级阶段 2 句，高级阶段 3 句；错误用例只有 1 句，出现在中级阶段，其偏误类型为遗漏。例句如下：

（53）吃过了饭以后，我们到夫子庙去了。
（54）换过衣服，我们都迫不及待地跳下水了！
（55）吃过午饭后，我就跟堂妹及附近的小孩出游去了。
（56）休息过后，我们一起穿着滑雪衣及滑雪鞋子跑到滑雪场。
（57）我看（过）这篇短文后，觉得有道理。

前 4 句为"过₂"的正确用例，第 5 句为"过₂"的错误用例。

3.2.1 "过₂"准确率情况考察

表 7 "过₂"在各阶段的准确率统计

	带"过₂"的语例（个）	正确用例（个）	正确率（%）
初级	0	0	0
中级	2	1	50.00
高级	3	3	100.00

因为收集到含有"过₂"的语料较少，所以中级阶段和高级阶段的"过₂"准确率较高，这可能与语料总数较少有关。

3.2.2 "过₂"输出率情况考察

从前面收集到的含有"过₂"的 5 个例句来看，"过₂"主要出现的句法结构是"V+过₂+O"，这和"过₁"主要出现的句法结构一样。

表 8 各阶段含过₂的句法结构数量统计

含有过₂的句法结构	阶段	输出数量（个）	比例（%）	正确数量（个）	比例（%）
V+过₂+O	初级	0	0	0	0
	中级	2	40.00	1	50.00
	高级	2	40.00	2	100.00

续表

	初级	0	0	0	0
V+过$_2$	中级	0	0	0	0
	高级	1	20.00	1	100.00

"V+过$_2$+O"与"V+过$_2$"输出量和正确率对比情况如下：

输出量：V+过$_2$+O＞V+过$_2$

正确率：V+过$_2$＞V+过$_2$+O

3.2.3 "过$_2$"初现率情况考察

通过表 8 可知，初级阶段的汉语学习者还未能习得"过$_2$"，"过$_2$"在中级阶段才开始被使用，但输出量低，未达到初现标准。中级阶段和高级阶段"过$_2$"使用率低，这可能与汉语中有多种语法手段表示完成意义有关。学习者可以用其他更为熟悉的语法手段，如加助词"了"表示动作或行为的完成，因此"过$_2$"的使用率偏低。

3.3 动态助词"过"习得顺序总结

综合准确率、输出率和出现率来看，我们发现"过$_1$"的习得顺序要先于"过$_2$"，含有"过$_1$"的 6 类句法结构，汉语学习者也并不是能够全部都习得。习得情况较差或者说暂未习得的结构有"V+过$_1$+了""V+过$_1$+数量补语（+O）"和"离合词+过$_1$"这 3 类。习得情况较好的有"V+过$_1$+O""没/没有+V+过$_1$+O""V+过$_1$"这三类，"V+过$_1$+O"输出率和正确率最高，否定式"没/没有+V+过$_1$+O"输出率和正确率比"V+过$_1$"要高。因此，我们对动态助词"过"的习得顺序排列如下：

动态助词"过"两种意义的习得顺序：过$_2$＞过$_1$。

含有"过$_1$"的习得顺序：V+过$_1$+O＞没/没有+V+过$_1$+O＞V+过$_1$。

参考文献

[1] 杜朗.母语为阿拉伯语的留学生汉语动态助词"过"的习得研究 [D].合肥：安徽大学，2017.

[2] 冯丽萍，孙红娟.第二语言习得顺序研究方法述评[J].语言教学与研究，2010（1）.

[3] 孔令达.关于动态助词"过$_1$"和"过$_2$"[J].安徽师大学报（哲学社会科学版），1986（4）.

[4] 孔令达."动词性短语＋动态助词'过'"的考察.安徽师大学报（哲学社会科学版）[J]，1986（3）.

[5] 李晶晶.基于语言比较的汉语动态助词"过"的对泰教学研究[D].南宁：广西大学，2015.

[6] 刘月华.动态助词"过$_2$过$_1$了$_1$"用法比较[J].语文研究，1988（1）.

[7] 王媛媛.初级汉语教材中动态助词"过"的考察[C]//北京大学对外汉语教育学院.第七届北京地区对外汉语教学研究生论坛文集.北京：北京大学对外汉语教育学院，2014.

[8] 赵晓彤.外国留学生动态助词"着"、"了"、"过"习得偏误研究[D].哈尔滨：黑龙江大学，2015.

[9] 张成进，潘月.多功能介词"对"的二语习得顺序考察[J].外语研究，2020（3）.

[10] 张婷.留学生习得汉语助词"着、了、过"过程顺序研究[D].西安：西北大学，2013.

[11] 张雅文.初级阶段留学生动态助词"过"的偏误分析及教学建议[D].广州：暨南大学，2011.

[12] 张燕吟.准确率标准和初现率标准略谈.世界汉语教学[J]，2003（3）.

基于语料库的"很是"与"很为"的对比研究

孟杨（北京语言大学）

摘要： 本文将以"很是""很为"为例，对"程度副词+是/为"这一结构进行共时层面上的功能描写，总结了"很是""很为"的常见句式，发现"很是"其后的形容词出现频率较高的多是表达心理状态的形容词；"很是"在句中作谓语时倾向于靠近主语，"很为"倾向于远离谓语。

关键词： 很是；很为；程度副词

0 引言

"很是""很为"是一组在现代汉语中经常使用的词语，现有的研究多是对"很是"语法、语用、语义功能的讨论，以及对"很是"词汇化过程的讨论，较少有对"很为"的研究。一方面因为"很为"的在现代汉语中的使用频率远不如"很是"高；另一方面因为，"很为"尚未完全成词，仍是程度副词"很"与系词"为"的组合。

张谊生（2003）认为"很是"是一个限制性副词，用来表示程度。曾芳、宋艳旭（2006）一方面指出"很"和"是"都是表示强调的语气副词，同时也认为在某些句子中"很"应该还是程度副词，而"是"则为判断动词，但该文不承认"很是"的词汇化。温素平（2010）认为"很是"在一些情况下已经凝固成词，并与"是"相同，作为焦点标记词，前面加上"很"是对强调口气量级的确认。朱俊玄（2018）提出"很是"是在"很"搭配范围扩大与"是"虚化这二者合力的作用下形成的，具体有"很是1""很是2"两种形式。"很是1"为"限制性副词+是（形容词）"式跨层结构；"很是2"的词汇化程度较高，常修饰后接成分。长期以来，对于"很为"的研究较少。本文将在以上研究成果的基础上，在共时层面上，讨论"很是"与"很为"在用法上的异同。

本文中的现代汉语语料均来自北京语言大学 BCC 语料库，近代汉语语料均来自北京大学 CCL 语料库。

1 现象与观察

"很是""很为"用法上的不同首先与"是"和"为"的这两个类后缀有关。

"是"从历史上看,是从指代词发展为判断词(王力,1958;Li & Thompson 1977),又从判断词发展为焦点标记(石毓智,2001)。判断词"是"衍生出的主要语法功能为焦点、强调和对比(石毓智,2005)。汉语中存在单音程度副词与"是"的组合,如"很是、最是、极是、甚是",这些双音副词尚未被《现代汉语词典》收录,但已经具有词汇化的特征。这种双音结构一般没有歧义切分,二者组成一个音步,中间没有语音停延。

1.1 "是"的四种语法范畴

"是"有四种语法范畴,分别是判断、焦点、强调、对比(石毓智,2005)。当"是"受程度副词修饰时,其表达的语法范畴受到限制,只能表示判断和强调,在"是"表示焦点和对比的意义时,不可以作为类后缀出现在程度副词的后面。因此,"程度副词+是"这一结构中的"是"有两种语法范畴分别是判断和强调,相比程度副词后直接组合NP/AP/VP等其他成分,"程度副词+是"这一结构可以表示判断,并且加强语气。与同样表示判断的"是的句"相比,句式更加凝练,语气更加强烈。如:

(1)"是"表示判断。

表1 "是"表判断的情况

"是的句"表判断	"程度副词+AP"表陈述	"程度副词+是+AP"表判断加强语气
猴子/是很聪明的。	猴子/很聪明。	猴子/很是聪明。
这辆车/是最好的。	这辆车/最好。	这辆车/最是好。

(2)"是"表示强调,可以加程度副词,加强语气,如:
这样做/是很危险的。这样做很危险。这样做/很是危险。
(3)"是"表示焦点,不可加程度副词,如:
我们看到的/是一只兔子。*我们看到的/很是一只兔子。

（4）"是"表示对比，不可加程度副词，如：

她主要是心灵上的伤害而不是经济上的。*她很是心灵上的伤害而不是经济上的。

表示判断和强调的"是"，前面可以加程度副词；表示焦点标记和对比标记的"是"，前面不可以加程度副词。

1.2 "为"的语法化过程

汉语中"为"可作为构词语素参与双音节构词，可以附于单音副词后构成双音节"X为"，如"很为""最为""颇为""极为""更为""尤为""较为"，等等。"为"在上古汉语中经常用作行为动词，其意义大致可分为三类，分别是动作动词、抽象动词、主观动词，后来经过进一步虚化引申为判断系词（王兴才，2010）。"为"经历了语法化的过程，通过结构层次的重新分析，"为"由实词转向构词语素从而进一步虚化为副词后缀。

"为"作系词的用法早于"是"作为系词的用法，董希谦先生指出："在魏晋隋唐时期判断句有很大发展……从散文到韵文，从书面到口语，系词'是'组成的判断句已经完全处于主导地位。""为"字判断句的存在说明"是"字判断句与"为"字仍有用法上的细微差别，导致"是"字判断句与"为"字判断句同时存在。

意义上，"为"与"是"存在着功能差异：一方面"为"侧重于主观评价与判断，"是"倾向于客观陈述和确认；另一方面"为"的书面色彩较浓，"是"的口语性较强。所以同时存在"程度副词+是/为"的两种结构，结构不同则用法不同，本文将以"很是""很为"为例，对"程度副词+是/为"这一结构进行共时层面上的功能描写，揭示"很为""很是"用法的异同。

2 近代汉语中的"很为""很是"

2.1 清代文献分布

在 CCL 语料库进行检索后发现，古代汉语文献中未发现"很为""很是"的用例，清代文献中才逐渐出现，"很为"出现用例分布如下。

表 2 "很为"用例分布

语料来源	很为+NP	很为+AP	很为+VP	合计（个）
《曾国藩家书》		很为可怜		1
《孽海花》		很为严切、很为整齐、很为适意、很为不快、很为着急		5
《小五义》		很为开心、很为高兴		2
《彭公案》		很为热闹、很为殷切		2
《文明小史》			很为恳切、很为扫兴、很为动容	3
《施公案》			很为赞成、很为烦恼	2
《济公全传》		很为得意		1
《续济公传》		很为阔式、很为不弱	很为有理、很为讲究、很为有味	5
《老残游记》			很为安逸	1
合计（个）		13	9	22

清代文献中共有九部出现了"很为"，其中尚未出现"很为+NP"的用法，"很为+AP"超过一半。这种用法中的"很为"仍是程度副词"很"与判断系词"为"的组合，去掉"为"后不影响意义的表达，加上"为"有增强判断语气的作用，相当于"十分""非常"。如：

（13）旨意<u>很为严切</u>，交两江总督查办。(《孽海花（上）》)

（14）这家人家，过的日子<u>很为安逸</u>。(《老残游记》)

（15）我哥哥亦<u>很为赞成</u>，也曾与卫生微露其意，卫生也颇情愿。(《施公案（三）》)

表 3 "很是"用例分布

语料来源	很是+NP	很是+AP	很是+VP	总计（个）
《红楼梦》	1			1
《彭公案》		5		5
《老残游记》			1	1
《文明小史》		1	1	2

续表

语料来源	很是 +NP	很是 +AP	很是 +VP	总计（个）
《聂海花》		8	1	9
《官场现形记》		1		1
《小五义》	2		2	4
总计（个）	3	15	5	23

"很是"后加名词、形容词、动词这三种用法都在清代文献中出现了，修饰形容词明显多于名词和动词。这时的"很是"尚未词汇化，属于程度副词与表示判断的"是"组成的偏正结构，意义相当于"十分""非常"。例如：

（16）众人都知贾母所行之令必得鸳鸯提着，故听了这话，都说"很是"。(《红楼梦》)

（17）很是英雄气派。(《小五义》)

（18）且说那会元公正在老等，忽见潘公出来，面容很是严厉。(《聂海花》)

（19）却见屋里一个雄赳赳的日耳曼少年，金发赫颜，丰采奕然，一身陆军装束，很是华丽。(《聂海花》)

2.2 民国文献分布

通过检索北京大学 CCL 语料库，我们得到民国文献中"很为"的语料共 204 条，"很是"的语料共 1 426 条。"很是"与"很为"的用例数量开始出现明显的差别。这一阶段"很为""很是"后的名词、形容词、动词十分丰富，表示心理活动的动词、形容词较多，如"很是气愤、很是感动"等。其后大多是双音节的。

（20）韦氏见状，很为气愤，便唾骂他。(《古今情海》)

（21）原来玉玲姑娘的做人，平日很为和气，所以村里大大小小的人，没一个不喜欢她的。(《明代宫闱史》)

（22）李纲亦奉诏到来，两人涕泣而言。高宗倒也很为感动。(《宋代宫闱史》)

（23）我原打算明日动身的，又累老哥跑了一趟，我心里很是不安。(《侠

义英雄传》)

（24）这个青阳人的宫女，姓徐名唤翠琴，为人<u>很是伶俐</u>，尤其是善侍色笑。(《明代宫闱史》)

（25）尤氏只当是皇帝纪念旧好，仍来召幸了，芳心里<u>很是安慰</u>。(《明代宫闱史》)

3 分布与搭配

副词最重要的功能就是在句中充当谓词性成分的修饰成分，程度副词的语义特征是表性质状态的程度或动作行为的程度，其后的谓词性成分可以是 NP、AP、VP。汉语史上，由于作系词的"为"与"是"产生时代不同，其语法化的过程也不相同，因此，下文将以"很是""很为"为例，对比"程度副词 + 是 / 为 +NP/AP/VP"这一结构后面的谓词性成分的不同。

"很是""很为"可以用于以下五种句法格式：

A 式：很是 +NP；很为 +N+VP

B 式：很是 +AP；很为 +AP

C 式：很是 / 很为 +VP

D 式：很是 + 致使结构

E 式：很是 + 动宾短语

3.1 "很是 +NP"和 / 与"很为 +N+VP"

"很是 +NP"在 BCC 语料库的 643 条结果中，出现频率排名前五位的名词是"时候""美味""风光""问题""气派"。这些名词有两种情况需要区分：

第一种，如"很是风光、很是气派、很是中国、很是绅士"；

第二种，如"很是时候、很是问题"。

（26）和小丽最初的想法一样，很多人都认为导游的工作<u>很是风光</u>。

（27）你的表态很恰当，也<u>很是时候</u>。

（28）他之前想自己去马来西亚的，但语言<u>很是问题</u>。

名词一般不受程度副词的修饰，但若是描述事物性质或状态的名词，并且这种词汇或短语已经约定俗成，则可以前加副词，比如："很是 / 绅士""很是/中国",这里的"绅士""中国"并不表示名词本身的含义,而是引申为具有某种特征;当其后是普通名词或时间名词,"*很时候""*很问题"不可以直接说,但在其中加入"是",有强调焦点、加强语气的作用,在口语中则使用较多,第二种情况相当于程度副词"很"修饰谓词短语。

再看"很为+N+VP",如下:

(29)她是<u>很为读者欢迎</u>的人。
(30)他<u>很为战友高兴</u>。
(31)黑板报在以前<u>很为人们重视</u>。

当 NP 是普通名词,"很是+AP"不可以替换成"很为+AP","为"在普通名词前的意义比较灵活,在这里有"受到""被""替"的意思,如:

(29)她是很为读者欢迎的人。——她是很受读者欢迎的人。
(30)他很为战友高兴。——他很替战友高兴。
(31)黑板报在以前很为人们重视。——黑板报在以前很被人们重视。

"为"是判断系词,它与单音副词组合而形成状动结构,其属于句法层面的自由组合,尚未凝结成双音副词"X 为"(2010 王兴才)。

3.2 "很是+AP"和/与"很为+AP"

程度副词后加形容词主要是为了强调性质状态的程度深。"很是+AP"在 BCC 语料库的 6 004 条结果中,频率排名前五位的形容词是"高兴""开心""激动""得意""兴奋",均表示心理活动;"很为+AP"在 BCC 语料库的 122 条结果中,频率排名前五位的形容词是"重要""得意""高兴""惊讶""不利"。除了表示心理活动的动词,还出现了表示事件状态的形容词"重要""不利"。在语料库的检索结果中,我们可以看出"很是+AP"的使用频率远远高于"很为+AP",这是因为,当其后为形容词或形容性短语时,"是""为"不再是判断系词,而是与其前的副词凝结为"X 为""X 是"。"X 是"发生词汇化的时间离现在比较近,因而其内部组合关系还比较透明,所以还可能被有些人看作词组(董秀芳,2004)。在双音化背景的影响下,"很是""很为"与双音形容词组合,在表达上加强语气,丰富日常表达,与其相似的表达方式"是……的"句相比之下则更加凝练、更加新颖别致。如:

（32）通过学习，我脑子开了窍，回忆起过去几个月的"内战"<u>很是痛心</u>。

（33）韦祖生的笑容"十分自信"，韦林艳的笑脸"<u>很是灿烂</u>"。

（34）陈先生兴致来了，谈起了诗词。他说毛泽东的"万里长江横渡"<u>很是精妙</u>。

（35）在段竞看来，"投桃报李"<u>很是相宜</u>，至于对党和人民的事业会造成什么危害，他是不在乎的。

（36）现已76岁的泰拉松依然生气勃勃，言谈幽默风趣，对于18年后重返中国再度导演《卡门》<u>很为兴奋</u>。

（37）贵报目前刊登的《中国新移民六大幻想》<u>很为切实</u>。

（38）中央美术学院的师生已给该公司设计了<u>很为美丽</u>的富有东方民族色彩的花样。

（39）上海队的亚军梦已破灭，跻身三甲的形势也<u>很为严峻</u>。

3.3　很是 / 为 +VP

在程度副词后加谓词，主要是为了强调动作的真实性。"很是+VP""很为+VP"之后的动词可以分为两种情况，一类谓词可以放在"很是""很为"之后，一类不可以。如下：

＊很是说；＊很是认为；＊很是中毒

＊很为说；＊很为认为；＊很为中毒

＊很是用心；很是勤奋

＊很为用心；很为勤奋

动作行为有程度区别时，可以用"很是"或者"很为"修饰，没有程度区别的一般动词不能用"很是""很为"修饰，如"中毒""说""认为"。

3.4　很是 + 致使结构

这种结构的句法格式为"很是+V1+O/S+V2"，其中的 V1 是半虚化的致使动词，比如"令""让""使"，主要是引介其后的兼语，O/S 既是 V1 的宾语又是 V2 的主语，比如：

（40）他对待小侄女的行为<u>很是令人感动</u>。

（41）年长者说，往下竟有两条线危在旦夕，很是令人吃惊。

（42）这种长途坐车很是让人难受，特别是弟弟妹妹们更是苦不堪言。

"很为"其后不可加致使结构，比如：

* 很为令人感动

* 很为令人吃惊

* 很为让人难受

3.5 很是 + 动宾短语

这种结构的句法格式为"很是 +V+ 了 +O"，其中的动宾短语一般是三字格的固定短语，V 一般是单音节动词，如"动脑筋""费功夫"，其中可以插入"了"，表示完成。

（43）他很是动了番脑筋。

（44）桌子对面，她母亲精致的发型很是费了一番工夫打理。

"很为"后不可以加动宾短语，比如：

（43）* 他很为动了番脑筋。

（44）* 桌子对面，她母亲精致的发型很为费了一番工夫打理。

4 "很是 / 很为 +NP/AP/VP"的句法功能

"很是""很为"都可以修饰名词、动词、形容词，并与这些成分一起充当谓语、定语、状语和补语。

4.1 充当谓语

（45）那天下午，河上很是明媚，草地绿油油的，树木的颜色仍旧很美。

（46）她自己也很是机警，远远地看到有行路的人走了过来，立刻回转身来，依然向回家的路上走去。

（47）那天晚上对马丁很为重要，因为他晚饭后遇见了罗司·布里森登。

（48）杨杏园倒很为诧异，她为什么有信不直接寄我，要转交过来呢？

"很是"与"很为"在充当谓语，"很是"更倾向于向主语靠拢，"很为"更倾向于远离主语，既在主语与"很为+NP/AP/VP"中常常插入介宾短语，常见句式如，S+对/对于+O+很为+NP/AP/VP。

（49）他对于自己的"尊荣"很为敏感，他甚至自己也信以为真了。

（50）一些政府机关对此活动很为积极；工业部门也满怀热情地增加和鼓励这一事业。

（51）而且公社化以后，对李顺大很为有利。

相比之下，"很是+NP/AP/VP"与主语之间很少插入其他成分，是直接表示主语的性质或状态。"很是"后的形容词或形容词短语多是表达人的心理状态，因此，主语一般是人称代词或是人名。除此之外，还有常见句式如，"S+心里+很是+AP"，"很是"在句中的意义近似"十分"，不可以替换为"很为"，不可以删去。

（52）杜·洛瓦没有想到是她，心中很是高兴。

（53）它在我家吃了很多苦，我心中很是歉疚。

（54）重读那些批语，心中很是感慨，不由得恨"文化大革命"断送了我的锦绣前程。

4.2　充当定语

"很是""很为"都可以较为自由地充当定语。

（55）一个看样子很是稳重的中年干部说："小乔，少说两句吧。"

（56）在作者的眼中，一切东西，甚至包括那些看起来很是神圣的东西。都可以成为调侃的对象。

（57）对此，顾长声、杜石然等在他们的著作中及傅兰雅等传教士在他们的撰述里，实际上已经提供了很为详尽的资料。

（58）马丁表示欢迎，并用了很为流畅优美的言辞向两人祝贺。

4.3　充当状语

"很是""很为"都可以较为自由地充当状语。

（59）接着，他很抱歉地叼住烟，很抱歉地点火，然后很是抱歉地朝着屋子的角落喷出一口烟。

（60）阿仁的儿子很是麻利地从灶边临时找来了一个完成这项神圣任务所需的大水桶。

（61）连孔沁梅校长都很为感慨地说，李青茹老师像时钟一样地准确。

（62）"啊！"对方很为吃惊似地轻叫一声。

4.4 充当补语

常见句式如"S+V+得+NP/AP/VP"，此时，"很为""很是"的意义都近似"十分"，加强语气。

（63）他真实而生动地记述和描写了当时文人相交的一些情况，文章写得很是精辟。

（64）新鲜的鱼味让康达吃得很是过瘾，他连骨带刺地吞下去。

（65）在众多施工队伍中，上海电信工程公司干得很为突出。

（66）自鹊江（大通）到宜城（安庆）这一大片段的文字，我自觉写得很为得意。

只可用"很是"，不能用"很为"的句式是"S+看/见/听+了+很是+AP"。

（67）白莉朵拉夫人所遭受的苦难，姑娘们听了很是心酸。

（68）您刚才那样开诚布公的说话，我听了很是高兴。

（69）她的一双眼睛显得那样单纯，奥塞·皮博迪看了很是高兴。

5 "很是/很为+NP/AP/VP"的语体风格

"很为"一般用于书面语，"很是"既可以用于书面语也可以用于口语，因此在一些非正式表达中，不可以用"很为"。

第一，"很是+NP/AP/VP"后是形容词的比喻用法时，可以用"很是"表达程度，不可以用"很为"。

（70）6月27日傍晚日落以后，西方的天空中很是"热闹"。

*6月27日傍晚日落以后，西方的天空中很为"热闹"。

（71）李汉卿很是"够朋友"，很快就与张国胜达成了协议。

*李汉卿很为"够朋友"，很快就与张国胜达成了协议。

第二，"很是 +NP/AP/VP"可以用在对话中加强语气，"很为"不可以。

（72）我今天心情很是不好。

*我今天心情很为不好。

（73）我发现咱俩的口味很是一致啊！

*我发现咱俩的口味很为一致啊！

6 结论

综上所述，从搭配功能来看，"很是""很为"都可与名词、形容词、动词搭配，且受韵律影响，大部分与双音节词搭配。"很是""很为"的常见句式中，以"很是 +AP""很为 +AP"为主。"很是"后的形容词出现频率较高的是表示心理状态的；"很为"除了搭配表示心理状态的形容词，还搭配表示事件重要程度的形容词。在句法功能方面，"很是""很为"在句中都可以充当谓语、定语、状语和补语等一般性谓词成分。在充当谓语，"很是"倾向于靠近主语，"很为"倾向于远离主语。语体风格方面，"很是"适用于口语，"很为"适用于书面语。

参考文献

[1] 巴丹 . 极性程度副词"极其"与"极为"[J]. 汉语学报，2011（2）.

[2] 单韵鸣 . 副词"真"和"很"的用法比较 [J]. 汉语学习，2004（6）.

[3] 董希谦 . 古汉语系词"是"的产生和发展 [J]. 河南大学学报，1985（2）.

[4] 董秀芳 ."是"的进一步语法化：由虚词到词内成分 [J]. 当代语言学，2004（1）.

[5] 董秀芳 . 词汇化：汉语双音词的衍生和发展 [M]. 成都：四川民族出版社，2001.

[6] 吕佩 . 现代汉语后附缀"是"及其附缀结构"X 是"研究 [D]. 上海：上海师范大学，2019.

[7] 石毓智，汉语语法化的历程 [M]. 北京：北京大学出版社，2001.

[8] 石毓智 . 论判断、焦点、强调与对比之关系："是"的语法功能和使用条件 [J]. 语

言研究，2005（4）.

[9] 王兴才. 副词后缀"为"的形成及其类推范围 [J]. 古汉语研究，2010（2）.

[10] 向德珍，牛顺心. "最为"与"最是" [J]. 湛江师范学院学报，2006（5）.

[11] 徐志林. "最为"：跨层非短语结构的词汇化：兼论"×为"类副词的词汇化现象 [J]. 广东第二师范学院学报，2012，32（2）.

[12] 朱俊玄. "很是"的词汇化 [J]. 汉语学报，2018（2）.

马来西亚华文小学汉语传承语与外语学习者书面表现的对比分析

曹 娜 张馨予 黄建通 曹贤文（南京大学）

摘要：本文从复杂度、准确度、流利度三个维度，对马来西亚华文小学汉语传承语与外语学习者的书面表现进行对比分析。统计结果显示，在平均T单位长度、零形成分数量、复杂并列结构数量、复杂名词短语数量、主谓短语做句子成分数量、词汇难度、词汇变化度七项复杂度指标，句法、词汇、汉字三项准确度指标，以及汉字、T单位产出率两项流利度指标方面，两类学习者均存在显著差异。分析结果表明，以上十二项指标可以有效区分初级阶段汉语传承语学习者与外语学习者的语言表现特征，同时对如何针对两类学习者的语言表现差异，采取针对性的有效教学措施具有启发作用。

关键词：汉语传承语学习者；汉语外语学习者；书面表现；CAF分析

1 引言

随着中国经济的腾飞和国际影响力的提升，世界各地学习汉语的人数不断增长。从当前国际中文教育的实际情况来看，教学对象主要为两大群体：华裔学习者与非华裔学习者，或者根据语言教学的性质更准确地说，汉语传承语学习者与外语学习者。针对这两大群体的教学，分别称为"汉语作为传承语教学"（teaching Chinese as a heritage language）与"汉语作为外语教学"（teaching Chinese as a foreign language）（曹贤文，2021）。

关于上述两类学习者及相应的两类国际汉语教学特征的差异，吴星云（2010）、曹贤文（2014）、郭熙（2017）等做过较为详细的分析。概而言之，其差异主要表现在以下几个方面：入学时的汉语水平不同，汉语听、说、读、写各语言技能及汉字、发音、词汇、语法等语言要素的发展程度不平衡，对中国文化知识的了解不同、背景不同，学习动机和学习目的不同，交际需要与身份认知和认同存在差异，以及学习结果不同等。

近年来，汉语传承教育受到越来越多的关注。例如，《语言战略研究》2017年第3期和2021年第4期就华语教育与华语传承开设过两期专题研究，对一些重要问题进行了广泛讨论，取得了不少成果。不过迄今为止，大多数研究关注的是教学之外的家庭传承、社区传承、语言规划以及涉及学习者的动机、态度和身份认同等方面的课题（林瑀欢，2021）。针对教学方面，尤其是汉语传承语学习者与外语学习者的学习规律和语言特征的比较，尽管有少量研究开始关注，如李靖华（2019）、张鹏程（2019）等，但仍是较为粗线条的分析，缺乏聚焦两类学习者的具体语言表现所做的系统比较研究。本研究打算采用语言表现多维分析方法（曹贤文，2020），从复杂度、准确度和流利度等方面对汉语作为传承语与外语的书面表现进行比较考察。

2 研究设计

2.1 研究问题

（1）传承语学习者与外语学习者的汉语书面表现在复杂度、准确度和流利度等方面各自呈现哪些特点？

（2）两类学习者的书面表现有何异同？哪些指标可以有效区分两类学习者的书面表现差异？

2.2 语料来源

本研究的语料来源为马来西亚槟城州两所华文小学——光华小学和中山小学高年级华裔和非华裔学生的同题限时汉语作文，题目为"我的老师"。

写作要求：当堂写作，不查阅任何参考资料，写作时间为40分钟，完成后提交。

一共收集到118篇作文语料，其中传承语学习者（华裔学生）语料63篇，外语学习者（非华裔学生）语料55篇。笔者根据以下指标对所有语料进行划分和标记，标记完毕后用excel软件对所有语料数据进行列表统计，并将数据导入SPSS 26进行分析。

2.3 二语多维表现分析与测量指标

2.3.1 二语多维表现分析

二语习得研究自诞生之日起，就面临着一个重要问题：如何以客观、可量化的方式来评量学习者的二语表现。20世纪70年代，受到母语习得研究的启发，研究者们先后引入复杂度、准确度、流利度等概念和评量方法，对二语表现进行评量研究。通过深入讨论，研究者们逐步认识到：二语表现不是某个单一维度构成的，需综合多个维度进行评量。20世纪90年代，Skehan（1996；1998：5-8）首先提出，将复杂度（complexity）、准确度（accuracy）和流利度（fluency）结合在一起构成CAF三维体，作为二语多维表现分析方法用来综合评量二语表现。此后，引发了一系列采用CAF多维分析方法评量二语表现的研究。不过迄今为止，绝大多数研究都只是分析二语学习者的语言表现，鲜有采用CAF多维分析方法对传承语与外语学习者的语言表现进行比较分析，本文尝试从这一新的角度做些探索。

2.3.2 复杂度

二语复杂度测量通常包括句法复杂度和词汇复杂度两个方面。句法复杂度的测量指标很多，本研究选取平均T单位长度和零形成分数量两项粗粒度指标，以及复杂并列结构、复杂名词短语和主谓短语做句子成分（嵌入小句）的数量三项细粒度指标。粗粒度指标对句法结构进行整体性测量，如T单位长度；细粒度指标对具体语言结构进行精确测量，如复杂名词短语数量（吴继峰、陆小飞，2021）。本研究中的细粒度指标包括一项复杂并列结构和两项复杂嵌套结构所体现的复杂度。

（1）平均T单位长度

T单位长度是国外句法复杂度研究中最常用的指标。Hunt（1965）最早提出："T单位是在不留下任何句法不完整的残余片段的前提下，所能分割到的最小片段。"Hunt对T单位的界定是根据英语句子结构特点提出的，由于汉语和英语句子结构类型存在较大差异，T单位的划分标准也会有所不同。Jiang（2013）根据汉语的特点，提出汉语T单位的划分标准，"汉语的T单位是指包含一个独立谓语和其他附属小句或嵌入小句的独立主句"。按照该标准，汉语T单位实际上跟汉语语法学界的小句（邢福义，1997：13-

15）的概念和划分是一致的，也就是说，根据Jiang的划分标准，外语教学界通用的T单位在汉语中就相当于小句。具体操作如下：单句作为一个T单位；有两个及两个以上分句组成的复句，每个含有谓语的分句算作一个T单位；单句中的嵌入句不作为独立的T单位。例如：

①李老师是个特爱笑的人。（1个T单位）
②在我看来，黄老师是位知识渊博的老师。（1个T单位）
③我希望她能永远是我的级任老师。（1个T单位）

本研究T单位测量指标的计算方式为：

$$平均T单位长度 = 作文字数 / T单位个数$$

（2）零形成分数量

汉语作为主题突出的语言，如果名词成分与前述成分互指，成为已知信息，则容易产生零形成分。汉语中零形成分通常出现在主题、主语和宾语位置。Jin（2007）认为，在研究汉语作为第二语言的句法复杂度时，应当考虑学习者零形成分的使用情况。吴继峰（2018）的研究也显示，零形成分数量是汉语二语写作句法复杂度发展的有效测量指标。本研究中零形成分的划分采用Jin（2007）和吴继峰（2018）的标准。

（3）复杂并列结构数量

本研究中的复杂并列结构界定为联合复句各分句（小句）之间的并列关系，联合复句即"各句间意义上平等，无主从之分的复句"（黄伯荣、廖序东，2014：128），包括并列、顺承、解说、选择、递进复句。

（4）复杂名词短语数量

本研究复杂名词短语的操作定义采用吴继峰、陆小飞（2021）的界定。复杂名词短语指"复杂修饰语+名词中心语"，主要包括以下两类：第一类是"短语+名词"，短语在名词前做修饰语，例如"有才华的男生"。第二类是"多层定语+名词"，例如"一朵小红花"[①]。

---

① 吴继峰、陆小飞（2021）把"复杂修饰语+名词"结构分为三类，其中一类为"小句+名词"，例如"我们沿着海边一起散步的画面"。我们认为在汉语中这也是一类主谓短语充当定语的复杂名词结构，故把这一类结构并入"短语+名词"。

（5）主谓短语做句子成分数量

主谓短语是一种特殊的短语，带上一定的语调就构成主谓句，同时汉语主谓句还可以作为嵌套结构充当句子中的主、谓、宾、定、状、补六种成分，相当于一些文献中的附属小句或嵌入小句（Jiang，2013；吴继峰、陆小飞，2021）。例如：

④<u>梅花开放</u>是在冬天。（充当主语）
⑤这个人<u>心眼好</u>。（充当谓语）
⑥我知道<u>田中来自日本</u>。（充当宾语）
⑦这是<u>大家都很关心</u>的问题。（充当定语）
⑧他<u>上气不接下气</u>地跑过来。（充当状语）
⑨餐厅里吵得<u>什么也听不见</u>。（充当补语）

本研究统计主谓短语作为嵌入结构充当上述六种句子成分的数量。此外，也把兼语句作为主谓短语充当嵌套结构的一种特别用法计算在内。根据笔者的一线教学经验，主谓短语作为嵌套结构充当句子成分，一向是外国学生学习汉语的难点。

（6）词汇难度

词汇复杂度包括词汇难度和词汇变化度。词汇难度是反映适合主题内容的低频词汇在文本中所占的比例（Read，2000：200-201）。根据本研究所分析语料的情况，学习者的汉语水平整体较低，语料中的用词普遍较为简单。故参照《国际中文教育中文水平等级标准》，将每篇语料中非初等词汇占词汇总数的比例作为测量词汇难度的方法，具体计算方法为：非初等词汇数量/词汇总数。

（7）词汇变化度

词汇变化度衡量的是学习者语言产出用词的丰富程度，即用词是否富于变化，主要考察词汇重复率的高低。词汇重复率越低，说明用词范围更广，词汇变化度更高。本研究采用学界常用的 Uber index 来计算词汇变化度，公式中的 type（类符）是指一个文本中不同词种的个数，即重复出现的词只记为一个类符，token（形符）是指一个文本中所有词语的总个数（吴继峰，2016）。具体计算方法如下：

$$U=\frac{(logTokens)^2}{(logTokens-logTypes)}$$

在上述七项复杂度指标中，零形成分数量、复杂并列结构数量、复杂名词短语数量、主谓短语做句子成分数量四项指标的统计数据会受到文本长度影响。为了消除文本长度的影响，我们借鉴 Biber（2016）和吴继峰（2019）的处理方法，将测量数据进行标准化，把统计的原始频率数据标准化为每 500 字的使用频率。以"零形成分数量"为例，标准化后作文中每 500 字的"零形成分数量"的计算方法为：（作文中零形成分数量 / 作文总字数）× 500。另外三项指标数据的标准化处理方式与此相同。

2.3.3 准确度

本研究中的准确度从句法、词汇、汉字三个层面进行测量。Jiang（2013）在测量英语母语者汉语二语写作水平的效度时，发现无误 T 单位百分比可以有效区分出不同汉语水平。本研究中句法准确度的测量方法采用无误 T 单位比率值，具体测量方法为：每篇作文中无误 T 单位的数量 /T 单位总数数量。

词汇准确度为每篇作文中正确使用词汇总数与总词数之比。词汇错误分为选词错误和形式错误（Engber，1995）。选词错误主要指语义错误，主要是指易混淆词中的理性意义基本相同的词、有相同语素的词、母语一词多义对应的汉语词等（张博，2007）。形式错误主要是指含有错别字以及拼音替代的情况。由于形式错误纳入下面的汉字准确度进行计算，为防止重复计算，本研究在计算词汇错误时只考虑选词错误，即词义错误。具体计算方法为：1- 词汇错误总数 / 总词数。

汉字准确度是指每篇作文中正确使用汉字总数与总字数之比。错误汉字包括错字、别字与拼音代替的字。具体计算方式为：1- 汉字错误总数 / 总字数。

2.3.4 流利度

本研究中的流利度的测量方法参考曹贤文、邓素娟（2012）所采用的速度测量法，测量每分钟产出的汉字的数量和 T 单位数量。被试者每分钟的字数与 T 单位数越多，则其流利度越高。计算方法为：每篇作文总字数 /40 分钟；每篇作文 T 单位数 /40 分钟。

3 统计结果分析与讨论

3.1 复杂度统计结果分析

根据上述指标，我们对汉语作为传承语学习者组与汉语作为外语学习者组的同题作文语料进行统计分析。统计结果显示，传承语学习者组在平均 T 单位长度、零形成分数量、复杂并列结构数量、复杂名词短语数量、主谓短语做句子成分数量、词汇难度、词汇变化度等方面的表现均优于外语学习者组。进一步采用独立样本 T 检验方法对两组被试的七项数据进行显著性检验，结果显示，传承语学习者组与外语学习者组在各项指标上的显著性概率 P 值均小于 0.05，表明两类学习者的书面表达在七项复杂度指标上均存在显著差异，见表 1。

表 1 复杂度统计结果

测量指标	组别	个案数（个）	平均值	标准差	T 检验 P 值
平均 T 单位长度	传承语学习者组	63	19.280 4	3.918 0	.000
	外语学习者组	55	14.849 5	3.321 9	
零形成分数量	传承语学习者组	63	3.234 4	3.004 0	.000
	外语学习者组	55	1.411 8	2.475 1	
复杂并列结构数量	传承语学习者组	63	2.873 7	2.133 3	.011
	外语学习者组	55	1.777 7	2.482 5	
复杂名词短语数量	传承语学习者组	63	8.179 9	4.111 9	.000
	外语学习者组	55	3.431 0	3.648 3	
主谓短语做句子成分数量	传承语学习者组	63	5.757 4	3.500 2	.000
	外语学习者组	55	2.839 6	3.005 0	
词汇难度	传承语学习者组	63	.197 9	.051 8	.000
	外语学习者组	55	.152 4	.051 9	
词汇变化度	传承语学习者组	63	19.670 3	4.213 7	.000
	外语学习者组	55	15.854 5	4.519 1	

观察两组被试的语料，传承语学习者的作文篇幅要明显长于外语学习

者，对复杂句式掌握得比外语学习者好。统计数据显示，传承语学习者作文平均 T 单位长度显著长于外语学习者，能够使用相对复杂一些的句子，而外语学习者的作文主要以简单句为主，句子较短。

传承语学习者使用零形成分的数量显著多于外语学习者。外语学习者写作中很少省略主语或宾语，即便是同一主题下的分句，也通常不会省略主语或宾语。他们的作文中较多出现"我……我……"这种表达方式，以人称代词"我"作为文章每一句开头的较多。相比较而言，传承语学习者对汉语零形成分掌握得更好，对同一主题下分句中主语或宾语的省略运用得更好，如"她今年 38 岁，有一双水汪汪的大眼睛，有一头乌黑的长发，有一面（张）善良的脸"。

统计结果显示，传承语学习者与外语学习者对复杂并列结构的使用存在显著差异，传承语学习者对复杂并列结构的掌握显著优于外语学习者。外语学习者所掌握的并列结构往往是短语、词汇层面的，例如"您这么厉害又好的老师""她是一个美丽、聪明和坚定的老师"。传承语学习者对句子层面的并列结构相对掌握得更好些，如"他时常称赞我的美术作品，也称赞我的数学"。从语料可以发现，传承语学习者在写作中更常使用分句间的连词，如也、还、和等。

传承语学习者对复杂名词短语的使用也显著优于外语学习者。语料显示，外语学习者能掌握单个名词或形容词作定语的结构，如"他是好老师"。有一些外语学习者能够使用复杂名词短语作定语的结构，这一点与传承语学习者比较相似，他们大多能使用"多层定语 + 名词"这一类结构，如"他是一位很好的老师""陈老师有一个善良的心"。不过两类学习者均较少使用"短语 + 名词"这类结构，且使用的少数例子大多为主谓短语做定语的结构，如"我最爱的老师是马老师""她教书的方法"等。

传承语学习者使用主谓短语做句子成分这一结构显著优于外语学习者。主谓短语作为嵌套结构充当句子成分，是外国学生学习汉语的难点。根据语料分析发现，两类学习者对兼语句作为主谓短语充当嵌套结构的使用频率相对较高。如"她常常叫我们努力求学""老师让我天天开心地学习新知识""我要他教我们"，等等。除了兼语句外，两类学习者对主谓短语做宾语的结构使用频率也较高，如"我才知道我们的老师这么好""我希望老师可以永远生活得快快乐乐"，等。主谓短语做其他句子成分的用例则相对较少。

词汇复杂度包括词汇难度与词汇变化度。从语料中可以看出，传承语学习者作文中词汇的类符数明显多于外语学习者。传承语学习者具有一定的汉语背景，接触汉语的机会更多，因此书面表现中的用词更富于变化。两类学习者目前都处于汉语初级阶段，掌握的词汇都比较简单，多为初级词汇。不过传承语学习者的作文中偶尔会出现一些更高级的词汇，词汇使用也更复杂，他们有时甚至会使用到四字词语，如"文质彬彬""忠言逆耳"等。

3.2 准确度统计结果分析

统计结果显示，句法、词汇、汉字三个方面的准确度，传承语学习者组的表现均优于外语学习者组。进一步采用独立样本 T 检验方法对两组数据进行显著性检验，结果显示，两组被试在各项指标上的显著性概率 P 值均小于 0.05，表明两类学习者在准确度方面的表现均存在统计意义上的显著差异。见表 2。

表 2 准确度统计结果

测量指标	组别	个案数（个）	平均值	标准偏差	T检验P值
句法准确度	传承语学习者组	63	.8915	.1136	.000
	外语学习者组	55	.7435	.1736	
词汇准确度	传承语学习者组	63	.9848	.0163	.009
	外语学习者组	55	.9535	.0839	
汉字准确度	传承语学习者组	63	.9667	.0277	.000
	外语学习者组	55	.9185	.0631	

观察两组被试的语料，外语学习者对汉语句法、词汇、汉字的掌握均与传承语学习者存在显著差异。外语学习者的汉语水平较低，在汉语句法方面表现更薄弱，句子语序比较混乱，如"如果我不会做功课在学校""如果我受伤了，老师就会帮忙我放药在我的伤口"。从语料中也可以发现两类学习者频繁出现的共同点，可能是受到方言的影响，句子的谓语动词前常加"有"，例如"陈老师还（有）教导我们不要随便跟不认识的人聊天""我们（有）感谢光华的老师一直教导我们"。在词汇准确度方面，如前文所述，我们考察的是两类学习者的选词错误。从语料中发现，相比于传承语学习者，外语学习者更容易出现用词不当、词义误用等错误。例如"李老师很肥""李老师的高度很大"。传承语学习者选词准确度明显优于外语学习者。传承语

学习者的选词错误主要集中在量词方面，如"她有一面善良的脸""她有一个黑色的长发"。在汉字准确度方面，外语学习者作文中拼音代替汉字的频率较高，如"他叫我 nǔlì"；"我拿到好的 chéngjì"。并且他们的拼音也常出现一些错误，如"老师才会处 fá""我飞得 gèn 高的风"。传承语学习者用拼音代替汉字的情况比外语学习者少，不过也常出现错字、别字等情况，如"桃季（李）满天下""我们班去年常常受到表阳（扬）"。

3.3 流利度统计结果分析

统计结果显示，传承语学习者组每分钟汉字产出均值为 7.698 0，外语学习者组为 5.018 1，前者表现明显好于后者。在每分钟产出 T 单位均值方面，传承语学习者组为 0.396 8，外语学习者组为 0.336 3，也是前者好于后者。进一步对两组数据进行独立样本 T 检验，结果显示，传承语学习者组与外语学习者组之间的显著性概率 P 值均小于 0.05，表明两类学习者在流利度方面的表现均存在统计意义上的显著差异。见表 3。

表 3 流利度统计结果

测量指标	组别	个案数（个）	总字数	平均值	标准偏差	T 检验 P 值
汉字/分钟	传承语学习者组	63	19 399	7.698 0	3.622 4	.000
	外语学习者组	55	11 040	5.018 1	2.443 9	
T 单位/分钟	传承语学习者组	63	19 399	.396 8	.168 1	.037
	外语学习者组	55	11 040	.336 3	.139 4	

在流利度方面，本研究以每分钟汉字产出数和每分钟 T 单位产出数作为指标。测量结果显示，两组学习者在这两项流利度产出指标方面存在显著差异。根据语料观察，传承语学习者每分钟产出字数明显优于外语学习者。同时，由于传承语学习者的 T 单位长度明显长于外语学习者（参见前文表 1），两者之间每分钟产出的 T 单位数量虽然也存在差异，不过相差不算太大。

4 结语

本研究以马来西亚小学汉语传承语学习者与外语学习者为研究对象，从复杂度、准确度、流利度三个维度对其书面表现进行考察。统计结果显示，在平均T单位长度、零形成分数量、复杂并列结构数量、复杂名词短语数量、主谓短语做句子成分数量、词汇难度、词汇变化度七项复杂度指标，句法、词汇、汉字三项准确度指标，以及汉字、T单位产出率两项流利度指标方面，两类学习者均存在显著差异。统计分析结果也表明，以上十二项分析指标，可以有效区分初级阶段汉语传承语学习者与外语学习者的语言表现特征。

　　本文对汉语传承语与外语学习者的语言表现特征进行比较，揭示出两类学习者的汉语书面表现存在一定程度的差异。整体来看，汉语传承语学习者的语言表现优于外语学习者。通过加强对这两类学习者语言表现特点的分析和了解，可在国际中文教育实践中，特别是在目前广泛采用的这两类学习者混班教学实践中，采取差异化、有针对性的有效教学措施。例如，在句法方面，外语学习者常使用简单句，较少使用复杂句；在书写汉语句子时，外语学习者比传承语学习者更容易出现句法错误，对于汉语语法掌握得不如传承语学习者牢固。教师在教学中要更加注重对外语学习者的汉语语法教学。同时，也要注意两类学习者语法方面均存在的薄弱之处，比如复杂名词短语，两类学习者往往只会使用"多层定语+名词"这一类，很少使用"短语+名词"这一类，教师需要对这一方面加强教学及练习。两类学习者都频繁出现的错误也需要关注。如在句子的谓语动词前加"有"，教师要分析出现该错误的原因，进行针对性教学。在词汇方面，外语学习者的词汇积累不如传承语学习者，需要重视扩充词汇量，并注意用词是否得当，提高用词的准确度。传承语学习者在词汇方面的表现整体上优于外语学习者，但也有一些薄弱点，如应加强量词的辨析与准确使用。在汉字方面，两类学习者都需要加强对汉字的书写与使用。初级阶段的外语学习者依赖拼音，不仅要提高使用拼音的准确度，也要鼓励多练习写汉字，尽量减少用拼音代替汉字的情况。对于传承语学习者，要减少书写中的错字与别字，加强对同音异形字、形近字的辨别，提高书写汉字的准确度。

　　传统上，海外主流教育系统中的中文教学对象以非华裔外语学习者为主，华校和中文学校以华裔传承语学习者为主。现在，世界各地有越来越多的非华裔学生进入华校和周末中文学校，跟华裔学生一起学习中文（吴勇毅，2010）。与此同时，在海外当地主流教育系统中，汉语课堂中的华裔传承语学习者也日益增多。两方面的情况都说明，越来越多的汉语传承语学习者与外语学习者进入同一个中文教学项目一起学习。由于这两类学习者的家庭语言文化背景存在差异，一般来说，传承语习得始于家庭，而典型的外语学习则是从学校课堂开始的，因此，教学开始时两类学习者的语言水平不一致，听、说、读、写各项技能的发展情况也不尽相同（曹贤文，2014）。迄今为止，学界对国际中文教育的两大群体对象——传承语学习者与外语学习者的汉语学习特点仍缺乏清晰系统的了解。"祖语（传承语）学习不同于一般的二语学习，可惜的是我们在这方面还所知甚少。"（郭熙，2017）

  本文尝试对此做了一点探索，不过研究仍是初步的，本研究只是针对马来西亚华文小学的两类学习者的书面表现进行了比较，研究使用的语料来自小学生的同题限时作文。由于被试均为小学生，语料为汉语初级阶段的书面表现，未考察中高级水平两类学习者的书面表现，也未收集被试在不同环境下、不同主题的书面表现和口语表现，以进行更全面系统的对比分析。今后仍需对不同年龄、不同层次、不同国家和地区的两类学习者的语言表现进行更多比较研究，努力探索两类学习者及其中文学习的异同点。汉语传承语与外语学习者的语言表现分析，是分类研究国际汉语学习者特征及其汉语学习规律的核心课题，不但可以借此总结体现汉语特点的学习者语言表现分析方法，得出能够区别两类学习者语言表现特征的测量指标，完善汉语水平测量手段，也有助于针对不同学习者的语言表现特征和学习规律，创新国际中文教学方法，采取更有针对性的教学设计，助力国际中文教学质量稳步提升。

参考文献

[1] 曹贤文."继承语"理论视角下的海外华文教学再考察[J].华文教学与研究，2014（4）.

[2] 曹贤文.二语习得研究"需求侧"视角下的汉语学习者语料库建设[J].华文教学与研究，2020（1）.

[3] 曹贤文.国际中文教育研究探新[M].北京：北京语言大学出版社，2021.

[4] 曹贤文，邓素娟.汉语母语和二语书面表现的对比分析：以小学高年级中学生和大学高年级越南学生的同题汉语作文为例[J].华文教学与研究，2012（1）.

[5] 郭熙.论祖语与祖语传承[J].语言战略研究，2017（3）.

[6] 黄伯荣，廖序东. 现代汉语（增订五版）[M]. 北京：北京语言大学出版社，2011.

[7] 李靖华. 美国华裔、非华裔学习者汉语口语表达对比研究 [J]. 华文教学与研究，2019（3）.

[8] 林瑀欢. 海外华语传承研究综述 [J]. 语言战略研究，2021（4）.

[9] 吴继峰. 英语母语者汉语写作中的词汇丰富性发展研究 [J]. 世界汉语教学，2016（1）.

[10] 吴继峰. 语言区别性特征对英语母语者汉语二语写作质量评估的影响 [J]. 语言教学与研究，2018（2）.

[11] 吴继峰. 韩国学生不同文体写作中的语言特征对比研究 [J]. 语言教学与研究，2019（5）.

[12] 吴继峰，陆小飞. 不同颗粒度句法复杂度指标与写作质量关系对比研究 [J]. 语言文字应用，2021（1）.

[13] 吴星云. 美国大学华裔与非华裔学生中文习得差异及教学法探索 [J]. 华文教学与研究，2010（3）.

[14] 吴勇毅. 新时期海外华文教育面临的形势及主要变化 [J]. 浙江师范大学学报（社会科学版），2010（2）.

[15] 邢福义. 汉语语法学 [M]. 长春：东北师范大学出版社，1997.

[16] 张博. 同义词、近义词、易混淆词：从汉语到中介语的视角转移 [J]. 世界汉语教学，2007（3）.

[17] 张鹏程. 马来西亚华裔与非华裔褒贬义词语掌握度调查研究 [J]. 语言政策与语言教育，2019（1）.

[18] Biber D, Gray B, Staples S. Predicting patterns of grammatical complexity across language exam task types and proficiency levels[J]. Applied Linguistics, 2016(5).

[19] Engber C A. The relationship of lexical proficiency to the quality of ESL compositions[j]. Journal of second language writing, 1995(2).

[20] Hunt K W. Grammatical structures written at three grade levels[R]. NCTE Research Report,1965.

[21] Jiang W. Measurements of development in L2 written production: The case of L2 Chinese[J]. Applied Linguistics, 2013(1).

[22] Jin H G. Syntactic maturity in second language writings: A case of Chinese as a foreign language[J]. Journal of the Chinese Language Teachers Association, 2017(1).

[23] Read J. Assessing Vocabulary[M]. Cambridge: Cambridge University Press,2000.
[24] Skehan P. A framework for the implementation of task-based instruction[J]. Applied linguistics, 1996(1).
[25] Skehan P. A Cognitive Approach to Language Learning[M]. Oxford: Oxford University Press,1998.

泰国学习者汉语单双音易混淆词语特征及成因研究[*]

段清钒（北京语言大学）

摘要： 易混淆词语是面向汉语中介语所提出的概念，是指将汉语作为第二语言的学习者在使用汉语词语时发生混用的情况。本文基于全球汉语中介语语料库[①]中的泰国学生语料，从单双音词的句法分布及搭配分析其混淆情况，并进一步探析混淆原因。从内部原因看，发现汉语二语学习者在语义、韵律、语法及语体方面造成单双音的混淆。从外部原因看，汉语中的单双词在泰语表达中并非遵照汉语的单双表达，二者对译时存在差异，且教师在教学中并没有特别强调，因而造成混淆。

关键词： 泰国学习者；单双音易混淆词；韵律；语体

0 引言

留学生在使用汉语时，经常分不清单双音词在何种情况下使用。比如学生经常会出现这样的偏误：

（1）有一个秀才带着一个仆人去京城参加**考**，途中有一条水沟挡住去路。
（2）今天**考试**阅读与写作。

例句（1）当用"考试"而误用了"考"，例句（2）当用"考"而误用了"考试"。上例"考"与"考试"是一对易混淆词。张博（2007）指出，汉语二语者在使用词语时经常将词语 A 误用为词语 B，A 与 B 就是一对易混淆词，A 与 B 有可能只是 A 误用为 B，也有可能是 B 误用为 A，或者 A 与 B 互相误用。易混淆词这一概念面向汉语作为第二语言的学习者提出，不

---

[*] 本文在笔者的硕士论文基础上修改而成，论文写作过程中受到张宝林导师的悉心指导，在此谨致谢忱！毕业论文答辩时，各位答辩专家也提出了宝贵的意见，在此表示感谢。文中如有疏漏，概由笔者负责。

[①] 全球汉语中介语语料库，网址为 http://qqk.blcu.edu.cn/#/login。下文简称 QQK 语料库。

同于同义词、近义词的概念。张博（2007）指出同义词、近义词与易混淆词之间是交叉的关系，"同义词、近义词"是基于汉语本体的立场，是词语意义的聚合；而易混淆词是"站在中介语的立场，着眼于目的语理解和使用中的词语混淆现象并根据混淆的普遍程度归纳出来的词语类聚"。

泰国学习者易混淆词的研究中，赖玲珑（2018）对泰国学生新 HSK1-3 级易混淆词进行研究，得出"词形相近或部分语素相同类易混淆词"是三、四年级学习者最容易混淆的类型。陈奇周（2016）基于 HSK 动态作文语料库对泰国学生的语料进行筛选，根据分布范围广及误用频率高两个原则选出 61 组易混淆词。赖文采用问卷调查测试并确定泰国学生易混淆词，陈奇周（2016）从语料库中对泰国语料进行筛选，但上述文章对以单双音节为主的混淆词研究不够全面深入。陈文在"有相同语素而词义相近的易混淆词"这一小类中涉及到了单双音的易混淆词，比如"而、而且""可、可以""要、想要""自从、从""家、家庭""强、坚强"这几组词，但只是作为一个小类对其搭配进行简要分析，没有系统地进行分析。

于洋（2015）对不同母语背景下的单双音易混淆名词进行了研究，并从语义、句法、韵律和语体的角度分析其成因。但是该研究并未涉及对泰国学生的单双音易混淆名词的情况，且对其他母语背景的研究也只涉及名词，并未涉及动词形容词。阮氏诗美（2016）对越南学习者易混淆"收受类"单双音动词进行分析，但并未将单双音进行对应。

本文在全球汉语中介语语料库中发现，语料库中单双音的易混淆词较多，对其进行进一步的研究很有必要。对于泰国学生单双音易混淆词的情况，我们有如下问题需要探究：泰国汉语学习者高频易混淆词的语法分布情况如何？形成易混淆词的原因是什么？为解决以上两个问题，下文将首先确定高频易混淆词，探究高频易混淆单双音词的句法分布及搭配情况，并对其混淆原因进行多角度分析。

1 泰国学习者单双音的高频易混淆词的确定

本文基于 QQK 语料库，对单双音易混淆词进行搜集，共收集到 96 组单双音易混淆词。其中名词、动词居多，分别有 32 组、34 组，除此之外还有形容词、代词、连词、副词等共 19 组。我们选取各类词性的高频易混淆词对其进行分析。

张博（2013）曾指出关于计算词语混淆度的办法，即兼顾绝对频次与相对频度的综合标准。她指出，"绝对频次指在同一语料库中相关词语因彼此不当替代而误用的次数，该数据用于跟其他词语的混用次数进行横向比较；相对频度指在同一语料库中词语混用的次数占该词及该组词总频次的比重，该数据用于跟词语的正确用法进行比较"。简单来讲，绝对频次是指某词的误用例数量，相对频度是指该词误用例数量在该词所有的使用中所占的比例。在计算易混淆度时，既要看某词的绝对频次，也要看其相对频率，正如张博（2013）指出，在看易混淆词的易混淆度时，要综合考量，先计算某词在语料库中的绝对频次与相对频率，然后对所研究的易混淆词分布进行绝对频次和相对频率的排序（升序），最后将绝对频次与相对频率的排序之和相加，如果相加之和最小（升序），则易混淆度高，反之则低。本文按照上述原则对易混淆词分名词、动词及其他词类进行易混淆度的计算，并确定下章所要进行偏误分析的对象。以双向混淆的名词为例说明计算过程，详见表1：

表 1　高频双向混淆名词展示

	前词总数（个）	前词混淆个数（个）	后词总数（个）	后词混淆个数（个）	总混淆数（个）	绝对频次排名	总频率（%）	总频率排名	综合排名
学生 ↔ 学	301	4	662	3	7	4	2.78	6	10
时 ↔ 时候	524	15	1 000	20	35	1	4.86	4	5
时 ↔ 时间	524	3	800	3	6	5	0.95	8	13
晚 ↔ 晚上	57	3	313	3	6	5	6.22	2	7
国 ↔ 国家	197	3	266	10	13	2	5.27	3	5
学 ↔ 学校	662	3	284	3	6	5	1.51	7	12
名 ↔ 名字	130	3	205	3	6	5	3.77	5	10
声 ↔ 声音	116	3	64	7	10	3	13.53	1	4

本文通过这样的办法分别得出名词、动词及其他词类的高频单双向混淆情况，详见表2：

表 2 不同词类的高频易混淆词

名词双向混淆	声↔声音；时↔时候；国↔国家；晚↔晚上；名↔名字；学↔学生；学↔学校；时↔时间
动词双向混淆	帮↔帮助、来↔过来、学↔学习、怕↔害怕、出↔出来、说↔说话、要↔需要
名词单向混淆	海→海边；庙→寺庙；班→班级；菜单→菜；爸→爸爸；城→城市；男→男生；房→房间；嘴→嘴巴；市→城市；费→费用；样→样样；眼→眼睛；女→女生；事情→事；汉→汉语；家→家里；季→季节；历史→史；妈→妈妈；身→身体
动词单向混淆	该→应该；跟着→跟；见面→见；梦→梦想；保→保护；回来→回；作为→作；喜→喜欢；办→办理；帮忙→帮；忘→忘记；出去→去；选→选择；可→可以；知→知道
其他词类	而→而且、如→如果、所→所以、因→因为、非→非常、已→已经、多→很多、起→一起、然→然后、重→重要、美→美丽、每→每个

我们以表 2 中的高频易混淆词作为句法搭配及易混淆词成因分析的基础。

2 泰国学习者单双音易混淆词的句法表现与搭配

2.1 单双音易混淆动词的语法分布

当用双音动词而误用为单音动词的易混淆情况与当用单音动词而误用双音动词的情况在结构上既有相似之处，也各有特点。根据对高频易混淆动词的分析，可得到 $V_单$ 与 $V_双$ 易混淆词的语法分布情况：

表 3 $V_单$ 与 $V_双$ 易混淆词的语法分布情况

	述宾结构	状中结构	中补结构	定中结构	介词宾语	单独做主谓语
$V_单$混淆的句法结构	述语	宾语	状语	中心语	中心语	补语	介词	
$V_双$混淆的句法结构	述语	宾语	状语	中心语	补语	中心语		在单独做主谓语时混淆

从 $V_单$ 误用为 $V_双$ 及 $V_双$ 误用为 $V_单$ 的不同语法分布情况来看，$V_单$ 误用

为 V$_双$ 的情况会出现在中补结构的中心语位置和补语位置。出现在补语位置的单音词都是趋向动词：出来→出、回来→回、过来→来。例如：

（3）我心里既紧张又着急，常常说不**出来**话。（出来→出）

单音动词在中补结构的中心语位置上发生混淆的情况，有"学习→学""说话→说"两组词，例如：

（4）我们**说话**了很多。（说话→说）

由于许多单音动词在单独做主语或谓语时会受到音节的限制，V$_双$ 误用为 V$_单$ 的情况也会出现在双音动词单独做主语和谓语的情况。比如词对：学→学习；怕→害怕；说→说话；梦→梦想；保→保护；忘→忘记；帮→帮助；出→出来。

（5）这是我们的第一次见面，我问她的名字，但是她不回答我，我想她没听到我**说**。（说→说话）

（6）有很多事情我不可以**忘**，也有好吃的东西很多。（忘→忘记）

双音动词在单独做主语时也会与单音词发生混淆：学→学习；梦→梦想。

（7）我在南宁三个月了，前几个月我很不开心，宿舍很脏，洗手间也不好，**学**也很难，找东西吃也不方便，住久了才习惯。（学→学习）

2.2 N 单与 N 双易混淆情况语法分布及搭配

当用双音名词而误用为单音名词的易混淆情况与当用单音名词而误用双音名词的情况在结构上既有相似之处，也各有特点。如表 4 所示。

表 4　N 单与 N 双易混淆语法分布及搭配总结

	当用单音名词而误用为双音名词	当用双音名词而误用为单音名词
代词 + 的 +N$_双$		她的身；我们的城
代词 +N$_{单/双}$	我国家；每季节	这房；它嘴
量词 +N$_双$		一位朋；两个房；那个朋

续表

	当用单音名词而误用为双音名词	当用双音名词而误用为单音名词
ADJ+N_{单/双}	好事情；很大声音	大眼；好多朋
ADJ+ 的 +N_双		小的城；重要的费；快乐的时
N+ 的 +N_双		同学的声；朋友的时
VP+ 的 +N_{单/双}	喜欢的菜单	我到地铁站的时
N_双+ 的 +N		家的大女儿；男宿舍
单独做主语		爸怕；朋们想去
述宾结构之宾	治国家	没有朋；去庙；都是女
介宾结构之宾		从海；跟家
V+N_单	上学校；见面时候	
N+N_单	雨季节；小学时候	

当用双音名词而误用为单音名词的情况会出现在"N+ 的 +N_双"结构中，比如：声→声音，家→家里，时→时候。

（8）我的周围有同学的**声**。（声→声音）

（9）这个小国家以前是一个非常落后的国家，九十年代的**时**，八十多万居民死在大屠杀中。（时→时候）

当用单音名词而误用为双音名词的情况会出现在"V+N_单"结构中，比如：声音→声，季节→季，时候→时。

（10）我和她初次见面**时候**，她几乎不笑。（时候→时）

2.3 其他词类单双音易混淆成分的语法分布及搭配

连词的语法分布位置比较单一，主要是在句中充当整个句子的状语或者某个词的状语。以"而→而且"为例：

（11）对我来说，中国比较大，**而**有很多地方可以旅游。（而→而且）

副词的语法分布也比较简单，只发生在做状语时的混淆。以"起→一起"为例：

（12）去玩时朋友也可以跟我们**起**去。（起→一起）

可以看出，在前两句中，该用"已经"而使用"已"；后一例中该用"一起"而误用"起"。"起"是一个动词，而"一起"是一个副词，二者属于跨词类的混淆。

代词的混淆主要发生在主语、定语位置。比如：

（13）**每**人都觉得爱情很好。（每→每个）

"每个"在句中作主语，这里的"每个"被误用为了"每"，它们是单双音的易混淆词。

3 泰国学习者单双音易混淆词的成因

张博（2008）提到研究易混淆词要注意揭示导致易混淆词的原因。泰国学生易混淆词出现的原因较为复杂，从语言内部的原因来看，需要从语义、句法、韵律及语体多种角度进行分析。从语言外部的因素来看，主要是与汉泰对译及教学内容等有关。

3.1 不明单双音词存在语义微差而导致的混淆

3.1.1 单双音词理性义相同而附加义有别导致的混淆

与语义有关的易混淆词是指单双音词理性义相同，而附加义有别的情况。附加义的区别主要是指抽象与具体的差异、集体与个体的差异两方面。泰国学生经常在当用抽象义、集体义的双音词时，误用表示具体义、个体义的单音词；反之如此。

"家→家庭"是一对单双音易混淆词，"家庭"表义抽象，而"家"表义具体。比如：

（14）愿意不愿意是别的问题，合适不合适是每个**家**的决定。（家→家庭）

上例中，"家"应该换作"家庭"，"家庭"的意义较为抽象，可以表示泛指；而"家"的意义比较具体，表示具指。

3.1.2 单双音词语义相近而搭配有别所导致的混淆

语义相近的单双音易混淆词发生混淆的情况可以分为由单双音词存在语义范围大小或高低层级的区别，动作与动作主体、动作结果、动作处所、动作状态、动作方向、动作体态方面的差异，事物与名称、方位、单复数的差异等。

以动作与动作行为相关的主体、处所、结果、时体等的差异为例，单音词表示动作行为，而双音词表示与动作行为相关的主体、处所、结果、时体等，比如：学→学生、学→学校、想→想法、变→变成等。"学生"是"学"的主体，而"学"表示行为动作；"想"是一种动作行为，而"想法"是"想"之后的结果；"变"强调变化的过程，而"变成"强调"变"的结果，"成"在此是一个表示完成的标志。如"以后我来**学**，我觉得我学习后不容易。""所以他们要请求别人，为了委托我上**学校**。"两句中，都是由于泰国学生不明白"学"与"学校"存在动作行为与动作处所的差异而造成的双向混淆；"以前我的**想**就是这样，我小的时候一直相信第一印象，我就想如果我很好看，别人一定喜欢我。"一句中，由于泰国学生不明白"想"与"想法"存在的动作与动作结果而造成了单双音的混淆。

3.2 不明单双音词韵律不同而导致的混淆

3.2.1 不明标准双音词与单音词的韵律功能

单音词与双音词本身存在音节的差异，而音节的差异反映了韵律的差异。冯胜利（2018：61）指出汉语的自然音步为双音节音步，而单音节不成标准音步。也就是说，从韵律的角度来看，双音节为标准的韵律词，句法自由；而单音节为非标准韵律词，使用受限。

泰国学生不明白单音节词在句法中使用受限的韵律属性，导致与双音词误用。上文提到，泰国学生会将当用双音词的主语、谓语误用为单音词。比如"*爸怕对学习有影响，所以不想让我有男朋友。"一句中，"爸"与"爸爸"的差异仅在于音节，两者语义完全相同，而由于"爸"是单音词，是一个非标准韵律词，所以在使用时句法位置受到了限制。

另外，冯胜利（2007，2009），王丽娟（2009）指出双音节动词的韵律形态功能是"动词名词化"。比如，泰国学习者在"这里的老师很耐心，也很贴心，很关心我们的**学**和生活，我跟我的舍友相处相当融洽。"一句中当用"学习"而误用了"学"，"学"在这里处于"和"字短语结构中。"和"字并列结构一般只连接名词性成分，且在"和"字短语中，"VV 和 VV"结构合语法，而"V 和 V"结构不合语法，因为只有双音节才具有名词化的属性特征，所以"我们的学和生活"应该改为"我们的学习和生活"，句子才合语法。这也可以解释为什么 $V_双$ 会在定中结构的中心语位置、单独做主谓语时被误用为单音词，而 $V_单$ 不会在这些情况下被误用为双音词。

3.2.2 不明单双音词构成的不同韵律模式

根据冯胜利（2018），单音节会经常构成 [1+1] 的韵律模式，双音节经常构成 [2+2] 的韵律模式。另外，冯胜利（2018）指出，关于短语结构的韵律组配，述宾结构多形成 [1+2] 的 VOO[1]，[2+2] 的 VVOO，[1+1] 的 VO 三种韵律模式，但是 [2+1] 的 VVO 韵律模式不成立，而偏正结构可形成 [2+1] 的 NN+N 的韵律模式。

关于 [1+1] 的韵律组配模式，可以从嵌偶单音词"求双"的角度来看。所谓"嵌偶单音词"是指"韵律黏着，句法自由"且具有庄典色彩的单音词[2]。由于学生不了解嵌偶单音词求双的原则，造成了与双音词的混淆。比如，"国"在冯胜利（2006）已被证实为一个典型的嵌偶单音词。所以与"国"搭配的形式需是单音词，两者形成 [1+1] 韵律模式，且排斥其他韵律形式。泰国学生在使用时会形成"*在治国家方面，他很优秀"的偏误用法。除了"国"之外，其他嵌偶词如"季""校""觉""知"等。

关于 [1+2] 与 [2+1] 是指在组成短语时，述宾结构经常形成 [1+2] 的韵律结构，而定中结构形成 [2+1] 的韵律结构。王洪君（2000）也指出，汉语单双音节的搭配选择与语法的结构类型有关。定中结构与述宾结构有着自身的"节律常规"。在定中结构中，[2+2][2+1][1+1] 都是好的形式，而 [1+2] 在定中结构中不好；在述宾结构中，[2+2][1+2][1+1] 都是好的形式，而 [2+1] 不好。在定中结构中，由于学生不明构造 [2+1] 的韵律模式，因此形成"*四季节"的错误用法。也由于学生不明构造述宾的 [1+2] 韵律模式，因此形成

---

[1] V 指 verb，即动词，O 指 object，即宾语。

[2] 句法自由是指该单音词可以进入句法的界面构语，而非只在词法层面构词；韵律黏着是指该词无法单说。

"没有朋""都是女"的错误结构。

3.3 不明单双音词不同语法表现而导致的混淆

3.3.1 单音不成词语素无法构语造成的混淆

单音不成词语素只能构词，无法直接构语，只有单音成词语素（即单音词）才具有构语能力。而泰国学生由于无法区分哪些单音形式是成词语素还是不成词语素，所以出现直接将单音不成词语素用为构语单位，比如"我先介一下儿，我叫×××，这位是张教授。"中，将"介"字单用，造成混淆。

为了验证单音不成词语素与双音词的混淆并非学生漏写，而是真正的使用混淆，本文设计调查问卷[①]，用来检验泰国学生是否真正无法区分单音语素与单音词，以及单音语素与双音词。31 名学生的问卷成绩平均分为 57.84 分，且大多数学生处于 60～74.9 的分数区间。如图 1 所示：

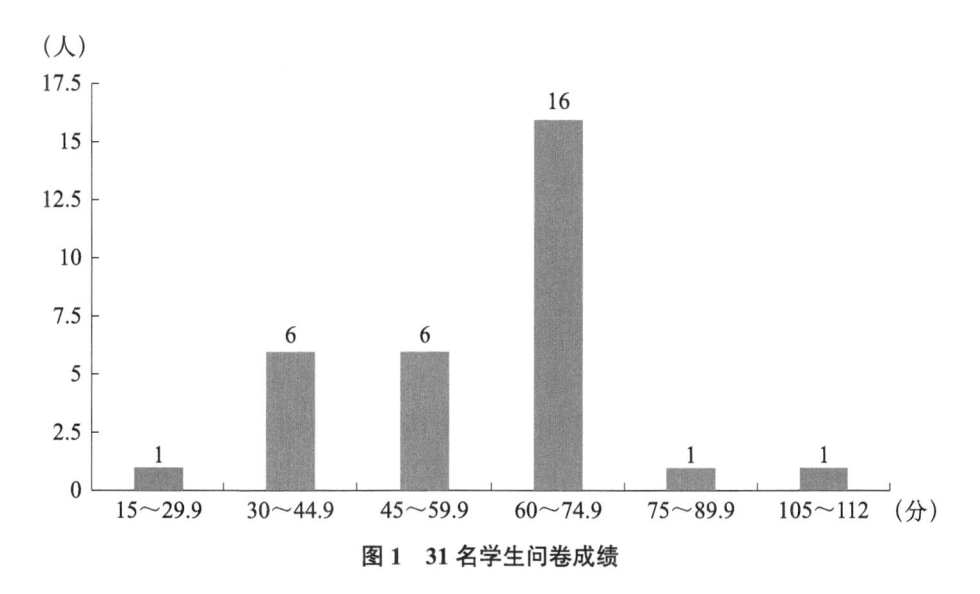

图 1 31 名学生问卷成绩

---

① 本文设计了 32 道题目，其中有 16 道为多选题，16 道为判断题，通过问卷星将该问卷发送给泰国学生，最后收回有效问卷 31 份。这 31 位同学中已通过 HSK 五级考试的有 4 名，HSK 四级的有 14 名，HSK 三级的有 10 名，HSK 二级的有 1 名，未参加过 HSK 等级考试的有 2 名。

在判断题中,"一定要保好身体"的正确率只有 45.16%,"知""喜""介""觉"的正确率在 70% 上下,说明还是有部分泰国学生无法掌握这些语素的特征。而多选题的正确率要远远低于判断题,这一方面是由于多选题本身难度较大,另一方面也更能反映学生无法准确判断一些单音成分是词还是语素的用法。所以经过问卷调查,本文发现泰国学生确实是由于不明单音不成词语素不能独立构语,才造成了单音语素与双音词的混淆。

3.3.2 双音离合动词与其同素单音词带宾时有差异造成的混淆

在单双音动词中,有些双音动词是无法直接后加宾语或者名词宾语的,但是泰国学生不明白这方面的差异会造成混淆。比如,双音离合词加宾语与相应的单音词加宾语之间存在差异,单音词直接后加宾语,而双音离合词在双音节内部插入宾语。如"帮忙→帮""见面→见""说→说话""考→考试"中双音节的"帮忙""见面""说话""考试"无法直接后加宾语,因为这些双音词是离合词,泰国学生不明这一语法点,因此造成"*见面他""*帮忙我们"的错误用法。

3.4 不明单双音词语体不同而导致的混淆

冯胜利(2010)指出"正式与非正式""典雅与便俗"是构成语体的两对基本范畴,且正式与非正式、典雅与便俗是由不同的距离造成的,而不同语言形式具有调节距离的作用。本文以冯胜利(2020)主编的《汉语八百对单双音节对应词词典》(以下简称《词典》)①为依据,对泰国学习者中单双音高频易混淆词的语体进行语体定性。以本文的高频易混淆词为词表,在《词典》中进行检索,发现易混淆单双音词存在"口—正""口—通""口—口""庄—通""口/庄—正"几种情况。将具有汉语语体标签的单双音词译作泰语进行对比,发现汉泰单双音词对译时语体存在差异。汉泰单双音词语体对比情况可分为三类:②

---

① 该词典中对单双音节对应词进行语体定性,比如"美(口/庄)""美丽(正)"。
② 汉语单双音词的泰语翻译及语体定性由泰国人陈秀玉博士完成。陈秀玉在将汉语单双音词翻译为泰语后分析其语体差异时,是按照"人事地意"的语体鉴定办法的。关于"人事地意"的语体鉴定法,详参冯胜利(2015)。

表 5　泰语与汉语中单双音词有相同语体对立的情况①

单音词汉语	单音词泰语	双音词汉语	双音词泰语
班（口）	ชั้น（口）	班级（正）	ชั้นเรียน（正）
办（口）	ทำ, จัดการ（口）	办理（正）	จัดการ（正）
选（口/正）	เลือก（口/正）	选择（正）	คัดเลือก（正）
美（口）	สวย（口）	美丽（正）	สวยงาม（正）

表 6　泰语与汉语中单双音词不同语体对立的情况

单音词汉语	单音词泰语	双音词汉语	双音词泰语
帮（口）	ช่วย（口）	帮助（通）	ช่วยเหลือ（正）
学（口）	เรียน（口）	学习（通）	เรียนรู้（正）
眼（口）	ตา（口）	眼睛（通）	นัยน์ตา（庄）
事（口）	เรื่อง（口）	事情（口）	เรื่องราว（正）
怕（口）	กลัว（通）	害怕（正）	หวาดกลัว（正）
庙（口）	วัด（口）	寺庙（正）	วัดวาอาราม（庄）
忘（口）	ลืม（口）	忘记（正）	ลืมเลือน（庄）

表 7　汉语中的单双音词在泰语中不分单双音词的情况

汉语单音词	汉语双音词	泰语不分单双词
要（口）	需要（正）	ต้องการ（通/正）
声儿（通）	声音（通）	เสียง（通）
名儿（通）	名字（通）	ชื่อ（通）
已（庄）	已经（通）	แล้ว（口/正）

可以看出，高频易混淆的汉语单双音词的语体属性与泰语所对应的单双音语体属性有很大的不同，学生在学习时会产生混淆。

---

① 口—正：是指单双音节存在口语体和正式体的对立。比如，"声儿"是口语体，"声音"是正式体。
口—通：是指单双音节口语体和通用体的差异。通用体即在口语体和正式体中都可以使用。
口—口：是指单双音节都是口语体。
口/庄—正：是指单双音节存在口/庄—正的差异，"庄"是指庄典体。
以上语体分类参考冯胜利（2012）。

3.5 泰语与汉语对译时所形成的单双音词的混淆

本文就所搜集到的泰国单双音易混淆词请教在泰国教授汉语的泰国教师，发现汉语和泰语在对单双音词对译时存在差异。以代词为例，该教师提到"这"与"这个""那"与"那个"中代词"这""那"有两种形式，"这"对应的两种泰语形式是：นี่、นี้，"那"对应的两种泰语形式是：นั่น、นั้น。量词"个"在泰语中有三种形式：อัน、ชิ้น、คน。泰语中的"个"与"这"组合时使用 อัน、คน 两种形式，所以"这个"在泰语中有 อันนี้、คนนี้ 两种形式[①]。可以看出，"这"与"这个"，"那"与"那个"在泰语中都是不只存在一种形式，所以泰语在这些词的多形式导致它们在对译汉语时常常被混淆。另外，泰语中"男"与"男生"在与代词结合时既可以说"那个男"，也可以说"那个男生"，而在汉语中，"那个男"是不合语法的组合。该教师也提到，在教学中并没有对以上几组词进行特别的解释，这也是造成泰国学生使用单双音词发生混淆的原因。

4 结语

本文基于 QQK 语料库对泰国学生单双音词的使用情况进行分析，描写了其语法分布及搭配情况，探讨了单双音易混淆词语出现的原因。单音词与双音词不仅有着语义与句法上的差异，而且有着不同的韵律与语体特征，这些都是其易混淆的原因。另外，汉泰对译词的不对应性及教师在课堂中对这些不对应的对译词强调不到位也会造成单双音词的混淆。虽然本文存在很多不足，但希望能对教授泰国学生的汉语教师有所启发。

参考文献

[1] 陈奇周. 泰国学生汉语中介语易混淆词习得研究 [D]. 广州：广州大学，2016.

[2] 冯胜利. 论汉语的"韵律词"[J]. 中国社会科学，1996（1）.

[3] 冯胜利. 汉语书面用语初编 [M]. 北京：北京语言大学出版社，2006.

---

① 据陈秀玉介绍，"这"在与量词搭配时会使用形式 นี้。"个"与代词搭配时使用 อัน、คน 两种形式。

[4] 冯胜利. 论韵律文体学的基本原理 [J]. 当代修辞学，2010（1）.

[5] 冯胜利. 语体语法的逻辑体系及语体特征的鉴定 [J]. 汉语应用语言学研究，2015（1）.

[6] 冯胜利. 汉语语体语法概论 [M]. 北京：北京语言大学出版社，2018。

[7] 冯胜利. 汉语八百对单双音节对应词词典 [M]. Chicago: Phoenix Tree Publishing Inc, 2020.

[8] 冯胜利，张道俊. 句法真的不受语音制约吗？[J]. 汉语学习，2011（6）.

[9] 冯胜利，施春宏. 论语体语法的基本原理、单位层级和语体系统 [J]. 世界汉语教学，2018（3）.

[10] 赖玲珑. 泰国学习者汉语易混淆词研究 [D]. 北京：中央民族大学，2018.

[11] 刘春梅. 现代汉语单双音同义名词的主要差异 [J]. 华中师范大学学报（人文社会科学版），2006（1）.

[12] 吕叔湘. 现代汉语单双音节问题初探 [J]. 中国语文，1963（1）.

[13] 王洪君. 汉语的韵律词与韵律短语 [J]. 中国语文，2000（6）.

[14] 王洪君. 音节单双、音域展敛（重音）与语法结构类型和成分次序 [J]. 当代语言学，2001（4）.

[15] 王丽娟. 从名词、动词看现代汉语普通话双音节的形态功能 [D]. 北京：北京语言大学, 2009.

[16] 王永娜. 书面语体"和"字动词性并列结构的构成机制 [J]. 世界汉语教学，2012，26（2）.

[17] 于洋. CSL 学习者同素同义单双音名词混淆分布特征及其成因 [J]. 语言教学与研究，2015（6）.

[18] 张博. 同义词、近义词、易混淆词：从汉语到中介语的视角转移 [J]. 世界汉语教学，2007（3）.

[19] 张博. 第二语言学习者汉语中介语易混淆词及其研究方法 [J]. 语言教学与研，2008（6）.

[20] 张博. 现代汉语复音词义项关系及多义词与同音形词的分野 [J]. 语言研究，2008（1）.

[21] 张博. 针对性：易混淆词辨析词典的研编要则 [J]. 世界汉语教学，2013（2）.

[22] 张博，等. 不同母语背景的汉语学习者词语混淆分布特征及其成因研究 [M]. 北京：北京大学出版社，2016.

[23] Feng S L. Minimal word and its function in Mandarin Chinese[C]//Xing J (eds.), Studies of Chinese Linguistics: Functional Approaches. Hong Kong: Hong Kong University Press, 2009.

[24] Feng S L. Monosyllabicity and disyllabicity in Chinese prosodic morphology[J]. Macao Journal of Linguistics, 2009(1).

基于 HSK 动态作文语料库"从"的语义习得与中介语研究[*]

王予暄（北京语言大学）

摘要：本文从语言类型学理论出发，对汉、英、日、韩、俄语中的"从"类语法形式的语义功能进行对比分析，在此基础上对 HSK 动态作文语料库中英语、日语、韩语、俄语母语者"从"的语义习得情况进行考察，并从语言迁移角度对语义偏误的产生原因加以探究，从而明确母语迁移的具体路径以及母语背景因素对语义习得的影响。此外，本文对中介语"从"的语义进行整理并划分出不同的语义范畴，以此为切入点发掘跨语言不同语义范畴之间的关联性，凸显语义表达与人类认知的共性，进而为汉语作为第二语言的"从"的语义习得与教学提供一定的参考与指导，积极推动"语别化"教学的发展。

关键词：语言类型学；介词"从"；语义习得；中介语

1 绪论

汉语起点类介词"从"作为典型的多功能语法形式，语义繁多复杂，存在诸多相似且有关联性的功能，同时与其他类别的介词具有用法上的交叉，加之世界上并非所有语言都存在"介词"这一语法范畴，不同语言在相同语义范畴上的表达形式也存在差异，因此"从"历来是汉语作为第二语言的习得与教学的重点与难点。面对"从"的高使用率、高偏误率的特点，多数研究基于母语和目的语的对比分析框架，从偏误描写入手，将偏误划分为"介词冗余""介词漏用""介词混用""框式介词缺少呼应词语""语序不当"等类型，而偏误的产生原因主要归纳为"母语负迁移""目的语规则泛化"和"对目的语规则了解不充分"这三个方面。（白荃，1995；韩容洙，1998；赵葵欣，2000；崔希亮，2005；崔立斌，2006；黄理秋、施春宏，2010）然

---

[*] 本研究受汉考国际科研基金重点项目《基于〈汉语国际教育汉语水平等级标准〉语法等级大纲（A 类附录）的语法分级资源库的构建与应用》（课题编号：CTI2020A02）资助。

而，传统的对比分析将学习者母语和目的语之间的"差异"等同于"难点"乃至"偏误"的研究思路存在一定局限性，汉外语言虚词之间的"偏侧关系"（skewed relation）也给其对比研究造成阻碍。相比之下，以 Greenberg（1963）开创的"语序类型学"为代表的"当代语言类型学"（language typology）是指通过较大规模的跨语言的比较，寻找人类语言的普遍共性及蕴含关系，并在共性中探求不同语言的个性，更有利于建立跨语言的相对统一的研究体系来探索不同学习者母语与目的语之间的关系。不仅如此，就介词"从"来说，不同母语背景因素的影响、语言迁移效应以其路径、多功能语法形式的语义习得分析等研究对于促进学习者的语义辨析、降低偏误发生率、提高教学效率等同样具有相当的探索价值。

因此，本文从语义层面出发，借助语言类型学（linguistic typology）理论，以英语、日语、韩语、俄语为考察对象，在跨语言"从"类语法形式的语义对比分析的基础上，以北京语言大学 HSK 动态作文语料库（2.0 版）（下文简称"HSK 动态作文语料库"）中英语、日语、韩语、俄语母语者使用"从"的全部语料为研究主体，一方面从语言迁移角度对不同母语背景的学习者的语义习得情况和语义偏误原因加以深入剖析，另一方面对中介语中"从"的语义功能进行归纳总结，从而对跨语言不同语义范畴之间的关系加以探索，以期为汉语作为第二语言的"从"的习得与教学提供一定的指引。

2 跨语言"从"类语法形式的语义对比

在跨语言的虚词对比研究中，"偏侧关系"除了导致语法形式和语义之间无法对齐外，术语名称的不一致也为进一步探索语言共性造成障碍。因此，随着语言类型学的发展，从跨语言比较的视角出发构建世界语言的"介词"系统尤为重要——"附置词"（adposition）的概念提出得最早，"附置词"属于上位概念，它又包括"前置词"（preposition）、"后置词"（postposition）（Comrie，1981；沈家煊，1989），以及由"框缀"（circumfix）概念发展而来的"框式介词"（circumposition）（Greenberg，1980、1995）。刘丹青（2003）首次从类型学视角出发，将上述术语系统引入汉语研究，从而在概念名称及词类分布上将汉语的"介词"纳入世界语言研究体系：汉语传统语言学所说的"介词"即为"前置词"，同时汉语中还存在许多由方位词或副词充当的"后置词",如"上""下""一样""一起"等,以及由前、后置词组合而成的"框式介词",如"在……上""跟……一样"等。据此,王鸿滨(2017)将类型学视野下的"介词"体系加以归纳总结,详见图1。

```
                    adposition（附置词）
                   /        |          \
         preposition     postposition    circumposition
          （前置词）      （后置词）       （框式介词）
```

图 1　类型学研究中的"介词"体系

我们基于该框架重新对汉语、英语、日语、韩语、俄语中"介词"的归属与命名进行整理,从而明确与汉语介词"从"的语义功能相对应的语法形式:英语前置词 from、日语格助词から、韩语格助词에서、俄语前置词 c(接名词二格)[①],并对上述 5 个"从"类语法形式的语义功能进行汇总对比(如表 1 所示),以期为明确语际间的语义迁移路径,探究英语、日语、韩语、俄语母语者"从"的语义习得特征及语义偏误的原因分析奠定基础。

表 1　汉语、英语、日语、韩语、俄语"从"类语法形式的语义功能对比

语义功能	汉语 从	英语 from	日语 から	韩语 에서	俄语 c（接名词二格）
处所起点	+	+	+	+	+
时间起点	+	+	+	+	+
范围起点	+	+	+	−	+
状态变化起点	+	+	+	−	−
来源	+	+	+	−	+
经由	+	−	−	−	−
凭借根据	+	+	+	−	−
原因	+	+	+	+	+
成分材料	−	+	+	−	−
分离对象	−	+	−	−	−

---

① 英语、日语、韩语、俄语中实际存在诸多与汉语介词"从"的语义表达相对应的起点类语法形式,并不仅限于本文所列出的这四个,但本文由于篇幅等原因暂且在这四种语言中选取与"从"的语义对应性最高、最具有典型性的起点类语法形式加以考察。关于所考察的语法形式数量对于本文整体研究的影响与启示,详见本文第 4 部分。

续表

语义功能	汉语 从	英语 from	日语 から	韩语 에서	俄语 c（接名词二格）
施事者	-	-	+	+	-
比较对象	-	-	-	+	-
处所	-	-	-	+	-
工具/方式	-	-	-	-	+
关涉对象	-	-	-	-	+

注：此表格中的"+"表示该语法形式具有该语义功能，"-"表示该语法形式不具有该语义功能。

3 基于 HSK 动态作文语料库的"从"的语义习得分析

在上述跨语言"从"类语法形式的语义对比的基础上，本文进一步以 HSK 动态作文语料库为语料来源，深入探究英语、日语、韩语、俄语母语者对介词"从"的各项语义功能的习得情况，并从语际和语内迁移的角度对语义偏误的产生原因进行分析，进而明确这四类母语者的语义习得特点。

3.1 英语母语者"从"的语义习得分析

我们对 HSK 动态作文语料库中英语母语者使用介词"从"的语料进行了穷尽式检索，共得到 312 条语料（包括澳大利亚 101 条、美国 75 条、加拿大 73 条、英国 61 条、新西兰 2 条）。其中正确语料 279 条，整体正确率为 89.42%；偏误语料 33 条，整体偏误率为 10.58%。通过对偏误语料的筛选，我们得到在语义层面发生偏误的语料 18 条，语义偏误率为 5.77%[①]。

就正确语料而言，其中"从"的语义运用同样是正确的，因此我们根据这些语料中"从"的语义功能对其进行分类统计，具体情况如图 2 所示。

从语义迁移的角度来看，英语母语者正确运用"时间起点""来源""凭借根据"等语义功能的频率较高，这可能与前置词 from 同样具有这些语义功能而产生的正迁移效应有关；而"经由"的运用频率最低，这可能是由于 from 不具有该功能而产生负迁移效应并导致该功能的习得难度较高，学习者因此选择回避策略。

---

① 语义偏误率 = 在语义层面发生偏误的语料数量 ÷ 全部语料数量。后文同理。

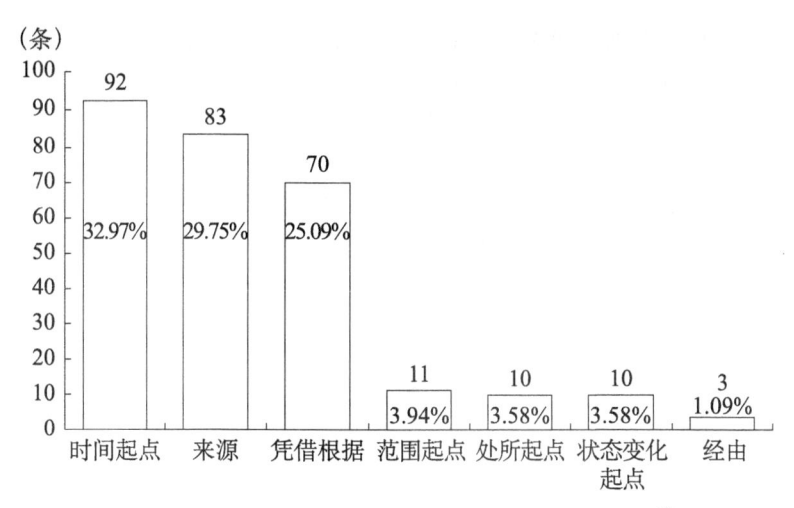

图 2　英语母语者正确运用"从"的语义功能的情况①

就语义偏误语料而言，我们将其分为"遗漏""误加""误用"这三种偏误类型。首先，我们根据语义功能对"遗漏"和"误加"偏误进行分类统计，具体情况如图 3 所示。

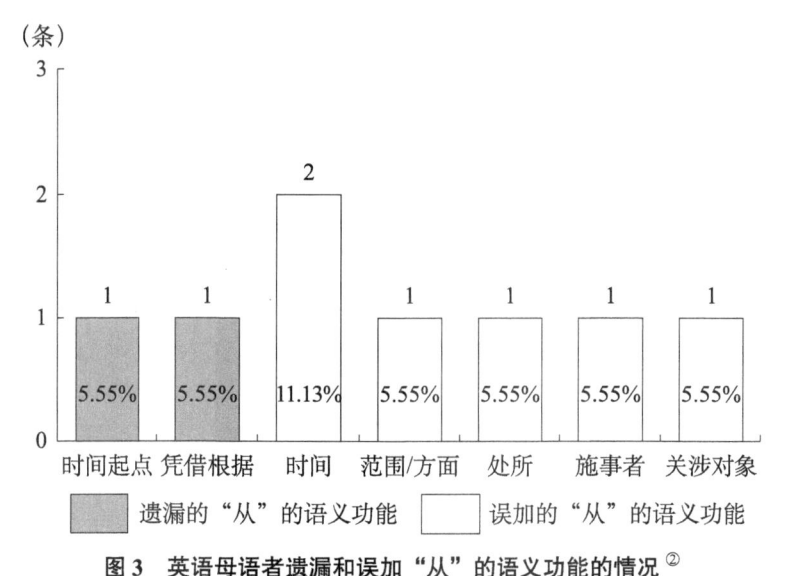

图 3　英语母语者遗漏和误加"从"的语义功能的情况②

---

① 该图中的比例为英语母语者正确使用"从"的各项语义功能的语料数量占全部正确语料数量的比例。
② 该图中的比例为英语母语者遗漏和误加"从"的各项语义功能的语料数量占全部语义偏误语料数量的比例。

同时，我们根据"误用"偏误语料的实际情况，将其分为"应使用'从'而误用其他介词"和"应使用其他介词而误用'从'"这两类，并在此基础上根据语义功能进行分类统计，具体情况如表 2 所示。

表 2 英语母语者误用"从"的语义功能分类情况[1]

	误用介词	应使用"从"的语义功能	误用介词的语义功能	数量（条）/比例（%）
应使用"从"而误用其他介词	在	凭借根据	范围/方面	1/5.55
	在	凭借根据	时间	1/5.55
	在	处所起点	处所	1/5.55
	对	时间起点	关涉对象	1/5.55
	应使用介词	应使用介词的语义功能	误用"从"的语义功能	数量（条）/比例（%）
应使用其他介词而误用"从"	在	范围/方面	来源	2/11.13
	通过	产生途径	来源	2/11.13
	跟	关涉对象	来源	1/5.55
	对	关涉对象	来源	1/5.55

如图 3 和表 2 所示，英语母语者发生"误用"的比率高于"误加"和"遗漏"。具体来说，就"误用"偏误来看，英语母语者经常发生介词"从"和介词"在、对、跟、通过"的混淆。其中，介词"从"和介词"跟"的误用，原因可能在于前置词 from 具有引介"分离对象"的功能，而该功能在汉语中可以为介词"跟"所承担，例如：

（1）She's quite different **from** her sister. 【分离对象】
（2）她跟她的姐姐很不同。 【分离对象】

由此可见，前置词 from 的语义功能同时与汉语介词"从"和"跟"发生重叠，因此英语母语者容易受到 from 的负迁移影响或语义干扰，而出现

---

[1] 该表中的比例为英语母语者发生该类误用偏误的语料数量占全部语义偏误语料数量的比例。

介词"从"和介词"跟"的语义混淆,在介词"跟"的其他功能,如"关涉对象"上发生与介词"从"的混淆,并将"关涉对象"这一功能误加给介词"从"。同时,介词"对"和介词"跟"均属于对象类介词,英语母语者易通过"类推"而将介词"对"所具有的引介"关涉对象"的功能同样误加给介词"从",从而导致介词"对"和介词"从"的混淆。例如:

(3)*应该对{CC从}日常生活中所见所闻的事例加以解释。【关涉对象】
(4)*他们就要控制他是跟{CC从}谁学习。【关涉对象】

此外,介词"从"和介词"通过"的误用,其原因可能在于前置词 from 具有引介"成分材料"的功能,而该功能在汉语中可以为介词"通过"所承担,例如:

(5) Steel is made **from** iron. 【成分材料】
(6)钢是通过铁炼成的。【成分材料】

因此,英语母语者容易受到 from 的负迁移影响,在介词"通过"的其他语义,如"产生途径"上发生与介词"从"的混淆,并将"产生途径"这一功能误加给介词"从"。例如:

(7)*父母们通过{CC2从}日常生活的教育来达到这个目的。

【产生途径】

同时,就"施事者"功能的出现来看,我们可以推知,英语母语者虽然在一定程度上克服了 from 的负迁移影响而避免将"原因"功能误加给"从",但是英语母语者仍然未能真正地在认知中将介词"从"、前置词 from 以及汉语中其他具有引介"原因"功能的介词的语义进行明晰的区分,即未能完全屏蔽 from 的负迁移影响。因此,英语母语者可能受到某些可以同时具有"原因"和"施事者"功能的介词的干扰(比如"由"),而将"施事者"功能同样类推给"从",造成"从"的误加。例如:

(8)*当初婴儿学习如何说话和走的几步路,也是{CD从}父母教的。

【施事者】

此外,在"误用"偏误中,介词"从"和介词"在"发生混淆的比率较高，除"关涉对象"和"产生途径"外，英语母语者将"时间""范围/方面""处所"这3个本属于介词"在"的语义功能以及"施事者"功能也误加给了介词"从"。

3.2 日语母语者"从"的语义习得分析

我们对 HSK 动态作文语料库中日语母语者使用介词"从"的语料进行了穷尽式检索，共得到 1 336 条语料，其中正确语料 1 046 条，整体正确率为 78.29%；偏误语料 290 条，整体偏误率为 21.71%。其中发生语义偏误的语料 246 条，语义偏误率为 18.41%。

首先，我们对日语母语者正确运用"从"的各项语义功能的语料数量进行分类统计得到图4。

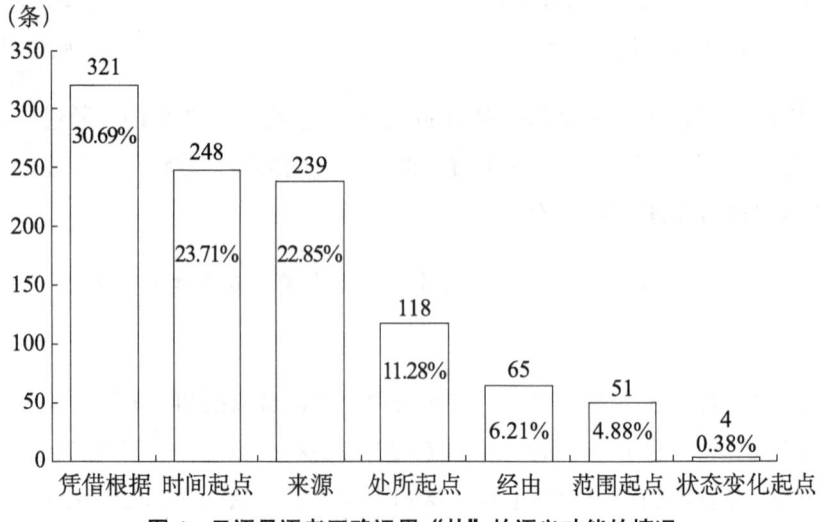

(条)

语义功能	条数	百分比
凭借根据	321	30.69%
时间起点	248	23.71%
来源	239	22.85%
处所起点	118	11.28%
经由	65	6.21%
范围起点	51	4.88%
状态变化起点	4	0.38%

图4 日语母语者正确运用"从"的语义功能的情况

如图4所示，在日语母语者的正确语料中，"从"的7项语义功能均有涉及，"凭借根据""时间起点""来源"等语义的使用频率较高，而且整体正确率达到 78.29%，可见日语母语者对"从"的语义的整体理解与掌握情况较好。

就语义偏误语料而言，我们同样将其分为"遗漏""误加""误用"这三类，并根据语义功能对"遗漏"和"误加"偏误进行分类统计，具体情况如图5所示。

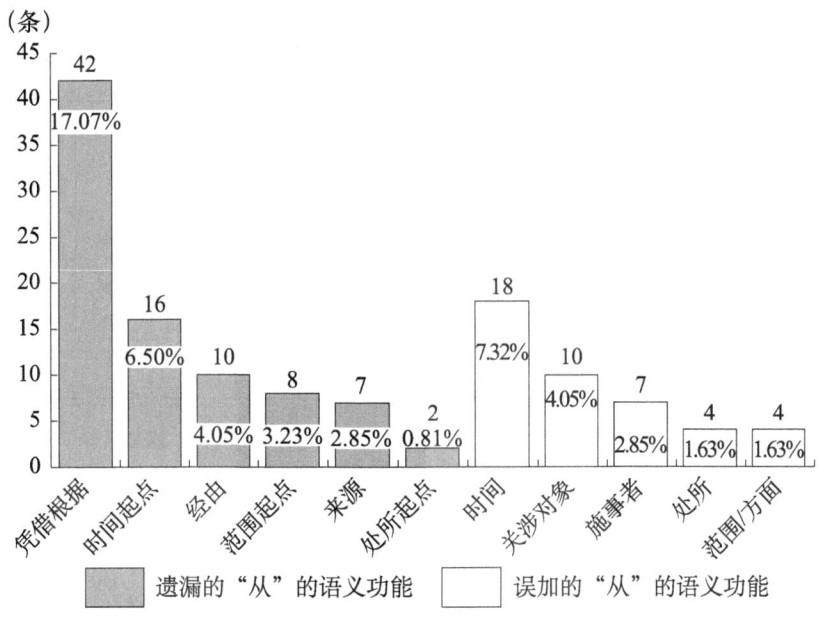

基于 HSK 动态作文语料库"从"的语义习得与中介语研究　311

图 5　日语母语者遗漏和误加"从"的语义功能的情况

同时，我们根据"误用"偏误语料的实际情况，将其分为"应使用'从'而误用其他语法形式"和"应使用其他语法形式而误用'从'"这两类。就"应使用'从'而误用其他语法形式"来说，我们根据具体语料又分为"应使用'从'而误用其他介词"和"应使用'从'而误用其他动词"这两种情况，并在此基础上根据语义功能对其进行分类统计得到表 3。

表 3　日语母语者应使用"从"而误用其他语法形式的语义功能分类情况

应使用"从"而误用其他介词								
误用介词	应使用"从"的语义功能	误用介词的语义功能	数量（条）/比例（%）	误用介词	应使用"从"的语义功能	误用介词的语义功能	数量（条）/比例（%）
在	凭借根据	范围/方面	14/5.69%	以	凭借根据	工具/方式	3/1.22%
	经由	处所	4/1.63%	自	时间起点	时间起点	1/0.41%
	时间起点	时间	3/1.22%		处所起点	处所起点	1/0.41%
	来源	范围/方面	1/0.41%	跟	凭借根据	关涉对象	2/0.81%
对	凭借根据	关涉对象	19/7.72%	拿	凭借根据	工具/方式	1/0.41%
	来源	关涉对象	2/0.81%	当	时间起点	时间	1/0.41%

续表

应使用"从"而误用其他介词							
误用介词	应使用"从"的语义功能	误用介词的语义功能	数量（条）/比例（%）	误用介词	应使用"从"的语义功能	误用介词的语义功能	数量（条）/比例（%）
由	凭借根据	凭借根据	1/0.41%	像	来源	关涉对象	1/0.41%
	时间起点	时间起点	1/0.41%	关于	凭借根据	关涉对象	1/0.41%
	经由	经由	1/0.41%				

应使用介词"从"而误用其他动词					
误用动词	误用的"从"的语义功能	数量（条）/比例（%）	误用动词	误用的"从"的语义功能	数量（条）/比例（%）
看	凭借根据	2/0.81%	是	凭借根据	1/0.41%
作为	凭借根据	2/0.81%	举	凭借根据	1/0.41%
分为	凭借根据	1/0.41%			

就"应使用其他语法形式而误用'从'"来说，我们根据具体语料又将其分为"应使用其他介词而误用'从'"和"应使用其他动词而误用'从'"这两种情况，并在此基础上根据语义功能对其进行分类统计得到表4。

表4 日语母语者应使用其他语法形式而误用"从"的语义功能分类情况

应使用其他介词而误用"从"							
应使用介词	应使用介词的语义功能	误用"从"的语义功能	数量（条）/比例（%）	应使用介词	应使用介词的语义功能	误用"从"的语义功能	数量（条）/比例（%）
在	时间	时间起点	6/2.44	由	施事者	来源	1/0.41
	认知主体	凭借根据	3/1.22		凭借根据	凭借根据	1/0.41
在	范围/方面	来源	2/0.81	自	时间起点	时间起点	2/0.81
	处所	处所起点	1/0.41	除了	分离对象	范围起点	2/0.81
	处所	经由	1/0.41	因为	原因	凭借根据	2/0.81
	范围/方面	凭借根据	1/0.41	基于	凭借根据	凭借根据	1/0.41

续表

应使用其他介词而误用"从"							
应使用介词	应使用介词的语义功能	误用"从"的语义功能	数量（条）/比例（%）	应使用介词	应使用介词的语义功能	误用"从"的语义功能	数量（条）/比例（%）
对	关涉对象	凭借根据	6/2.44	通过	工具/方式	凭借根据	1/0.41
	关涉对象	来源	2/0.81	因	原因	来源	1/0.41
跟	关涉对象	来源	8/3.23	向	关涉对象	来源	1/0.41
用	工具/方式	凭借根据	6/2.44	与	关涉对象	处所起点	1/0.41
离	分离对象	处所起点	2/0.81	到	终点	处所起点	1/0.41
应使用其他动词而误用"从"							
应使用动词	误用"从"的语义功能		数量（条）/比例（%）	应使用动词	误用"从"的语义功能		数量（条）/比例（%）
利用	来源		1/0.41	是	来源		1/0.41

如图 5、表 3 和表 4 所示，日语母语者发生"误用"的比率高于"遗漏"和"误加"。具体来说，日语母语者经常发生"从"与原因类介词"因""因为"、工具/方式类介词"通过""拿""以""用"以及引介施事的对象类介词"由"的混淆。其中，"从"和原因类介词"因""因为"的混淆，原因可能在于受格助词から的负迁移影响，将格助词から所具有的引介"原因"的功能误加给"从"，而该功能在汉语中一般由原因类介词"因""因为"承担，例如：

（9）つまらないこと**から**けんかになる。 【原因】

（10）**因/因为**一件无聊的事而吵架。 【原因】

（11）*而且孕妇和小孩子**因**{CC 从}吸烟受到的影响比一般成年人多。

【原因】

（12）*我来中国留学，就**因为**{CC2 从}她的这一句话定了下来。

【原因】

同时，"从"和引介动作行为的施事的介词"由"的混淆，原因也可能在于受到格助词から的负迁移影响。学习者将格助词から所具有的引介"施事者"的功能误加给"从"，而该功能在汉语中可以由对象类介词"由"承担，例如：

（13）先生へは私**から**申し上げましょう。【施事者】

（14）老师那儿**由**我来说吧。【施事者】

（15）*从语言开始，此后的思想和看法都**由**{CC 从}父母传给孩子。

【施事者】

然而，日语母语者虽然确实发生了"从"和工具/方式类介词"通过""拿""以""用"的混淆，但混淆所涉及的语义功能为"工具/方式"而非"成分材料"。由此可见，日语母语者虽然在一定程度上避免了将から所具有的引介"成分材料"的功能误加给"从"，但却未能完全屏蔽から的负迁移干扰，也未能在认知中将"从"和"工具/方式类"介词的语义进行明晰地区分，进而在具有引介"成分材料"功能的工具/方式类介词"通过""拿""以""用"的核心语义"工具/方式"上发生与"从"的混淆。例如：

（16）***通过**{CC2 从}这样的经验，学生们才开拓了自己的视野。

【工具/方式】

（17）*但是，从{CC **拿**}感情来看，我会允许这个丈夫的行为。

【凭借根据】

（18）*因为我们应该从{CC **以**}两方面的观点来看这种问题。

【凭借根据】

（19）***用**{CC 从}克隆技术来做出的动物的父母到底是谁？

【工具/方式】

此外，如表3和表4所示，虽然"从"和"自"都可以引介"时间起点"和"处所起点"，"从"和"由"都可以引介"时间起点""凭借根据"和"经由"，"从"和"基于"都可以引介"凭借根据"，但是日语母语者仍然会在这些相同的语义功能上发生"从"和"自""由""基于"的混淆。本文认为，这些偏误主要是由汉语的韵律或语体等语用层面的因素引起的。同时，在误用偏误中，日语母语者经常发生"从"与处所介词"在"、时间介词"当"、终点介词"到"以及对象类介词"对""跟""向""与""像""离""除了""关于"的混淆。除"原因""工具/方式"和"施事者"外，日语母语者同样将"在"所具有的引介"时间""处所""范围/方面"和"认知主体"的功能，对象类介词"对""跟""除了"所具有的引介"关涉对象"和"分离对象"的功能以及终点介词"到"所具有的引介"终点"的功能误加给"从"。

3.3 韩语母语者"从"的语义习得分析

我们同样对 HSK 动态作文语料库中韩语母语者使用介词"从"的语料进行了穷尽式检索，共得到 1241 条语料（包括韩国人 1 237 条、朝鲜人 4 条），其中正确语料 965 条，整体正确率为 77.76%；偏误语料 276 条，整体偏误率为 22.24%。其中发生语义偏误的语料 250 条，语义偏误率为 20.15%。

首先，我们对韩语母语者正确运用"从"的各项语义功能的语料数量进行分类统计得到图 6。

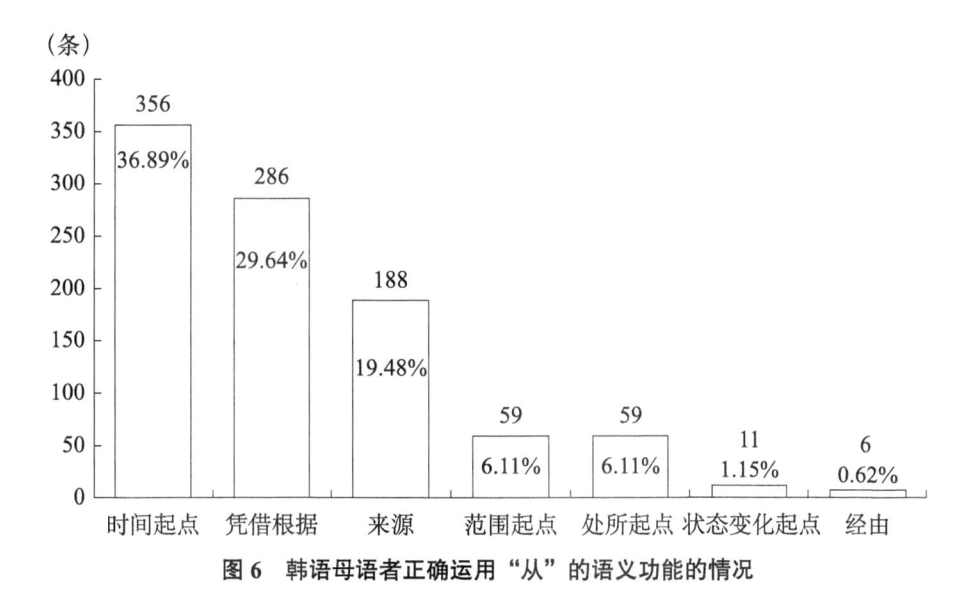

图 6 韩语母语者正确运用"从"的语义功能的情况

语义功能	条数	百分比
时间起点	356	36.89%
凭借根据	286	29.64%
来源	188	19.48%
范围起点	59	6.11%
处所起点	59	6.11%
状态变化起点	11	1.15%
经由	6	0.62%

如图 6 所示，在韩语母语者的正确语料中，"从"的 7 项语义功能均有涉及，其中"时间起点"功能的使用频率最高，而"经由"的使用频率最

低。这可能是由于受到格助词에서的正迁移影响，韩语母语者对"时间起点"功能的理解掌握情况较好，而"经由"功能缺少相应的正迁移强化，具有一定的理解难度，因而使用正确的频率较低。

就语义偏误语料而言，我们同样将其分为"遗漏""误加""误用"这三类，并根据语义功能对"遗漏"和"误加"偏误进行分类统计，具体情况如图 7 所示。

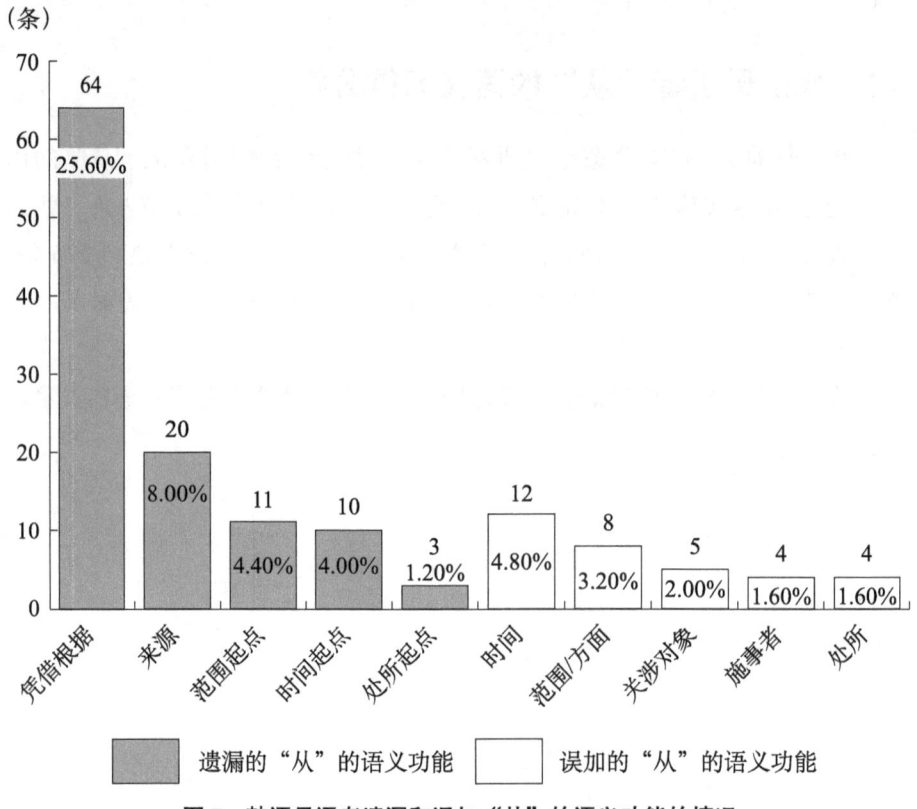

图 7　韩语母语者遗漏和误加"从"的语义功能的情况

同时，我们根据"误用"偏误语料的实际情况，将其分为"应使用'从'而误用其他语法形式"和"应使用其他语法形式而误用'从'"这两类。就"应使用'从'而误用其他语法形式"来说，我们根据具体语料又分为"应使用'从'而误用其他介词""应使用'从'而误用其他动词"和"应使用'从'而误用其他副词"这三种情况，并在此基础上根据语义功能对其进行分类统计得到表 5。

表5　韩语母语者应使用"从"而误用其他语法形式的语义功能分类情况

误用介词	应使用"从"的语义功能	误用介词的语义功能	数量（条）/比例（%）	误用介词	应使用"从"的语义功能	误用介词的语义功能	数量（条）/比例（%）
在	凭借根据	范围/方面	18/7.20	自	凭借根据	来源	2/0.80
	来源	处所	6/2.40	按	凭借根据	工具/方式	2/0.80
	来源	范围/方面	2/0.80	跟	来源	关涉对象	1/0.40
	时间起点	时间	1/0.40	由	时间起点	时间起点	1/0.40
在	处所起点	处所	1/0.40	离	处所起点	分离对象	1/0.40
	范围起点	范围/方面	1/0.40	当	凭借根据	处所	1/0.40
对	凭借根据	关涉对象	14/5.60	通过	来源	产生途径	1/0.40
	来源	关涉对象	1/0.40	对于	凭借根据	关涉对象	1/0.40
用	凭借根据	工具/方式	5/2.00	自从	凭借根据	时间起点	1/0.40
以	凭借根据	工具/方式	4/1.60	在于	凭借根据	认知主体	1/0.40
据	凭借根据	凭借根据	3/1.20				

应使用"从"而误用其他动词

误用动词	应使用"从"的语义功能	数量（条）/比例（%）
是	凭借根据	1/0.40
看着	凭借根据	1/0.40

应使用"从"而误用其他副词

误用副词	应使用"从"的语义功能	数量（条）/比例（%）
先	范围起点	1/0.40

就"应使用其他语法形式而误用'从'"来说，我们根据具体语料又将其分为"应使用其他介词而误用'从'"和"应使用其他副词而误用'从'"这两种情况，并在此基础上根据语义功能对其进行分类统计得到表6。

表 6　韩语母语者应使用其他语法形式而误用"从"的语义功能分类情况

应使用其他介词而误用"从"									
应使用介词	应使用介词的语义功能	误用"从"的语义功能	数量（条）/比例（%）	应使用介词	应使用介词的语义功能	误用"从"的语义功能	数量（条）/比例（%）
在	时间	时间起点	5	跟	关涉对象	来源	2
	范围/方面	来源	4	对	关涉对象	来源	1
	进程状态	来源	2	向	关涉对象	来源	1
	认知主体	凭借根据	1	用	工具/方式	来源	1
由	原因	来源	7	把	关涉对象	来源	1
离	分离对象	处所起点	3	因为	原因	来源	1
以	工具/方式	凭借根据	3	由于	原因	来源	1
因	原因	来源	3	来自	来源	来源	1

应使用其他副词而误用"从"		
应使用副词	误用"从"的语义功能	数量（条）/比例（%）
刚	时间起点	1

如图 7、表 5 和表 6 所示，韩语母语者发生"遗漏"和"误用"偏误的比率基本相当，而且明显高于"误加"。具体来说，就"误用"偏误来看，韩语母语者经常发生介词"从"与原因类介词"因""因为""由""由于"、对象类介词"对""跟""向""把""离""在于""对于"以及处所介词"在""当"的混淆。其中，"从"和原因类介词的混淆，可能由于受格助词에서的负迁移影响，将에서所具有的引介"原因"的功能误加给"从"，而该功能在汉语中一般由原因类介词承担，例如：

（20）이 일도 그에 대한 사랑에서 비롯된 것이다.　　　　【原因】

（21）这件事也是<u>由于</u>对她的爱而引起的。　　　　【原因】

（22）*因为这个问题是<u>由于</u> {CC2 从} 社会发展产生的。　　　　【原因】

（23）*那就是<u>由</u> {CC 从} 沟通不良引发的。　　　　【原因】

（24）*因{CC从}年龄、性别、人种的差别常常造成一些矛盾。

【原因】

（25）*所以现在我们在自己的位置上更努力，更认真考虑保护环境，都是因为{CC2从}环境污染产生了不好的结果。　　　　　　　【原因】

同理，"从"和处所介词"在""当"的混淆，可能由于受에서的负迁移影响。学习者将에서所具有的引介"处所"的功能误加给了"从"，而该功能在汉语中可以为介词"在""当"承担，因此造成了"从"和"在""当"的混淆。例如：

（26）산에서 나무를 한다.　　　　　　　　　　　　　　　【处所】
（27）在山上砍柴。　　　　　　　　　　　　　　　　　　【处所】
（28）你有什么意见，可以当我的面说。　　　　　　　　　【处所】
（29）*我从{CC在}韩国诚信女子大学中文系毕业了。　　　【来源】
（30）*从{CC当}对方的角度来想的话，肯定能理解对方。

【凭借根据】

除"处所"外，介词"在"还具有引介"时间""范围/方面""进程状态""认知主体"的功能。因此，韩语母语者可能在에서的负迁移干扰下，将"在"的上述语义功能同样类推给"从"，进一步造成"从"的泛化。例如：

（31）*在{CC从}他降临在这个世界上的时候是纯洁的。　　【时间】
（32）*人们在{CC从}工作和生活方面受到压力。　　　　【范围/方面】
（33）*他们毕生中最关键的是在{CC从}饥饿中生存还是不生存。

【进程状态】

（34）*第二，在{CC从}不吸烟的人看来，这一措施就是最好的。

【认知主体】

在"误加"偏误中，韩语母语者同样将"施事者"的功能误加给"从"，这与에서具有引介"施事者"功能的负迁移影响同样密切相关。例如：

（35）우리 회사에서 경비를 부담한다./经费由我们公司负担。

【施事者】

（36）*让观众们解决{CD从}社会给他们的压力。　　　　【施事者】

此外，虽然韩语母语者发生了"从"和对象类介词的混淆，但是混淆发生所涉及的语义功能并非"比较对象"或"施事者"，而是"关涉对象"。同时，在"误用"偏误中，韩语母语者经常发生"从"与工具/方式类介词"按""以""用""通过"、起点类介词"自""自从"以及介词"据""由""来自"的混淆，而且同样将对象类介词"离"所具有的引介"分离对象"的功能以及工具/方式类介词"用""以"所具有的引介"工具/方式"的功能误加给了"从"。

具体来说，介词"从"和介词"自""自从"都属于起点类介词，都可以引介"时间起点"，但是只有"从"可以引介"凭借根据"，"自"和"自从"并无此功能。因此，"从"和"自""自从"的误用主要是受到目的语的语内迁移而产生的近义词混淆。例如：

（37）*从 {CC1 自从} 这一部分我们可以知道他们俩都是笨蛋。
【凭借根据】

（38）*首先，从 {CC 自} 个人健康来讲，表面上也能看得出来吸烟使肌肤粗糙、牙齿蜡黄。　　　　　　　　　　　　　　　　【凭借根据】

另外，介词"从"和介词"据"都可以引介"凭借根据"，介词"从"和介词"由"都可以引介"时间起点"，介词"从"和介词"来自"都可以引介"来源"，而介词"从"和介词"据""由""来自"的混淆主要是受到汉语韵律以及语体的影响。例如：

（39）*我从 {CC 据} 两个方面来说明我选择"绿色食品"的原因吧。
【凭借根据】

（40）*因为您两位从 {CC 由} 生下我的那时候到现在付出真心、真爱，养育着我。　　　　　　　　　　　　　　　　　　　　　【时间起点】

（41）*我的反感是来自 {CC 从} 父亲只顾别人不顾自己。　【来源】

3.4　俄语母语者"从"的语义习得分析

最后，我们对 HSK 动态作文语料库中俄语母语者使用介词"从"的语料进行了穷尽式检索，共得到 52 条语料（包括俄罗斯人 45 条、哈萨克斯坦人 2 条、白俄罗斯人 3 条、塔吉克斯坦人 2 条）。其中正确语料 46 条，整体正确率为 88.46%；偏误语料 6 条，整体偏误率为 11.54%。其中发生语义偏误的语料 3 条，语义偏误率为 5.77%。

首先，我们对俄语母语者正确运用"从"的各项语义功能的语料数量进行分类统计得到图 8。

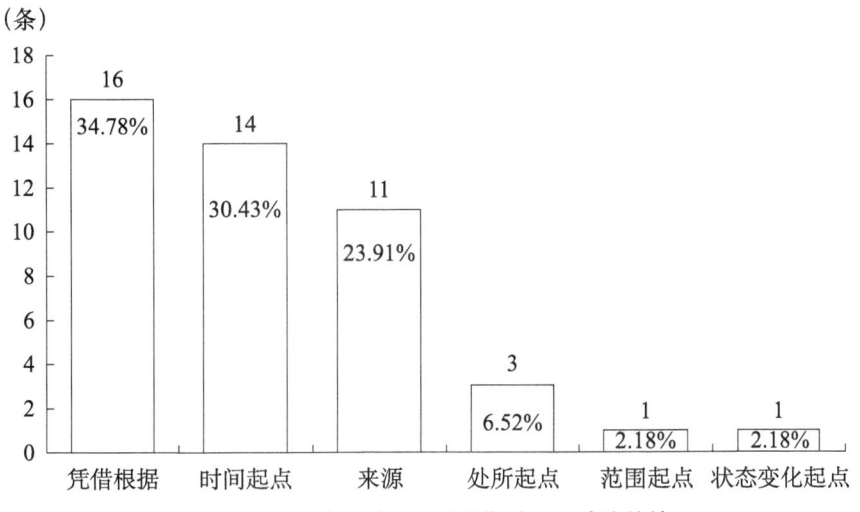

图 8　俄语母语者正确运用"从"的语义功能的情况

如图 8 所示，除"经由"外，"从"所具有的其他 6 项语义功能均有涉及，其中"凭借根据"的使用频率最高，"范围起点"和"状态变化起点"的使用频率最低。

同时，俄语母语者的语义偏误语料只包括"遗漏"和"误用"这两类，"误用"也只包括"应使用其他介词而误用'从'"这一种情况。在此基础上，我们同样根据语义功能对其进行分类统计得到表 7。

表 7　俄语母语者遗漏和误用"从"的语义功能的分类情况

遗漏	遗漏的"从"的语义功能			数量（条）/比例（%）
	时间起点			1/33.33
误用	应使用其他介词而误用"从"	应使用介词	应使用介词的语义功能	误用"从"的语义功能	数量（条）/比例（%）
		在	处所	来源	1/33.33
		用	产生途径	凭借根据	1/33.33

如表 7 所示，俄语母语者发生"误用"的比率略高于"遗漏"。具体来说，俄语母语者会发生介词"从"与介词"在"和介词"用"的混淆。其中，"从"和"用"的混淆，可能是由于俄语前置词 c（接名词二格）具有引介"工具/方式"的功能，而在汉语中该功能可以为介词"用"所承担。例如：

（42）同一个题材可以<u>用</u>不同的文学形式来表现。　　【工具/方式】

由此可见，俄语母语者可能受前置词 c（接名词二格）的负迁移干扰，在认知中将介词"用"的语义和介词"从"的语义混淆在一起，并将"工具/方式"功能误加给"从"。例如：

（43）*假如我们<u>用</u>{CC 从}法律观念来处理这件事，那肯定应该按照国家的法律而制裁。　　【工具/方式】

此外，俄语母语者同样会发生介词"从"和介词"在"的混淆，并将介词"在"所具有的引介"处所"的功能误加给介词"从"。

4 基于 HSK 动态作文语料库的中介语"从"的语义对比

中介语假说（interlanguage hypothesis）认为，中介语作为一种向目的语逐渐过渡的动态语言系统，同样是一种自然语言、一种独立的语言系统。因此，中介语中的介词"从"同样属于多功能语法形式，具有多种语义功能。同时，由于各类语义偏误的产生，中介语中的"从"与现代汉语的"从"相比，会缺失或误加若干语义功能。因此，基于中介语假说理论，我们对上述 HSK 动态作文语料库中英语、日语、韩语、俄语母语者使用"从"的语料进行整理分析，对英—汉、日—汉、韩—汉、俄—汉中介语中"从"的语义功能进行汇总与对比，得到表 8。

表 8　外—汉中介语中的介词"从"的语义功能对比

语义功能	英—汉中介语	日—汉中介语	韩—汉中介语	俄—汉中介语
处所起点	+	+	+	+
时间起点	+	+	+	+

续表

语义功能	英—汉中介语	日—汉中介语	韩—汉中介语	俄—汉中介语
范围起点	+	+	+	+
状态变化起点	+	+	+	+
来源	+	+	+	+
经由	+	+	+	-
凭借根据	+	+	+	-
原因	-	+	+	-
分离对象	-	-	+	-
施事者	+	+	+	-
处所	+	+	+	+
产生途径	+	-	-	-
关涉对象	+	+	+	-
时间	+	-	-	-
范围/方面	+	-	+	-
认知主体	-	+	+	-
进程状态	-	-	-	-
工具/方式	-	+	+	+
终点	-	+	-	-

注：此表格中的"+"表示该中介语中的介词"从"具有该语义功能，"-"表示该中介语中的介词"从"不具有该语义功能。

如表 8 所示，这四类外汉中介语中的"从"的语义功能较为丰富，在基本具备现代汉语介词"从"所具有的语义功能外（俄—汉中介语缺少"经由"功能），仍具有其他额外的语义功能，而这与其语义偏误的产生密切相关。不仅如此，我们结合前文有关这四类母语者的"误加"和"误用"偏误的分析，可以将表 8 所涉及的语义功能划分为 6 个语义范畴。

表 9　外汉中介语中的"从"所涉及的语义范畴分类

语义范畴	语义功能	代表介词
起点类	处所起点、时间起点、范围起点、状态变化起点、来源、经由、凭借根据	从

续表

语义范畴	语义功能	代表介词
处所类	处所、时间、范围/方面、认知主体、进程状态	在
对象类	关涉对象、分离对象	对、离
工具/方式类	工具/方式、产生途径	用、拿、以、通过
原因类	原因、施事者	因、因为、由、由于
终点类	终点	到

由此可见，就本文所考察的英语、日语、韩语、俄语母语者而言，其中介语中的"从"已突破汉语介词"从"本身所属的"起点类"语义范畴，而且与"处所类""对象类"等多个语义范畴相连通。这既与学习者母语中的与"从"的语义相对应的语法形式所导致的语义迁移密切相关，同时也在一定程度上体现出人类的认知共性。不仅如此，结合表1中的语义功能的对比情况，本文所考察的英语、日语、韩语、俄语中的"从"类语法形式在语义上虽然基本对应汉语介词"从"，但其本身同样具有"起点"范畴之外的语义功能，中介语中的部分功能已在学习者母语中有所体现，如"工具/方式""关涉对象"等，而中介语中的某些功能受本文所考察的语法形式数量的限制暂时无法明确其在学习者母语中的归属，如"认知主体""进程状态"等。因此，如果进一步扩大所考察的学习者母语中的对应语法形式的数量，中介语所涉及的各个语义功能将在学习者母语中找到痕迹，前文尚未分析原因的部分语义偏误（尤其是误用偏误）也将从母语的语义迁移层面得到合理解释，并且从语言类型学的视角出发，"起点类""处所类""对象类""工具/方式类""原因类"和"终点类"语义范畴都存在跨语言相互联通的可能，而这也正是人类认知共性的凸显。

5 结语

综上所述，本文首先从语言类型学的角度出发，以汉语介词"从"为研究对象，在跨语言"从"类语法形式的语义对比的基础上，系统分析了 HSK 动态作文语料库中英语、日语、韩语、俄语母语者"从"的语义习得情况，并从语际和语内迁移的角度对语义偏误的产生原因进行了深入探究。同时，本文以 HSK 动态作文语料库为基础，对英—汉、日—汉、韩—汉、俄—汉中介语中的"从"的语义功能进行整理与对比，发现中介语所囊括的 6 类语义范畴为跨语言的语义共性研究提供了切入点，并在一定程度上凸显了人类的认知共性。此外，根据本文的语义习得分析，我们发现母语背景在汉语作为第二语言的语义习得中具有较大的影响性，不同母语背景的学习者虽然存在一定的语义习得共性，但是其各自的习得个性不容忽视，母语的语义迁移对学习者理解并掌握目的语中对应语法形式的语义至关重要。因此，教师应针对不同母语背景的学习者设计不同的语义教学方案，合理有效地利用其母语中的对应语法形式的语义正迁移，借助跨语言层面的不同语义范畴的联通性促进学习者对相近语义的区分和理解，同时避免语义负迁移以及语义混淆的发生，从而提高教学效率，积极推动"语别化"（language-specific）教学的发展。

参考文献

[1] 白荃. 外国学生使用介词"从"的错误类型及其分析 [J]. 北京师范大学学报（社会科学版），1995（6）.

[2] 崔立斌. 韩国学生汉语介词学习错误分析 [J]. 语言文字应用，2006（S2）.

[3] 崔希亮. 欧美学生汉语介词习得的特点及偏误分析 [J]. 世界汉语教学，2005（3）.

[4] 韩容洙. 对韩汉语教学中的介词教学 [J]. 汉语学习，1998（6）.

[5] 黄理秋，施春宏. 汉语中介语介词性框式结构的偏误分析. 华文教学与研究，2010（3）.

[6] 刘丹青. 语序类型学与介词理论 [M]. 北京：商务印书馆，2003.

[7] 沈家煊. 语言共性和语言类型 [M]. 北京：华夏出版社，1989.

[8] 王鸿滨. 面向二语教学的现代汉语介词研究 [M]. 北京：中国广播影视出版社，2017.

[9] 赵葵欣. 留学生学习和使用汉语介词的调查 [J]. 世界汉语教学，2000（2）.

[10] Comrie B. Language Universals and Linguistic Typology: Syntax and Morphology [M]. Chicago: Chicago University Press, 1981.

[11] Greenberg J. Some universals of grammar with particular reference to the order of meaningful elements[J]. Universals of Language, 1963 (2).

[12] Greenberg J H. Circumfixes and typological change[c]//The 4th International Conference on Historical Linguistics. Amsterdam: John Benjamins Publishing, 1980.

[13] Greenberg J H. The diachronic typological approach[M]//Shibatani M, Bynon T (eds.). Approaches to Language Typology. Oxford: Oxford University Press, 1995.

方位成分"中"语法化和习得过程关系研究

吴贻卿（暨南大学）

提要：本文选取方位成分"中"作为研究对象，结合暨南大学留学生书面语语料库中的 2 576 条有效例句，对方位成分"中"的习得顺序与其符合人类认知规律的语法化过程关系进行探究。探究发现，方位成分"中"的语法化过程与习得过程不一致。本文在最后提出了一点建议，希望可以为对外汉语教学及对外汉语教材编写提供一些帮助。

关键词：方位成分"中"；语法化；习得过程

0 引言

汉语语法一直是汉语学习者学习汉语过程中的难题之一，各种教材、手册、读物、工具书等学习资源为汉语学习者提供了便捷的学习途径，行之有效的汉语教材和汉语教学方法为汉语学习者掌握汉语语法提供便捷。方位成分作为对外汉语教学中特殊的知识点，因其用法相似且多样，一直是留学生汉语习得的难点。刘晓梅等学者对方位成分"中"的语法化过程及其原因进行研究，但并未将语法化过程与习得顺序相联系，因此本文选取典型的方位成分"中"作为研究对象，从现有留学生书面语料入手，探索方位成分"中"的习得顺序与其语法化过程之间是否存在对应关系，进而为对外汉语教学及教材编写提出建议。

本文数据来源于暨南大学留学生书面语语料库。从大约 800 万字的书面语语料中抽取非汉语母语背景，含方位成分"中"的若干条语料，经过整理留下 2 759 条有效语料作为文本分析样本并参照该语料库系统的级别归类法，将初、中、高三个等级作为考察习得过程的时间线索，进一步整理出初级语料 37 条，中级语料 1 704 条，高级语料 835 条。

1 方位成分"中"的句法语义分析

"方位成分"是方经民（2004）提出的，他认为古代汉语作为名词的方位成分在现代汉语里已经分化成方位构词成分和方位词汇成分。方位词汇成分进一步分化为方位名词、方向词、方位区别词和方位词。造成方位词定义的复杂性的原因主要是现代汉语中能够指称方向和位置的语言单位有的是词，有的是词素，统统以方位词来称呼欠妥。本文认为以"方位成分"来称呼能够涵盖所有相关的语言单位，即方位名词、方向词、方位区别词和方位词，因此本文将使用"方位成分"这一术语。

吕叔湘的《现代汉语八百词》(1980)对方位成分"中"的释义主要通过"名词+中""动词+中"和"中+名词"阐述。"名词+中"中有一类指处所，即方位成分"中"放在某些名词之后表示某一具体的空间范围，如"家中""水中"等；"中"放在某些动词后体词化了，表示在某一动作或状况持续的过程中，如"战斗在进行中"等。由此可知，"进行中""写作中"等用法体现语法化进程中的某一阶段；表示具体空间范围的"名词+中"是方位成分"中"的基本用法，即空间基本义。但吕叔湘未按照方位成分"中"的语法化过程进行排序。《汉语大辞典》是收录词语最多的词典大全软件，它收录了"中""在一定范围内、表示动作正在进行、适于、性质或等级在两端之间的、受到、恰好合上、科举考试被录取"等用法。

由上述两本代表性词典关于"中"的释义可知，它们的用法基本涵盖了"中"表示空间范围、抽象范围、时间范围、持续义等，由实到虚，但其语法化过程未能从词典中获得，需进一步分析探讨。

2 方位成分"中"的语法化分析

杨又勉(2021)认为现代汉语方位成分的分化是多层面的，有功能分化、语义分化等，方位成分"中"大多时候作为粘着后置类的方位词，除了用来代指方位，也能利用隐喻和转喻的方式，进一步引申出多种泛化方位语义。因此，本文从语义分化阐述方位成分"中"的语法化过程。学者对"语法化"的看法众说纷纭，他们对方位成分、"中"进行了不同层面的语法化分析。刘晓梅(2012)对方位成分"中"的语法化做了全面研究，随着"中"的语义由具体空间→抽象空间→时段范围→情况、状态、动作过程的持续虚化，"中"的使用范围越来越大，但尚未成为时体助词。现代汉语中，方位成分"中"用在谓语动词或动词短语"建设""斗争""落实争取"后表示某种动作正在持续中。虽然还未完全语法化为一个典型时体助词，但我们可以断定它已经不是一个方位成分了。

杨又勉（2021）指出，一些方位成分经过时间的推移，已经分化为方向词、方位词、方位名词以及方位区别词，共同组成一个由实到虚的语法化程度连续统。周翔宇（2021）分析汉语"中"的语法化动因和机制，提出汉语"中"经历普通名词、方位名词、方位词、附缀、词缀的历时演化后，最终成为汉语新兴持续体标记。

"中"最早是方位名词，独立表示方位意义，具有单音化特点，随着"中"与其他方位词共现频率较高，不再独立承担表方位的意义，逐渐向方位词转化，"中"多与"林""家"等表具体空间范围的名词相搭配。"中"出现了后置化用法，"X中"结构的词汇化倾向越来越明显，"中"与其共现的方位词位置已经不自由、不可置换，这一类多体现在抽象的方位意义上，此时的"中"是附缀。

综上所述，基于现代汉语使用需求与语法化演变过程，本文将方位成分"中"的语法化轨迹定义如下：

F1："中"放在表具体可感可见的三维空间的名词后表示某一具体的空间范围，如"林中""家中"等。

F2："中"放在表示群体范围或表示人的语言等精神产品范围的名词后表示某一抽象的范围，"中"的语义变得比较抽象了，如"三人中""言语中"等。也可指其他范围，如"计划中""群众中"等。

F3："中"放在某些时段名词后表示时间范围。按照人类认知世界的一般规律，表示一定空间界限范围内的"中"，也被用来表示一定的时间界限内，如"数年中"等。

F4："中"放在代词后，如"其中""此中"。

F5："中"放在某些形容词后，表示处于某种状态、情况中，"中"的语义更加虚化。"中"放在某些名词后，指情况、状态。"中"放在某些动词后，表示持续时，重在强调动作持续和状态延续的过程。

3　方位成分"中"的习得过程分析

方位成分"中"的习得过程分析主要考察方位成分"中"五种用法在各

学习阶段的习得情况。通过分析 2 576 条有效语料，即初级语料 37 条、中级语料 1 704 条、高级语料 835 条，了解初、中、高这三个学习阶段学习者对方位成分"中"的掌握情况，统计出方位成分"中"的五种用法在各等级学习者中的使用分布情况。

由表 1 可知，三个等级的汉语学习者对方位成分"中"F2 用法的使用频率最高，即"中"放在某些名词之后表示某一抽象的范围。此外，汉语学习者使用频率排名在前三的搭配是"生活中""当中"和"其中"，这些搭配是汉语学习者的生活常用搭配。为使原始数据具有可比性，将方位成分"中"各语法化过程的使用频率可视化，见图 1。

表1 方位成分"中"五种用法的使用分布情况

语义类型	初级 数量（条）	初级 比例（%）	中级 数量（条）	中级 比例（%）	高级 数量（条）	高级 比例（%）
F1	5	13.50	328	19.42	164	19.68
F2	13	35.10	624	36.77	318	38.10
F3	15	40.50	254	14.94	76	9.12
F4	3	8.10	209	12.27	84	10.06
F5	1	2.70	289	17.10	193	23.14
合计	37	100.00	1 704	100.00	835	100.00

王建勤（1997）提出，习得过程分为发生期、高涨期和稳定期，发生期是习得开始阶段，习得过程激活；高涨期是习得过程最活跃的阶段，学习者一旦学会一种规则，在一定的时期内就会情不自禁地大量使用这一规则，目的语规则泛化就是这种情况的极端表现；稳定期发生在高涨期后，标志习得过程的暂时结束。稳定期出现越早，习得过程越短，反之亦然。

由图 1 可知，方位成分"中"F1 用法在初级汉语学习者中使用频率最低，随着等级提升，该用法的使用频率上升，并趋于稳定；F2 用法的各等级使用频率较为相近；F3 用法在初级汉语学习者中使用频率最高，随着等级提升，该用法的使用频率降低；F4 用法在中级汉语学习者中的使用频率最高，高级次之，中级最低；F5 用法的使用频率从高级到低级呈现递减趋势。

结合图表所示规律和相关理论，可以得出：

F1、F2和F5用法在高级阶段出现了高涨期的趋势，后面走势尚不清楚。

F3用法的高涨期在初级阶段，习得过程较短。

F4用法的高涨期在中级阶段，而后趋于稳定。

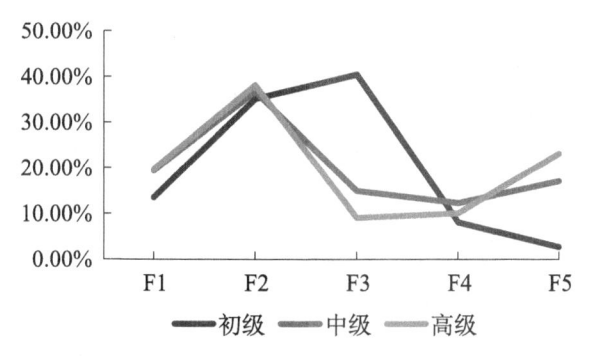

图1 方位成分"中"各语法化阶段的使用频率

由此可以得出结论，方位成分"中"的习得过程为：F3—F4—F1/F2/F5。其中F1、F2和F5习得顺序在现有语料中不得而知，无法对这三个用法进行先后排序。因此，该习得过程（F3—F4—F1/F2/F5）与语法化过程（F1—F2—F3—F4—F5）相悖，因此，本文基于所选语料分析得出结论：方位成分"中"的语法化过程与习得过程不一致。

4 讨论及建议

4.1 语法化过程和习得顺序不一致的原因

由表1和图1可知，"中"表时间范围的用法在汉语学习者的初级阶段使用率达到了40.50%，使用率几乎达到了一半，学生的语料多为"X年中""学期中""X天中"等，在初级阶段习得高涨期后，中级和高级阶段的使用率趋于平稳。从现实生活角度出发，留学生在学校中多接触与时间相关的概念，如什么时候放假、几天内完成作业等，因此方位成分"中"虚化为时间范围用法时为汉语学习者广泛运用。F4用法在中级阶段到达高涨期，后趋于稳定，这一阶段多为代词用法，如"其中""此中"。从所选语料可知，汉语二语学习者习惯在两个分句中间使用"其中""此中"使得句子更连贯、语义更清晰，如例（1）和例（2）。

（1）这其中的神奇，你我都无法解开。
（2）阿强是一个开朗的人，交朋友时也没有分辨，这也是他其中的一个优点。

周睿（2017）通过对北京语言大学 HSK 动态作文语料库筛选语料分析，得出趋向动词"起来"的习得过程与其语法化过程相吻合。本文基于筛选语料得出方位成分"中"的语法化过程与习得过程不一致的结论。似乎只有习得过程与语法化过程相吻合才是正确的学习规律，然而随着时代变化、学生接触事物的变化，由具体到虚化、由实词到虚词的语法化过程并非习得过程的正序，可能是倒序，也可能是乱序。

方位成分"中"的 F1、F2、F5 阶段从所选语料分析无法辨别习得顺序，因此，方位成分"中"的习得顺序为时间范围—代词用法—具体空间／抽象范围／动作、状态、过程的持续，下文将依据该结论对教材编写和教学方法提出相关建议。

4.2 语法教学方法讨论

西方学者认为，第二语言学习者是按头脑中"认知结构系统"规定的程序对输入的信息进行处理，认知结构系统是人类掌握语言的客观的、普遍的规律，它决定整个学习过程。第二语言习得和课堂学习为学习者的"内在大纲"所支配，因此，教师只能在有限范围内控制教学过程，无法控制学习者对输入语言的内化过程。当教学安排与学生习得规律不一致时，教学效果会受到影响，只有当教学大纲和课堂教学内容符合学习者"内在大纲"规律时，学习者才能习得第二语言。

作为语言学习过程的"内在大纲"是看不见、摸不着的，只能通过学习者外在的言语表现进行分析推测。王建勤（2006）提出中介语研究可以作为研究学习者"内在大纲"的突破口。上述研究正是基于中介语语料库的相关分析，因此其结论具有一定的可靠性。教师在教学过程中要遵循二语学习者"内在大纲"的规律，对方位成分"中"的内在语义语法要点按习得顺序进行教学。但因语料的局限性，本文未能提出具体的教学建议，这也将在今后的研究中进一步深入。

4.3 语法教材编写建议

高顺全（2016）提出二语习得是一个渐进过程。就语法项目而言，一方面，有些语法项目一定在某些语法项目之前或之后习得，不同的语法项目之间存在客观的习得顺序；另一方面，某些复杂的语法项目内部的多个形式、意义和用法也不能一次习得，它们存在一个发展的次序。习得顺序和发展次序往往也是学习难度的反映，这就要求汉语教学语法体系的语法项目必须分级细化，呈现阶梯性特点。在教材编写上应根据汉语学习者的习得规律进行合理编排，将汉语学习者最先习得的时间范围用法安排在初级阶段的学习中，随后编排代词用法的知识点。对于具体空间、抽象范围、状态、动作过程的持续的用法则需进一步基于大样本语料进行分析。

5 结语

本文基于暨南大学留学生书面语语料库中的 2 576 条有效语料，发现方位成分"中"的语法化过程和习得过程不一致，针对其不一致性提出语法教学要顺应学习者的"内在大纲"，语法教材编写要优先考虑学习者的习得规律。由于时间和笔者能力有限，本文研究虽然取得一定的研究成果，但还存在一定的不足之处，特别是理论基础和语料研究方面还需要进一步深化，这也是笔者后期进一步研究的方向。

参考文献

[1] 方经民.现代汉语方位成分的分化和语法化 [J].世界汉语教学，2004（2）.

[2] 高顺全.关于汉语（二语）教学语法体系及标准建设的几个问题 [J].国际汉语教学研究，2016（1）.

[3] 吕叔湘.现代汉语八百词 [M].北京：商务印书馆，1980.

[4] 刘晓梅.方位成分"中"的语法化过程及其原因 [J].长江学术，2012（4）.

[5] 王建勤."不"和"没"否定结构的习得过程 [J].世界汉语教学，1997（3）.

[6] 王建勤.汉语作为第二语言的学习者习得过程研究[M].北京：商务印书馆，2006.

[7] 杨又勉.现代汉语方位成分的分化和语法化[J].散文百家（理论），2021（4）.

[8] 周睿."起来"的语法化和习得过程的关系分析[J].现代语文（语言本体研究版），2017（3）.

[9] 周翔宇.汉语"中"语法化的动因和机制[J].合肥工业大学学报（社会科学版），2021（1）.

基于语料库的韩国学习者汉语嵌偶词习得研究
——以"享"为例

张昱　胡晓清（鲁东大学）

摘要： 嵌偶词是汉语中一类较为特殊的词，由于其在韵律和语体等方面的限制，我们在使用时难免产生一定问题，汉语作为第二语言学习者更甚。因此本文以语料库为基础，对韩国学习者"享"构成的双音节词族的习得情况进行了考察。得出以下结论：关于嵌偶词"享"，二语和母语者在使用频率和搭配上一致性较高，韩国学习者对其习得情况呈现出韵律相关偏误少而意义相关偏误多、固定搭配使用多而自主生成搭配少等特点。建议教师在教学中关注嵌偶词的同素易混淆词辨析，重视固定搭配的讲授和拓展，帮助学生生成更地道的表达。

关键词： 嵌偶词；习得；语料库；韩国学习者

1　引言

请大家先看一对例子：

（1）*老人不能享晚年。
（2）老人不能安享晚年。

通常情况下，古代汉语的单音词常常对应现代汉语中的某个双音或多音词。例（1）中"享"就是例（2）中"安享"的意思，而事实上，例（1）的表达是不合语法的，例（2）的表达合语法。两者的不同之处在于，例（1）中的"享晚年"构成 [1+2] 式结构，例（2）中的"安享晚年"为 [2+2] 式结构。

现代汉语是一种双音节占优势的语言，主要是受韵律语法的限制。根据对汉语韵律的研究，音步是韵律学中最小的独立单位，其基本规则为：两个音节组成一个音步，三个音节组成一个音步，不能拆为 [1+2] 或 [2+1]，四字只能组成 [2+2]，五字只能组成 [2+3]，等等。由此派生出的规则又有单音节不能单独独立构成音步等。所以我们觉得"享晚年"这种表达不通顺、不地道，其实是 [1+2] 的构成式不符合"享"使用的韵律限制。

像"享"这样只能嵌入一个双音节模块中使用的单音词叫作"嵌偶单音词"①。"嵌偶词"是较为特殊的一类词，它在使用时受到语体和韵律的制约。长期以来，汉语中黏着语素的现象一直受到学者们的关注，而嵌偶词便是其中的代表，但很少有人进行专门研究，更没有人将其独立提取出来进行完整详细地分类。冯胜利首先赋予了这一类特殊的语素以"嵌偶词"的新名称，并系统地研究了它的基本性质、验证方法、组双办法、语体功能等。有多位研究者也在汉语本体方面对嵌偶词展开了研究：黄梅（2008）详细研究了嵌偶单音词在现代汉语中的分布特点及其制约机制；崔四行（2011）认为冯胜利提出的"右向构词、左向造语"的韵律形态句法学理论的使用条件必须为句法上合法；张海涛（2013）认为求偶单音语素研究尚且不足，其在对外汉语教学中要贯穿始终，并在中高级阶段进行有意识的训练；储诚志（2014）在冯胜利的基础上进行考察，认为除韵律制约外，现代汉语中的单双音节组配还存在风格映射、语义要求等多方面的影响和限制。

除此之外，还有研究者对嵌偶词的习得进行了相关研究：冯胜利（2006）在《汉语书面语初编》中列举出了常用的嵌偶单音词 250 多个，并列举出容易产生的误例，给予了例句展示；骆健飞（2014）分析了欧美国家四、五年级汉语学习者的书面作文语料，对其出现的偏误进行分析并提出了几条教学对策，一是在认知环节保证充分的输入且使学生体会到韵律规则，二是在讲练环节采用冯胜利"嵌偶词三步教学方法"②，三是在巩固环节通过造句练习、语体转换等巩固所学内容，四是在应用环节有意识地引导学生使用嵌偶词；许晓华（2016，2019）考察了嵌偶单音词"佳"在"HSK 动态作文语料库"中的使用情况，给出了一定教学建议，认为有必要对嵌偶词的句法和韵律特征进行强调，要使学习者有意识地对其采取语块记忆策略，提高嵌偶词使用的正确率。

在前辈时贤研究成果的基础上，我们继续关注以下问题：

第一，汉语作为第二语言学习者对嵌偶词的使用与母语者是否一致？

---

① 冯胜利. 汉语书面用语初编 [M]. 北京：北京语言大学出版社，2006.
② 冯胜利. 韵律制约的书面语与听说为主的教学法 [J]. 世界汉语教学，2006（4）.

第二，汉语作为第二语言学习者在嵌偶词使用过程中会出现哪些偏误？偏误类型和原因是什么？

第三，汉语作为第二语言学习者对嵌偶词的习得情况如何？有哪些特点？

为回答上述问题，本文以"国别化汉语中介语语料库库群"中的"韩国在华学习者汉语中介语语料库"为语料来源，考察韩国汉语作为第二语言学习者（KCSL）汉语嵌偶词"享"构成的双音节词族的习得情况，并在此基础上针对相关偏误进行偏误分析。

2 相关问题说明及语料来源

本研究主要考察 KCSL 汉语嵌偶词"享"的习得情况，研究对象为"享"构成的双音节词族（包含双音节单位 12 个）。

因嵌偶单音词不能在句中单独使用，对其习得规律，我们需要通过其最小使用单位"嵌偶韵律词"来考察。嵌偶单音词组单成双后形成的双音节形式，叫作"嵌偶韵律词"[1]。嵌偶韵律词并不全都是标准的"词"，有很多已经成词，也有很多仍然未被收录到词典中，甚至有一些双音节短语，如状中短语"坐享"。

为了研究方便，本文引入"词族"概念。词族本是指同一语言系统内具有某一共同形式特征的一组词语聚合体（包括同素词语、同缀词语及谐音同字词语等）[2]。我们将嵌偶单音词"享"组单成双后的嵌偶韵律词概念与词族的概念结合，表述为"'享'构成的双音节词族"。

为观察 KCSL 嵌偶词的习得特点，需要将其与汉语本体标准语料和汉语母语学习者语料对比。因此本文共选用三种语料：汉语本体标准语料（BCC汉语语料库）、汉语母语学习者语料（"国别化汉语中介语语料库库群"中的"中小学生作文语料库"[3]）和韩国汉语作为第二语言学习者语料（"国别化汉

---

[1] 黄梅. 嵌偶单音词 [M]. 北京：北京语言大学出版社，2015.

[2] "词族"的概念参见百度百科（网址：http://baike.baidu.com/view/718516.html）。

[3] 该库为鲁东大学胡晓清团队建成维护，国家社科基金项目"多维参照的国别化汉语中介语动态语料库库群构建与研究"中的子语料库之一。

语中介语语料库库群"中的"韩国在华学习者汉语中介语语料库"[①])。

2.1 汉语本体标准语料来源

本研究所使用的汉语本体标准语料源于"BCC汉语语料库",总字数约150亿字,该语料库涵盖中国社会生活中方方面面的语料,是可以全面反映当今社会语言生活的大规模语料库。从语料库介绍来看,该库中的语料也是正式度、典雅度较高或很高的语料。我们选择"多领域",以单句为检索范围,将研究对象所包含的词语进行逐一检索,获得相关语料281 881条,并分别做数量统计。下文简称"汉语标准语料"。

2.2 汉语二语学习者语料来源

本研究所使用的汉语二语学习者语料源于"国别化汉语中介语语料库库群"中的"韩国在华学习者汉语中介语语料库"。该语料库采集的语料包括在中国学习汉语的外国留学生平时的习作、期中期末考试状态下的作文及一小部分参加高等汉语水平考试的作文。该语料库所采集的语料均为来华成人汉语二语学习者独立完成的第一手语料。我们对语料库中的语料进行随机抽样,考虑到嵌偶词在二语学习者学习阶段中出现的时间[参考《国际中文教育汉语水平等级标准》(下文简称《标准》)]较晚,最终选取中级、高级水平学习者的语料各约50万字,共计100万字,经人工去重筛选得到有效语料166条。下文简称"KCSL语料"。

2.3 汉语母语学习者语料来源

由于汉语标准语料库中的语料水平远高于KCSL的语料,将这两者进行对比,水平上差距过于悬殊,难以清晰地通过其中的异同反应出KCSL的习得特点,因此我们又选用了汉语母语学习者,特别是中小学生的语料。虽然中小学生的口语水平已经达到较为流利的程度,但是他们的书面表达还存在一定非正式化、典雅度不足等特点,与KCSL相似。

本研究使用的汉语母语学习者的语料源于"国别化汉语中介语语料库

---

① 该库为鲁东大学胡晓清团队建成维护,国家社科基金项目"多维参照的国别化汉语中介语动态语料库库群构建与研究"中的子语料库之一。

库群"中的"中小学生作文语料库"。目前这一语料库搜集的语料主要包括烟台市中小学的作文。这些作文主要包括他们平时的习作和期中、期末考试状态下的作文,都是学生独立完成的第一手语料。目前语料规模已达 100 万字。我们在其中检索单字"享",将其相关语料全部提出,后经人工去重筛选得到有效语料 76 条。下文简称"中小学生语料"。

3 语料库中"享"的使用情况

本节"享"的使用情况包括"享"构成的双音节词族使用频次的数量统计和"享"构成的双音节词族的搭配,主要关注使用的总体发展情况及其与汉语标准语料和中小学语料的关系,使用出现的偏误部分,我们在下一节进行分析。

3.1 语料库中"享"构成的双音节词族使用频次对比

为探究"享"的使用情况,我们对 BCC 语料库中"享"构成的双音节词族的分布情况进行了考察,将其与二语语料和中小学语料进行对比。表 1 呈现的就是三库("中小学生作文语料库""韩国在华学习者汉语中介语语料库"和"BCC 语料库")中"享"构成的双音节词族中的词频统计。

表 1 "享"构成的双音节词族使用频率

	KCSL 语料		汉语标准语料		中小学生语料	
	数量(个)	占比(%)	数量(个)	占比(%)	数量(个)	占比(%)
享受	121	72.89	89 939	31.90	33	43.42
分享	22	13.26	126 858	45.00	26	34.21
享有	4	2.41	24 632	8.74	0	0
享用	0	0	5 277	1.87	6	7.89
享乐	1	0.60	5 402	1.92	1	1.31
享福	2	1.20	1 536	0.54	0	0
享誉	1	0.60	2 561	0.91	4	5.26
坐享	0	0	838	0.31	0	0

续表

	KCSL 语料		汉语标准语料		中小学生语料	
	数量（个）	占比（%）	数量（个）	占比（%）	数量（个）	占比（%）
同享	0	0	465	0.16	1	1.31
共享	14	8.43	22 683	8.05	3	3.94
安享	1	0.60	589	0.21	0	0
独享	0	0	1 101	0.39	0	0
总计	166	100	281 881	100	76	100

从表 1 呈现的三个语料库中"享"构成的双音节词族中词出现的次数和所占比重来看，三类语料产出的数量都是不同的，但是表面看来又有较为明显的相关之处。为了探究其分布是否真正具有显著差异性，我们对三组数据进行了单因素方差分析检验（ANOVA），详见图 1。

ANOVA

出现频率

	平方和	自由度	均方	F	显著性
组间	4910690154	2	2455345077	4.316	.022
组内	1.820E+10	32	568856838.4		
总计	2.311E+10	34			

事后检验

多重比较

因变量：出现频率
LSD

(I) 语料库	(J) 语料库	平均值差值 (I-J)	标准 错误	显著性	95% 置信区间 下限	上限
1	2	7.667	9737.016	.999	-19825.99	19841.32
	3	-25511.621*	9955.852	.015	-45791.03	-5232.21
2	1	-7.667	9737.016	.999	-19841.32	19825.99
	3	-25519.288*	9955.852	.015	-45798.70	-5239.88
3	1	25511.621*	9955.852	.015	5232.21	45791.03
	2	25519.288*	9955.852	.015	5239.88	45798.70

*. 平均值差值的显著性水平为 0.05。

图 1 单因素方差分析检验（ANOVA）结果

我们将 KCSL 语料标记为 1 组，中小学生语料标记为 2 组，汉语标准语料标记为 3 组，假设在出现频率的指标上，这三组数据不存在显著差异性。

根据 ANOVA 的分析结果，显著性 = 0.022。即原假设：在出现频率这一指标上 1、2、3 组数据不存在显著差异性的显著性 =0.022<0.05，说明在出现频率这一指标上不存在显著差异性的概率为 0.022，因此我们拒绝原假设，即 1、2、3 组在出现频率上存在显著差异。

为了进一步检验每两组的具体差异，我们基于上述结果，继续进行事后检验（多重比较检验）。根据表格可以看到，我们的假设：1 组（KCSL 语料）和 2 组（中小学生语料）不存在显著性差异的显著性 = 0.999>0.05，支持原假设，1 组（KCSL 语料）和 2 组（中小学生语料）不存在显著性差异（显著性<0.05 则不支持原假设）。以此类推，KCSL 语料和汉语标准语料在出现频率上存在显著性差异，中小学生语料和汉语标准语料在出现频率上存在显著性差异。

结合数据统计与方差分析结果，我们发现，在"享"与其他成分组词使用方面，运用单因素方差分析 KCSL 语料与中小学生语料各词的使用频率，结果显示均没有显著差异。从实际语料来看，不同的词在出现频次、所占比重方面有所不同，即使是方差分析中没有显著差异的 KCSL 语料与国内中小学生语料也由于学习者学习环境、学习途径等各种因素的不同而有所差异，我们对"享"构成的双音节词族使用情况总体分析如下：

第一，"享"构成的双音节词族中所有词在汉语本体标准语料中所占比例不尽相同，但均有所涉及，可在 KCSL 语料中却有一些词未涉及，且未涉及的词除"享用"外，都是未成词（即尚未收录于《现代汉语词典（第 7 版）》中）的由"享"偶合成的双音节单位。说明二语学习者只能使用已成词的词汇，尚未具备嵌偶词组单成双、自由组合的能力。

第二，通过观察"享"构成的双音节词族中词的出现频率，我们发现在 KCSL 语料中的前五位是：享受＞分享＞共享＞享有＞享福；汉语本体标准语料中的前五位为：分享＞享受＞享有＞共享＞享乐。其中"享受""共享""分享""享有"的位置虽稍有变化但是差距不大，都处于高频前五的位置。也就是说无论是母语使用者还是二语学习者，"享"构成的双音节词族中高频使用的词汇趋同性较强，且高频使用的词汇都集中在已经成词的部分。

第三，在"享"构成的双音节词族中，进入《标准》的只有"分享"和"享受"，而根据我们的数据分析，它们也正是使用频率最高的两个词。可以估测，学习者的相关教材和课堂教学都是按照该等级标准进行教学的，因此学习者使用频率较高。

第四,"享福"是一个离合式动宾动词,出现在 KCSL 语料高频排列的第五位,通过语料我们发现,"享福"语料中,离合的用法如"享点清福"和没有离合的用法"在家里享福"均有出现,学习者已经将其作为相对较为口语的成分使用。"从语体性质上来看,离合式动宾动词绝大部分属于口语非正式语体,扩展以后其口语非正式语体性质大大增强"①,这也说明了嵌偶词经过"俗化(进入口语非正式语体中)"后使用率会提高。

第五,由于嵌偶词的韵律和语体限制,它们应当出现在相对较为正式的语域中,所以我们的语料中,汉语本体标准语料最全面,"享"构成的双音节词族中所有词都有所涉及。KCSL 语料和中小学生作文语料都有部分欠缺,说明这两类学习者对该词族的掌握没有那么全面,都处于学习阶段。

虽然中小学生的汉语水平高于 KCSL,但是同为汉语学习者,两者学习特点具有一定相似性,因此在下一部分中我们对中小学生作文语料与 KCSL 语料进行词族搭配情况对比。

3.2 学习者语料库中"享"构成的双音节词族搭配情况对比

为探究 KCSL 对双音节词族的习得特点,我们对中小学生作文语料库中各族嵌偶韵律词与其他成分的搭配情况进行了考察,将其与二语语料进行对比。本节分组对比呈现 KCSL 语料库与中小学生作文语料库中"享"构成的双音节词族与其他成分的高频搭配情况(出现频率从高到低)。

表 2 "享"构成的双音节词族与其他成分的搭配情况

	中小学生语料	KCSL 语料
享受	美的享受 享受 ** 快乐 是一种享受 在 ** 中享受 享受时光	享受 ** 生活 享受 ** 时间时光时期 享受 ** 快乐 享受 ** 风景/风光 享受人生
分享	分享喜怒哀乐 分享书香 分享 ** 故事 一起分享 分享一下	分享 ** 喜悦 分享快乐 跟 ** 分享

---

① 王永娜. 书面语"动宾+宾语"的语法机制及相关问题研究 [J]. 语言科学,2013.

续表

	中小学生语料	KCSL 语料
享有		享有 ** 权利
享福		享点清福
安享		安享晚年
享乐	可以享乐	追求享乐
享誉	享誉世界	享誉 ** 界
共享	共享人生 共享一片蓝天	共享知识 / 资源 共享和平 共享欢乐 / 苦恼
享用	享用美餐 / 大餐 由 ** 享用	
同享	有福同 / 共享	
坐享		
独享		

3.2.1 两类语料库均出现的嵌偶词搭配

第一,"享受"在《现代汉语词典(第7版)》中的词条释义为:动词,物质上或精神上得到满足。① 从表格中我们可以看出,母语学习者和 KCSL 都将"享受"用于支配地位,后加宾语组成述宾结构,如"享受 ** 快乐""享受 ** 时光"。KCSL 大部分用法都如上所述,虽然搭配的宾语有所不同,但都是"享受"后加名词(或名词短语)作宾语。母语学习者的语料虽然也涉及这种用法,但是相比 KCSL 将其作为述宾结构的大量使用,母语学习者在使用"享受"时多将其用作中心语,用定语或状语对其进行修饰,组成定中、状中结构,如"美的享受""在 ** 中享受"。

第二,从表格中我们可以看出,母语学习者和 KCSL 都将"分享"用于支配地位,后加宾语组成述宾结构,如"分享 ** 快乐 / 痛苦"等,KCSL 更多地使用这种结构,而母语学习者在将"分享"与其他成分搭配使用时,并不局限于使用述宾结构,而是使用了某些固定结构,如"一起分享""分享一下"。与其相比,在"分享"这个词的搭配上,KCSL 的丰富度不够。

KCSL 的语料中有两例"跟 ** 分享",本文所用语料中该用法使用全部

---

① 现代汉语词典 [M]. 7 版. 北京:商务印书馆,2016.

正确，学生掌握较好。母语学习者的语料中有一高频搭配为"分享书香"，该搭配出现频率较高的原因，与语料收集时段内教师要求的命题作文有关。

第三，通过语料我们看出，关于"共享"，两者使用的高频搭配较为不同。母语学习者为"共享人生""共享一片蓝天"，KCSL 语料为"共享知识/资源"、"共享欢乐/苦恼"等。两者对"共享"高频搭配的不同，可能与双方使用的教材有一定关联，在后续的研究中我们将持续关注并适当进行深入说明。

第四，关于"享誉"的高频搭配，KCSL 与母语学习者语料存在高度一致性。"享誉"意为"享有盛誉"，后加范围较大的地点名词，表示在某范围之内享有盛誉。《现代汉语词典（第 7 版）》搭配用例为：享誉海内外[1]，与 KCSL 及母语学习者语料的高频搭配"享誉世界"、"享誉**界"使用一致。

第五，"享乐"作为一个动宾结构的词，"乐"已经是"享"的宾语，因此不再需要其他宾语。母语学习者和 KCSL 在其高频搭配上均有该结构的搭配使用。KCSL 语料中的一例"追求享乐"使用完全正确，而母语学习者的"可以享乐"读来令人感觉别扭。语料原句为：

（3）*他做好了这些东西后，便可以享乐了。

"享乐"一般用于贬义，如"贪图享乐"等。该句在语法上没有错误，但语义表达较为欠缺，造成了我们读起来觉得有些不妥的感觉。

3.2.2 仅在一类语料库中出现的嵌偶词

1. 母语语料库有而 KCSL 语料中无的情况

"享用"的意思为使用某种东西而得到物质或精神上的满足。可以看到母语学习者的"享用美餐/大餐""由**享用"等都与食物有关。KCSL 语料中没有出现该词，但通过对语料的详细分析我们发现，表达"吃某种美食非常愉悦"时，学习者多用"享受"直接表达。如"我现在应该正在享受着我的晚餐"中的"享受"应为"享用"。该现象在后文偏误分析中详细介绍。

"同享"意为"共同享受"，来源于俗语"有福同享，有难同当。"从语料情况来看，母语学习者较好地掌握了该搭配的用法，而 KCSL 语料中没有出现。

---

[1] 现代汉语词典 [M]. 7 版. 北京：商务印书馆，2016.

2. 母语语料无而 KCSL 语料中有的情况

"享有""享福""安享"及其搭配用法在 KCSL 语料中有而在中小学母语学习者语料中未见。其中一个原因可能是在语料收集的时间段内没有该词汇产出。经过分析我们认为,最有可能出现该情况的原因是认知水平的差异。KCSL 的语言水平与中小学生母语学习者的语言水平相当,但是他们的认知水平总体是高于中小学生的,因此两个群体所学的语言程度可能类似,但是涉及的具体内容会有所不同。比如关于享有权利、收入问题、享福以及晚年生活等会出现在成人 KCSL 的话题中,但却是中小学生课程中所不会涉及的问题,因此该搭配没有在母语学习者语料中出现。

3.2.3 两类语料库均未出现的嵌偶词

与"享受"等在语料中大量出现且搭配丰富的词不同,"坐享""独享"在中小学生和 KCSL 的语料中均未出现。如前文所述,它们都没有在《现代汉语词典(第 7 版)》出现,更没有出现在 HSK 词汇大纲中。根据冯胜利对嵌偶韵律词使用条件的研究,它们使用环境较为庄典[①]。通常情况下,语言学习者在学习语言的较高阶段才会涉及庄典的语体,所以在该两类语料中均未涉及。

综上,KCSL 与中小学生均为学习者,嵌偶词使用有一定相似度,但仍然存在差异。其差异之处各有不同的原因,而其相似部分语料与母语使用者的高频搭配有一定重合,说明学习者一定程度上能够掌握该词汇并能够正确地与其他成分搭配产出。总体而言,双方学习者对于"享"构成的双音节词族搭配的掌握情况较好,正确率较高。

该部分语料都属于学习者发展语料,而作为学习者,其知识储备及语料产出必然会受教师、教材或教学等因素的影响,这也是造成其中语料总数较多但多样性不足的重要原因。

我们发现,"享"构成的双音节词族经过时间的推移和使用频率的提高,大多数已经成词,且成词后,嵌偶韵律词的使用仍偏向于 [2+2] 的韵律结构。

---

① 冯胜利. 汉语书面语初编 [M]. 北京:北京语言大学出版社,2006.

4 "享"相关词汇偏误分析

语料中"享"构成的双音节词族相关的句子共有 166 句,其中偏误句 49 例。我们将与其相关的词汇偏误分成三类:词义混淆、搭配不当和生造词。此处的探讨多为词汇意义上的偏误,暂不考虑字形原因导致的偏误。49 例偏误句中包括词义混淆 21 例,搭配不当 22 例,生造词 5 例,韵律错误 1 例。我们从中选取较为典型的例句进行偏误分析。

4.1 词义混淆

词义混淆的原因较多,在本文所选的语料中,多处偏误是由于词汇混淆所致。词义混淆包括内部混淆和外部混淆,内部混淆即含"享"构成的双音节词族内互相混淆。外部混淆分为两类:一是除"享"外,含其他同语素的词之间的混淆,如"享受"和"感受";二是"享"构成的双音节词族与其他词汇的混淆。它们之间既有一一对应的关系,也有一对多、多对一,甚至交叉混用,如图 2 所示:

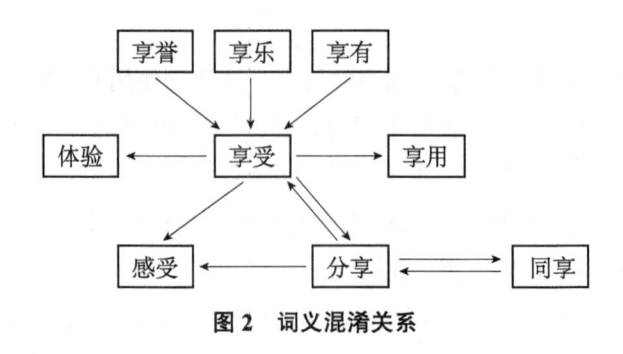

图 2 词义混淆关系

4.1.1 内部混淆

易混淆词中,含有同一语素导致的词汇混淆情况有很多,而在"享"的词族中,众多含有"享"的词汇内部互相混淆的情况也比较突出,如"享有"用作"享受","享受"用作"享用""分享"等。下面选取典型例句进行具体分析。

1. "享受"和"享用"

(4) *炸完了,炸鱼粉可以<u>享受</u>了。

（5）*我现在应该正在享受着我的晚餐，可是这盘面却夺走了我应有的享受。

（6）*正在享受这些好吃菜，突然丽花低着头说：“假如你们……”。

偏误句中有多处误用"享受"代替"享用"，在表达"带着美好的感受去品尝食物"的时候常用"享用"。《现代汉语词典（第7版）》中"享受"的解释为：动词，物质或精神上得到满足。而"享用"的解释为：动词，使用某种东西而得到物质或精神上的满足。可以明显看出，这两个词汇的区别在于"是否使用某种东西"。"享受"相对较为主观，只要是物质或精神上得到满足便可以使用；而若明确因为某实物而感受到满足，则应该使用"享用"。语料中"享受"和"享用"是一对一的单向混淆关系，只存在"享受"误用作"享用"，无反向混用。

"享用"在KCSL语料库中共2例，都是水平很高的正确用例。说明"享用"是一个比较难的词汇，甚至没有在课堂上出现，能够掌握的学习者可能是通过拓展或者阅读而习得的，大部分学习者没有使用或者直接用"享受"来代替的原因也正是如此。

2."享乐"和"享受"

（7）*很多人喜欢来这儿，不只是我们国内，而且很多从国外来旅行享乐日光或者享乐非常完美的风景。

（8）*想起来，这样过周末是很懒，但是我觉得用一天来享乐生活是不算懒。

"享乐"是一个动宾结构的词，为"享受乐趣""享受欢乐"之意，且多用于贬义。"乐"已经是"享"的宾语，后面不需要接其他的宾语。语料中"享乐"和"享受"是一对一的单向混淆关系，只存在"享乐"误用作"享受"，无反向混用。

3."享受"和"分享"

（9）*一生一世也可以同时跟不同的人享受吗？

（10）*这么好的寒假生活，怎能只我一个人独享呢，把它写出来，让大家一块享受吧！

（11）*欢迎你们来到万隆玩儿，分享万隆的天气和魅力的风景。

"享受"意为在物质和精神上得到快乐和满足,"分享"意为和别人一起享受美好的事情。语料中"分享"和"享受"是一对一的双向混淆关系,存在"享受"误用作"享受",也存在反向混用情况。

"第二语言学习者汉语中介语中有些词语混淆现象比较罕见,是个别学习者混淆的词语,可视为偶发性词语混淆。"[①]如"分享"和"体验",在此我们不予分析。

4.1.2 外部混淆

不仅仅是词族内部,任一语素相同都可能导致词汇混淆,如"享受"和"感受","享有"和"拥有"等。

1."享受"和"感受"

(12)*我认为在广州逛街可以享受中国的发展,可以看到很多中国的习惯,也可以学会很多东西。

(13)*这说明同学们更喜欢能用眼、耳、心享受的活动。

(14)*下山的时候我们不用划了,车自己跑,跑得很快,我们一边看着风景一边享受凉快的空气。

不少偏误句中,在表达"令人愉悦的感受"时,选择述语直接用"享受"。这说明学习者对词汇本身意义的理解比较到位,但是对整句的氛围以及表达的客观性判断不够,即不能掌握正确的语用规则。"感受"指身体生理、思想器官受到外界的变化或刺激而产生的感觉。"享受"在词典中的解释为:物质上或精神上得到满足。"享受"后通常带有美好的、褒义的词汇。例(12)的"发展""习惯""东西"都是中性词,并无明确的褒义指向性,因此我们认为此处的表达使用"感受"更为确切。语料中"享受"和"感受"是一对一的单向混淆关系,只存在"感受"误用作"享受",无反向混用。

除含有同一语素会导致词汇混淆外,词语混淆产生的原因还有很多,如近义词,其理性意义相近但可能语用等层面有一定约束,也会导致偏误的产生,如"分享"和"感受"等。

---

① 张博.第二语言学习者汉语中介语易混淆词及其研究方法[J].语言教学与研究,2008.

2."分享"和"感受"

（15）*一到周末，我们就去那边一起分享大自然的不可思议。

"分享"意为和别人一起享受美好的事情，即"动作主体+分享+美好的事情"。但是例（15）的宾语为"大自然的不可思议"，我们不能确定它是否对每个主体来说都是美好的，"不可思议"不是一个明确的褒义表达，因此我们认为此处的表达使用"感受"更为确切。语料中"分享"和"感受"是一对一的单向混淆关系，只存在"分享"误用作"感受"，无反向混用。

4.2 搭配不当

搭配不当也是 KCSL 语料中占比较大的一类偏误，在"享"构成的双音节词族搭配使用时，出现了不同的问题，其中"分享"和"享受"语料数目较多，较为典型，我们对其进行分析如下：

1."分享"

（16）*在这场雨中，也有着互相分享雨伞，显示出宽阔的心胸。
（17）*万一我们不喝就好像不想分享那个气氛。

"分享"的受事者不管抽象与否，至少具备"可拆分"的特征。如"分享蛋糕"，蛋糕可以切开，两个人分享蛋糕，这两人吃到的蛋糕是不同的两部分。

例（16）中，"雨伞"是一个具体名词，且它是无法拆分的，因此不可用。例（17）中，"气氛"是一个抽象名词，也不具备"可拆分"的特征，若改为"好像没有融入那个气氛"或"不想分享他们的喜悦"更为恰当。

2."享受"

（18）*我们一直享受济南的街。
（19）*他把老爷爷放在桌子上的书翻了翻看了一会儿，结果又是被那本书引住了，然后他也坐在老爷爷坐过那张沙发上享受那本书。

例（18）中，"济南的街"是一个整体的具象名词短语，是无法"享受"的，"享受济南的街景"或"享受济南街上的氛围"等表述更加合适。例（19）表达的意思实际上也不是享受"那本书"，而是享受"那本书带给人的感悟"。

4.3 生造词

生造词指不符合语言造词规律，任意拼凑或改变既有词形式而产生的言语词。在产出语料的过程中，有的学生可能会意识到韵律问题，或者由于长期学习汉语产生的语感，有意识地将嵌偶词"享"嵌入一个双音结构中使用，但尚未掌握规律，存在规律的泛化，或是由于过度简化等问题，形成所谓自己"仿造"的非现代汉语中的词汇，即一些生造词，如"享成""享够"等。

（20）*如果想等他人来为你劳苦，而后一起享成，那可是天大的笑话。

此处学习者想表达"享受（劳动成果）"之意，过度简化为"享成"。虽然可能注意到了嵌偶词的韵律限制，只能放在双音模块中使用，但造出了一个现代汉语中目前没有的词汇。

（21）*真是享够天伦之乐呀！

此处应为"尽享"。"够"是口语性的，不能与"享"组配，"尽"有书面语色彩，正好符合组双后书面语性强的嵌偶韵律词的要求。另外，在该短语中"享够"和"尽享"都是表达享受到了很多乐趣的意思，但是"够"带有一定主观性，对于一个人来说"足够了"，是他自己的感觉。而"尽享"是不管主观满足与否，客观上确实享受了很多，且带有夸张之意，更适合此处的感叹句。

5 韩国学习者"享"的习得规律

基于前文的统计和分析，KCSL 关于汉语嵌偶词"享"的习得呈现出以下规律。

5.1 符合韵律使用规律

嵌偶单音词必须与另外一个单音成分组配成双后才能够充当句子成分，这是它非常重要的韵律特性，语料库中单独出现的用例仅有一个，这个错误用例如下。

（22）*老翁说："吸烟不到老就病死了，当然不能享晚年；吸烟的人浑身重烟味狗都被呛得逃了怎敢咬？

KCSL 能够良好地遵循韵律特征，我们认为有两种原因。第一种是他们可能对嵌偶单音词使用时的韵律限制有充分的认识；另一种是他们并不知道自己所用的词是一个嵌偶韵律词，只是把它当作没有特殊韵律用法的词汇一样去记忆和使用。

5.2 笔语多，口语少

前文未进行口语语料的研究是因为口语语料（来源于"韩国学习者汉语中介语语料库口语库"）中出现的词只有三个，为"享受""分享""共享"。因此明显呈现出笔语语料多于口语语料的情况。

根据前人对嵌偶词的研究，我们试想"享"相关词族应该只出现在正式书面语中，但是通过语料检索得到的结果并非如此。那么"享"相关词族为什么会出现在口语句中？"享受""分享""共享"这三个词在《现代汉语词典（第7版）》中均有词条出现，也就是说它们已经成词，不再是一个简单的由嵌偶词偶合成的双音节单位。且这三个词均为《国际中文教育汉语水平等级标准（1-9级）》的5级词汇，是学生学习过程中必学的词汇。已经成词的词汇使用频率大大提高，使用范围扩大，是嵌偶词出现于口语语料中的重要原因。

本文之所以采用"笔语和口语"的说法，是因为从汉语作为第二语言学习者在学习过程中产出的语料来看，他们的笔语语料并不等同于书面语程度较高的语料，所以不能简单地以"口语和书面语"来对其进行分类，只能说这些语料是"用笔写下来的语料"，因此采用"笔语和口语"的概念。

5.3 意义相关偏误多，韵律相关偏误少

由于嵌偶词在韵律和语体上的特殊性，我们设想嵌偶单音词的句法和韵律特点可能会导致学习者在使用中出现大量偏误，但语料显示，嵌偶单音词"享"的偏误率不高，而且 KCSL 在使用嵌偶单音词"享"时很少将其单

独使用，偏误率非常低，出现的偏误也并不是我们所猜测的都与韵律限制有关，反而像普通词汇一样产生了很多意义混淆和搭配不当等问题。因此我们认为，学习者在接触嵌偶词时并没有意识到它的特殊性，而是把它当作普通词汇一样记忆和使用了。

上文中我们提到语料库中"享"未与嵌偶成分组配而单独充当句法成分的用例极少，仅有一例。

（23）*老翁说："吸烟不到老就病死了，当然不能享晚年；吸烟的人浑身重烟味狗都被呛得逃了怎敢咬？"

此处单音节"享"与双音节"晚年"搭配，不符合嵌偶词的韵律要求，应换为相应的双音节词"安享"，组成"安享晚年"。

5.4　固定搭配使用多，自主生成搭配少

所涉及的语料中，无论是汉语学习者还是母语使用者，在将嵌偶词组与其他成分搭配使用时，搭配一致度较高。部分搭配如"享受**快乐""享誉世界"等使用频率非常高，几乎占据了同类语料的半数。自主生成的搭配中，我们注意到在母语学习者的语料中存在一例"分享书香"，该用法频繁出现的原因与语料收集时段教师要求的命题作文有关。而其他自主生成的搭配多见于二语学习者的偏误句中，如"分享雨伞"等。关于二语学习者为何选择其他成分搭配成词，使得我们能理解其意义但却感觉不恰当，一种是由于意义相近或读音相同而选择了易混淆词，造成了偏误；另一种是只理解了所学词汇的意思，但是没有充分掌握该词所受到的搭配和句法上的要求及限制。

结语

基于上述研究，我们对上文提出的问题做出以下解答：

第一，相比其他词类，嵌偶词在汉语本体中是一种较为复杂的词汇现象，但在汉语作为第二语言习得中并不是一个难点，二语学习者和母语者在使用嵌偶词的相关词语和搭配上一致性较高。

第二，从语料库中嵌偶词的使用情况来看，韩国学习者确实出现了一些偏误，但大多数偏误是词汇混淆导致的，韵律相关偏误少而意义相关偏误多，这说明学习者极有可能是将嵌偶韵律词当作普通词汇处理的，将嵌偶单音词与其常用嵌偶成分合并记忆，采用了语块记忆策略，甚至能够将嵌偶韵律词与其组成的短语也当作一个更大的语块进行整体记忆。

第三，关于汉语作为第二语言学习者学习嵌偶词的特点，我们发现：其一，容易发生词汇混淆。其实词汇混淆是词汇学习不可避免的问题，而嵌偶词的词族庞大，拥有同一语素的词汇众多，便更容易产生词汇混淆的偏误。其二，固定搭配使用多而自主生成搭配少。这可能是学习者掌握得比较牢固，但是我们认为，还有一个原因是学生课外拓展较少，对其他搭配了解不多，因而不知道更多的用法，便局限于课本例句或教师举例的用法，没有自主生成搭配。

通过上文的分析，我们试对国际中文教育教学提出一些建议，希望能够有利于嵌偶词的教学和相关研究。教师在课堂中应关注嵌偶词的同素易混淆词辨析，注意对语境的营造，让学生在完整的语言环境中领会该词的意义。关注语块的课堂拓展，重视固定搭配的讲授和拓展，帮助学生形成更地道的表达，提高语用水平。

参考文献

[1] 储诚志. 限制合偶词与嵌偶词句法组配的非韵律因素 [J]. 华文教学与研究，2014（3）.

[2] 崔四行. "右向构词、左向造语"理论的合法性：以三音节状中结构中副词作状语为例 [J]. 河南科技大学学报（社会科学版），2011（5）.

[3] 冯胜利. 论汉语书面正式语体的特征与教学 [J]. 世界汉语教学，2006（4）.

[4] 冯胜利. 韵律句法学研究的历程与进展 [J]. 世界汉语教学，2011（1）.

[5] 冯胜利. 汉语书面语初编 [M]. 北京：北京语言大学出版社，2006.

[6] 黄梅，冯胜利. 嵌偶单音词句法分布刍析：嵌偶单音词最常见于状语探因 [J]. 中国语文，2009（1）.

[7] 黄梅. 现代汉语嵌偶单音词的句法分析及其理论意义 [D]. 北京：北京语言大学，2008.

[8] 黄梅. 嵌偶单音词 [M]. 北京：北京语言大学出版社，2015.

[9] 骆健飞. 韵律、语体、语法：汉语动词辨析及教学的新视角 [J]. 云南师范大学学报（对外汉语教学与研究版），2015，13（1）.

[10] 骆健飞. 中高年级留学生韵律偏误分析及教学策略：以书面语写作为例 [J]. 云南师范大学学报（对外汉语教学与研究版），2014，12（5）.

[11] 王永娜. 现代汉语语法的语体研究之发展 [J]. 烟台大学学报（哲学社会科学版），2021，34（6）.

[12] 许晓华. 中高级汉语学习者嵌偶单音词习得考察与思考 [J]. 海外华文教育，2019（2）.

[13] 许晓华. 中高级水平留学生嵌偶单音词习得的特点及教学启示：以"佳"为例 [J]. 现代语文（语言研究版），2016（5）.

[14] 荀恩东，饶高琦，肖晓悦，等. 大数据背景下 BCC 语料库的研制 [J]，语料库语言学，2016(1).

[15] 张海涛. 对外汉语教学中的求偶单音语素问题 [J]. 语言与翻译，2013，（4）.